Spring Boot 3

François Fernandès ist Senior Solution Architect bei Digital Frontiers und hat fast 20 Jahre Erfahrung in der Java-Softwareentwicklung und dem Java-Ökosystem. Seine Erfahrungen reichen dabei von der Entwicklung von Java-Desktop-Anwendungen über verteilte Applikationen bis hin zu Softwarearchitekturen in hybriden Cloud-Umgebungen. Den ersten Kontakt mit Spring hatte François mit dem Spring Framework 2.0. Seither begleiten ihn das Spring Framework, Spring Boot sowie diverse weitere Spring-Projekte in den unterschiedlichsten Einsätzen.

Tom Hombergs ist Principal Developer bei Atlassian in Sydney und dort für den Java Tech Stack verantwortlich, der von hunderten Teams weltweit zur Entwicklung der Atlassian-Produkte genutzt wird. Spring Boot ist ein zentraler Bestandteil dieses Tech Stacks. Er arbeitet seit vielen Jahren mit Spring und Spring Boot und trieb bei Atlassian unter anderem die unternehmensweite Migration von Spring Boot 2 zu Spring Boot 3 für über 800 (Micro-)Services voran. Tom ist Autor von »Get Your Hands Dirty on Clean Architecture« (deutsche Ausgabe: »Clean Architecture Praxisbuch«) und »Stratospheric – from Zero to Production with Spring Boot and AWS« und schreibt gelegentlich auf *reflectoring.io* über Themen der Softwareentwicklung.

Benedikt Jerat ist Senior Consultant bei Digital Frontiers. Seine Schwerpunkte liegen auf der Softwareentwicklung im Umfeld von JVM-Sprachen wie Java, Kotlin und Scala, wobei er besonders auf Spring und Spring Boot setzt. In seinen Projekten fokussiert er sich auf die funktionale Programmierung und die Prinzipien des Software Craftsmanship. Benedikt ist Autor zahlreicher Blog-Posts und Artikel in Fachzeitschriften und regelmäßiger Speaker auf Konferenzen zu aktuellen Themen.

Florian Pfleiderer ist Co-Founder und Senior Consultant bei Digital Frontiers. In dieser Rolle beschäftigt er sich vor allem mit den Themen Architektur, Microservices und Software Craftsmanship und unterstützt seine Kunden auf ihrem Weg in die Cloud. Das Spring Framework benutzte er zum ersten Mal vor über zehn Jahren, bei Spring Boot war er Nutzer der ersten Stunde. Trotz oder gerade wegen einiger Ausflüge in andere Ökosysteme kehrt er immer wieder gerne zu Spring Boot zurück und empfiehlt es seinen Kunden mit Begeisterung und Überzeugung. Außerhalb von Projekten gibt er sein Wissen regelmäßig auf Konferenzen oder in Fachzeitschriften weiter.

François Fernandès · Tom Hombergs ·
Benedikt Jerat · Florian Pfleiderer

Spring Boot 3

So geht moderne Java-Entwicklung – Konzepte und Anwendungen

François Fernandès · Tom Hombergs · Benedikt Jerat · Florian Pfleiderer

Lektorat: Dr. Benjamin Ziech
Projektkoordinierung: Julia Griebel
Copy-Editing: Annette Schwarz, Ditzingen
Satz: inpunkt[w]o, Wilnsdorf (*www.inpunktwo.de*)
Herstellung: Stefanie Weidner
Umschlaggestaltung: Eva Hepper, Silke Braun
Druck und Bindung: mediaprint solutions GmbH, 33100 Paderborn

Bibliografische Information der Deutschen Nationalbibliothek
Die Deutsche Nationalbibliothek verzeichnet diese Publikation in der Deutschen Nationalbibliografie; detaillierte bibliografische Daten sind im Internet über *http://dnb.d-nb.de* abrufbar.

ISBN:
Print 978-3-86490-994-8
PDF 978-3-98890-125-5
ePub 978-3-98890-126-2

1. Auflage 2024

Wieblinger Weg 17
69123 Heidelberg

Hinweis:
Dieses Buch wurde auf PEFC-zertifiziertem Papier aus nachhaltiger Waldwirtschaft gedruckt. Der Umwelt zuliebe verzichten wir zusätzlich auf die Einschweißfolie. Hergestellt in Deutschland.

Schreiben Sie uns:
Falls Sie Anregungen, Wünsche und Kommentare haben, lassen Sie es uns wissen: *hallo@dpunkt.de*.

5 4 3 2 1 0

Inhaltsübersicht

Inhaltsverzeichnis

1 Einleitung

1.1 Warum Spring Boot?

Das Spring Framework und Spring Boot sind aus dem Java-Ökosystem nicht mehr wegzudenken. Ohne Zweifel führt Spring Boot das Feld der Java-basierten Application-Frameworks an. In einer Umfrage von Jetbrains aus dem Jahr 2022 gaben 67 % der befragten Java-Entwickler an, Spring Boot zu nutzen, und 41 % nutzten Spring MVC (beide Technologien werden in diesem Buch behandelt)[1]. Das Framework auf Platz 3 kommt nur auf einen einstelligen Prozentwert, und 23 % der Befragten gaben an, gar kein Web-Framework zu nutzen, was die Prominenz von Spring nur verdeutlicht.

Softwareunternehmen wie Netflix und Atlassian setzen auf Spring Boot, um die Softwareentwicklung über Hunderte von Teams hinweg zu standardisieren!

Die führende Rolle von Spring Boot kommt nicht von ungefähr. Spring Boot basiert auf dem Spring Framework, das seit Anfang der 2000er Jahre kontinuierlich und sorgsam weiterentwickelt wird. Die Idee, ein auf Spring basierendes »Boot«-Framework zu entwickeln, das es uns vereinfacht, eine Spring-Anwendung zu konfigurieren, zu integrieren und zu betreiben, war nur eine Frage der Zeit.

Spring Boot macht uns als Entwickler produktiver, weil es uns viel Arbeit abnimmt. Es setzt dabei stark auf Konventionen, sodass wir nicht jede Kleinigkeit selbst konfigurieren müssen und sofort loslegen können. Diese große Stärke von Spring Boot wird aber teilweise auch als Hindernis empfunden, wenn man mit diesen Konventionen nicht vertraut ist oder nicht weiß, wo man sie nachschlagen kann.

Genau dieses Hindernis möchten wir mit diesem Buch aus dem Weg räumen.

---

1. *https://www.jetbrains.com/lp/devecosystem-2022/java/#what-web-frameworks-do-you-use-if-any-*

1.2 Für wen ist dieses Buch?

Dieses Buch richtet sich sowohl an Java-Entwickler, die noch keine Erfahrung mit Spring oder Spring Boot haben, als auch an solche, die bereits Spring Boot 2 gearbeitet haben und einige Neuerungen in Spring Boot 3 kennenlernen oder ihr allgemeines Spring-Boot-Wissen auffrischen möchten.

Es bietet sich an, grundlegende Java-Kenntnisse (oder allgemeine Kenntnisse in objektorientierter Programmierung) mitzubringen, andernfalls sind die Konzepte und Codebeispiele in diesem Buch schwer nachzuvollziehen.

Da Spring Boot eine Fülle von Integrationen mit anderen Systemen anbietet, von denen einige in diesem Buch behandelt werden, eignet sich das Buch ebenfalls als Nachschlagewerk für Architekten, die Spring und Spring Boot für den Einsatz in einem Projekt evaluieren möchten.

Auch wenn dieses Buch die wichtigsten Features und Konzepte erläutert, erhebt es keinen Anspruch auf Vollständigkeit. Das Spring-Ökosystem ist mittlerweile so umfangreich, dass ein Buch mit einer vollständigen Abdeckung unpraktikabel wäre und vermutlich nur als Monitorstütze verwendet werden würde. Daher konzentrieren wir uns in diesem Buch auf die wichtigen Aspekte und verweisen an vielen Stellen für bestimmte Details auf die sehr gute Referenzdokumentation der jeweiligen Spring-Projekte. Es geht nicht darum, jeden Konfigurationsparameter auswendig zu lernen, sondern darum, die Konzepte zu verstehen, um sie dann bei Bedarf anwenden (und nachschlagen) zu können.

1.3 Aufbau des Buchs

Dieses Buch ist in drei Teile aufgeteilt.

In Teil I werden die **Grundlagen** von Spring und Spring Boot beschrieben. Dieser Teil ist insbesondere für Leser geeignet, die sich noch nicht viel mit Spring und Spring Boot beschäftigt haben. Leser, die bereits Erfahrung mit beiden Frameworks gesammelt haben, mögen Teil I gegebenenfalls ganz oder teilweise überspringen. Die Konzepte aus Teil I sind für das Verständnis vieler Kapitel aus den Teilen II und III erforderlich.

Teil II ist gedacht als Nachschlagewerk für bestimmte **Anwendungsfälle.** Jedes Kapitel in Teil II betrachtet einen konkreten Anwendungsfall (zum Beispiel die Entwicklung einer REST-API), mit dem man jederzeit in einem Softwareprojekt konfrontiert sein kann. Die Kapitel geben jeweils einen Überblick darüber, wie man den entsprechenden Anwendungsfall mit Spring Boot lösen kann.

Die Kapitel in Teil III sind **Referenzkapitel**, die im Detail auf Spring-Boot-Features eingehen. Hier lernt der Leser alles, was notwendig ist, um diese Features in einer Anwendung zu nutzen.

Mit Ausnahme von Teil I bauen die Kapitel nicht aufeinander auf, sodass die Kapitel größtenteils unabhängig voneinander gelesen werden können. Wir laden dazu ein, der Neugier zu folgen und diejenigen Kapitel zuerst zu lesen, die gerade das Interesse wecken oder im aktuellen Projekt von Bedeutung sind. Sollte ein Kapitel doch mal ein Konzept aus einem anderen Kapitel erfordern, findet sich ein Verweis im Text.

1.4 Codebeispiele

Ein Codebeispiel sagt mehr als tausend Worte. Das haben wir uns mit diesem Buch zu Herzen genommen. Die Konzepte von Spring und Spring Boot werden mit weit über 300 Codebeispielen veranschaulicht, um sie in Aktion zu sehen.

Noch viel mehr als ein Codebeispiel sagt jedoch eine lauffähige Anwendung. Deshalb haben wir für viele der Kapitel jeweils eine Spring-Boot-Anwendung entwickelt und in einem GitHub-Repository zur Verfügung gestellt. Wir empfehlen, dieses Repository zu klonen und mit den darin enthaltenen Spring-Boot-Anwendungen beim Lesen der Kapitel herumzuspielen. Am besten lernt man doch beim Spielen mit Code!

Das Repository ist unter der URL *https://github.com/dxfrontiers/spring-boot-3-buch* frei verfügbar.

Damit alle Codebeispiele aus diesem Buch und dem Repository lauffähig sind, empfehlen wir die Installation von JDK 21 und die Nutzung der aktuellen Versionen von Spring Boot 3.x und Spring 6.x. Die meisten Beispiele werden auch mit etwas älteren Versionen funktionieren, aber einige Features sind erst mit späteren Versionen verfügbar.

Teil I

Grundlagen

2 Hallo, Spring Boot

Im ersten Kapitel bauen wir direkt eine lauffähige »Hello World«-Anwendung, um mit einem Erfolgserlebnis zu starten.

2.1 Einleitung

Dieses Buch ist ein Praxisbuch. In fast allen Kapiteln werden wir anhand von Codebeispielen die verschiedenen Aspekte einer Spring-Boot-Anwendung diskutieren. In den meisten Kapiteln sind diese Codebeispiele einer Beispielanwendung entnommen, deren Code auf GitHub öffentlich verfügbar ist. Wir laden dazu ein, den Beispielcode beim Lesen des Buches in der lokalen IDE durchzustöbern.

In diesem Sinne beginnen wir dieses Buch auch mit einem praktischen »Hello World«-Beispiel. Leser, die bereits Erfahrung mit Spring Boot haben, können dieses Kapitel guten Gewissens überspringen. Wenn nicht, laden wir dazu ein, den Beispielen in diesem Kapitel zu folgen und eine erste lauffähige Spring-Boot-Anwendung zu bauen.

In diesem Kapitel werden wir nicht jedes kleine Detail erläutern. Aber keine Angst, wir verweisen stets auf spätere Kapitel, in denen die Details vertieft werden.

2.2 JDK installieren

Um eine Spring-Boot-Anwendung zu entwickeln, müssen wir ein JDK (Java Development Kit) auf unserem Rechner installieren. Spring Boot 3 benötigt ein JDK der Version 17 oder höher. Wenn Sie bereits ein solches JDK installiert haben, können Sie mit dem nächsten Abschnitt fortfahren.

Wir empfehlen zur Verwaltung des JDK einen Runtime Manager wie asdf[1] , jEnv[2] oder SDKMan[3]. Diese Tools machen es einfach, zwischen verschiedenen Versionen eines JDK hin- und herzuwechseln. SDKMan und asdf automatisieren darüber hinaus auch das Herunterladen von verschiedenen JDK-Versionen. Wir können mit einem einzigen Kommandozeilenbefehl ein bestimmtes JDK herunterladen oder bestimmen, welches der bereits heruntergeladenen JDKs wir gerade benutzen möchten.

Zur Installation der Runtime Manager verweisen wir auf die Websites der Tools. Im Folgenden zeigen wir, wie wir mit asdf ein JDK installieren, das wir für alle Beispiele in diesem Buch benutzen können.

Vorausgesetzt, asdf ist erfolgreich installiert, müssen wir zunächst das Java-Plugin installieren (asdf unterstützt nämlich auch Runtimes anderer Programmiersprachen):

```
> asdf plugin add java
```

Dann können wir zum Beispiel mit dem folgenden Befehl ein JDK installieren:

```
> asdf install java latest:corretto
```

Hier installieren wir die aktuelle Version des Amazon-Corretto-JDK. Wir können uns auch eine Liste aller anderen JDKs anzeigen lassen und dann eines von denen installieren:

```
> asdf list all java | grep \\-21\\.
```

Diese Liste ist sehr lang, sodass wir sie hier mithilfe von `grep` auf die JDKs der Version 21 filtern.

Nun, da wir ein JDK installiert haben (oder mehrere), müssen wir unsere Umgebung noch so konfigurieren, dass dieses JDK auch überall genutzt wird:

```
> asdf local java latest:corretto
```

Der Befehl `java --version` sollte nun die erwartete Version des JDK ausgeben.

2.3 Kickstart mit dem Spring Initializr

Nun können wir unser Beispielprojekt erstellen. Das geht am einfachsten mit dem Spring Initializr, der unter *https://start.spring.io/* verfügbar ist. Hier können wir einige Parameter, wie zum Beispiel die Java-

1. *https://github.com/asdf-vm/asdf*
2. *https://www.jenv.be/*
3. *https://sdkman.io/*

Version, auswählen und uns eine ZIP-Datei mit einem Projektskelett erstellen lassen. Wir werden den Spring Initializr im Rest dieses Buches noch häufig verwenden, um Beispielprojekte für unterschiedliche Anwendungsfälle zu generieren.

Für unser »Hello World«-Beispielprojekt wählen wir die folgenden Parameter:

- **Project:** Gradle-Kotlin
- **Language:** Java
- **Spring Boot:** aktuelle 3.x-Version (Standardeinstellung)
- **Dependencies:** Spring Web

Alle anderen Einstellungen belassen wir mit ihren Standardwerten. Über den Button »Add Dependencies« können wir eine Auswahl bestimmter Integrationen und Features auswählen, die unserem Projekt dann als Dependencies hinzugefügt werden. Wir wählen zu Beginn nur die »Spring Web«-Dependency, um eine einfache Webanwendung zu entwickeln.

Mit einem Klick auf den »Generate«-Button lassen wir uns das Projekt erstellen und laden die ZIP-Datei herunter, die wir auf unserer Festplatte entpacken. Dann laden wir den Ordner als Projekt in unsere IDE und schauen uns im Projekt um.

2.4 Projektstruktur

Die zentrale Datei im Projektordner ist die Datei *build.gradle.kts*, unser Gradle-Build-Skript. Es ist in der Kotlin-DSL geschrieben, weil wir bei Erstellung des Projekts »Gradle-Kotlin« ausgewählt haben. Wir können auch »Gradle-Groovy« wählen, um das Skript in Groovy zu erstellen, oder »Maven«, um Maven als Build-Tool zu nutzen und eine *pom.xml*-Datei zu erzeugen.

Im Build-Skript finden wir eine Dependency zum Modul *spring-boot-starter-web*, das uns alle Features mitbringt, um eine Webanwendung zu entwickeln. Wir finden außerdem eine Dependency zum Modul *spring-boot-starter-test*, das uns einige Testwerkzeuge zur Verfügung stellt, die wir später im Testing-Kapitel noch genauer betrachten.

Das Build-Skript konfiguriert darüber hinaus die Plugins *org.springframework.boot* und *io.spring.dependency-management*, über die wir in Kapitel 6 noch mehr lernen.

Wir finden des Weiteren die Dateien `gradlew` und *gradlew.bat* und den Ordner *gradle*, die alle zum Gradle Wrapper[4] gehören. Die *gradlew-*

---

4. *https://docs.gradle.org/current/userguide/gradle_wrapper.html*

Skripte können wir nutzen, um Gradle aufzurufen, ohne Gradle lokal installieren zu müssen. Sie prüfen, ob eine Gradle-Installation verfügbar ist, und laden sie, falls erforderlich, herunter. So können wir unser Projekt auf unterschiedlichen Rechnern laufen lassen, ohne auf jedem Rechner Gradle installieren zu müssen. Wir werden unser Projekt später mit `./gradlew build` bauen.

Im *src*-Ordner finden wir genau drei Dateien:

- *DemoApplication.java*: Diese Klasse ist der Einstiegspunkt zu unserer Spring-Boot-Anwendung. Sie ist mit der Annotation `@SpringBootApplication` versehen, die wir in Kapitel 4 genauer untersuchen. Wird die `main()`-Methode dieser Klasse aufgerufen, startet unsere Anwendung.
- *application.properties*: Dies ist die zentrale Konfigurationsdatei für unsere Anwendung. Diese Datei ist leer, weil unsere Anwendung aktuell mit der Standardkonfiguration von Spring Boot zufrieden ist. Wir schauen uns die Konfiguration einer Spring-Boot-Anwendung im Detail in Kapitel 5 an.
- *DemoApplicationTests.java*: Diese Klasse ist mit der Annotation `@SpringBootTest` versehen. Diese sorgt dafür, dass unsere Anwendung für jede `@Test`-Methode gestartet wird. Die leere Test-Methode `contextLoads()` hat augenscheinlich keinen Effekt, da unsere Anwendung aber für diesen Test gestartet wird, prüft dieser leere Test implizit, dass unsere Anwendung fehlerfrei starten kann. Schleicht sich zum Beispiel ein Konfigurationsfehler ein, schlägt dieser Test fehl. Er gibt uns also eine gewisse Sicherheit, obwohl die Test-Methode leer ist. Wir beschäftigen uns mit den Details des Testing mit Spring Boot in Kapitel 7.

Das sind auch schon alle Dateien unserer Anwendung. Mehr braucht unsere Anwendung nicht, um zu starten.

2.5 Die Anwendung bauen

Was macht man als Erstes, wenn man ein neues Projekt lokal untersucht? Richtig, man führt den Build-Prozess aus, um Vertrauen in das Projekt zu gewinnen. Erst wenn der Build-Prozess problemlos läuft, sollten wir damit anfangen, Änderungen am Projekt vorzunehmen.

In unserem Fall nutzen wir Gradle als Build-Werkzeug, und der Build-Befehl lautet wie folgt:

```
> ./gradlew build
```

Mit diesem Befehl starten wir den Gradle Wrapper, der bei Bedarf Gradle herunterlädt, den Code kompiliert, die Tests ausführt und ein Artefakt erzeugt, das unsere Anwendung beinhaltet. Der Build-Prozess sollte mit einem befriedigenden `BUILD SUCCESSFUL` quittiert werden, wenn alles wie erwartet funktioniert.

Gradle legt während des Builds den Ordner *build* an, der alle Ergebnisse des Build-Prozesses beinhaltet. Im Ordner *build/libs* finden wir eine Datei *demo-0.0.1-SNAPSHOT.jar* (der Name kann variieren, je nachdem, was man bei der Initialisierung des Projekts auf start.spring.io eingegeben hat). Diese Datei ist ein sogenanntes »Fat JAR«, also eine JAR-Datei, die alles beinhaltet, was unsere Anwendung braucht. Wir diskutieren die Build-Prozesse und Fat JARs noch im Detail in Kapitel 6.

Nachdem wir sichergestellt haben, dass unsere Anwendung kompiliert, können wir nun etwas mit ihr herumspielen.

2.6 Die Anwendung starten

Wir können unsere Anwendung auf verschiedene Wege starten, um sie auszuprobieren.

Nachdem wir die Anwendung mit `./gradlew build` gebaut haben, können wir die erzeugte JAR-Datei direkt mit dem Befehl `java -jar <DATEINAME>` starten. Diese Art, die Anwendung zu starten, ist einem echten Produktivszenario am ähnlichsten. Die JAR-Datei würde dabei auf eine Zielmaschine kopiert (am besten verpackt in einem Docker-Image, mehr dazu in Kapitel 30) und dort dann einfach gestartet.

In der täglichen Arbeit an unserer Anwendung wäre das allerdings unpraktisch, da wir zuvor immer den Build ausführen und auf deren Fertigstellung warten müssten.

Wir können unsere Anwendung auch direkt aus unserer IDE heraus starten. Wenn wir zum Beispiel in IntelliJ zu unserer `Application`-Klasse navigieren, sehen wir dort einen grünen »Play«-Button. Dieser startet die Anwendung, und wir können die Ausgabe direkt in der IDE-Konsole verfolgen.

Ein dritter Weg, die Anwendung zu starten, ist es, das Spring-Boot-Plugin von Gradle zu nutzen. Wir können einfach den Kommandozeilenbefehl `./gradlew bootRun` ausführen, und die Anwendung wird gestartet. Der Vorteil dieses Vorgehens ist es, dass wir etwaige Konfigurationsparameter unserer Anwendung in der *build.gradle.kts*-Datei hinterlegen können, sodass alle Entwickler die Anwendung in derselben Konfiguration starten können, ohne immer manuell die Parameter eingeben zu müssen. Aktuell hat unsere Anwendung aber noch keinerlei Konfigurationsparameter, deshalb ist es egal, wie wir sie starten. Das Kapitel 5 befasst sich noch im Detail mit der Konfiguration einer Spring-Boot-Anwendung.

Egal, wie wir die Anwendung starten, das Ergebnis ist aktuell noch nicht sehr beeindruckend. Das Einzige, was wir sehen, sind einige Log-Ausgaben in der Konsole, die hoffentlich mit einer Meldung wie dieser hier enden:

```
Started DemoApplication in 1.352 seconds
```

Die Anwendung läuft also. Sie tut aber noch nichts. Das möchten wir nun ändern.

2.7 Einen REST-Controller bauen

Das einfachste Element, das wir unserer Anwendung hinzufügen können, um ihr etwas Funktionalität zu geben, ist ein REST-Controller. Da wir das Modul *spring-boot-starter-web* unserem Projekt schon als Dependency hinzugefügt haben, haben wir bereits das Spring Web MVC Framework im Classpath, das alles mitbringt, was wir dafür brauchen.

Das MVC in »Spring Web MVC« steht für »Model, View, Controller«, ein beliebtes Pattern für Anwendungen, die eine Benutzeroberfläche anbieten. Der Controller nimmt Anfragen entgegen, erzeugt ein Model (oder lädt es aus einer Datenbank) und erzeugt eine View, die das Model für den Benutzer aufbereitet und zur Anzeige bringt. Diese View wird dem Benutzer dann angezeigt, in unserem Fall im Browser.

Ein einfacher »Hello World«-Controller sieht so aus:

Listing 2–1
Ein einfacher Web-Controller

```
@RestController
public class HelloController {

    @GetMapping("/hello/{name}")
    public String hello(
      @PathVariable("name") String name
    ) {
        return String.format("Hello %s", name);
    }

}
```

Wir können diese Klasse einfach neben der `DemoApplication`-Klasse ablegen und Spring Boot greift sie automatisch auf.

Mit der Annotation `@RestController` markieren wir die Klasse als REST-Controller. Der Controller bietet also eine REST-Schnittstelle an, die Webanfragen entgegennimmt und ein Textformat als Antwort zurückgibt (üblicherweise JSON). Die »View« aus MVC besteht in diesem Fall also einfach aus Text und nicht aus einer Benutzeroberfläche.

Wie wir eine HTML-Benutzeroberfläche mit Spring MVC entwickeln, lernen wir in Kapitel 13.

Mit der Annotation `@GetMapping` an der `hello()`-Methode teilen wir Spring MVC mit, dass Anfragen über ein HTTP GET an den Pfad */hello/{name}* an diese Methode geroutet werden sollen. Spring Boot startet automatisch einen Webserver, wenn wir Spring MVC benutzen, der HTTP-Anfragen entgegennimmt und an das Framework zur weiteren Verarbeitung übergibt. In der Parameterliste der `hello()`-Methode nutzen wir die Annotation `@PathVariable("name")`, um den Wert der Variable `{name}` im Pfad in den Methodenparameter `name` zu injizieren.

In der Methode nutzen wir die `name`-Variable dann, um einen String zusammenzubauen und an den Aufrufer zurückzugeben. Diesen String können wir als das Model aus MVC betrachten, das in diesem Fall auch gleichzeitig die View ist, weil wir es ungefiltert an den Aufrufer zurückgeben.

Wir können die Anwendung nun starten und im Browser zum Beispiel *http://localhost:8080/hello/bob* aufrufen; wir sollten dann den String »Hello Bob« im Browser sehen. Spring Boot startet den Webserver standardmäßig auf Port 8080, das ist aber konfigurierbar.

Damit haben wir bereits eine erste funktionsfähige Spring-Boot-Anwendung gebaut! Die Annotationen, die wir benutzt haben, mögen vielleicht noch etwas magisch erscheinen, aber keine Angst: Die Annotationen müssen nicht auswendig gelernt werden. Im Rest des Buches werden wir diese Magie entzaubern und Ihnen Ressourcen an die Hand geben, die es Ihnen erleichtern, die richtigen Annotationen für Ihren Anwendungsfall zu finden. Für die Arbeit mit REST-Controllern tun wir das konkret in Kapitel 9.

3 Spring-Grundlagen

Spring Boot basiert auf dem Spring Framework. Um Spring Boot zu verstehen, müssen wir die Grundlagen des Spring Frameworks verstehen, die wir in diesem Kapitel diskutieren.

3.1 Dependency Injection und Inversion of Control

Spring ist im Kern ein Dependency Injection Framework. Es bietet mittlerweile zwar eine Menge anderer Features, die das Entwicklerleben vereinfachen, aber diese bauen meist auf dem Dependency Injection Framework auf.

Dependency Injection wird oft mit Inversion of Control gleichgesetzt. Wir möchten die beiden Begriffe hier kurz erläuternd in das Spring Framework einordnen und diskutieren, wie Dependency Injection mit dem Spring Framework funktioniert.

3.1.1 Inversion of Control

Das Konzept von Inversion of Control (Kontrollumkehr) ist es, die Kontrolle über den Aufruf von Programmcode an ein Framework abzugeben. Dies kann zum Beispiel in Form einer Funktion geschehen, die wir selbst programmieren, dann aber an ein Framework übergeben, das sie anschließend zum richtigen Zeitpunkt aufruft. Diese Funktion nennen wir »Callback«.

Ein Beispiel für einen Callback ist eine Funktion, die in einer Serveranwendung ausgeführt werden soll, wenn eine bestimmte URL aufgerufen wird. Wir programmieren die Funktion, aber wir rufen sie nicht selbst auf. Stattdessen übergeben wir die Funktion an ein Framework, das auf HTTP-Anfragen auf einem bestimmten Port horcht, die Anfrage analysiert und nach bestimmten Parametern dann an eine der registrierten Callback-Funktionen weiterleitet. Das Spring-Web-MVC-Projekt basiert auf genau diesem Mechanismus. Wir werden uns später noch mit Web MVC auseinandersetzen.

3.1.2 Dependency Injection

Dependency Injection ist eine konkrete Ausprägung von Inversion of Control. Wie der Name andeutet, geht es bei Dependency Injection um Abhängigkeiten. Eine Klasse A ist abhängig von einer anderen Klasse B, wenn die Klasse A eine Methode von B aufruft. In Programmcode wird diese Abhängigkeit häufig in der Form eines Attributs in A vom Typ B ausgedrückt:

Listing 3–1
Der Service erzeugt sein eigenes UserDatabase-Objekt.

```
class GreetingService {
  UserDatabase userDatabase = new UserDatabase();

  String greet(Integer userId) {
    User user = userDatabase.findUser(userId);
    return "Hello " + user.getName();
  }
}
```

In diesem Beispiel benötigt der `GreetingService` ein Objekt vom Typ `UserDatabase`, um seine Arbeit zu machen. Wenn wir ein Objekt vom Typ `GreetingService` instanziieren, instanziiert es automatisch ein Objekt vom Typ `UserDatabase`.

Die Klasse `GreetingService` ist also selbst dafür verantwortlich, die Abhängigkeit zu `UserDatabase` aufzulösen. Dies ist aus mehreren Gründen problematisch.

Zunächst erzeugt diese Lösung eine sehr starke Kopplung der beiden Klassen. Der `GreetingService` muss wissen, wie ein `UserDatabase`-Objekt erzeugt wird. Was wäre, wenn die Erzeugung eines `UserDatabase`-Objekts nicht so einfach ist? Um eine Datenbankverbindung zu öffnen, werden üblicherweise einige Parameter benötigt:

Listing 3–2
Der Service braucht Parameter, um selbst ein UserDatabase-Objekt zu erzeugen.

```
class GreetingService {

  UserDatabase userDatabase;

  public GreetingService(
    String dbUrl,
    Integer dbPort){
      this.userDatabase = new UserDatabase(
       dbUrl,
       dbPort);
  }

  String greet(Integer userId){
    User user = userDatabase.findUser(userId);
    return "Hello " + user.getName();
  }
}
```

Der GreetingService erzeugt immer noch seine eigene Instanz vom Typ UserDatabase, aber er muss plötzlich wissen, welche Parameter eine Datenbankverbindung benötigt. Die Kopplung zwischen GreetingService und UserDatabase ist soeben noch stärker geworden. Wir möchten diese Details im GreetingService gar nicht sehen!

Was, wenn andere Klassen in unserer Anwendung auch ein UserDatabase-Objekt benötigen? Wir möchten nicht, dass jede Klasse wissen muss, wie man ein UserDatabase-Objekt erzeugt!

Durch die starke Kopplung werden Details der Klasse UserDatabase über die ganze Codebase verteilt. Eine Änderung an UserDatabase würde also viele Änderungen an anderen Stellen im Code nach sich ziehen.

Dies erschwert nicht nur die Entwicklung des Anwendungscodes, sondern auch das Schreiben von Tests. Wenn wir die Klasse GreetingService testen möchten, brauchen wir in diesem Beispiel die URL und den Port einer echten Datenbank. Wenn wir ungültige Verbindungsparameter übergeben, funktioniert die Methode greet() nicht mehr!

Um die starke Kopplung zwischen den Klassen aufzuheben, ändern wir den Code, sodass wir die Abhängigkeit in den Konstruktor »injizieren« können:

Listing 3–3
Der Service bekommt das UserDatabase-Objekt im Konstruktor »injiziert«.

```
class GreetingService {

  final UserDatabase userDatabase;

  public GreetingService(UserDatabase userDatabase) {
    this.userDatabase = userDatabase;
  }

  String greet(Integer userId){
    User user = userDatabase.findUser(userId);
    return "Hello " + user.getName();
  }
}
```

Es gibt immer noch eine Kopplung zwischen GreetingService und UserDatabase, aber diese ist viel loser als vorher, denn GreetingService muss nun nicht mehr wissen, wie ein UserDatabase-Objekt erzeugt wird. Die Kopplung ist auf das erforderliche Minimum reduziert. Dieses Pattern wird »Constructor Injection« genannt, da wir die Abhängigkeiten einer Klasse in Form von Konstruktorparametern übergeben.

In einem Test können wir nun ein Mock-Objekt vom Typ UserDatabase erzeugen (zum Beispiel mit einer Mock-Bibliothek wie Mockito; mehr dazu in Kap. 7) und dieses an den GreetingService übergeben. Da wir das Verhalten des Mocks kontrollieren, brauchen wir keine Verbindung zu einer echten Datenbank mehr, um die Klasse GreetingService zu testen.

Im Anwendungscode instanziieren wir die Klasse `UserDatabase` nur einmal und übergeben diese Instanz an alle Klassen, die sie benötigen. Anders ausgedrückt »injizieren« wir die Abhängigkeit zu `UserDatabase` in die Konstruktoren der anderen Klassen.

Dieses »Injizieren« von Abhängigkeiten kann in einer echten Anwendung mit mehreren hundert Klassen sehr umständlich werden, da wir alle Klassen in der richtigen Reihenfolge instanziieren und die Abhängigkeiten zwischen ihnen explizit ausprogrammieren müssen. Die Folge ist sehr viel »Boilerplate«-Code, der sich häufig ändert und uns von der eigentlichen Entwicklung abhält.

Genau hier kommt Dependency Injection ins Spiel. Ein Dependency Injection Framework wie Spring übernimmt die Aufgabe, den Großteil der Klassen unserer Anwendung zu instanziieren, sodass wir uns nicht mehr darum kümmern müssen. Hier wird deutlich, dass Dependency Injection eine Ausprägung von Inversion of Control ist, denn wir geben die Kontrolle über die Instanziierung unserer Objekte an das Dependency Injection Framework ab.

Die Aufgabenteilung zwischen Spring und uns als Entwicklern sieht in etwa so aus:

- Wir programmieren die Klassen `GreetingService` und `UserDatabase`.
- Wir drücken die Abhängigkeit zwischen den beiden Klassen durch einen Parameter vom Typ `UserDatabase` im Konstruktor von `GreetingService` aus.
- Wir teilen Spring mit, dass es die Kontrolle über die Klassen `GreetingService` und `UserDatabase` übernehmen soll.
- Spring instanziiert die Klassen in der richtigen Reihenfolge, um Abhängigkeiten aufzulösen, und erzeugt ein Objektnetzwerk mit einem Objekt für jede übergebene Klasse.
- Wenn wir ein Objekt vom Typ `GreetingService` oder `UserDatabase` benötigen, fragen wir Spring nach diesem Objekt.

In einer echten Anwendung verwaltet Spring natürlich nicht nur zwei Objekte, sondern ein komplexes Netzwerk von hunderten oder tausenden Objekten. Dieses Netzwerk wird in Spring »Application Context« genannt, da es den Kern unserer Anwendung ausmacht.

Wie der Application Context funktioniert, schauen wir uns im nächsten Abschnitt an.

3.2 Der Spring Application Context

Der Application Context ist das Herz einer Anwendung, die auf dem Spring Framework basiert. Er beinhaltet all die Objekte, deren Kontrolle wir an Spring übergeben haben. Aus diesem Grund wird er manchmal auch als »IoC Container« bezeichnet (IoC = »Inversion of Control«).

Die Objekte im Application Context werden »Beans« genannt. Wenn man nicht aus der Java-Welt kommt, ist der Begriff »Bean« (Bohne) vermutlich eher verwirrend. Spring ist ein Framework für die Programmiersprache Java. Java ist der Name einer Insel in Indonesien, auf der Kaffee angebaut wird. Die Kaffee-Art wird ebenfalls »Java« genannt. Und Kaffee wird aus Kaffeebohnen hergestellt. In der Java Community hat man sich deshalb dafür entschieden, bestimmte Objekte in Java (der Programmiersprache) »Beans« zu nennen. Ziemlich weit hergeholt, aber der Begriff hat sich eingebürgert.

Der Application Context ist also im Grunde nur ein Netzwerk von Java-Objekten, genannt »Beans«. Spring instanziiert diese Beans für uns und löst die Abhängigkeiten zwischen den Beans über Constructor Injection auf.

Woher weiß Spring aber, welche Beans es für uns erzeugen und in seinem Application Context verwalten soll? Hier kommt der Begriff »Konfiguration« ins Spiel.

Eine Konfiguration im Kontext von Spring ist eine Definition der Beans, die wir für unsere Anwendung benötigen. Im einfachsten Fall ist dies eine Liste von Klassen. Spring nimmt diese Klassen, instanziiert sie und nimmt die entstandenen Objekte (Beans) in den Application Context auf.

Wenn die Instanziierung der Klassen nicht möglich ist (zum Beispiel, wenn ein Bean-Konstruktor eine andere Bean erwartet, die aber nicht Teil der Konfiguration ist), bricht Spring die Erstellung des Application Context mit einer Exception ab.

Dies ist einer der Vorteile, den Spring bietet: Eine fehlerhafte Konfiguration führt in den meisten Fällen dazu, dass die Anwendung gar nicht erst startet und somit keinen Schaden zur Laufzeit anrichten kann.

Es gibt mehrere Wege, eine Spring-Konfiguration zu erstellen. In den meisten Anwendungsfällen ist es komfortabel und praktisch, die Konfiguration in Java zu programmieren. In Anwendungsfällen, wo der Quellcode komplett frei von Abhängigkeiten zum Spring Framework sein soll, kann aber auch eine Konfiguration mit XML sinnvoll sein.

3.3 Application Context mit XML konfigurieren

Zu den Anfängen von Spring musste der Application Context mit XML konfiguriert werden. Die Konfiguration mit XML ermöglicht es, die Konfiguration und den Code komplett voneinander zu trennen. Der Code muss nicht wissen, dass er von Spring verwaltet wird.

Eine Beispielkonfiguration in XML sieht so aus:

Listing 3–4
Beans mit XML definieren

```
<?xml version="1.0" encoding="UTF-8"?>
<beans>
  <bean id="userDatabase"
    class="de.springboot3.xml.UserDatabase"/>
  <bean id="greetingService"
    class="de.springboot3.xml.GreetingService">
      <constructor-arg ref="userDatabase"/>
  </bean>
</beans>
```

In dieser Konfiguration werden die Beans `userDatabase` und `greetingService` definiert. Jede Bean-Deklaration ist eine Anleitung für Spring, wie diese Bean instanziiert wird.

Die Klasse `UserDatabase` hat einen Default-Konstruktor ohne Parameter, weshalb es ausreicht, Spring den Namen der Klasse zu nennen. Die Klasse `GreetingService` hat einen Konstruktorparameter vom Typ UserDatabase, weshalb wir mit dem `constructor-ref`-Element auf die zuvor deklarierte `userDatabase`-Bean verweisen.

Mit dieser XML-Deklaration können wir nun einen Application Context erzeugen:

Listing 3–5
Einen Application Context aus einer XML-Datei erzeugen

```
public class XmlConfigMain {

  public static void main(String[] args) {
    ApplicationContext applicationContext =
      new ClassPathXmlApplicationContext(
        "application-context.xml");

    GreetingService greetingService =
      applicationContext.getBean(
        GreetingService.class);

    System.out.println(greetingService.greet(1));
  }
}
```

Wir übergeben dem Konstruktor von `ClassPathXmlApplicationContext` die XML-Konfiguration, und Spring erzeugt daraus ein `ApplicationContext`-Objekt für uns.

Dieser `ApplicationContext` ist nun unser IoC-Container, und wir können ihn zum Beispiel nach einer Bean vom Typ `GreetingService` fragen.

Die Konfiguration per XML sieht in diesem Beispiel noch recht überschaubar aus, kann aber in größeren Anwendungen sehr umfangreich werden. Für uns als Java-Entwickler wäre es doch angenehm, wenn wir eine solch umfangreiche Konfiguration in Java selbst verwalten und die Vorteile des Java-Compilers und der IDE für uns nutzen könnten.

3.4 Java-Konfiguration im Detail

Spätestens seit dem Erfolg von Spring Boot wird die XML-Konfiguration meist nur noch in Sonderfällen und Legacy-Anwendungen genutzt, und die Konfiguration mit Java ist zum Standard geworden. Deshalb werden wir uns diesen Weg, auch »Java-Config« genannt, genauer anschauen.

3.4.1 @Configuration und @Bean

Der Kern einer Java-Konfiguration ist eine Java-Klasse, die mit der Spring-Annotation `@Configuration` annotiert ist:

Listing 3–6
Eine einfache @Configuration-Klasse

```
@Configuration
public class GreetingConfiguration {

  @Bean
  UserDatabase userDatabase() {
    return new UserDatabase();
  }

  @Bean
  GreetingService greetingService(
    UserDatabase userDatabase) {
    return new GreetingService(userDatabase);
  }
}
```

Diese Konfiguration ist äquivalent zu der XML-Konfiguration aus dem letzten Abschnitt. Mit der Annotation `@Configuration` teilen wir Spring mit, dass diese Klasse einen Teil des Application Context beisteuert. Ohne diese Annotation wird Spring nicht aktiv.

Eine Konfigurationsklasse kann dann Factory-Methoden wie hier `userDatabase()` und `greetingService()` deklarieren, die jeweils ein Objekt erzeugen. Mit der Annotation `@Bean` markieren wir solche Factory-Methoden. Spring findet diese Methoden und ruft sie auf, um einen Application Context zu erzeugen.

Abhängigkeiten zwischen Beans, wie hier die Abhängigkeit von `GreetingService` zu `UserDatabase`, werden über Parameter der Factory-

Methoden aufgelöst. In unserem Fall wird Spring zuerst die Methode `userDatabase()` aufrufen, um eine `UserDatabase`-Bean zu erzeugen, und diese dann in die Methode `greetingService()` übergeben, um eine `GreetingService`-Bean zu erzeugen.

Mithilfe der Klasse `AnnotationConfigApplicationContext` können wir dann einen `ApplicationContext` erzeugen:

Listing 3–7
Einen Application Context aus einer Java-Config erzeugen

```
public class JavaConfigMain {

  public static void main(String[] args) {
    ApplicationContext applicationContext =
      new AnnotationConfigApplicationContext(
        GreetingConfiguration.class);

    GreetingService greetingService =
      applicationContext.getBean(
        GreetingService.class);

    System.out.println(greetingService.greet(1));
  }
}
```

Der Konstruktor von `AnnotationConfigApplicationContext` erlaubt uns auch, mehrere Konfigurationsklassen zu übergeben anstatt nur eine einzige. Dies ist hilfreich für größere Anwendungen, denn wir können die Konfiguration von vielen Beans in mehrere Konfigurationsklassen aufteilen, um die Übersicht zu bewahren.

3.4.2 @Component und @ComponentScan

Die Konfiguration Hunderter oder gar Tausender von Beans via Java für eine große Anwendung kann sehr mühselig werden. Um dies zu vereinfachen, bietet Spring die Möglichkeit, im Java-Classpath nach Beans zu »scannen«.

Dieser Scan wird mit der Annotation `@ComponentScan` aktiviert:

Listing 3–8
Scannen nach Beans im Package de.springboot3

```
@Configuration
@ComponentScan("de.springboot3")
public class GreetingScanConfiguration {
}
```

Wie zuvor erstellen wir eine Konfigurationsklasse (annotiert mit `@Configuration`). Hier definieren wir die Beans aber nicht selbst in Form von Factory-Methoden annotiert mit der `@Bean`-Annotation, sondern fügen die neue Annotation `@ComponentScan` hinzu.

Mit dieser Annotation weisen wir Spring an, im Package *de.springboot3* nach Beans zu scannen. Findet der Scan eine Klasse, die mit der Annotation `@Component` versehen ist, wird aus dieser Klasse eine Bean erzeugt (das heißt, die Klasse wird instanziiert und dem Spring Application Context hinzugefügt).

Wir müssen also einfach alle Klassen, für die Spring eine Bean erzeugen soll, wie folgt mit der `@Component`-Annotation versehen:

```
@Component
public class GreetingService {
  // ...
}

@Component
public class UserDatabase {
  // ...
}
```

Listing 3–9
Mit @Component annotierte Klassen werden zu Beans.

Abhängigkeiten zwischen den Beans werden wie zuvor durch Konstruktorparameter ausgedrückt, und Spring löst diese automatisch auf – dieser Mechanismus wird häufig auch »Autowiring« genannt.

@Bean vs. @Component

Die Annotationen `@Bean` und `@Component` drücken ein ähnliches Konzept aus: Beide markieren ein Bean, das dem Application Context von Spring hinzugefügt werden soll. Diese Ähnlichkeit kann insbesondere zu Anfang verwirren.

Der Hauptunterschied beider Ansätze ist, dass wir mit der `@Bean`-Annotation selbst die Kontrolle über die Instanziierung der Beans haben und mit der `@Component`-Annotation Spring die Instanziierung überlassen. `@Bean` ist nur an Methoden erlaubt und `@Component` nur an Klassen.

Der Java-Compiler hilft uns hier etwas, denn er meckert, wenn wir eine `@Bean`-Annotation an einer Klasse benutzen oder eine `@Component`-Annotation an einer Methode. Wir können sie also nicht verwechseln. Wir können aber sehr wohl Methoden und Klassen annotieren, die von Spring gar nicht erkannt werden!

Spring wertet die `@Bean`-Annotation nur innerhalb einer `@Configuration`-Klasse und die `@Component`-Annotation nur an Klassen aus, die von einem Component-Scan gefunden werden!

3.4.3 @Configuration und @ComponentScan kombinieren

Spring schreibt uns nicht vor, wie wir die Beans unserer Anwendung konfigurieren. Wir können sie per XML oder per Java-Config konfigurieren oder gar beide Varianten miteinander kombinieren. Wir können auch explizite Bean-Definitionen per `@Bean`-Methode und einen Scan per `@ComponentScan` kombinieren:

Listing 3–10
Mischen von Component-Scan und Java-Config

```
@Configuration
@ComponentScan("de.springboot3.java.mixed")
class MixedConfiguration {
  @Bean
  GreetingService greetingService(
    UserDatabase userDatabase) {
        return new GreetingService(userDatabase);
    }
}

// no @Component annotation!
class GreetingService {…}

@Component
class UserDatabase {...}
```

In dieser Konfiguration erzeugt Spring eine Bean vom Typ `UserDatabase`, da die Klasse mit `@Component` annotiert ist und ein `@ComponentScan` konfiguriert ist. Die Bean vom Typ `GreetingService` hingegen wird durch die explizite `@Bean`-annotierte Factory-Methode definiert.

Modulare Konfiguration

Die Konfiguration einer größeren Anwendung mit hunderten Beans kann schnell unübersichtlich werden.

Die explizite Konfiguration per `@Bean`-Annotation hat den Vorteil, dass die Konfiguration der Beans in einigen wenigen `@Configuration`-Klassen gebündelt ist und so leicht zu begreifen ist.

Die implizite Konfiguration per `@ComponentScan` und `@Component` hat den Vorteil, dass wir nicht jede Bean selbst definieren müssen, ist dafür aber über sehr viele `@Component`-Annotationen und somit über die gesamte Codebase verteilt und schwieriger zu begreifen.

Ein bewährtes Prinzip ist es, die Spring-Konfiguration entlang der Architektur der Anwendung zu gestalten. Jedes Modul der Anwendung sollte in seinem eigenen Package liegen und seine eigene `@Configuration`-Klasse besitzen. In dieser `@Configuration`-Klasse können wir dann entweder einen `@ComponentScan` für das Modulpackage konfigurieren oder eine explizite Konfiguration per `@Bean`-Methoden. Um die Module zu einer Gesamtanwendung zusammenzuführen, erstellen wir eine übergeordnete `@Configuration`-Klasse, die einen `@ComponentScan` für das Hauptpackage definiert. Dieser Scan wird alle `@Configuration`-Klassen in diesem und den untergeordneten Packages aufgreifen.

3.5 Was haben wir vom Spring Container?

Wir wissen nun, dass Spring uns einen IoC-Container bietet, der Objekte (Beans) für uns instanziiert und verwaltet. Das erspart uns die Arbeit, den Lebenszyklus dieser Objekte selbst zu verwalten.

Aber das ist erst der Anfang. Da Spring die Kontrolle über alle Beans hat, kann Spring eine Menge anderer Aufgaben für uns übernehmen. Zum Beispiel kann Spring die Aufrufe von Bean-Methoden abfangen, um zum Beispiel eine Datenbanktransaktion zu starten oder zu committen. Wir können Spring auch als Event-Bus nutzen. Dafür senden wir ein Event an den Spring-Container, und Spring leitet das Event an alle interessierten Beans weiter.

Diesen und vielen anderen Features werden wir im Rest des Buches auf den Grund gehen. Die Grundlage all dieser Features ist das Spring-Programmiermodell, dessen Kern wir in diesem Kapitel bereits kennengelernt haben. Dieses Programmiermodell ist eine Mischung aus Annotationen, Konventionen und Interfaces, die wir zu einer Gesamtanwendung kombinieren können.

4 Spring-Boot-Grundlagen

Spring Boot baut auf dem Spring Framework auf und bietet eine Menge an zusätzlichen Funktionen und Integrationen. Etwas vereinfacht kann man sagen, dass das Spring Framework sich auf Funktionen rund um den Application Context fokussiert, während Spring Boot darauf aufbauend Funktionen bereitstellt, die man in vielen Anwendungen im Produktivbetrieb benötigt oder die das Entwicklerleben vereinfachen. In diesem Kapitel geben wir einen Überblick über die Kernfunktionen von Spring Boot, die wir in späteren Kapiteln noch genauer betrachten werden.

4.1 Bootstrapping

Der Name »Spring Boot« stammt von der Kernfunktionalität von Spring Boot: dem Bootstrapping. Mit »Bootstrapping« ist in diesem Fall der Prozess gemeint, einen Haufen Quellcode in eine Anwendung zu überführen und den Benutzern zugänglich zu machen.

Wir haben im vorherigen Kapitel bereits gesehen, wie wir mithilfe von Spring (ohne Spring Boot) einen `ApplicationContext` erzeugen und starten können. Wie aber machen wir aus diesem `ApplicationContext` eine richtige Anwendung? Genau hierbei hilft Spring Boot.

Anstatt dass wir manuell einen `ApplicationContext` erzeugen, lassen wir Spring Boot dies für uns tun. Wir stellen lediglich eine `main()`-Methode zur Verfügung, die als Spring-Boot-Anwendung deklariert ist:

Listing 4–1
Code, um eine Spring-Boot-Anwendung zu starten

```
@SpringBootApplication
public class SpringBootBasicsApplication {
  public static void main(String[] args) {
    SpringApplication.run(
      SpringBootBasicsApplication.class, args);
  }
}
```

In der `main()`-Methode rufen wir die statische Methode `SpringApplication.run()` auf und reichen eine Klasse hinein, die mit der Annotation `@SpringBootApplication` versehen ist. Üblicherweise ist dies dieselbe Klasse, die auch die `main()`-Methode beinhaltet, wie im Beispiel oben.

Damit wir die Klassen `@SpringBootApplication` und `SpringApplication` zur Verfügung haben, müssen wir das Modul *org.springframework.boot:spring-boot-starter* als Dependency in unserer *pom.xml*- oder *build.gradle.kts*-Datei deklarieren.

Sobald wir die `main`-Methode zum Beispiel in unserer IDE starten, sehen wir folgende Log-Ausgabe:

Listing 4–2
Log-Ausgabe beim Starten einer Spring-Boot-Anwendung

```
  .   ____          _            __ _ _
 /\\ / ___'_ __ _ _(_)_ __  __ _ \ \ \ \
( ( )\___ | '_ | '_| | '_ \/ _` | \ \ \ \
 \\/  ___)| |_)| | | | | || (_| |  ) ) ) )
  '  |____| .__|_| |_|_| |_\__, | / / / /
 =========|_|==============|___/=/_/_/_/
 :: Spring Boot ::                (v3.0.1)

2023-07-03T11:48:41.624+10:00  INFO 44185 ---
[main] d.s.s.SpringBootBasicsApplication:
Starting SpringBootBasicsApplication using Java 18 with PID 44185

2023-07-03T11:48:41.629+10:00  INFO 44185 ---
[main] d.s.s.SpringBootBasicsApplication:
No active profile set, falling back to 1 default profile: "default"

2023-07-03T11:48:42.482+10:00  INFO 44185 ---
[main] d.s.s.SpringBootBasicsApplication:
Started SpringBootBasicsApplication in 1.288 seconds (process
running for 1.87)

Process finished with exit code 0
```

Dieser Log-Auszug zeigt uns bereits einige interessante Dinge:

- Wir nutzen Spring Boot in Version 3.0.1.
- Wir nutzen Java 18.
- Spring Boot startet im *default*-Profil, weil wir kein bestimmtes Profil definiert haben. Das bedeutet, dass Spring Boot das Konzept von »Profilen« unterstützt! Was genau ein Profil ist und wie wir es nutzen können, sehen wir später in Kapitel 5.
- Es hat 1,288 Sekunden gedauert, die Spring-Boot-Anwendung zu starten.
- Spring Boot hat das Logging für uns konfiguriert, sodass unsere Log-Ausgaben mit Datum, Log-Level, Prozess-ID, Thread-Name usw. formatiert sind.

Spring Boot hat also automatisch bereits einiges getan, das uns hilft, eine Anwendung zu starten, und wir werden im Rest des Buchs noch viele weitere Dinge lernen, die Spring Boot für uns tun kann.

Nach der oben gezeigten Log-Ausgabe beendet sich unsere Beispielanwendung allerdings direkt wieder, ohne irgendetwas getan zu haben, und gibt den Rückgabewert `0` an die Kommandozeile zurück, der angibt, dass die Anwendung erfolgreich beendet wurde. Das ist wenig hilfreich, deshalb schauen wir uns einige weitere Features von Spring Boot an, die uns helfen, eine echte Anwendung zu bauen.

4.2 Den Application Context beeinflussen

In Kapitel 3 haben wir bereits gesehen, wie man einen `ApplicationContext` beeinflussen kann. Genau wie in einer Spring-Anwendung ist der `ApplicationContext` das Herz einer Spring-Boot-Anwendung, und wir können ihn genauso beeinflussen, wie wir es aus Spring gewohnt sind (mit einigen Extras, die wir in Kapitel 32 lernen werden).

Wenn wir uns den Quellcode der Annotation `@SpringBootApplication` anschauen, sehen wir Folgendes:

Listing 4–3
Meta-Annotationen an der Annotation SpringBootApplication

```
@Target(ElementType.TYPE)
@Retention(RetentionPolicy.RUNTIME)
@Documented
@Inherited
@SpringBootConfiguration
@EnableAutoConfiguration
@ComponentScan(excludeFilters = { … })
public @interface SpringBootApplication {
  ...
}
```

Wir erkennen die `@ComponentScan`-Annotation aus dem letzten Kapitel! Zusätzlich sehen wir die Annotation der `@SpringBootConfiguration`, deren Quellcode wie folgt aussieht:

Listing 4–4
Meta-Annotationen an der Annotation SpringBootConfiguration

```
@Target(ElementType.TYPE)
@Retention(RetentionPolicy.RUNTIME)
@Documented
@Configuration
@Indexed
public @interface SpringBootConfiguration {
  ...
}
```

Hier erkennen wir die Annotation `@Configuration` wieder!

Annotationen an Annotationen nennt man Meta-Annotationen. Wenn Spring die Annotationen von Klassen untersucht, ist das Framework schlau genug, auch die Meta-Annotationen (und Meta-Meta-Annotationen usw.) auszuwerten. Für uns bedeutet das, dass unsere Hauptklasse `SpringBootBasicsApplication` sowohl mit `@ComponentScan` als auch mit `@Configuration` (meta-)annotiert ist.

Da unsere Hauptklasse mit `@ComponentScan` annotiert ist, wertet Spring automatisch alle `@Component`- und `@Configuration`-Annotationen im Package der Klasse und allen Packages darunter aus, instanziiert Objekte der annotierten Klassen und fügt sie dem `ApplicationContext` hinzu, wie in Kapitel 3 beschrieben.

Außerdem behandelt Spring unsere Hauptklasse als `@Configuration`-Klasse, sodass wir `@Bean`-annotierte Factory-Methoden direkt hier hinzufügen können, wenn wir dies möchten.

Um ein »Hello World« zu implementieren, könnten wir unsere Anwendung also zum Beispiel wie folgt erweitern:

Listing 4–5
Eine minimale, lauffähige Spring-Boot-Anwendung

```
@SpringBootApplication
public class SpringBootBasicsApplication {
  public static void main(String[] args) {
    SpringApplication.run(
      SpringBootBasicsApplication.class, args);
  }

  @Bean
  public HelloBean helloBean() {
    return new HelloBean();
  }

  static class HelloBean {
    public HelloBean() {
      System.out.println("Hello!");
    }
  }
}
```

Wir erzeugen eine Bean vom Typ `HelloBean`, die im Konstruktor eine Nachricht ausgibt. Starten wir die Anwendung erneut, sehen wir diese Log-Ausgabe, bevor die Anwendung stoppt.

Bisher haben wir gesehen, wie wir Spring Boot nutzen können, um eine Anwendung zu entwickeln, die eine einzige Aktion durchführt (in unserem Fall »Hello!« auf der Kommandozeile auszugeben). In Kapitel 15 werden wir sehen, wie wir dies nutzen können, um vollumfängliche Kommandozeilen-Programme zu entwickeln.

Viele Anwendungen, die wir heutzutage entwickeln, sind aber Webanwendungen und keine Kommandozeilen-Programme, weshalb wir uns als Nächstes den Embedded-Webserver-Features von Spring Boot widmen.

4.3 Embedded Webserver

Traditionell wurden Java-basierte Webanwendungen auf Application-Servern wie Tomcat oder JBoss deployt. Die Anwendung wurde dabei als WAR-Datei (Web Archive) verpackt und auf den Server kopiert, der das Archiv dann auspackte, einige Metadaten aus Deskriptor-XML-Dateien auslas und HTTP-Requests an die von der Anwendung definierten Endpoints weiterleitete.

Spring Boot hat das traditionelle Deployment von Webanwendungen auf den Kopf gestellt. Anstatt eine WAR-Datei zu erzeugen und auf einen Server zu kopieren, erzeugen wir mit Spring Boot standardmäßig eine »runnable« JAR-Datei (auch »Fat JAR« genannt), die unseren Anwendungscode, alle Dependencies und einen Webserver beinhaltet. Starten wir diese JAR-Datei mit dem Befehl `java -jar app.jar`, so startet Spring Boot automatisch den Webserver, der dann HTTP-Requests entgegennimmt und an unsere Anwendung weiterleitet.

Möchten wir eine Webanwendung entwickeln, müssen wir lediglich das Modul *org.springframework.boot:spring-boot-starter-web* als Depedency in unserer *pom.xml-* oder *build.gradle.kts*-Datei ergänzen.

Wenn wir die Anwendung dann starten, sehen wir die folgende Log-Ausgabe zusätzlich zu den Log-Ausgaben von zuvor:

```
Tomcat started on port(s): 8080 (http) with context path ''
```

Listing 4–6
Meldung nach einem erfolgreichen Start des Embedded-Tomcat-Servers

Spring Boot hat automatisch einen Tomcat-Server gestartet, der auf Port 8080 horcht, um HTTP-Requests zu empfangen. Unsere Anwendung stoppt nun nicht mehr direkt nach dem Start, sondern wartet auf HTTP-Requests so lange, bis sie beendet wird (oder abstürzt).

Der Embedded Webserver macht die Auslieferung einer Spring-Boot-Webanwendung sehr einfach. Wir können die JAR-Datei zum Beispiel in ein Docker-Image verpacken und mit dem Befehl `java -jar app.jar` starten. Mit dem Profilkonzept, das wir bereits in der Log-Ausgabe oben gesehen haben, macht Spring Boot es uns auch sehr einfach, die Anwendung für verschiedene Umgebungen (development, staging, production, ...) zu konfigurieren. Hierfür müssen wir lediglich eine Datei wie *application-<profile>.yml* mit in die JAR-Datei packen (oder neben der JAR-Datei ablegen) und das Profil aktivieren. Dies werden wir im Detail noch in Kapitel 5 kennenlernen.

4.4 Dependency Management

Ein weiteres Kernfeature von Spring Boot ist das Dependency Management.

Da wir in unserer Anwendung nicht jedes Rad neu erfinden möchten, nutzen wir häufig eine große Anzahl an Bibliotheken, die wir in unserer *pom.xml*- oder *build.gradle.kts*-Datei als Dependencies definieren. Jede dieser Libraries existiert in Versionen, die mit unserem Code (und den anderen Bibliotheken) kompatibel sind, und oft in Versionen, die veraltet (oder zu neu) und mit unserer Anwendung nicht kompatibel sind. Wir müssen die Versionen all unserer Dependencies verwalten, sodass sie stets miteinander kompatibel bleiben.

Hier schafft Spring Boot Abhilfe. Spring Boot bietet uns eine sogenannte »Bill of Materials« (BOM), die eine Menge an Libraries und deren Versionen definiert, sodass sie stets miteinander und mit der aktuellen Spring-Boot-Version kompatibel sind. Diese BOM beinhaltet natürlich nicht *alle* Bibliotheken, die es gibt, aber alle Bibliotheken, die von Spring Boot selbst oder von einer der offiziellen Integrationen zwischen Spring Boot und anderen Produkten (wie zum Beispiel Datenbanken) benötigt werden.

Um die Spring-Boot-BOM zu nutzen, müssen wir lediglich das Modul *org.springframework.boot:spring-boot-dependencies* in derselben Version wie Spring Boot in unsere *pom.xml*- oder *build.gradle.kts*-Datei importieren. Nutzen wir das Spring-Boot-Plugin für Maven oder Gradle, erledigt das Plugin dies automatisch für uns. Wenn wir dann eine Dependency zu einer Bibliothek deklarieren, können wir die Version der Bibliothek einfach weglassen und sie wird automatisch in der Version geladen, die in der Spring-Boot-BOM definiert ist. In Kapitel 6 gehen wir in die Details des Maven- und Gradle-Plugins für Spring Boot.

4.5 Integrationen

Spring Boot bringt einige Integrationen mit häufig genutzten Bibliotheken mit, sodass wir diese Integrationen nur noch konfigurieren, aber nicht mehr selbst programmieren müssen.

Ein Beispiel hierfür ist die Integration mit einer Datenbank. Fügen wir beispielsweise das Modul *org.postgresql:postgresql* in unserer *pom.xml*- oder *build.gradle.kts*-Datei hinzu (ohne Versionsnummer, denn dank Spring Boots Dependency Management wird automatisch die aktuelle kompatible Version genutzt), erkennt Spring Boot den Postgre SQL-Treiber im Classpath und stellt automatisch ein `DataSource`-Objekt im `ApplicationContext` zur Verfügung, das wir dann nutzen können, um auf die Datenbank zuzugreifen. Wir müssen Spring Boot lediglich noch die URL, den Benutzernamen und das Passwort der Datenbank mitteilen, indem wir einige Konfigurationsparameter in der zentralen Konfigurationsdatei von Spring Boot namens *application.yml* hinzufügen.

Das von Spring Boot zur Verfügung gestellte `DataSource`-Objekt kann von uns direkt genutzt werden. Es wird aber auch von weiteren Integrationen genutzt. Fügen wir beispielsweise eine Dependency zu Spring Data JPA oder Spring Data JDBC hinzu, erkennt Spring Boot dies ebenfalls und stellt diesen das `DataSource`-Objekt zur Verfügung. Wir müssen die `DataSource` dann nicht mehr direkt benutzen, sondern können die Abstraktionen von Spring Data nutzen, um auf die Datenbank zuzugreifen, was uns das Leben deutlich vereinfacht.

Dieses Beispiel der Datenbankintegration folgt einem typischen Muster für Spring-Boot-Integrationen. Spring Boot erkennt eine Dependency im Classpath und konfiguriert automatisch einige Beans im Application Context, die dann von uns (oder anderen Integrationen) genutzt werden können. Benötigt die Integration noch weitere Konfigurationsparameter, können wir diese in der Datei *application.yml* zur Verfügung stellen. Müssen wir die von der Integration zur Verfügung gestellten Beans darüber hinaus noch beeinflussen, können wir die Beans im Application Context »überschreiben«, indem wir sie selbst als `@Bean` oder `@Component` definieren.

Die Integration mit einer Datenbank wird in so vielen Anwendungen benötigt, dass Spring Boot sie im Kern bereits mitliefert. Andere Integrationen (wie zum Beispiel mit einem Cache oder einem Messaging-System) werden nicht in jeder Anwendung benötigt, sodass wir sie erst mit einem sogenannten »Starter« aktivieren müssen. Möchten wir in unserer Anwendung beispielsweise einen Redis-Cache benutzen, müssen wir das Modul *org.springframework.boot:spring-boot-starter-data-redis* hinzufügen, das dann die Integration mit Redis aktiviert. Ein »Starter« ist also eine kleine Bibliothek, die uns den »Start« mit einem bestimmten Feature oder einer Integration vereinfacht. Wir setzen uns mit Startern in Kapitel 32 noch näher auseinander.

4.6 Produktionsbetrieb

Neben dem Bootstrapping und dem Embedded Webserver bringt Spring Boot noch einige Features mit, die es uns deutlich erleichtern, eine Anwendung in Produktion zu betreiben.

Eines der wichtigsten Features für den Produktionsbetrieb ist Logging. Wir haben bereits die automatische Konfiguration der Log-Ausgaben gesehen, sodass zum Beispiel das Datum und der Name des Threads in jeder Logzeile auftauchen, was uns das Debugging erleichtert. Spring

Boot setzt hierfür auf den De-facto-Standard SLF4J, sodass wir lediglich ein `Logger`-Objekt definieren müssen und dieses dann für Log-Ausgaben nutzen können. Wir schauen uns das Thema Logging noch detaillierter in Kapitel 29 an.

Auch das Profilfeature haben wir bereits gesehen. Wir können Konfigurationsparameter definieren, die je nach Profil einen unterschiedlichen Wert besitzen. Beim Start der Anwendung können wir dann angeben, welche Profile (also welche Konfigurationswerte) aktiviert werden sollen. So können wir dieselbe Anwendung in unterschiedlichen Umgebungen betreiben und müssen lediglich die Konfiguration pro Umgebung anpassen. Dieses Feature ist aus der modernen Softwareentwicklung nicht mehr wegzudenken, da es eine ganze Klasse von umgebungsspezifischen Bugs verhindert. Wir gehen auf Profile und Konfigurationsparameter in Kapitel 5 ein.

Mit dem sogenannten »Actuator«-Modul bringt Spring Boot auch ein Modul mit, das uns Einblicke in eine laufende Anwendung gibt[1]. Sobald wir das Modul als Dependency hinzufügen, werden diverse Metriken wie freier/belegter Hauptspeicher und freie/belegte Rechenkapazität über den Endpoint*/actuator* zugänglich gemacht. Von dort können diese Metriken dann zum Beispiel von Observability-Tools abgefragt und in Dashboards verfügbar gemacht werden, um immer einen Blick auf die Produktionsumgebung zu haben. Wir schauen uns das Thema Observability und Actuator im Detail in Kapitel 29 an.

Dies war nur ein Ausschnitt der Features, die Spring Boot mitbringt. Spring Boot bietet eine Fülle von anderen Features, die uns die Entwicklung und den Betrieb einer Anwendung erleichtern und die wir im Rest dieses Buches beschreiben.

1. Die beste deutsche Übersetzung von »Actuator« ist vermutlich »Antrieb«. Ein Actuator wandelt Energie in Bewegung um. Ein Zylinder in einem Verbrennungsmotor ist ein Actuator, da er die Energie des Kraftstoffes in Bewegung umwandelt, die dann zum Antrieb der Räder verwendet wird. Der Name des Spring-Boot-Moduls ist unserer Ansicht nach nicht optimal gewählt, denn es liefert hauptsächlich Informationen über eine laufende Anwendung, aber es treibt sie nicht an.

5 Konfiguration

Serveranwendungen besitzen oft eine Vielzahl an Konfigurationsparametern, die wir in eine Konfigurationsdatei oder in Umgebungsvariablen auslagern möchten. In diesem Kapitel schauen wir uns an, wie wir eine solche externalisierte Konfiguration mit Spring Boot umsetzen können.

5.1 Warum Konfiguration?

Serveranwendungen sind häufig auf externe Services angewiesen. Sie müssen beispielsweise eine Verbindung zu einer Datenbank, einem Cache oder einem Messaging-System aufbauen oder sie sprechen zur Laufzeit mit einem anderen (Micro-)Service. Damit diese Verbindungen erfolgreich aufgebaut werden können, muss die Anwendung wissen, wie sie diese externen Services erreichen kann. Üblicherweise muss hierfür die URL des externen Service hinterlegt werden und ein Passwort oder Token, um sich gegenüber diesem Service zu authentifizieren.

Darüber hinaus wird eine Serveranwendung selten in nur eine einzige Umgebung deployt. Üblicherweise gibt es mindestens eine Staging-Umgebung, die jeweils mit der aktuellen Version der Anwendung bespielt wird, sodass wir testen können, ob alles funktioniert, bevor die Anwendung in die Produktionsumgebung gespielt wird. Idealerweise ist die Staging-Umgebung eine Kopie der Produktionsumgebung, sodass sich keine umgebungsspezifischen Bugs in der Produktionsumgebung einschleichen.

Wir brauchen die URLs zu unseren externen Services (und die Werte für alle anderen Konfigurationsparameter) also nicht nur für die Produktionsumgebung, sondern auch für die lokale Entwicklung, die Staging-Umgebung und für jede andere Umgebung, die wir gegebenenfalls nutzen. Wir könnten die Werte auch hardcoden, aber dann müssten wir für jede Umgebung ein eigenes Artefakt erzeugen. Das wird schnell unübersichtlich und führt häufig zu Bugs, die nur auf einer Umgebung nachzustellen sind, aber nicht auf einer anderen. Abgesehen davon skaliert dieses Vorgehen nicht in dynamischen (Cloud-)Projekten, in denen jederzeit alte Umgebungen gelöscht und neue hochgezogen werden.

Wir brauchen also einen Mechanismus, der es uns erlaubt, umgebungsspezifische Konfigurationsparameter in unsere Anwendung zu »injizieren«. Der Anwendungscode ist in jeder Umgebung genau gleich, lediglich die Werte der Konfigurationsparameter unterscheiden sich.

Spring Boot stellt uns hierfür einige sehr mächtige Werkzeuge zur Verfügung, die wir in diesem Kapitel beleuchten.

5.2 Konfigurationsparameter

Die Konfiguration einer Anwendung setzt sich aus einer Menge von Konfigurationsparametern zusammen. Spring Boot schreibt uns nicht vor, wo wir die Konfigurationswerte definieren, also beispielsweise, ob wir Dateien, Umgebungsvariablen, einen Konfigurationsserver oder einen gänzlich anderen Weg wählen. Vielmehr stellt uns Spring Boot eine Abstraktion zur Verfügung, mit deren Hilfe wir die Werte von verschiedenen Quellen auslesen können.

Dennoch gibt es einen komfortablen Standardweg, Konfigurationswerte zu definieren, und der nutzt die Datei *application.yml* oder *application.properties*.

application.yml oder application.properties?

Spring Boot unterstützt sowohl das Properties- als auch das YAML-Format zur Definition von Konfigurationsparametern. Wir können also das Format wählen, das uns besser gefällt. Wichtig ist nur der Name der Datei (*application.yml* oder *application.properties*, ggf. mit einem Profil-Suffix, wie im nachfolgenden Abschnitt 5.3 beschrieben), sodass Spring Boot die Datei als Konfigurationsquelle erkennt. Wir raten jedoch davon ab, die Formate innerhalb eines Projektes zu vermischen, denn Spring Boot lädt dann Konfigurationsparameter aus beiden Dateien, die sich unter Umständen gegenseitig überschreiben. Das ist ein Garant für Verwirrung. Im Rest dieses Buches verwenden wir das YAML-Format zur Konfiguration unserer Anwendung.

5.2.1 Konfigurationsparameter definieren

Fügen wir unserer Anwendung eine Datei namens *application.yml* oder *application.properties* hinzu, liest Spring Boot diese automatisch beim Starten der Anwendung aus und interpretiert alle Einträge als Konfigurationsparameter. Die Datei muss hierfür im Root-Ordner des Classpaths liegen. In einem Standard-Maven- oder -Gradle-Build bedeutet das, dass wir die Datei im Ordner *src/main/resources* unseres Projekts ablegen.

Die Wahl zwischen einer *.properties*- oder einer *.yml*-Datei ist vorwiegend Geschmackssache. Es gibt kleinere Unterschiede, zum Beispiel in der Handhabung von Listenwerten, aber uns sind keine Anwendungsfälle bewusst, die zwangsweise das eine oder andere Format benötigen.

Wegen der besseren Lesbarkeit bevorzugen wir aber das YAML-Format, weshalb wir dieses Format auch im Buch benutzen. Das bedeutet zwar, dass wir mit überflüssigen Leerzeichen aufpassen müssen, aber solche Fehler fallen üblicherweise relativ schnell beim Start der Anwendung auf.

Schauen wir uns die folgende *application.yml*-Datei als Beispiel an:

Listing 5–1
Konfiguration von Properties in der application.yml

```
server:
  port: 8081

custom:
  app-name: "Hello World App"
```

Hier haben wir zwei Konfigurationsparameter definiert: `server.port` und `custom.app-name`.

Der Parameter `server.port` ist ein von Spring Boot vorgegebener Parameter, der kontrolliert, auf welchem Port der Embedded Webserver gestartet wird. Standardmäßig ist dies Port 8080, aber wir überschreiben den Standard in diesem Beispiel mit dem Wert 8081.

Hier wird ein zentrales Prinzip von Spring Boot deutlich: Fast alle Konfigurationsparameter haben Standardwerte, die in den meisten Fällen bereits sinnvoll gewählt sind. Wir können eine (einfache) Spring-Boot-Anwendung komplett ohne Konfigurationsparameter starten, und sie wird funktionieren.

Es gibt eine Menge solcher Konfigurationsparameter. Eine Liste der verfügbaren Parameter ist in der Spring-Boot-Referenzdokumentation verfügbar[1].

Der zweite Parameter, `custom.app-name`, ist ein von uns definierter Konfigurationsparameter. Der Name ist egal, solange er nicht in Konflikt mit einem von Spring Boot vorgegebenen Parameter steht. Um einen solchen Konflikt zu vermeiden, haben wir das Präfix `custom` gewählt. Diesen Namespace können wir dann nutzen, um unsere eigenen Parameter zu definieren.

Anstatt `custom` können wir auch jedes beliebige andere Präfix nutzen, zum Beispiel den Namen unserer Anwendung oder den Namen eines

1. *https://docs.spring.io/spring-boot/docs/3.0.0/reference/html/application-properties.html*

Moduls innerhalb unserer Anwendung. Wir empfehlen, den Sourcecode einer Anwendung in logische Module zu unterteilen. Die Konfiguration sollte dann ebenfalls modular sein, indem jedes Modul seinen eigenen Namespace in den Konfigurationsdateien besitzt.

Da wir nun einige Parameter definiert haben, können wir sie in unserer Spring-Boot-Anwendung auslesen und benutzen.

5.2.2 Parameter als String injizieren

Der direkteste Weg, einen Konfigurationswert in unserer Anwendung zu nutzen, ist es, ihn mithilfe der `@Value`-Annotation zu injizieren. Das sieht dann zum Beispiel aus wie folgt:

Listing 5–2
Injizieren einer Konfigurationsproperty mit @Value

```
@Configuration
public class HelloWorldConfiguration {

  @Bean
  public HelloBean helloBean(
    @Value("${custom.app-name}") String appName
  ) {
    return new HelloBean(appName);
  }

  static class HelloBean {
    public HelloBean(String appName) {
      System.out.println(
        String.format("Hello from \"%s\"!", appName));
    }
  }
}
```

Unsere Bean vom Typ `HelloBean` braucht den Namen unserer Anwendung, um eine »Hallo Welt«-Nachricht auszugeben. Wir möchten den Namen der Anwendung nicht hardcoden, denn unsere Anwendung wird zum Beispiel an mehrere Kunden ausgeliefert, und jeder Kunde kann den Namen selbst definieren. Also lesen wir den Namen aus unserem Konfigurationsparameter `custom.app-name` aus.

Dies passiert mittels der `@Value`-Annotation am Parameter `appName` in unserer `@Bean`-Methode. Innerhalb der `@Value`-Annotation können wir die Spring Expression Language (SpEL) benutzen, um (unter anderem) auf Konfigurationswerte zuzugreifen. Hierfür müssen wir lediglich den Namen des Parameters in geschweifte Klammern setzen und mit einem $-Zeichen versehen. Spring sucht dann nach einem Wert für den angegebenen Konfigurationsparameter und »injiziert« den Wert in unserem Fall in den Methodenparameter `appName`, den wir dann in den Konstruktor von `HelloBean` weitergeben.

Standardformat für Parameternamen

Wenn wir Konfigurationsparameter in einer Spring Expression referenzieren, wie im Beispiel mit `${custom.app-name}`, sollten wir immer den »kebab-case« benutzen (nur Kleinbuchstaben, Wörter getrennt durch »-«). Spring Boot sieht dieses Format als Standard an. Spring sucht dann automatisch nach Konfigurationswerten in anderen Formaten. Definieren wir in unserer *application.yml* beispielsweise den Parameter `custom.appName` oder `CUSTOM_APPNAME`, würde Spring Boot diesen Wert ebenfalls akzeptieren. Definieren wir sowohl `custom.appName` als auch `custom.app-name` in einer Konfigurationsdatei, zieht Spring Boot den Parameter im Standardformat vor (im Beispiel also `custom.app-name`).

Um Verwirrung zu vermeiden, sollte einfach *immer* der kebab-case verwendet werden.

Die `@Value`-Annotation ist sehr direkt und unkompliziert zu benutzen, aber der Wert ist immer ein primitiver Datentyp wie `String` oder `Integer`, und wir müssen uns um Dinge wie Validierung gültiger Werte selbst kümmern. Deshalb gibt es noch einen anderen Weg, der mehr Code erfordert, aber auch mehr Features mitbringt.

5.2.3 Parameter typsicher injizieren

Parameter einzeln mit der `@Value`-Annotation zu injizieren wird mit zunehmender Anzahl von Konfigurationsparametern schnell unübersichtlich. Deshalb können wir zusammengehörige Konfigurationsparameter in POJOs gruppieren.

Nehmen wir an, dass unsere Anwendung mit einem remote Wetterservice spricht. Sie muss wissen, über welche URL und welchen Port sie den Service erreichen kann, wie oft sie Requests an den Service im Fehlerfall wiederholt und wie lange der Timeout der Verbindung sein soll. Je nach Umgebung (Entwicklung, Staging, Produktion, ...) unterscheiden sich die Werte dieser Parameter. Wir können diese Parameter zum Beispiel im folgenden Record typsicher gruppieren:

Listing 5–3
Binding von Konfigurationsproperties an Felder in einem Record

```
@ConfigurationProperties(prefix = "weather")
public record WeatherServiceConnectionProperties(
  String url,
  int port,
  int maxRetries,
  Duration timeout
) {}
```

Mit der Annotation `@ConfigurationProperties` teilen wir Spring Boot mit, dass dieser Record Konfigurationswerte entgegennimmt. Mit dem `prefix`-Parameter definieren wir den Namespace der Konfigurationsparameter. In unserem Fall werden alle Konfigurationsparameter mit dem Präfix `weather` mit diesem Record verknüpft.

Record oder POJO?

`@ConfigurationProperties` lassen sich sowohl mit Java Records als auch mit normalen POJOs implementieren. Da die Werte unserer Konfigurationsparameter nur einmal beim Starten der Anwendung gesetzt werden und danach unveränderlich (immutable) sein sollen, bevorzugen wir Records, da diese automatisch unveränderlich sind und uns etwas Code ersparen.

Wir können unsere Verbindungsparameter zum Wetterservice nun einfach in unserer *application.yml*-Datei konfigurieren:

Listing 5–4
Properties, die in unseren Record geladen werden

```
weather:
  url: https://my-custom-weather-service.com
  port: 8334
  max-retries: 3
  timeout: PT5S
```

Als letzten Schritt müssen wir Spring Boot noch mitteilen, wo es unseren mit `@ConfigurationProperties` annotierten Record findet. Hierfür definieren wir eine `@Configuration`-Klasse für unser Wetter-Modul und annotieren sie mit `@ConfigurationPropertiesScan`:

Listing 5–5
Aktivierung unserer @ConfigurationProperties-Klasse

```
@Configuration
@ConfigurationPropertiesScan
public class WeatherServiceConfiguration {

}
```

Mit `@ConfigurationPropertiesScan` teilen wir Spring Boot mit, dass es im Package unserer `@Configuration`-Klasse und allen Unterpackages nach `@ConfigurationProperties` suchen und diese dann mit Konfigurationswerten füllen soll. Wichtig ist also, dass diese Klasse im selben Package liegt wie die `WeatherServiceConnectionProperties`. Wenn die Klassen nicht im selben Package liegen, können wir das zu durchsuchende Package mit dem Parameter `basePackages` definieren.

Anstelle von `@ConfigurationPropertiesScan` können wir auch die Annotation `@EnableConfigurationProperties` verwenden. Diese Annotation aktiviert standardmäßig aber *alle* `@ConfigurationProperties`-annotierten Klassen, also auch die außerhalb des aktuellen Packages.

Dies kann unter Umständen unerwünschte Nebeneffekte haben. Wir ziehen die Annotation `@ConfigurationPropertiesScan` deshalb aufgrund ihres modularen Verhaltens vor.

5.2.4 Parameter validieren

Wenn wir typsichere Parameter nutzen, können wir diese mithilfe des Bean-Validation-Standards validieren. Um dies zu aktivieren, müssen wir zunächst das Bean-Validation-Modul *org.springframework.boot:spring-boot-starter-validation* in unserer *build.gradle.kts* hinzufügen.

Dann können wir unsere mit `@ConfigurationProperties` annotierte Klasse mit den üblichen Bean-Validation-Annotationen versehen:

Listing 5–6
Validierung unserer Properties mittels Bean-Validation-Annotationen

```
@Validated
@ConfigurationProperties(prefix = "weather")
public record WeatherServiceConnectionProperties(
  @URL(protocol = "https") @NotNull String url,
  @NotNull Integer port,
  @NotNull Integer maxRetries,
  @NotNull Duration timeout
) {}
```

Mit der `@Validated`-Annotation teilen wir Spring Boot mit, dass wir die Validierung für Objekte dieses Typs aktivieren möchten.

In diesem Beispiel erwarten wir für alle Parameter einen Wert und annotieren sie deshalb mit `@NotNull`. Wichtig für die `@NotNull`-Annotation ist, dass die Parameter keinen primitiven Typ wie `int` besitzen, denn Java würde den Wert standardmäßig mit `0` initialisieren und er wäre niemals `null`. Die `@NotNull`-Annotation hätte also keinen Effekt. Weiterhin erwarten wir, dass der Wert für den Parameter `url` eine gültige HTTPS-URL ist.

Starten wir die Anwendung nun, ohne einen der Parameter in unserer *application.yml* zu definieren, bricht Spring Boot den Start der Anwendung ab und gibt eine Fehlermeldung aus, die auf den fehlenden oder ungültigen Wert hinweist.

5.2.5 Default-Werte definieren

In vielen Fällen möchten wir für einige oder alle Konfigurationsparameter Standardwerte definieren, sodass Benutzer den Wert gar nicht in ihrer *application.yml* definieren müssen. In diesem Fall können wir diese Werte in einer *properties*-Datei definieren und diese in unserer `@Configuration`-Klasse einlesen.

Möchten wir beispielsweise die URL für unseren Wetterservice vordefinieren, definieren wir den Wert in der Datei *weather.properties*:

Listing 5–7
Default-Wert für eine Property

```
weather.url=https://weather.com
```

In unserer `@Configuration`-Klasse lesen wir die Properties-Datei dann mit der `@PropertySource`-Annotation ein:

Listing 5–8
Laden von Default-Werten aus einer Properties-Datei

```
@Configuration
@ConfigurationPropertiesScan
@PropertySource("classpath:/.../weather.properties")
public class WeatherServiceConfiguration {

}
```

Konfigurationswerte, die mittels der `@PropertySource`-Annotation eingelesen werden, haben eine geringere Präzedenz als Werte, die aus einer *application.yml*-Datei eingelesen werden. Deshalb eignet sich diese Annotation sehr gut, um Standardwerte zu definieren, die vom Benutzer bei Bedarf überschrieben werden können.

5.3 Profile

Wir wissen nun, wie wir Konfigurationswerte in unserer zentralen Konfigurationsdatei *application.yml* definieren, um diese dann in unserer Spring-Boot-Anwendung auslesen zu können. Damit haben wir die Konfiguration von unserem Code getrennt, was wichtig ist, wenn wir denselben Code in unterschiedlichen Umgebungen deployen möchten.

Wie aber definieren wir unterschiedliche Konfigurationswerte für unterschiedliche Umgebungen? Spring Boot unterstützt dies mithilfe von sogenannten »Profilen«. Ein Profil in Spring Boot ist im Grunde eine Menge von Konfigurationsparametern und deren Werten, also eine Menge von Key/Value-Paaren. Beim Start einer Spring-Boot-Anwendung können wir definieren, welche Profile aktiviert werden sollen, und Spring Boot lädt dann die Konfigurationswerte für die entsprechenden Profile.

5.3.1 Konfigurationsparameter für ein Profil definieren

Nehmen wir an, wir haben drei verschiedene Umgebungen: die lokale Umgebung auf unserem Entwicklercomputer, eine Entwicklungsumgebung, die wir uns mit anderen Entwicklern zum Testen teilen, und die Produktionsumgebung.

Um Konfigurationswerte für die verschiedenen Umgebungen zu definieren, legen wir für jede Umgebung eine eigene YAML-Datei an:

```
# application.yml
server.port: 8081
custom:
  app-name: "Hello World App"

weather:
  url: "INVALID"
  port: "INVALID"
  max-retries: 3
  timeout: PT5S

# application-local.yml
custom:
  app-name: "Hello World App (local)"
weather:
  url: "https://dev.weather.com"
  port: 443

# application-dev.yml
custom:
  app-name: "Hello World App (dev)"
weather:
  url: "https://dev.weather.com"
  port: 443

# application-prod.yml
weather:
  url: "https://prod.weather.com"
  port: 443
```

Listing 5–9
Verschiedene Konfigurationswerte für verschiedene Profile

Spring Boot erkennt automatisch Konfigurationsdateien mit dem Namen *application-<profil>.yml* (und deren *.properties*-Variante). Wir können also mehrere solcher Dateien mit unterschiedlichen Suffixen nebeneinanderlegen und Spring Boot lädt beim Start der Anwendung automatisch die Konfigurationswerte für die aktivierten Profile.

Es fällt auf, dass wir immer noch die Datei *application.yml* ohne Profil-Suffix benutzen. Diese Datei wird als Fallback genutzt, wenn ein Konfigurationsparameter in einem aktiven Profil nicht definiert ist. Wenn in unserem Beispiel das Profil `prod` aktiv ist, wird zum Beispiel der Konfigurationsparameter `custom.app-name` mit dem Wert aus der Datei *application.yml* belegt, denn er ist in der Datei *application-prod.yml* nicht definiert.

Des Weiteren haben wir in der Datei *application.yml* einige Konfigurationsparameter absichtlich mit ungültigen Werten belegt. Wir könnten diese auch weglassen (denn sie werden sowieso in den profilspezifischen Konfigurationsdateien überschrieben), dennoch haben wir sie hier aufgenommen, um anzuzeigen, welche Konfigurationsparameter uns zur Verfügung stehen.

Multi-Document Konfigurationsdateien

Spring Boot unterstützt sogenannte »Multi-Document«-Konfigurationsdateien. Diese erlauben es uns, Konfigurationswerte für mehrere Profile in einer Datei zu definieren. Die geht sowohl in *.properties*- als auch in *.yml*-Dateien.

Durch die Zeile »`---`« (oder »`#---`« in *.properties*-Dateien) definieren wir den Start eines neuen »Dokuments« innerhalb der Konfigurationsdatei. Innerhalb eines solchen Dokuments können wir zum Beispiel mit der Property `spring.config.activate.on-profile: dev` definieren, dass alle Konfigurationswerte in diesem Dokument nur für das `dev`-Profil aktiviert werden sollen.

Wir empfehlen, Multi-Document-Konfigurationsdateien zu vermeiden und stattdessen eine eigene Konfigurationsdatei für jedes Profil anzulegen. Multi-Document-Dateien werden sehr schnell unübersichtlich. Insbesondere sind Änderungen an einer solchen Datei in einem Pull-Request schlecht zu reviewen, denn üblicherweise werden bei einem Pull-Request Review nur einige Zeilen ober- und unterhalb des geänderten Konfigurationswertes angezeigt, und das reicht meist nicht aus, um zu erkennen, für welches Profil die Änderung gilt.

5.3.2 Ein Profil aktivieren

Um ein Profil zu aktivieren, können wir beim Start unserer Spring-Boot-Anwendung die Java System Property `spring.profiles.active` verwenden:

Listing 5–10
Aktivieren eines Profils mittels Java System Property

```
> java \
  -Dspring.profiles.active=dev\
  -jar configuration-1.0-SNAPSHOT.jar
```

Anstatt nur eines einzigen Profils können wir auch mehrere Profile, durch Komma getrennt, angeben.

Alternativ können wir die Umgebungsvariable `SPRING_PROFILES_ACTIVE` nutzen:

Listing 5–11
Aktivieren eines Profils mittels Umgebungsvariable

```
> export SPRING_PROFILES_ACTIVE=prod
> java -jar configuration-1.0-SNAPSHOT.jar
```

5.3.3 Konfigurationswerte aus unterschiedlichen Quellen kombinieren

Im vorherigen Beispiel zur Aktivierung von Profilen deutet sich eine der Stärken von Spring Boots Konfigurationsabstraktion an: Wir können Konfigurationsparameter aus unterschiedlichen Quellen berücksichtigen.

Der Parameter `spring.profiles.active` ist ein normaler Konfigurationsparameter (allerdings mit einer besonderen Bedeutung). Wir können die Werte für alle anderen Konfigurationsparameter ebenfalls via Java System Property oder als Umgebungsvariable definieren.

Es stellt sich dann die Frage, welcher Konfigurationswert »gewinnt«, wenn er über verschiedene Mechanismen definiert wurde. Nehmen wir das folgende Beispiel:

Listing 5–12
Definition eines Konfigurationswertes mittels Java System Property

```
java \
  -Dspring.profiles.active=dev \
  -Dcustom.app-name="FOO" \
  -jar configuration-1.0-SNAPSHOT.jar
```

Hier setzen wir explizit den Wert des Konfigurationsparameters `custom.app-name` auf `FOO`, obwohl die Datei *application-dev.yml* bereits einen Wert für diesen Parameter definiert. Starten wir die Anwendung mit diesem Befehl, merken wir, dass der Wert, der via Java System Property definiert wurde, gewinnt.

Dies ist kein Zufall, sondern Design. Es gibt eine klare Präzedenz für unterschiedliche Quellen von Konfigurationswerten. Je expliziter wir einen Konfigurationswert definieren, desto höher ist dessen Präzedenz. Java System Properties haben eine höhere Präzedenz als Umgebungsvariablen, die wiederum eine höhere Präzedenz als unsere Konfigurationsdateien haben. Neben diesen drei Quellen für Konfigurationswerte gibt es noch eine Reihe weiterer Quellen, die am besten in der Spring-Boot-Dokumentation[2] nachzulesen sind.

Spring Boot bietet uns auch eine Reihe von Wegen, um die Werte von Konfigurationsparametern und Profilen in Tests zu definieren, die in Kapitel 17 erläutert werden.

5.4 Das Environment-Bean

Wenn wir zur Laufzeit der Anwendung wissen möchten, welche Profile aktiviert oder welche Konfigurationsparameter mit welchen Werten belegt sind, können wir die von Spring Boot bereitgestellte `Environment`-

2. *https://docs.spring.io/spring-boot/docs/3.0.0/reference/htmlsingle/*

Bean nutzen. Diese können wir einfach in eine unserer eigenen Spring Beans injizieren:

Listing 5–13
Injizieren des Environment-Beans

```
@Component
public class WeatherService {

  private final Logger logger
    = LoggerFactory.getLogger(WeatherService.class);

  public WeatherService(Environment environment) {
    logger.info("Active profiles: {}",
      environment.getActiveProfiles());
    logger.info("Value of 'custom.app-name': {}",
      environment.getProperty("custom.app-name"));
  }
}
```

Die `Environment`-Klasse bietet einige Methoden, die uns Informationen über die Konfiguration der Anwendung bereitstellt, wie die im Beispiel gezeigten Methoden `getActiveProfiles()` und `getProperty()`.

5.5 Best Practices für Konfigurationsmanagement

Wie wir gesehen haben, bietet Spring Boot verschiedene Wege, Konfigurationswerte für eine Anwendung zu definieren (und wir haben gar nicht alle behandelt). Je nach Kontext kann der eine oder der andere Weg sinnvoller sein. In den meisten Fällen ist es aber sinnvoll, die Konfiguration aller Konfigurationswerte in einer Anwendung gleichartig zu gestalten, sodass wir immer sofort wissen, wo wir nach einem Wert suchen sollten. Im Folgenden beschreiben wir einige Best Practices für die Konfiguration einer Spring-Boot-Anwendung, die unserer Erfahrung nach helfen, die Konfiguration einer Anwendung möglichst wartbar zu halten. Wenn es einen guten Grund gibt, können wir natürlich davon abweichen.

5.5.1 Konfigurationsdateien im JAR

Die Konfigurationsdateien *application.yml* und ihre profilspezifischen Pendants (*application-dev.yml*, *application-prod.yml* usw.) legen wir standardmäßig im Ordner *src/main/resources* unseres Projekts ab. Das bedeutet, dass sie vom Build-Prozess mit in die JAR-Datei unserer Anwendung »gebacken« werden.

Dies kann kontraintuitiv sein, denn wir möchten die Konfiguration der Anwendung eigentlich unabhängig vom Quellcode halten. Anstatt die Konfigurationsdateien mit in die JAR-Datei zu backen, könnten wir sie beim Start der Anwendung auch einfach neben die JAR-Datei legen und Spring Boot würde sie immer noch finden und auswerten. Warum also packen wir sie in unser Build-Artefakt?

Der Grund dafür ist, dass wir so das Deployment vereinfachen. Wir brauchen nur die JAR-Datei und sonst nichts. Wir müssen keine Konfigurationsdateien hin- und herkopieren. Das bedeutet zwar, dass die JAR-Datei, die wir in der `dev`-Umgebung deployen, auch Konfigurationswerte für die `prod`-Umgebung beinhaltet. Das ist aber nur ein Problem, wenn unsere Konfigurationsparameter Secrets, wie Passwörter oder Authentifizierungstoken, beinhalten. Wie wir mit Secrets umgehen, sehen wir später.

Konfigurationsparameter im JAR-File ausliefern funktioniert natürlich nur, wenn unsere Anwendung in eine fest definierte Menge von Umgebungen deployt wird (also auch eine fest definierte Menge an Konfigurationsdateien existiert). Dies funktioniert nicht für dynamischere Umgebungen, zum Beispiel, wenn wir eine Anwendung an einen Kunden ausliefern, der sie dann selbst konfigurieren kann.

5.5.2 Secrets als Umgebungsvariablen definieren

Konfigurationswerte, die ein Secret darstellen, wie zum Beispiel Authentifizierungstoken, sollten niemals in einer Konfigurationsdatei abgelegt werden, weil sie dann in der Git-Historie landen und im Falle einer Sicherheitslücke einfacher ausgespäht werden können.

Stattdessen sollten Secrets als Umgebungsvariablen in der Laufzeitumgebung definiert werden. Nehmen wir an, dass unsere Anwendung ein Authentifizierungstoken benötigt, um mit dem Wetterservice zu sprechen, dann können wir in der Laufzeitumgebung die folgende Umgebungsvariable definieren, bevor wir die Anwendung starten:

```
export WEATHER_TOKEN=this_is_a_token
```

Listing 5–14
Konfiguration eines geheimen Wertes mittels Umgebungsvariable

Der Wert dieser Umgebungsvariable wird von Spring Boot automatisch als Konfigurationsparameter mit dem Namen `weather.token` zur Verfügung gestellt, und wir können ihn wie gewohnt nutzen.

5.5.3 Umgebungsvariablen explizit definieren

Anstatt Umgebungsvariablen direkt in unserer Anwendung zu nutzen, empfehlen wir, die Parameter trotzdem wie folgt in den Konfigurationsdateien zu definieren:

```
# application.yml
weather:
  token: ${WEATHER_TOKEN}
```

Listing 5–15
Mapping einer Umgebungsvariable zu einer Konfigurationsproperty

Hier wird der Wert des Konfigurationsparameters `weather.token` explizit auf den Wert der Umgebungsvariable `WEATHER_TOKEN` gesetzt. Dies hat denselben Effekt wie Spring Boots automatisches Mapping, das wir im letzten Abschnitt diskutiert haben. Warum machen wir uns die Mühe, die Property dennoch explizit zu definieren?

Erstens, weil wir so alle Konfigurationsparameter an einer zentralen Stelle definiert haben. Anstatt durch die Umgebungsvariablen zu suchen, können wir einfach in unsere *application-*.yml*-Dateien schauen und wissen, welche Konfigurationswerte unsere Anwendung benötigt.

Zweitens dient dieser Mechanismus als Mapping-Schicht zwischen Umgebungsvariablen und unseren Konfigurationsparametern. Was ist, wenn unser Plattform-Team entschieden hat, den Namen einer Umgebungsvariable zu ändern? Wir ändern den Namen einfach in der *application.yml*-Datei und müssen nicht alle Stellen im Code ändern, wo der Konfigurationsparameter genutzt wird.

5.5.4 Profile nur für Umgebungen

Wie wir gesehen haben, sind Spring-Boot-Profile ein mächtiges Werkzeug zum Konfigurationsmanagement. Wenn wir dieses Werkzeug allerdings missbrauchen, führt es schnell zu einer unübersichtlichen und schwer wartbaren Anwendung.

Nehmen wir als Beispiel an, unsere Anwendung spricht mit mehreren externen Services. Die Anwendung funktioniert aber auch (mit eingeschränkter Funktionalität) ohne diese externen Services. Je nach Laufzeitumgebung (`local`, `dev`, `prod`, ...) sind einige dieser Services verfügbar und andere nicht.

Wir könnten nun für jeden dieser Services ein Profil anlegen und beim Start der Anwendung definieren, welche dieser Services aktiv sind:

Listing 5–16 *Aktivierung mehrerer Profile mittels Java System Property*

```
> java \
    -Dspring.profiles.active=dev,service1,service3 \
    -jar configuration-1.0-SNAPSHOT.jar
```

Hier starten wir die Anwendung in der Entwicklungsumgebung, weshalb wir das `dev`-Profil aktiviert haben, und wir aktivieren die Profile `service1` und `service3`, die jeweils einen externen Service aktivieren. Im Quellcode könnten wir dann die `@Profile`-Annotation benutzen, um bestimmte `@Configuration`-Klassen nur zu aktivieren, wenn ein bestimmtes Profil aktiv ist:

```
@Configuration
@Profile("service1")
class Service1Configuration{
  // bean definitions for service 1
}

@Configuration
@Profile("service2")
class Service2Configuration{
  // bean definitions for service 2
}

@Configuration
@Profile("service3")
class Service3Configuration{
  // bean definitions for service 3
}
```

Listing 5–17
Bedingte Aktivierung von @Configurations mittels @Profile-Annotation

In unserem Beispiel würde Spring also die Klassen `Service1Configuration` und `Service3Configuration` auswerten, die Klasse `Service2Configuration` aber nicht. Zusätzlich würden alle Konfigurationsparameter aus den Dateien *application-dev.yml*, *application-service1.yml* und *application-service3.yml* ausgewertet, falls diese Dateien existieren.

Unsere Konfiguration besteht nun aus mehreren Dimensionen. Die erste Dimension ist die Laufzeitumgebung und eine zweite Dimension zur Aktivierung von `service1`, `service2` und `service3`, wobei jeder Service auch als eigene Dimension betrachtet werden kann.

Wir haben mehrere Quellen für Konfigurationswerte, und es wird schwer, die Konfiguration der Anwendung zu verstehen und gegebenenfalls zu debuggen. Um dem noch die Krone aufzusetzen, könnten wir innerhalb der `@Profile`-Annotation auch noch eine Expression benutzen:

```
@Configuration
@Profile("!service1")
class Service2And3Configuration{
  // bean definitions for service 1
}
```

Listing 5–18
Nutzung einer SpEL-Expression in einer @Profile-Annotation

Diese `@Configuration`-Klasse wird nur aktiv, wenn das Profil `service1` nicht aktiviert wurde. Sind mehrere solcher Expressions in der Codebase verteilt, wird es sehr schnell sehr unübersichtlich. Beim Debuggen, um herauszufinden, warum die Anwendung nicht startet, kann man sich in diesem Fall noch nicht einmal mehr auf eine Volltextsuche der aktivierten Profile verlassen, denn diese Suche würde die obige Klasse nicht finden! Hier sind Probleme vorprogrammiert.

Besser ist es, die Konfiguration unserer Laufzeitumgebung zu nutzen, um die externen Services zu aktivieren oder deaktivieren. Für denselben

Effekt wie oben können wir zum Beispiel folgende Konfigurationsparameter in unserer *application-dev.yml* definieren:

Listing 5–19
Nutzung von Konfigurationsparametern anstatt von Profilen

```
# application-dev.yml
service1.enabled: true
service2.enabled: false
service3.enabled: true
```

Im Anwendungscode können wir dann die Annotation `@ConditionalOnProperty` anstatt der `@Profile`-Annotation nutzen:

Listing 5–20
Nutzung von @ConditionalOnProperty statt @Profile

```
@Configuration
@ConditionalOnProperty(
  name="service1.enabled",
  havingValue="true",
  matchIfMissing= false
)
class Service1Configuration{
  // bean definitions for service 1
}

@Configuration
@ConditionalOnProperty(
  name="service2.enabled",
  havingValue="true",
  matchIfMissing= false
)
class Service2Configuration{
  // bean definitions for service 2
}

@Configuration
@ConditionalOnProperty(
  name="service3.enabled",
  havingValue="true",
  matchIfMissing= false
)
class Service3Configuration{
  // bean definitions for service 3
}
```

So sind alle Konfigurationsparameter, die das Verhalten unserer Anwendung beeinflussen, zentral in unseren *application.yml*-Dateien enthalten. Die Konfiguration ist einfacher, weil wir nur noch eine »Konfigurationsdimension« verstehen müssen, nämlich die Dimension unserer Laufzeitumgebung.

Kurz gesagt empfehlen wir, Profile nur für die Laufzeitumgebungen zu nutzen und auf die Nutzung der `@Profile`-Annotation komplett zu verzichten, solange es keine sehr guten Gründe gibt, es anders zu machen, was unserer Erfahrung nach eher selten der Fall ist, zumindest nicht im Umfeld von »Enterprise«-Serveranwendungen.

5.5.5 Konfiguration von Default-Werten

Wie oben diskutiert, haben wir letztendlich eine Konfigurationsdatei für jede Laufzeitumgebung und eine Datei namens *application.yml* (ohne Profil-Suffix), in der wir Fallback-Werte für Parameter definieren, die nicht in den anderen Dateien enthalten sind. Welche Konfigurationsparameter sollten in dieser zentralen Fallback-Datei definiert werden?

Unsere Empfehlung ist es, in der *application.yml*-Datei nur diejenigen Werte zu definieren, die für alle Laufzeitumgebungen gleich sind, oder diese Datei komplett wegzulassen und die Werte stattdessen in allen umgebungsspezifischen Konfigurationsdateien explizit zu konfigurieren. Je expliziter die Konfiguration, desto einfacher ist es, sie zu verstehen. Wenn wir zum Beispiel nach dem Wert eines Konfigurationsparameters in der Entwicklungsumgebung suchen, können wir einfach in die Datei *application-dev.yml* schauen und haben ein komplettes Bild, ohne dass wir erst noch in der Datei *application.yml* suchen müssen.

6 Build Management mit Spring Boot

Spring Boot unterstützt uns nicht nur bei der Programmierung einer Anwendung, sondern auch bei deren Packaging mithilfe von Maven oder Gradle. In diesem Kapitel schauen wir uns an, wie Spring Boot uns beim Build-Prozess unterstützt.

6.1 Überblick

Eine Hauptfunktionalität von Spring Boot, die den Begriff »Boot« in den Namen bringt, ist die Fähigkeit, eine Anwendung in einer einzigen Datei zu verpacken, die überall läuft (solange eine Java Runtime installiert ist). Alles, was die Anwendung braucht, ist in dieser Datei: ein Webserver, alle Dependencies und der Code unserer Anwendung selbst.

Spring Boot nutzt das JAR-Format, um eine Anwendung zu verpacken. Innerhalb der JAR-Datei nutzt es ein bestimmtes Schema, um Dateien abzulegen. Beim Start der Anwendung weiß Spring Boot dann, wo welche Daten liegen, und hat damit alle Informationen, um die Anwendung zu starten.

In diesem Kapitel schauen wir uns an, wie diese Datei aufgebaut ist und wie wir sie mithilfe von Maven oder Gradle erzeugen können.

6.2 Gradle oder Maven?

Spring Boot unterstützt sowohl Maven als auch Gradle als Build-Tool mit jeweils einem eigenen Plugin, die wir in diesem Kapitel erläutern. Dieses Kapitel ist allerdings das einzige in diesem Buch, in dem wir auf Maven eingehen. In allen anderen Kapiteln und in unseren Beispielprojekten auf GitHub verwenden wir ausschließlich Gradle.

Der Grund dafür, dass wir nur Beispiele mit einem der Build-Tools angeben, ist relativ einfach: Der Aufwand verdoppelt sich, wenn wir Beispiele in Maven und Gradle erstellen.

Der Grund, dass wir uns für Gradle und nicht für Maven entschieden haben, ist die Tatsache, dass es schwerer ist, Beispiele mit Gradle im Internet zu finden. Gradle unterstützt mit Kotlin und Groovy zwei verschiedene Skriptsprachen und ist insgesamt flexibler, was den Lösungsraum deutlich vergrößert. Lösungen mit Maven findet man dafür relativ einfach, da es strukturierter ist. Da es schwieriger ist, die richtigen Lösungen mit Gradle zu finden, dokumentieren wir die Beispiele in diesem Buch mit Gradle (und Kotlin als Skriptsprache) und ermutigen den Leser dazu, die Lösungen für Maven selbst im Internet zu finden.

6.3 Spring Boot »Fat JAR«

Die JAR-Dateien, die eine Spring-Boot-Anwendung beinhalten, werden häufig »Fat JAR« oder »Uber JAR« genannt. Die Begriffe beziehen sich darauf, dass diese Dateien mehr beinhalten als nur kompilierten Java-Bytecode (*.class*-Dateien) und statische Ressourcen, wie es in »normalen« JAR-Dateien der Fall ist. Ein Fat JAR enthält zusätzlich noch die Abhängigkeiten einer Anwendung, meistens in Form von weiteren JAR-Dateien. Das JAR-Format ist lediglich eine ZIP-Datei, also können wir alles in eine JAR-Datei packen, was wir möchten, und ein Fat JAR nutzt diese Eigenschaft aus.

Das Ziel einer Spring-Boot-JAR-Datei ist es, dass wir die Anwendung mit dem einfachen Befehl `java -jar myApp.jar` starten können, ohne dass wir umständlich den Classpath definieren müssen. Alles, was die Anwendung im Classpath benötigt, ist in der Datei selbst enthalten, wie zum Beispiel die JAR-Dateien unserer Abhängigkeiten. Da das JDK standardmäßig nicht mit JAR-Dateien innerhalb von JAR-Dateien umgehen kann, muss die Anwendung diese beim Start selbst in den Classpath laden. Dies macht Spring Boot für uns.

Schauen wir uns den Aufbau einer Spring-Boot-JAR-Datei einmal an. Entpacken wir eine solche Datei, sehen wir die folgenden Ordner und Dateien:

Listing 6–1
Inhalt eines Spring Boot »Fat JAR«

```
/BOOT-INF
  /classes
  /lib
/META-INF
  /MANIFEST.MF
/org/springframework/boot/loader/*
```

Die einzige Datei, mit der die Java Runtime etwas anfangen kann, ist die Manifest-Datei. Diese sieht in einer Spring-Boot-Anwendung beispielsweise wie folgt aus (einige Zeilen haben wir der Einfachheit halber in diesem Beispiel weggelassen):

```
Manifest-Version: 1.0
Main-Class: org.springframework.boot.loader.JarLauncher
Start-Class: de.springboot3.MyApplication
Spring-Boot-Version: 3.2.0-M2
Spring-Boot-Classes: BOOT-INF/classes/
Spring-Boot-Lib: BOOT-INF/lib/
```

Listing 6–2
Manifest einer Spring-Boot-Anwendung

Das Manifest ist nichts weiter als eine Sammlung von Key/Value-Paaren mit einigen Metadaten unserer Anwendung. Wir können es benutzen, um eine sogenannte »Runnable JAR«-Datei zu erzeugen, indem wir über das `Main-Class`-Attribut definieren, welche Java-Klasse die Java Runtime beim Starten des JAR ausführen soll. Diese Klasse muss eine `main()`-Methode implementieren, die dann von der Java Runtime aufgerufen wird. So können wir unsere JAR-Datei einfach mit `java -jar myApp.jar` starten, ohne die Main-Klasse als Parameter übergeben zu müssen. Alle *.class*-Dateien, die in unserer JAR-Datei gefunden werden, werden dabei automatisch vom JDK in den Classpath geladen und sind dann zur Laufzeit verfügbar.

Im Beispiel-Manifest oben sehen wir, dass die Spring-Boot-Klasse `JarLauncher` als Main-Klasse angegeben ist. Zusätzlich ist unsere Anwendungsklasse `MyApplication` als `Start-Class` angegeben. Was hat es damit auf sich?

Unsere Spring-Boot-JAR-Datei enthält neben der `JarLauncher`-Klasse (im Ordner */org/springframework/boot/loader/*), unseren Anwendungsklassen (im Ordner */BOOT-INF/classes*) und dem Manifest zusätzlich noch alle JAR-Dateien der Bibliotheken, die unsere Anwendung nutzt (im Ordner */BOOT-INF/lib*). Das JDK weiß nicht mit diesen Dateien umzugehen und würde sie beim Start unserer Spring-Boot-JAR-Datei einfach ignorieren. Wenn wir direkt unsere Anwendungsklasse `MyApplication` als `Main-Class` im Manifest angeben, würde die Anwendung mit einer `ClassNotFoundException` abbrechen, denn unsere Bibliotheken sind nicht im Classpath! Genau genommen ist noch nicht einmal unsere Klasse `MyApplication` im Classpath, denn das JDK fügt den Ordner */BOOT-INF/classes* ebenfalls nicht automatisch dem Classpath hinzu.

Die Klasse `JarLauncher` hingegen weiß mit den »inneren« JAR-Dateien umzugehen. Sie liest das Manifest aus, weiß dann, dass die Anwendungsklassen im Ordner */BOOT-INF/classes* und die Bibliotheken im Ordner */BOOT-INF/lib* zu finden sind, und fügt sie dem Classpath hinzu. Sobald der Classpath vollständig ist, übergibt sie die Kontrolle an die Klasse, die im Manifest als `Start-Class` definiert ist, in unserem Fall `MyApplication`. Diese startet dann unsere Spring-Boot-Anwendung.

Wir wissen nun, wie ein Spring-Boot-JAR aussieht und wie es funktioniert. Die Frage, die sich nun stellt, ist, wie wir ein solches JAR erzeugen können. Hierfür stellt Spring Boot eigene Build-Plugins für Maven und Gradle zur Verfügung.

6.4 Das Gradle Plugin

Nutzen wir Gradle als unser Build-Tool, können wir das Spring-Boot-Gradle-Plugin[1] nutzen. Es weiß nicht nur, wie ein Spring-Boot-JAR erzeugt wird, sondern bietet noch einige andere hilfreiche Funktionen.

Wenn wir ein neues Spring-Boot-Projekt mit Gradle über start.spring.io erzeugen, sehen wir, dass das Plugin lediglich im `plugins`-Abschnitt unserer *build.gradle.kts*-Datei definiert werden muss.

Listing 6–3
Deklaration des Spring-Boot-Gradle-Plugins

```
plugins {
  id("org.springframework.boot") version "3.2.2"
}
```

Alle Plugins im `plugins`-Abschnitt werden automatisch aktiviert, es sei denn, die Zeile endet mit `apply false`. Das bedeutet, dass das Spring-Boot-Plugin mit der obigen Definition bereits aktiv ist.

In den meisten Projekten reicht dies bereits, um mit Spring Boot zu arbeiten. Das Plugin modifiziert den Standard Task `build` automatisch so, dass eine Fat-JAR-Datei wie oben beschrieben erzeugt wird. Dabei sucht es automatisch nach einer Klasse mit einer Main-Methode (`public static void main(String[])`) und fügt diese als `Start-Class` in das Manifest ein. Haben wir mehrere Klassen mit Main-Methoden in unserer Anwendung, müssen wir die Startklasse selbst definieren:

Listing 6–4
Definition der Main Class

```
springBoot {
  mainClass.set("de.springboot3.MyApplication")
}
```

Hier wird zwar das Attribut `mainClass` gesetzt, es ist aber nicht mit dem Attribut `Main-Class` im Manifest zu verwechseln! Das Attribut `Main-Class` in einer Manifest-Datei zeigt immer auf eine Spring-Boot-Klasse (wie zum Beispiel `JarLauncher`), während wir hier die Startklasse unserer Anwendung definieren möchten.

Das Plugin fügt dem Gradle-Build weiterhin einen Task namens `bootRun` hinzu. Wenn wir `./gradlew bootRun` aufrufen, startet es die Spring-Boot-Anwendung. Wir können diesen Task zum lokalen Testen nutzen. Ein Vorteil dieses Tasks ist es, dass wir ihn nutzen können, um die Konfiguration der lokalen Anwendung für alle Entwickler des Teams zu zentralisieren. Wir können beispielsweise standardmäßig das Profil `local` aktivieren:

Listing 6–5
Aktivierung des Profils »local« beim Starten der Anwendung durch Gradle

```
tasks.named<BootRun>("bootRun") {
  systemProperty("spring.profiles.active", "local")
}
```

1. *https://docs.spring.io/spring-boot/docs/3.0.0/gradle-plugin/reference/htmlsingle/*

Als Entwickler der Anwendung können wir dann einfach `./gradlew bootRun` aufrufen und müssen nicht daran denken, die Anwendung mit der korrekten lokalen Konfiguration zu starten. Wir lernen noch mehr über Profile in Kapitel 5.

Das Spring-Boot-Gradle-Plugin bietet noch viele weitere Funktionen, die aber meist nur notwendig werden, wenn man vom Standard abweicht. Für weitere Details über das Plugin verweisen wir auf die sehr ausführliche Referenzdokumentation[2].

6.5 Das Maven Plugin

Auch für Maven stellt Spring Boot ein äquivalentes Plugin zur Verfügung. Das Spring-Boot-Maven-Plugin[3] aktivieren wir wie folgt in unserer *pom.xml*:

Listing 6–6
Aktivierung des Maven Plugins

```
<build>
  <plugins>
    <plugin>
      <groupId>org.springframework.boot</groupId>
      <artifactId>spring-boot-maven-plugin</artifactId>
    </plugin>
  </plugins>
</build>
```

Auch für Maven hilft es, wenn wir uns auf start.spring.io ein Standardprojekt erstellen lassen, um die Standardkonfiguration zu untersuchen.

Genau wie das Gradle-Plugin modifiziert das Maven-Plugin ebenfalls den Build-Prozess, um standardmäßig eine »Runnable Fat JAR«-Datei zu erzeugen. Wir müssen lediglich den Standard-Task `./mvnw package` aufrufen und das Plugin erzeugt die JAR-Datei im `target`-Ordner.

Die Start-Klasse wird automatisch ermittelt, solange es nur eine Klasse mit einer `main()`-Methode in der Codebase gibt. Andernfalls können wir sie explizit mit dem Konfigurationsparameter `mainClass` definieren:

Listing 6–7
Definition der Main Class

```
<plugin>
  <groupId>org.springframework.boot</groupId>
  <artifactId>spring-boot-maven-plugin</artifactId>
  <configuration>
    <mainClass>de.springboot3.MyApplication</mainClass>
  </configuration>
</plugin>
```

2. *https://docs.spring.io/spring-boot/docs/3.0.0/gradle-plugin/reference/htmlsingle/*
3. *https://docs.spring.io/spring-boot/docs/3.0.0/maven-plugin/reference/htmlsingle/*

Das Plugin fügt ebenfalls einen neuen Task `spring-boot:run` hinzu, um die Anwendung lokal zu starten. Da wir diesen Task meistens für das lokale Testen nutzen, möchten wir vermutlich ein bestimmtes Profil aktivieren (wir nennen es `local`). Das Spring-Boot-Team hat dies vorhergesehen und liest automatisch die Maven-Property `app.profiles` aus, die wir wie folgt in der *pom.xml* definieren können:

Listing 6–8
Aktivierung des Profils »local« beim Start der Anwendung mit Maven

```
<properties>
  <app.profiles>local</app.profiles>
</properties>
```

Wenn wir nun den Befehl `./mvnw spring-boot:run` ausführen, startet unsere Anwendung automatisch im Profil `local`.

Auch das Maven-Plugin ist noch weiter konfigurierbar und kann an viele Besonderheiten angepasst werden. Wir verweisen auf die ausführliche Referenzdokumentation[4] für weitere Konfigurationsmöglichkeiten.

6.6 Dependency Management mit Spring Boot

Neben dem »Boot«-Aspekt von Spring Boot, also dem Verpacken der Anwendung in einer ausführbaren JAR-Datei, ist eine der Hauptfunktionen von Spring Boot das Dependency Management. Diese Funktion können wir mit oder ohne Hilfe der Build-Plugins konsumieren.

Das Ziel des Dependency Managements ist es, dass wir in unserer Anwendung dieselben Versionen von Bibliotheken nutzen, die Spring Boot ebenfalls nutzt. Wir bestimmen die Version einer Bibliothek nicht mehr selbst, sondern lassen Spring Boot bestimmen. So kann es nicht zu Konflikten zwischen zwei verschiedenen Versionen derselben Bibliothek kommen.

Der Kern von Spring Boots Dependency Management ist die Bill of Materials (BOM), die wir bereits kurz in Kapitel 4 kennengelernt haben. Die BOM ist lediglich eine Liste von Bibliotheken und ihren Versionen, die vom Spring-Boot-Team verwaltet und als Maven-Modul mit dem Namen *org.springframework.boot:spring-boot-dependencies* veröffentlicht wird. Es gibt mehrere Wege, wie wir die BOM in unser Projekt integrieren können, sodass wir die Versionen von in der BOM verwalteten Bibliotheken nicht mehr selbst definieren müssen.

4. *https://docs.spring.io/spring-boot/docs/3.0.0/maven-plugin/reference/htmlsingle/*

6.6.1 Spring-Boot-BOM mit Gradle konsumieren

Der Standardweg, die Spring-Boot-BOM mit Gradle zu konsumieren, ist es, das Spring-Dependency-Management-Plugin zusammen mit dem Spring-Boot-Plugin zu aktivieren:

```
plugins {
  java
  id("org.springframework.boot") version "3.2.2"
  id("io.spring.dependency-management") version "1.1.4"
}
```

Listing 6–9
Aktivierung des Spring-Dependency-Management-Plugins für Gradle

Das Spring-Boot-Plugin erkennt automatisch, dass das Dependency-Management-Plugin aktiviert ist, und lädt dann die Spring-Boot-BOM in das Projekt, sodass wir die Versionen von Bibliotheken nicht mehr angeben müssen.

Ein alternativer Weg, die Spring-Boot-BOM mit Gradle zu konsumieren, ist Gradles »Platform«-Funktion:

```
dependencies {
  implementation platform(
    "org.springframework.boot:
       spring-boot-dependencies:3.2.2")
}
```

Listing 6–10
Spring-Boot-BOM mit Gradle als Dependency deklarieren

Dies hat denselben Effekt, ohne dass wir das Spring-Dependency-Management-Plugin aktivieren müssen.

Egal welchen Weg wir wählen, wenn wir nun eine Bibliothek importieren, deren Version in der Spring-Boot-BOM verwaltet wird, können wir die Version einfach weglassen:

```
dependencies {
  implementation("<groupId>:<artifactId>")
}
```

Listing 6–11
Definition von Dependencies ohne Versionsnummer

Gradle nutzt dann automatisch die Version, die von der Spring-Boot-BOM vorgegeben ist.

6.6.2 Spring-Boot-BOM mit Maven konsumieren

Mit Maven lässt sich die Spring-Boot-BOM ebenfalls über mehrere Wege konsumieren. Der Standardweg, der auch in den Templates auf start.spring.io genutzt wird, ist es, vom Spring Boot Parent zu erben:

```
<parent>
  <groupId>org.springframework.boot</groupId>
  <artifactId>spring-boot-starter-parent</artifactId>
  <version>3.2.2</version>
  <relativePath/>
</parent>
```

Listing 6–12
Erben vom Spring-Boot-Parent-Modul

Das Maven-Modul *spring-boot-starter-parent* ist als »Parent POM« explizit für diesen Fall gedacht. Schauen wir in die POM dieses Moduls, sehen wir, dass es selbst das Modul *spring-boot-dependencies* als Parent angibt und somit das Dependency Management der BOM erbt und an unser eigenes Modul weitergibt. Wir könnten auch das Modul *spring-boot-dependencies* direkt als Parent unseres eigenen Modus definieren, allerdings konfiguriert das *spring-boot-starter-parent*-Modul noch einige andere Dinge, wie zum Beispiel bestimmte Maven-Profile, -Properties und -Plugins. Wir sollten also möglichst das *spring-boot-starter-parent*-Modul als Parent nutzen, es sei denn, es gibt einen guten Grund, es nicht zu tun.

Sollte es nicht möglich sein, die *Module spring-boot-starter-parent* oder *spring-boot-dependencies* als Parent zu konfigurieren, können wir die Spring-Boot-BOM auch wie folgt konsumieren:

Listing 6–13
Spring-Boot-BOM mit Maven als Dependency deklarieren

```
<dependencyManagement>
  <dependencies>
    <dependency>
      <groupId>org.springframework.boot</groupId>
      <artifactId>spring-boot-dependencies</artifactId>
      <version>3.2.2</version>
      <type>pom</type>
      <scope>import</scope>
    </dependency>
  </dependencies>
</dependencyManagement>
```

In allen Fällen können wir dann bei der Definition von unseren Dependencies die Versionsnummern weglassen, sodass die von Spring Boot verwaltete Version genutzt wird:

Listing 6–14
Definition von Dependencies ohne Versionsnummer

```
<dependency>
  <groupId>...groupID...</groupId>
  <artifactId>...artifactId...</artifactId>
</dependency>
```

7 Einführung ins Testen

Dieses Kapitel gibt einen Überblick über die Testmöglichkeiten mit Spring und Spring Boot. Neben der Frage, was und warum überhaupt getestet werden sollte, werden verschiedene Methoden vorgestellt, die Spring Boot anbietet, um Tests einfach und effizient schreiben und ausführen zu können.

7.1 Testen – wieso, weshalb, warum?

Testen ist leider immer noch ein Thema, das Teile der Community spaltet. Während manch überzeugter Verfechter von Test-Driven Development (TDD) nur mit dem Test-First-Ansatz arbeitet, gibt es andere, die gänzlich auf automatisierte Tests verzichten und der Meinung sind, dass manuelle Tests ausreichen würden, um die Funktion des Programms zu gewährleisten. Die Autoren dieses Buchs sind sich einig, dass Testen einen integralen Teil der Softwareentwicklung darstellt und Testcode nicht weniger wichtig ist als Produktionscode. Eine gut geschriebene Test-Suite sorgt dafür, dass Software langfristig funktioniert, hilft gegen versehentlich eingebaute Fehler und ermöglicht sorgenfreies Refactoring. Die Frage, *ob* man Tests schreiben sollte, ist somit trivial. Die Frage, *wofür und wie*, ist wesentlich spannender.

Bevor wir uns anschauen, wie wir Tests in Spring Boot schreiben können, sollten wir zuerst klären, was und warum eigentlich getestet werden sollte. Wann immer man über Tests spricht, wird gerne das Bild der Testpyramide (Abb. 7–1) herangezogen. Diese besagt, dass ein möglichst großer Teil der Tests schnell laufende Unit-Tests sein sollen und es immer weniger Tests geben sollte, je langsamer und komplexer die Art des Tests ist.

Grundsätzlich gilt diese Regel auch für Spring-Boot-Anwendungen. Das Ökosystem bietet hier jedoch einige Möglichkeiten, um gerade Integrationstests einfacher und performanter zu machen.

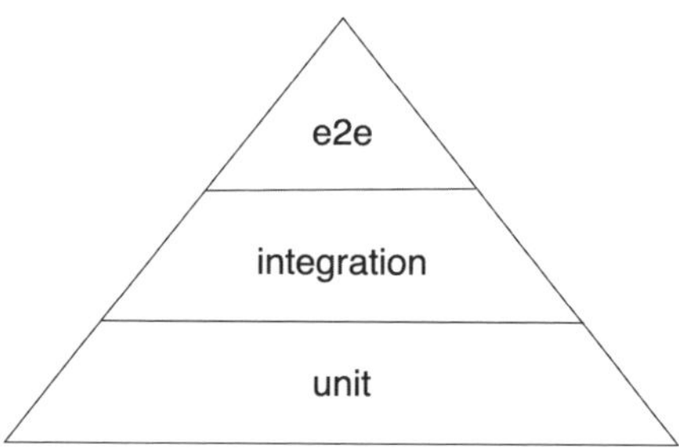

Abb. 7–1
Testpyramide

Dies hat Einfluss auf die Argumente, die der Testpyramide ihre Form geben. Wenn Integrationstests weder in der Entwicklung noch in der Ausführung erheblich teurer sind als klassische Unit-Tests, im gleichen Moment jedoch detailliertere Einblicke in das Zusammenspiel des Systems ermöglichen, werden diese plötzlich attraktiver als klassische Unit-Tests. Die Form der Pyramide wandelt sich damit zum »Testdiamanten«, mit einer breiten Mitte (Abb. 7–2).

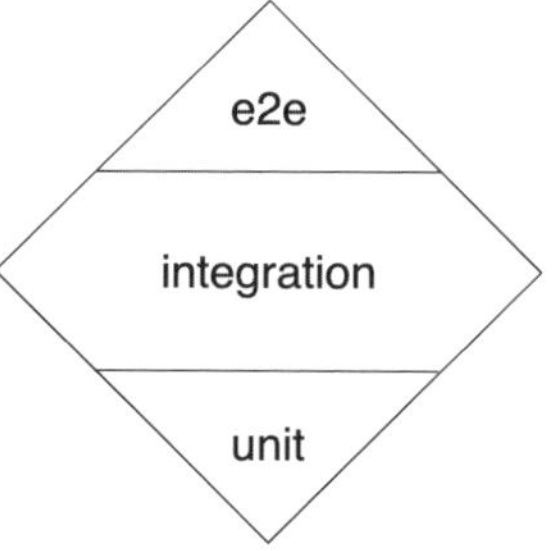

Abb. 7–2
Testdiamant

7.2 Spring Boot Starter Test

Spring stellt einen dedizierten Starter bereit, der alles mitbringt, was zum Testen einer gewöhnlichen Anwendung erforderlich ist. Das Modul *spring-boot-starter-test* enthält neben dem JUnit-Framework die Mocking-Lösung *Mockito* sowie die Assertion Libraries *Hamcrest*, *AssertJ* und *JSONassert*. Je nach Bedarf können zwar zusätzliche Test-Frameworks für das vollumfängliche Testen einer Anwendung erforderlich sein, mit dieser Auswahl kommt man jedoch in den meisten Fällen gut zurecht.

7.3 Unit-Tests

Die Unit-Tests in einer Spring-Anwendung sehen in der Regel nicht anders aus als Unit-Tests für andere Anwendungen. Im Unit-Test werden einzelne Funktionen isoliert abgetestet; etwaige Abhängigkeiten zu anderen Services können mithilfe von Mockito oder anderen Frameworks gemockt werden. Für Assertions steht eine breite Palette an dedizierten Frameworks zur Verfügung.

Für Unit-Tests nicht zu empfehlen ist der Versuch, Framework-Verhalten von Spring über Mocking nachzubilden. Dies führt in aller Regel nur zu komplexen Mocks und unleserlichem Code. Stattdessen bietet Spring Boot für Tests dieser Art Möglichkeiten für schlanke Integrationstests an.

7.4 SpringExtension (JUnit 5)

Extensions sind ein Konzept aus JUnit 5, das die Runner aus JUnit 4 ersetzt. Die `SpringExtension` ist also das Bindeglied, das die JUnit-Tests und den Spring Application Context miteinander verbindet. Dies ermöglicht wiederum die Verwendung von Features wie der `@MockBean`-Annotation, mithilfe derer bestimmte Mocks direkt in den Context injiziert werden können. In der Praxis kommen viele Tests jedoch auch ohne die explizite Verwendung dieser Annotation aus, da viele der Spring-Boot-Testing-Annotationen diese Spring Extension unter der Haube bereits mitbringen.

7.5 Integrationstests mit Spring

Wie bereits erwähnt bringt Spring Bordmittel mit, die Integrationstests vereinfachen und beschleunigen. Die grundlegende Idee dabei ist, im Test einen Application Context mit allen relevanten Beans bereitzustellen, sodass die zu testenden Beans leicht per Autowiring inklusive ihrer jeweiligen Dependencies erstellt werden können. JUnit unterstützt dies mit einer dedizierten Extension.

Für die Tests können entweder ein spezieller Application Context erstellt oder bestehende `@Configuration` Klassen verwendet werden. Der auf diese Art erstellte Context kann von allen Tests mit derselben Konfiguration wiederverwendet werden, sodass der Zeitaufwand für die Erzeugung des Context überschaubar bleibt.

Das Verhalten von Spring-Integrationstests kann vor allem mittels besonderer Annotationen gesteuert werden. Das folgende Beispiel zeigt einige davon, eine komplette Liste findet sich in der Spring-Dokumentation[1].

---

1. *https://docs.spring.io/spring-framework/docs/6.0.5/reference/html/testing.html#integration-testing-annotations-spring*

Listing 7–1
Integrationstest mit Spring Framework

```
@ExtendWith(SpringExtension.class)
@ContextConfiguration(classes = { ApplicationConfig.class })
@TestPropertySource("test-props.properties")
@ActiveProfiles("integration-test")
class ApplicationTests {

  @MockBean
  private NameService nameService;

  @Autowired
  private MyService myService;

  @Test
  void testGreeting() {
    Mockito.when(nameService.getName()).thenReturn("User");
    String result = myService.sayHello();
    assertThat(result).isEqualTo("Hello User");
  }
}
```

Der vorliegende Test testet die Methode `sayHello()` in einem Service namens `MyService`. Was ins Auge sticht, ist, dass dieser Service nirgendwo im Test initialisiert, sondern einfach per `@Autowired` injiziert wird. Um dies zu ermöglichen, finden sich auf der Klasse diverse Annotationen, um zum einen die zuvor erwähnte JUnit5 `SpringExtension` zu aktivieren sowie einen Spring-Kontext für den Test aufzubauen.

`@ContextConfiguration` ist wohl die zentralste dieser Annotationen. Mit dieser Annotation kann festgelegt werden, welche Spring-Konfigurationen (also zum Beispiel welche `@Configuration`-Klassen) Teil des Context sind, der im Test zur Verfügung steht. In unserem Beispiel wird die Klasse `ApplicationConfig` im Test-Context verwendet. Seit Spring Version 5 gibt es alternativ die `@SpringJUnitConfig`-Annotation, die sowohl die JUnit Extension als auch `@ContextConfiguration` als Meta-Annotation mitbringt. Im Beispiel könnten wir also `@ExtendWith` sowie die `@ContextConfiguration`-Annotation mit `@SpringJUnitConfig (ApplicationConfig.class)` ersetzen.

`@TestPropertySource` definiert eine Liste an `PropertySources`, die Vorrang vor sämtlichen anderen haben, und bietet somit eine Möglichkeit, testspezifische Konfigurationen vorzugeben.

`@ActiveProfiles` kann verwendet werden, um festzulegen, welche Profile zur Laufzeit eines Tests aktiv sind. Damit können auch profilspezifische Beans und Verhalten getestet werden.

Um bestimmte Teile des Context zu mocken, bietet Spring die `@MockBean`-Annotation an, mit der eine bestimmte Bean, in aller Regel eine Abhängigkeit der aktuell getesteten Klasse, automatisch mit einem Mock ersetzt wird und deren Verhalten im Test explizit gesteuert werden kann. In unserem Beispiel verwendet `MyService` unter der Haube den `NameService`, um herauszufinden, welcher Name in der Grußformel verwendet werden soll. Um das Verhalten für den Test steuern zu können, nutzen wir im Test die `@MockBean`-Annotation. Daraufhin wird automatisch ein Mockito-Mock unserer `NameService`-Klasse erstellt und dem Kontext als primary-Bean hinzugefügt, sodass beim Autowiring immer unser Mock verwendet wird. Das Verhalten der Bean kann darauf mit den normalen Mockito-Befehlen, wie etwa `when(…).thenReturn(…)`, kontrolliert werden.

Mit Spring Boot wird die Unterstützung für Integrationstests noch weiter ausgebaut, sodass zunehmend weniger manuelle Konfiguration notwendig ist.

7.5.1 @SpringBootTest

Mithilfe der `@SpringBootTest`-Annotation kann auf einfache Weise ein Application Context für die Verwendung in Tests bereitgestellt werden, der weitestgehend dem Context der tatsächlichen Anwendung entspricht.

Um dies zu erreichen, suchen mit `@SpringBootTest` annotierte Tests, ausgehend von ihrem eigenen Package und dann immer weiter nach oben gehend, eine Klasse, die mit `@SpringBootConfiguration` annotiert ist. In aller Regel wird dabei die mit `@SpringBootApplication` annotierte Klasse gefunden, sodass der Test die reguläre Anwendungskonfiguration nutzt.

Dieser Context kann dann natürlich, je nach den Bedarfen des jeweiligen Tests, weiter angepasst werden.

Der Test aus Listing 7–1 kann also bei Verwendung von Spring Boot weiter verschlankt werden. Dank der `@SpringBootTest`-Annotation sind die meisten anderen Annotationen nicht mehr nötig, wie man an dieser Variation des Tests sehen kann:

Listing 7–2
Integrationstest mit Spring Boot

```
@SpringBootTest(properties = {
    "usePersonalizedGreeting=true",
    "spring.profiles.active=integration-test"})
class BootApplicationTests {

  @MockBean
  private NameService nameService;

  @Autowired
  private MyService myService;
```

```
    @Test
    void testGreeting() {
      Mockito.when(nameService.getName()).thenReturn("User");
      String result = myService.sayHello();
      assertThat(result).isEqualTo("Hello User");
    }
}
```

Wie man sieht, ist in dieser konkreten Variante sogar gar keine andere Annotation mehr nötig. Die `@ExtendWith`-Annotation ist in `@SpringBootTest` bereits enthalten. Die Angabe der Configuration-Klasse ist nicht mehr nötig, da der Test diese automatisch aufsammelt. Einzelne Properties wie etwa `usePersonalizedGreeting` können leicht über den `properties`-Parameter gesetzt werden, sodass kein Import einer kompletten Properties-Datei mehr nötig ist. Und auch das Aktivieren von Profilen ist über diesen Mechanismus problemlos möglich, sodass `@ActiveProfiles` entfallen kann. Dieses Beispiel ist bewusst auf die Spitze getrieben – in der Praxis können zusätzliche Annotationen wie etwa `@ActiveProfiles` die Lesbarkeit gegenüber unserer Variante erhöhen, und es gilt nicht automatisch der Leitsatz »Weniger ist mehr«.

7.5.2 Ausblick auf Slice-Annotationen

Neben der `@SpringBootTest`-Annotation, die einen möglichst vollumfänglichen Context bereitstellt, bietet Spring Boot diverse sogenannte Test Slices an. Die Idee des Slicings ist, nur bestimmte Teilaspekte einer Anwendung bzw. eines Context für einen Test zur Verfügung zu stellen. Dies hilft dabei, die Ausführungszeiten von Tests kurz zu halten und einzelne Aspekte der Anwendung isoliert voneinander zu testen.

Die Slice-Annotationen werden in Kapitel 17 noch ausführlicher beschrieben; um aber die Grundidee zu verdeutlichen, schauen wir uns jetzt ein Beispiel genauer an: `@WebMvcTest`.

Wie der Name vermuten lässt, dient der `@WebMvcTest` dazu, den Web Layer zu testen, also die Logik der Controller und der Interaktion mit der Anwendung via HTTP. Es werden also nur solche Beans in den Context aufgenommen, die genau hierfür nötig sind. Eine Konfiguration anderer Aspekte, wie etwa einer Datenbankverbindung, findet nicht statt.

Der so erzeugte Application Context enthält somit neben einigen webrelevanten Auto-Configurations unsere `@Controller` sowie eine Bean vom Typ `MockMvc`, mit der wir diese Controller ansprechen und Erwartungen überprüfen können.

8 Troubleshooting einer Spring-Boot-Anwendung

Auch wenn Spring Boot uns das Entwicklerleben in vielen Belangen deutlich vereinfacht, kommt es zu Fehlern, die analysiert werden müssen. Dieses Kapitel gibt etwas Hilfestellung in der Analyse von Fehlerfällen.

8.1 Spring-Boot-Magie

Spring und Spring Boot nehmen uns eine Menge Arbeit ab, wenn es darum geht, unseren Code in eine produktionsfähige Anwendung zu überführen. Dies ist ein großer Vorteil, aber die vielen Konventionen und Annotationen können dazu führen, dass sich die Anwendung anders verhält, als wir das erwarten würden. Schnell schimpfen wir dann über die »schwarze Magie«, die Spring und Spring Boot unter der Haube benutzen.

In diesem Kapitel möchten wir diese »schwarze Magie« etwas entzaubern. Alle »Fehler«, die wir in einer Spring-Boot-Anwendung finden, lassen sich rational nachvollziehen, ohne dass wir einem Magierkult beitreten müssen. Wir müssen uns allerdings etwas mit dem Spring-Programmiermodell auseinandersetzen. Im Folgenden zeigen wir ein Hilfsmittel auf, um bestimmten Fehlersituationen auf die Schliche zu kommen.

8.2 Troubleshooting-Werkzeuge

Bevor wir uns einige typische Fehlerfälle anschauen (und Tipps, wie man sie untersucht und behebt), möchten wir zunächst auf einige Hilfsmittel aufmerksam machen, die wir in unserem Troubleshooting-Arsenal haben sollten.

8.2.1 Lokal reproduzieren

Als Erstes – und dies ist nicht Spring-Boot-spezifisch – sollten wir versuchen, den Fehler lokal zu reproduzieren. Nichts ist frustrierender als ein Fehler, der nur in einem Staging- oder Produktionssystem auftritt. Wir müssen raten, ob unsere Änderungen einen Effekt haben, und dann warten, bis die Änderung auf der Zielumgebung deployt wurde, um den Effekt zu testen. Die Wartezeit nutzen wir zwar für andere Aufgaben, aber das Context-Switching führt dazu, dass die Analyse und Behebung eines Fehlers Tage oder gar Wochen dauern können!

Einen Fehler lokal zu reproduzieren, bedeutet, die lokale Umgebung so ähnlich wie möglich zur Zielumgebung zu machen. Alle Systeme, die unsere Anwendung benötigt, sollten lokal gemockt werden. Das ist mit Docker und Werkzeugen wie Testcontainern heutzutage zum Glück einfacher als jemals zuvor. Hat der Fehler mit Daten aus der Datenbank zu tun, sollten wir möglichst ähnliche Daten in unsere lokale Datenbank spielen. Wir klammern solche Daten- und Anwendungslogik-spezifischen Fehler in unserer Diskussion aber mal aus und konzentrieren uns auf Spring-Boot-spezifische Fehler.

Die meisten Spring-Boot-spezifischen Fehler treten beim Start der Anwendung auf, wenn Spring Boot versucht, einen gültigen Application Context zu erzeugen. Wenn ein solcher Fehler in einer Staging- oder Produktionsumgebung auftritt, aber nicht lokal, dann ist in den allermeisten Fällen die lokale Konfiguration der Anwendung anders als die der Zielumgebung. Ein Konfigurationsparameter könnte beispielsweise dafür sorgen, dass eine bestimmte `@Conditional`-Annotation (siehe Kap. 32) nicht aktiviert wurde und deshalb eine Bean fehlt, die aber lokal vorhanden ist.

Folgen wir den Best Practices aus Kapitel 5, haben wir *alle* Konfigurationsparameter in den zentralen *application-*.yml*-Dateien. Dies macht es uns einfach, die lokale Konfiguration mit der Konfiguration der Zielumgebung zu vergleichen, um Unterschiede zu identifizieren, die für den Fehler verantwortlich sein könnten. Dann können wir gegebenenfalls die lokale Konfiguration anpassen, um den Fehler auch lokal zu reproduzieren, und dann eine Lösung zu finden.

Wir können nicht genug betonen, wie wichtig es ist, *alle* Parameter, die die Konfiguration des Application Context beeinflussen, in den *application.yml*-Dateien zu zentralisieren! Sonst ist die Suche nach der Ursache eines Fehlers oft ein Glücksspiel.

8.2.2 Debug-Modus

Ein einfaches Mittel zur Fehleranalyse ist Spring Boots Debug-Modus. Er lässt sich einfach aktivieren, indem wir den Konfigurationsparameter `debug` auf `true` setzen. Dies können wir in einer *application.yml*-Datei erledigen oder wir können das `–debug`-Flag beim Starten der Anwendung nutzen:

```
> java -jar my-app.jar --debug
```

Ist der Debug-Modus aktiviert, wird der Log-Level einiger ausgewählter Logger automatisch auf `DEBUG` gesetzt. Unter anderem wird beim Start der Anwendung mit dem Debug-Modus ein sogenannter Conditions Evaluation Report ausgegeben (siehe Abschnitt weiter unten).

8.2.3 Actuator-Endpoints

Mit dem »Actuator«-Modul bringt Spring Boot einige Observability-Werkzeuge mit, die wir auch für die Analyse von bestimmten Fehlern nutzen können. Das Modul erlaubt es uns, einige HTTP-Endpoints zu aktivieren, die wir dann zur Laufzeit aufrufen können, um bestimmte Informationen abzurufen. Einige Actuator-Endpoints werden wir in den folgenden Abschnitten kennenlernen. In Kapitel 29 gehen wir detaillierter auf das Actuator-Modul ein. Für eine vollständige Liste der verfügbaren Endpoints empfehlen wir einen Blick auf die Spring-Boot-Dokumentation[1].

8.2.4 Logging

Logging ist für die Analyse vieler Fehlerfälle unverzichtbar. Idealerweise schreibt eine Anwendung genügend Informationen in die Logs, um Fehler nachvollziehen zu können, ohne dabei die Logs mit unnötigen Informationen zu verschmutzen.

Ein wichtiges Hilfsmittel hierfür sind Log-Level. Wir können das Log-Level jedes Loggers einzeln in unserer *application.yml* konfigurieren (mehr dazu in Kap. 29).

Was aber, wenn wir einen Log-Level in der Staging- oder Produktionsumgebung ändern möchten? Wir könnten natürlich die *application.yml*-Datei anpassen und die Anwendung neu deployen, aber das bringt eine lange Wartezeit mit sich.

1. *https://docs.spring.io/spring-boot/docs/3.0.0/reference/htmlsingle/#actuator.endpoints*

Für Fälle, in denen wir den Log-Level eines Loggers zur Laufzeit – ohne Neustart – ändern möchten, können wir den Actuator-Endpoint */loggers* nutzen. Zur Aktivierung dieses Endpoints sind folgende Änderung in der *application.yml* und ein Neustart erforderlich:

Listing 8–1
Aktivierung des »logger«-Endpoints

```
management:
  endpoint:
    loggers:
      enabled: true
  endpoints:
    web:
      exposure:
        include: loggers
```

Danach können wir uns alle konfigurierten Log-Levels durch Zugriff auf *http://localhost:8080/actuator/loggers* anzeigen lassen. Mit einem HTTP-POST-Aufruf wie dem folgenden können wir einen Log-Level auch zur Laufzeit ändern:

Listing 8–2
Aufruf des »logger«-Endpoints

```
curl -i -X POST \
  -H 'Content-Type: application/json' \
  -d '{"configuredLevel": "TRACE"}' \
  http://localhost:8080/actuator/loggers/de.springboot3
```

Hier setzen wir beispielsweise den Log-Level des Loggers `de.springboot3` auf `TRACE`. Die Änderung ist sofort aktiv.

Es ist zu beachten, dass dieser Aufruf auf jedem Server durchgeführt werden muss, wenn man die Anwendung auf mehreren Servern (hinter einem Loadbalancer) deployt hat.

8.2.5 Hooks

Spring und Spring Boot bieten uns eine Plattform, die viele »Extension Points« zur Verfügung stellt, über die wir in den Lebenszyklus des Spring Application Context und der darin enthaltenen Beans eingreifen können. Diese Extension Points können wir auch kurz als »Hooks« bezeichnen.

Wir können diese Hooks zum Troubleshooting nutzen, indem wir zum Beispiel bestimmte Informationen über eine Bean zu einem bestimmten Zeitpunkt abgreifen und ins Log schreiben. Wir werden später in diesem Kapitel einen solchen Hook nutzen, um herauszufinden, welche Konfigurationsparameter genutzt werden.

In Kapitel 32 gehen wir näher auf einige der verfügbaren Extension Points ein.

8.3 Troubleshooting-Anwendungsfälle

Nun, da wir grob wissen, welche Werkzeuge uns zum Troubleshooting zur Verfügung stehen, diskutieren wir einige der häufigsten Fehlerfälle und wie wir diese Werkzeuge nutzen können, um die Ursache dieser Fehler zu finden und zu beheben.

8.3.1 Welche Beans stehen mir zur Verfügung?

In manchen Fällen möchten wir einfach wissen, welche Beans im Application Context vorhanden sind. Ein Beispiel ist es, wenn wir eine bestimmte Bean eines sehr generischen Typs nutzen möchten, etwa einen Jackson `ObjectMapper`, der an vielen Stellen einer Spring-Boot-Anwendung genutzt wird. Die Wahrscheinlichkeit ist hoch, dass eine Bean dieses Typs bereits vorhanden ist und wir diese nutzen können, anstatt eine weitere Bean zu definieren.

Um zu sehen, welche Beans verfügbar sind, können wir den Actuator-Endpoint */beans* mit der folgenden Konfiguration aktivieren:

Listing 8–3
Aktivierung des »beans«-Endpoints

```
management:
  endpoint:
    beans:
      enabled: true
  endpoints:
    web:
      exposure:
        include: beans
```

Rufen wir den Endpoint unter *http://localhost:8080/actuator/beans* auf, bekommen wir eine JSON-Liste mit einem Eintrag wie diesem für jede Bean im Application Context:

Listing 8–4
Auszug der Rückgabe des »beans«-Endpoints

```
jacksonObjectMapper: {
  aliases: [],
  scope: "singleton",
  type: "com.fasterxml.jackson.databind.ObjectMapper",
  resource: "class path resource …",
  dependencies: [
    "…JacksonObjectMapperConfiguration",
    "jacksonObjectMapperBuilder"
  ]
}
```

Der Key (`jacksonObjectMapper` im Beispiel) ist der Name der Bean. Wir können uns dann in einem Test die Bean mit diesem Namen in eine unserer eigenen Beans injizieren lassen (mittels `@Qualifier("jacksonObjectMapper")`) und prüfen, ob wir diese Bean nutzen oder doch lieber eine eigene Bean konfigurieren möchten.

Wiederverwendung von Beans

Es ist verlockend, Beans an so vielen verschiedenen Stellen wie möglich wiederzuverwenden. Das DRY-Prinzip (Don't Repeat Yourself) ist in uns Softwareentwicklern tief verankert, denn wir möchten Code sparen, wo wir nur können.

Dennoch ist es nicht immer sinnvoll, eine Spring Bean zu nutzen, die von einem anderen Modul bereits zur Verfügung gestellt wird. Wir gehen damit eine Abhängigkeit zu diesem Modul ein und sind darauf angewiesen, dass dieses Modul in der nächsten Version die Konfiguration dieser Bean nicht verändert und so einen Bug in unsere Anwendung einschleust. Das Debugging solcher Bugs ist nicht trivial, denn wir müssen erst verstehen, welche Bean wir benutzen und woher diese kommt.

Im obigen Beispiel mit der `ObjectMapper`-Bean kann es sein, dass unsere Anwendung den `ObjectMapper` etwas anders konfigurieren muss, beispielsweise, um Timestamps anders zu formatieren. In diesem Fall ist es besser, eine eigene `ObjectMapper`-Bean zu definieren und diese in unserem eigenen Modul zu nutzen.

8.3.2 Wo kommt eine Bean her?

Oft möchten wir genau verstehen, wo eine Bean herkommt, um einen Bug zu analysieren oder einfach nur die »schwarze Magie« von Spring Boot zu entzaubern.

Nutzen wir den */beans* Actuator-Endpoint, können wir dort unter dem Key `resource` bereits sehen, wo die Bean herkommt. Im Beispiel oben kommt die `ObjectMapper`-Bean zum Beispiel aus der Klasse `JacksonObjectMapperConfiguration`. Um besser zu verstehen, wie diese Bean konfiguriert ist, können wir uns den Code dieser Klasse in unserer IDE anschauen. Dank Open Source können wir so auch die Konfigurationen von Beans sehen, die nicht in unserer eigenen Anwendung definiert wurden, sondern in einer der Bibliotheken, die wir eingebunden haben. Ein Hoch auf Open Source!

Keine Angst vor dem Spring-Boot-Sourcecode!

Spring- und Spring-Boot-Annotationen und -Konventionen wirken nur wie Magie, wenn man sie nicht versteht. Man kann sie nur richtig verstehen, wenn man zwischendurch mal in den Code von Spring und Spring Boot hineinschaut.

→

Wir empfehlen wärmstens, bei jedem Bug, den man analysiert, nicht davor zurückzuschrecken, in den Spring-/Spring-Boot-Code einzutauchen. Wundern wir uns zum Beispiel darüber, wie eine bestimmte Annotation funktioniert, suchen wir im Spring-Boot-Code nach dieser Annotation und wo sie genutzt wird. Wir werden dann schnell die Klassen finden, die dafür verantwortlich sind, diese Annotation zu verarbeiten, und verstehen die Welt ein kleines bisschen besser.

Der Code von Spring und Spring Boot ist üblicherweise gut lesbar und ausgezeichnet dokumentiert, sodass es gar nicht so schwer ist, ihn zu verstehen.

8.3.3 Warum ist meine Bean nicht im Application Context?

Es kommt vor, dass wir eine bestimmte Bean im Application Context erwarten, diese aber nicht zur Verfügung steht. Versuchen wir zum Beispiel, eine Bean vom Typ `MyService` in eine andere Bean zu injizieren, werden wir in diesem Fall mit der folgenden Exception konfrontiert:

Listing 8–5
Eine NoSuchBeanDefinitionException beim Starten der Anwendung

```
org.springframework.beans.factory.NoSuchBeanDefinitionException:
No qualifying bean of type
'de.springboot3.troubleshooting.MyService' available:
expected at least 1 bean which qualifies as autowire candidate.
```

Diese Exception wird beim Hochfahren der Anwendung geworfen, sodass die Anwendung gar nicht erst startet. Die Fehlermeldung sagt uns leider nur, dass keine Bean vom Typ `MyService` zur Verfügung steht. Mehr Informationen kann Spring uns aber auch gar nicht geben, denn Spring kennt diese Bean ja nicht!

Die Ursache dieses Fehlers ist, dass Spring die Klasse `MyService` nicht kennt und deshalb auch keine Bean dieses Typs instanziiert und dem Application Context hinzufügt. Dies hat üblicherweise einen der folgenden Gründe:

- Wir nutzen die `@ComponentScan`-Annotation und haben vergessen, die Klasse `MyService` mit `@Component` zu annotieren.
- Wir nutzen eine `@Configuration`-Klasse, um Beans zu definieren, und haben vergessen, eine Factory-Methode zu ergänzen, die ein `MyService`-Objekt erzeugt.
- Wir nutzen eine `@Configuration`-Klasse, um Beans zu definieren, und haben vergessen, die Factory-Methode, die ein `MyService`-Objekt erzeugt, mit `@Bean` zu annotieren.
- Wir nutzen eine `@Configuration`-Klasse, um Beans zu definieren. Diese ist mit einer `@Conditional...`-Annotation versehen, deren Bedingung nicht zutrifft.

Insbesondere für den letzten Fall ist der »Conditions Evaluation Report« unerlässlich. Er wird automatisch in das Log geschrieben, wenn der Debug-Modus (siehe oben) aktiviert ist, und sieht aus wie folgt:

Listing 8–6
Ein Conditions Evaluation Report beim Starten der Anwendung

```
============================
CONDITIONS EVALUATION REPORT
============================

Positive matches:
-----------------

MyActiveConfiguration matched:
  - @ConditionalOnProperty (foo) matched (OnPropertyCondition)
...

Negative matches:
-----------------

MyServiceConfiguration:
  Did not match:
    - @ConditionalOnProperty (service.active.enabled)
      did not find property
      'service.active.enabled' (OnPropertyCondition)
...

Exclusions:
-----------

None


Unconditional classes:
----------------------

org.springframework.boot...ConfigurationPropertiesAutoConfiguration
...
```

Wissen wir beispielsweise, dass die `MyService`-Bean in der `@Configuration`-Klasse `MyServiceConfiguration` definiert wird, können wir den Report einfach nach dieser Klasse durchsuchen und sehen, dass diese unter den »Negative matches« aufgelistet ist. Das bedeutet, dass die Klasse `MyServiceConfiguration` von Spring nicht aktiviert wurde, weil eine bestimmte Bedingung nicht erfüllt war. Im Beispiel oben wurde kein Wert für den Konfigurationsparameter `service.active.enabled` gefunden. Wir können das Problem also lösen, indem wir diesen Konfigurationswert in der *application.yml* ergänzen.

8.3.4 Warum ist eine Bean doppelt im Application Context?

Wenn man mit Spring arbeitet, wird man irgendwann auf eine `BeanDefinitionOverrideException` stoßen. Diese Exception wird geworfen, wenn Spring versucht, eine Bean mehr als einmal zu definieren. Die Fehlermeldung sieht (etwas gekürzt) so aus:

```
BeanDefinitionOverrideException:
Invalid bean definition with name 'hello'
defined in class path resource Configuration2.class:
Cannot register bean definition ...
defined in class path resource Configuration2.class
for bean 'hello' since there is already ...
defined in class path resource Configuration1.class bound.
```

Listing 8–7
BeanDefinitionOverrideException beim Starten der Anwendung

Der obige Text ist zur besseren Lesbarkeit etwas vereinfacht und gekürzt. Anstatt »...« werden in der echten Fehlermeldung ausführliche Informationen über die betroffenen Spring Beans ausgegeben, was die Fehlermeldung sehr lang macht und uns schnell einschüchtert, wenn wir sie im Log sehen. Die Fehlermeldung beinhaltet aber alle Informationen, die wir brauchen, um die Ursache zu beheben. Deshalb ist es wichtig, selbst solch lange Fehlermeldungen gründlich zu lesen!

Kurz zusammengefasst, sagt uns die Fehlermeldung, dass eine Bean mit dem Namen `hello` in der Klasse `Configuration2` definiert wurde, diese Bean aber nicht erzeugt werden kann, da sie mit einer anderen Bean aus der Klasse `Configuration1` im Konflikt steht. Die Fehlermeldung sagt uns leider nicht, welche Art von Konflikt dies ist, aber in den meisten Fällen haben beide Beans denselben Namen und es kann im Spring Application Context für jeden Namen nur eine Bean geben.

Mit den Informationen aus der Fehlermeldung können wir nun in den Quellcode der Klassen `Configuration1` und `Configuration2` schauen und deren Bean-Definitionen vergleichen. In den meisten Fällen können wir den Konflikt dann sehr schnell identifizieren und beheben.

BeanDefinition Overriding

Wir können eine `BeanDefinitionOverrideException` auch umgehen, indem wir den Konfigurationsparameter `spring.main.allow-bean-definition-overriding` auf `true` setzen. Wir raten jedoch dringend davon ab, denn dann haben wir keine Kontrolle mehr darüber, welche der beiden in Konflikt stehenden `BeanDefinitions` tatsächlich genutzt wird! Die resultierenden Beans können je nach `BeanDefinition` unterschiedlich konfiguriert sein und zu schwer nachvollziehbaren Bugs führen.

Wir empfehlen daher, mit einem Vorgehen wie oben beschrieben, die Ursache des Konflikts zu finden und zu beheben, anstatt nur das Symptom zu behandeln, indem wir die Konflikte einfach ignorieren.

8.3.5 Wie ist meine Anwendung konfiguriert?

Wenn unsere Anwendung sich nicht so verhält wie von uns erwartet, ist es oft hilfreich, zu prüfen, mit welchen Konfigurationswerten die Anwendung gestartet wurde. Ein falscher Konfigurationswert kann, je nachdem, wo in der Anwendung er abgefragt wird, das Verhalten der Anwendung stark beeinflussen.

Der einfachste Weg, die Konfigurationswerte zu prüfen, ist es, den */env*-Actuator-Endpoint zu aktivieren. Den Endpoint aktivieren wir mit der folgenden Konfiguration in unserer *application.yml* (siehe Kap. 29 für detaillierte Informationen zum Thema Actuator):

Listing 8–8
Aktivieren des /env-Endpoints

```
management:
  endpoint:
    env:
      enabled: true
      show-values: always
  endpoints:
    web:
      exposure:
        include: env
```

Rufen wir dann den */env*-Endpoint unserer Anwendung auf, sehen wir eine Ausgabe wie die folgende:

Listing 8–9
Ausgabe des /env-Endpoints

```
{
  "activeProfiles": ["prod"],
  "propertySources": [
    {
      "name": "systemProperties",
      "properties": {
        ...
      }
    },
    {
      "name": "systemEnvironment",
      "properties": {
        ...
      }
    },
    {
      "name": "...application.yml...": {
        "debug": {
          "value": true
        },
        "management.endpoint.env.enabled": {
          "value": true
        },
```

```
        "management.endpoint.env.show-values": {
          "value": "always"
        },
      }
    }
  ]
}
```

Wir sehen, welche Profile aktiviert sind, und wir sehen eine Liste von `propertySources`, also Quellen von Konfigurationswerten. Die ersten beiden `propertySources` sind in jeder Spring-Boot-Anwendung vorhanden: alle Java-System-Properties und Umgebungsvariablen, die der Anwendung zur Verfügung stehen. Die dritte `propertySource` ist unsere *application.yml*-Datei, und wir können hier zum Beispiel die `management.endpoint.env.*`-Werte sehen, die wir genutzt haben, um den */env*-Endpoint zu aktivieren.

In einer umfangreicheren Anwendung werden hier noch mehr `propertySources` angezeigt, wie zum Beispiel weitere YAML- oder Properties-Dateien, die von Libraries oder der Anwendung selbst in das Spring-Environment geladen wurden.

Alle über den */env*-Endpoint aufgelisteten Konfigurationswerte können über Springs `Environment`-API aufgerufen werden. Hierfür können wir uns einfach eine Bean vom Typ `Environment` in unseren Code injizieren lassen und dann die Methode `getProperty()` aufrufen.

Vorsicht mit Secrets!

Standardmäßig zeigt der */env*-Endpoint nur die Namen der Konfigurationsparameter an, mit denen die Anwendung gestartet wurde, aber nicht deren Werte. Der Grund dafür ist, dass Spring Boot nicht zwischen geheimen Konfigurationswerten (Secrets) und »normalen« Konfigurationswerten unterscheidet. Um die Secrets zu schützen, wählt Spring Boot den sichereren Default, die Werte gar nicht anzuzeigen.

Erst mit dem Konfigurationswert `management.endpoint.env.show-values: always` zwingen wir Spring Boot dazu, uns die Werte anzuzeigen. Dies sollten wir nur tun, wenn der */env*-Endpoint durch Authentifizierung und Autorisierung geschützt ist. Selbst dann sollten wir diese Konfiguration nur aktivieren, wenn wir aktiv einen Fehler untersuchen.

8.3.6 Welche Konfigurationsparameter werden (nicht) genutzt?

Die *application.yml*-Datei einer Anwendung kann im Laufe der Zeit eine Menge Konfigurationswerte ansammeln. Häufig sind in dieser Datei dann irgendwann Konfigurationswerte enthalten, die gar nicht mehr genutzt werden. Diese Konfigurationswerte haben dann zwar keinen Einfluss auf unsere Anwendung, aber sie machen es uns schwerer, die Konfiguration unserer Anwendung zu verstehen. Denn wenn wir uns die *application.yml*-Datei anschauen, wissen wir nicht, ob und wo ein bestimmter Konfigurationswert in der Anwendung genutzt wird. Mit ungenutzten Konfigurationswerten sind Missverständnisse vorprogrammiert.

Um ungenutzten Konfigurationswerten auf die Schliche zu kommen (um sie dann zu entfernen), können wir uns in den Spring-Lifecycle einhängen.

Eine Möglichkeit, dies zu tun, ist es, einen `EnvironmentPostProcessor` zu implementieren, der aufgerufen wird, nachdem Springs `Environment` fertig initialisiert wurde. Das `Environment` beinhaltet alle `PropertySources`, die wir bereits oben im */env*-Endpoint gesehen haben. Jede `PropertySource` wiederum beinhaltet eine Menge von Konfigurationswerten. In unserem `EnvironmentPostProcessor` können wir die bestehenden `PropertySources` dann durch unsere eigene `PropertySource` ersetzen, die sich merkt, wenn die `getProperty()`-Methode für einen bestimmten Konfigurationsparameter aufgerufen wurde.

Zunächst brauchen wir unsere eigene `PropertySource`-Implementierung:

Listing 8–10
PropertySource, die sich merkt, welche Properties aufgerufen wurden

```
public class RecordingPropertySource
  extends MapPropertySource {

    private final Set<String> usedProperties
      = new HashSet<>();

    public RecordingPropertySource(
      EnumerablePropertySource<?> delegate) {
        super(
          delegate.getName(),
          extractProperties(delegate)),
    }

    @Override
    public Object getProperty(String name) {
        usedProperties.add(name);
        return super.getProperty(name);
    }

    public Set<String> getUsedProperties() {
        return Set.copyOf(usedProperties);
    }

    public Optional<Set<String>> getUnusedProperties() {
      return Optional.of(
        Arrays.stream(getPropertyNames())
```

```
          .filter(propertyName ->
            !this.usedProperties.contains(propertyName))
              .collect(Collectors.toSet()));
    }

    private static Map<String, Object>
      extractProperties(
        EnumerablePropertySource<?> propertySource) {
          Map<String, Object> properties
            = new HashMap<>();
          Arrays.stream(
            propertySource.getPropertyNames())
              .forEach(propertyName -> properties.put(
                propertyName,
                propertySource.getProperty(
                  propertyName)));
        return properties;
    }
}
```

Im Konstruktor nehmen wir eine `EnumerablePropertySource` entgegen. Nur diese Art von `PropertySource` erlaubt es uns, alle enthaltenen Konfigurationsparameter via `getPropertyNames()` abzufragen. Dies nutzen wir, um die Konfigurationswerte auszulesen und im `super()`-Aufruf an die `MapPropertySource` zu übergeben, wo sie in einer `Map` gespeichert werden. Beim Aufruf von `getProperty()` merken wir uns, dass ein bestimmter Konfigurationsparameter abgefragt wurde. Die Methoden `getUsedProperties()` und `getUnusedProperties()` liefern uns dann diejenigen Konfigurationsparameter, die genutzt bzw. bisher nicht genutzt wurden.

Als Nächstes implementieren wir unseren `EnvironmentPostProcessor`:

Listing 8–11
Ersetzen aller PropertySources durch unsere eigene Implementierung

```
@Component
public class UnusedPropertyDetector implements
  EnvironmentPostProcessor,
  ApplicationListener<ApplicationReadyEvent> {

    private final ConfigurableEnvironment environment;
    private final Logger logger
      = LoggerFactory.getLogger(
          UnusedPropertyDetector.class);

    public UnusedPropertyDetector(
      ConfigurableEnvironment environment) {
        this.environment = environment;
    }

    @Override
    public void postProcessEnvironment(
      ConfigurableEnvironment environment,
```

```
          SpringApplication application) {
            environment.getPropertySources()
              .stream()
              .filter(propertySource -> propertySource
                instanceof EnumerablePropertySource<?>)
              .map(EnumerablePropertySource.class::cast)
              .forEach(propertySource ->
                Environment
                  .getPropertySources()
                  .replace(
                    propertySource.getName(),
                    new RecordingPropertySource(
                      propertySource)));
        }

        @Override
        public void onApplicationEvent(
          ApplicationReadyEvent event) {
            environment.getPropertySources().stream()
              .filter(propertySource -> propertySource
                instanceof RecordingPropertySource)
              .map(RecordingPropertySource.class::cast)
              .forEach(propertySource -> logger.info(
                "Unused properties from source '{}': {}",
                propertySource.getName(),
                propertySource .getUnusedProperties()
                  .orElseGet(Collections::emptySet)));
        }
    }
```

Diesen müssen wir in der Datei *META-INF/spring.factories* noch bekannt geben, sodass Spring ihn beim Start der Anwendung berücksichtigt:

Listing 8–12
Aktivierung unseres EnvironmentPost-Processors

```
org.springframework.boot.env.EnvironmentPostProcessor=\
  de.springboot3.troubleshooting.properties.UnusedPropertyDetector
```

Spring ruft dann die Methode `postProcessEnvironment()` auf, in der wir durch alle `PropertySources` iterieren und sie jeweils durch eine `RecordingPropertySource` ersetzen.

Wir haben zusätzlich das Interface `ApplicationListener<ApplicationReadyEvent>` implementiert, was Spring Boot dazu veranlasst, die Methode `onApplicationEvent()` aufzurufen, sobald der Spring Application Context vollständig geladen ist. In dieser Methode loggen wir in unserem Beispiel einfach, welche Konfigurationsparameter beim Start der Anwendung nicht genutzt wurden.

Man beachte, dass dieses Vorgehen nicht narrensicher ist. Ein Konfigurationsparameter kann theoretisch auch erst lange nach dem Anwendungsstart das erste Mal genutzt werden. Die allermeisten Konfigurationsparameter werden allerdings beim Start der Anwendung genutzt, um Beans entsprechend der Umgebung zu konfigurieren, sodass die Wahrscheinlichkeit recht hoch ist, dass wir die Konfigurationsparameter, die hier geloggt werden, aus unserer *application.yml*-Datei entfernen können, und die Wartbarkeit unserer Anwendung so verbessern.

Das obige Beispiel kann auch noch weitergedacht werden. Anstatt die ungenutzten Konfigurationsparameter einfach zu loggen, könnten wir sie auch durch einen eigenen Actuator-Endpoint ausgeben. Wenn wir uns dann noch merken, von wo aus die `getProperty()`-Methode aufgerufen wurde, indem wir einen (teuren) Stacktrace erzeugen, finden wir leicht heraus, wo unsere Konfigurationswerte überall genutzt werden.

8.3.7 Welche Endpoints stellt meine Anwendung zur Verfügung?

Ebenso wie eine Anwendung im Laufe der Zeit mehr und mehr Konfigurationsparameter ansammelt, sammelt sie gegebenenfalls auch Endpoints an, die von Clients aufgerufen werden können. Irgendwann kommt der Zeitpunkt, wo das Security-Team uns bittet, eine Inventur dieser Endpoints zu machen, um sicherzustellen, dass wir keine unerwünschten Endpoints nach außen freigeben.

Wir könnten nun in unserem Anwendungscode nach `@RequestMapping`-Annotationen und dessen Ausprägungen `@GetMapping`, `@PostMapping` usw. suchen (diese werden in Kap. 19 erläutert). Aber sind wir uns wirklich sicher, dass wir damit alle Endpoints finden? Was ist zum Beispiel mit Endpoints, die von Drittbibliotheken automatisch freigegeben werden? Gegebenenfalls wissen wir gar nichts von diesen Endpoints. Und was ist mit unseren Actuator-Endpoints? Wie finden wir diese?

Glücklicherweise bietet Spring Boots Actuator-Endpoint */mappings* eine Liste aller Endpoints, die in der Spring-Boot-Anwendung registriert sind. Wir müssen lediglich den Actuator-Endpoint aktivieren:

Listing 8–13
Aktivierung des /mappings-Endpoints

```
management:
  endpoint:
    mappings:
      enabled: true
  endpoints:
    web:
      exposure:
        include: mappings
```

Rufen wir den Endpoint anschließend unter *https://localhost:8080/actuator/mappings* auf, sehen wir folgende Ausgabe:

Listing 8–14
Ausgabe des /mappings-Endpoints

```
{
  "contexts": {
    "application": {
      "mappings": {
        "dispatcherServlets": {
          "dispatcherServlet": [
            {
              "handler": "Actuator root web endpoint",
              "predicate": "{GET [/actuator], …}",
              "details": {
                "handlerMethod": {
                  "className": "…WebMvcLinksHandler",
                  "name": "links",
                  "descriptor": "…"
                },
                "requestMappingConditions": {
                  "consumes": [],
                  "headers": [],
                  "methods": [
                    "GET"
                  ],
                  "params": [],
                  "patterns": [
                    "/actuator"
                  ],
                  "produces": […]
                }
              }
            },
            …
          ]
        },
        "servletFilters": [
          …
        ]
      }
    }
  }
}
```

Unter dem Key `dispatcherServlets` werden alle registrierten Servlet-Mappings aufgelistet. Dies beinhaltet auch die Actuator-Endpoints, wie in der Beispielausgabe zu sehen.

Unter `handlerMethod` sehen wir Details, die uns verraten, welcher Code für den jeweiligen Endpoint verantwortlich ist. Wir sehen auf Anhieb, ob es ein Endpoint ist, der aus unserem Anwendungscode kommt oder, wie im Fall des Beispiels, aus einer Bibliothek.

Unter `requestMappingConditions` sehen wir die Bedingungen, unter denen eine eingehende Anfrage an den jeweiligen Endpoint weitergeleitet wird. Diese Information hilft uns zum Beispiel zu analysieren, warum eine bestimmte Anfrage im falschen Endpoint gelandet ist, wenn zwei Mappings sehr ähnlich sind.

Unter `sevletFilters` sehen wir zusätzlich noch eine Liste der Filter, durch die eingehende Anfragen gehen, bevor sie in einem von unseren Endpoints landen.

8.3.8 Warum startet meine Anwendung nicht?

Bevor eine Spring-Boot-Anwendung aktiv Anfragen bearbeiten kann, muss sie erst »hochfahren«. Während dieses Prozesses werden Konfigurationsparameter ausgewertet, bestimmte Annotationen an unseren Klassen ausgewertet und Beans instanziiert und diese dem Application Context hinzugefügt. Nach diesem Prozess haben wir (hoffentlich) einen lauffähigen Spring Application Context, dessen Beans bereit sind, Anfragen zu bearbeiten.

Läuft beim Hochfahren etwas schief, gibt Spring Boot üblicherweise eine Fehlermeldung aus, die uns genügend Informationen liefert, um den Fehler zu korrigieren. Zum Beispiel kann ein Konfigurationsparameter mit einem ungültigen Wert belegt sein, und wir können dies korrigieren, indem wir den Konfigurationswert in unserer *application.yml* ändern.

In seltenen Fällen kommt es allerdings vor, dass etwas schiefläuft, während Spring Boot das Logging-System konfiguriert. In diesem Fall bricht die Anwendung den Startprozess ab und kann uns das Problem nicht mitteilen, denn das Logging-System ist nicht aktiv.

In einem solchen Fall können wir einen `SpringApplicationRunListener` implementieren, der die Exception ausgibt, die für den Abbruch des Startprozesses verantwortlich ist:

Listing 8–15
Logging von Fehlern, die einen Anwendungsstart verhindern

```
public class StartupFailureLogger
  implements SpringApplicationRunListener {

    @Override
    public void failed(
      ConfigurableApplicationContext context,
      Throwable exception) {
        System.out.println("Startup failed! "
          + "See below stacktrace for details.");
        exception.printStackTrace();
    }
}
```

Wir horchen lediglich auf das `failed()`-Event und geben den Stacktrace der dafür verantwortlichen Exception via STDOUT aus. Wir nutzen hier absichtlich keinen »richtigen« Logger, denn wir gehen davon aus, dass alles schiefgelaufen ist, was schieflaufen kann, und wir möchten den Fehler auch sehen, wenn das Logging nicht funktioniert.

Wir müssen den Listener noch in der Datei *META-INF/spring.factories* bekannt geben, sodass Spring ihn im Fehlerfall auch aufruft:

Listing 8–16
Aktivierung unseres StartupFailureLoggers

```
org.springframework.boot.SpringApplicationRunListener=\
  de.springboot3.troubleshooting.StartupFailureLogger
```

Vorsicht mit inkompatiblen Logging Dependencies!

Der Fall, dass die Anwendung nicht startet, ohne uns zu sagen, warum, ist bei einer Migration von mehreren Hundert unserer Anwendungen von Spring Boot 2 auf Spring Boot 3 einige Male vorgekommen. Wir haben tagelang untersucht, warum die Anwendungen nicht starten, und dabei viele Theorien aufgestellt und verworfen. Letztendlich hat es an einer Inkompatibilität zwischen Logback und einer anderen Dependency gelegen. Das führte zu `ClassNotFoundExceptions` und `NoClassDefFoundErrors`.

Leider haben wir diese Exceptions niemals im Log gesehen, denn sie sind aufgetreten, als Spring Boot noch dabei war, das Logging-System auf Basis von Logback zu starten. Erst der obige `StartupFailureLogger` hat uns diese Exceptions dann im Log gezeigt und es uns ermöglicht, die betroffenen Dependencies sehr schnell zu identifizieren und zu aktualisieren. Wir haben den `StartupFailureLogger` daraufhin in unsere Basisbibliothek aufgenommen, sodass wir in Zukunft keine Zeit mehr damit verlieren müssen, zu raten, warum unsere Anwendung denn nicht startet.

Teil II

Anwendungsfälle

9 Einen REST-Service entwickeln

Das Anbieten einer REST-Schnittstelle ist wohl einer der häufigsten Anwendungsfälle, die mit Spring Boot erledigt werden.

In diesem Kapitel betrachten wir ein einfaches Beispiel, das die Verwendung von REST-Controllern in Spring Boot erklärt.

9.1 Was ist REST?

Das REST-Paradigma (kurz für Representational State Transfer) hat sich in den letzten Jahren als De-factoStandard für das Anbieten von Webservices durchgesetzt. Die grundlegenden Prinzipien sind dabei recht simpel: Der Service stellt verschiedene sogenannte Ressourcen zur Verfügung, die unter bestimmten Pfaden erreichbar sind. Mit diesen Ressourcen können Benutzer der Schnittstelle unter Verwendung der standardisierten HTTP-Verben (`GET`, `PUT`, `POST`, `DELETE` etc.) interagieren. Die Schnittstelle selbst ist dabei zustandslos, sodass jede Nachricht isoliert verarbeitet werden kann und alle nötigen Kontextinformationen beinhaltet.

REST wird von Spring Boot als First-Class Citizen unterstützt, und das Anbieten entsprechender Endpoints gestaltet sich als sehr einfach. Die Ressourcen werden hierbei von sogenannten Controllern angeboten, die konkrete Pfade mit Mappings definiert.

9.2 Codebeispiel

Listing 9–1
REST-Service für eine ToDo-Liste

```
@SpringBootApplication
public class TodoApp {
  public static void main(String... args) {
    SpringApplication.run(TodoApp.class, args);
  }

  @RestController
  @RequestMapping("/todos")
  public class TodoController {
    private List<String> todos = new ArrayList<>();

    @GetMapping
    public List<String> getTodos() {
      return todos;
    }

    @GetMapping("/{index}")
    public String getTodo(@PathVariable int index) {
      return todos.get(index);
    }

    @PutMapping
    public void addTodo(@RequestBody String todo) {
      todos.add(todo);
    }

    @DeleteMapping("/{index}")
    public void addTodo(@PathVariable int index) {
      todos.remove(index);
    }
  }
}
```

Das vorliegende Codebeispiel zeigt eine vollständige, ausführbare Spring-Boot-Anwendung, die eine simple ToDo-Liste über REST anbietet. Insgesamt werden vier Endpoints angeboten:

- Abfrage aller aktuellen ToDos
- Abfrage eines bestimmten ToDos basierend auf seinem Index (zum Beispiel 0 für das älteste)
- jeweils ein Endpoint zum Hinzufügen und Löschen von ToDos

Die ToDo-Ressource liegt dabei unter dem Pfad */todos* und HTTP-Verben werden gemäß ihrer Semantik verwendet.

9.3 Endpoints

Das Verhalten der Anwendung wird maßgeblich mithilfe verschiedener Annotationen gesteuert. Zentral ist die Annotation `@RestController`, die eine Klasse als REST-Controller kennzeichnet. Spring Boot weiß somit beim Component-Scan, dass es sich hier um eine Klasse handelt, die eine REST-API anbieten möchte.

`@RestController` wird ergänzt durch `@RequestMapping`, um den Pfad zu definieren, unter dem dieser Controller verfügbar ist. In unserem Fall ist dies */todos*. Sämtliche Endpoints, die mithilfe von Funktionen in dieser Klasse definiert werden, sind somit unter diesem Basispfad verfügbar.

Diese Methoden werden jeweils mit einer `@...Mapping`-Annotation versehen, im vorliegenden Fall `@GetMapping`, `@PostMapping` und `@DeleteMapping`. Eine solche Annotation existiert für sämtliche HTTP-Verben. Optional kann ein Pfad als Parameter für das Mapping angegeben werden. Wird ein Pfad angegeben, so ist dieser relativ zum Basispfad aus `@RequestMapping`. Ohne Parameter ist die Funktion unter genau dem Basispfad verfügbar (in unserem Beispiel also etwa `GET /todos` oder `DELETE /todos/1`). Für Teile des Pfads, die als Variable verwendet werden sollen, kann die Syntax `{parameterName}` verwendet werden.

9.4 Request Body und Parameter

Um an Informationen aus Requests zu kommen, bietet Spring Boot verschiedene Annotationen, mit denen Funktionsparameter einer Mapping-Funktion versehen werden können.

Im zuvor gezeigten Listing ist beispielsweise die `@RequestBody`-Annotation zu sehen, mit deren Hilfe der Inhalt des Request Body in ein Objekt gemappt wird. Im Beispiel sehen wir den simplen Fall, dass der Body einfach als String gelesen und verwendet wird. Enthält der Body hingegen Objekte, etwa eine JSON-Struktur, so kann die `@RequestBody`-Annotation auch problemlos in Kombination mit einer Klasse verwendet werden. Die Serialisierung des Bodys in ein entsprechendes Objekt passiert automatisch.

Ebenso Teil des Beispiels ist die Annotation `@PathVariable`, die dabei hilft, auf variable Anteile des Pfads zuzugreifen, in unserem Fall etwa auf den `index`-Parameter. Das Mapping passiert dabei basierend auf dem Variablennamen, sodass der `{index}`-Teil des Pfads in der Variable `index` landet.

Neben den beiden genannten Möglichkeiten im Beispiel gibt es noch weitere Möglichkeiten, Informationen aus Requests auszulesen, etwa die Annotationen `@RequestParam` oder `@RequestHeader`. Diese werden in Abschnitt 19.1.2 ausführlich erklärt.

9.5 Fehlerbehandlung

Im Fehlerfall gibt es verschiedene Möglichkeiten, mit Exceptions umzugehen. Neben der offensichtlichen Variante, direkt im Mapping mit einem `try/catch`-Block zu arbeiten, können auch für einzelne Controller (mithilfe der Annotation `@ExceptionHandler`) oder für die gesamte Anwendung (mit `@ControllerAdvice`) spezielle Error Handler definiert werden, die auf bestimmte Exceptions reagieren.

Um Benutzern der Schnittstelle einen Fehler zu signalisieren, also eine Antwort mit einem Statuscode, der nicht 200 ist, können entweder Error Handler oder Exceptions mit speziellen Annotationen versehen werden. Darüber hinaus ist es möglich, eine Exception vom Typ `ResponseStatusException` zu werfen, bei der ein Return Code direkt angegeben werden kann. Weitere Details dazu finden sich in Abschnitt 19.3.

10 Das Reactor-Framework verwenden

Reaktive Programmierung findet Einzug in zunehmend mehr Projekten. Das Spring Framework bietet mit der Integration von Project Reactor ein leistungsfähiges Framework für reaktive Implementierungen auch im Backend. Dieses Kapitel soll einen ersten Überblick über das Framework und reaktive Datentypen geben.

10.1 Was ist das Reactor-Framework?

Seit Spring Framework 5.0 ist Project Reactor ein Bestandteil des Spring-Ökosystems, und die Integration wurde seitdem beständig fortgesetzt. Der neue `WebClient`, der intern auf reaktive Verarbeitung setzt, gilt als De-facto-Ersatz für das in die Jahre gekommene `RestTemplate`. Mit Spring Framework 6.1 ist mit dem `RestClient` eine Alternative zum `WebClient` veröffentlicht worden, der einem ähnlichen Aufbau folgt.

Project Reactor ist ein Open-Source-Projekt, das die Reactive-Streams-Spezifikation implementiert. Dies ist ein Standard für die asynchrone Verarbeitung von Datenströmen. Das Framework gibt zwei grundsätzliche Datentypen vor: `Mono` und `Flux`.

`Mono` lässt sich vereinfacht ausgedrückt mit einem `Optional` vergleichen. Ein `Mono` hat entweder einen Wert oder keinen Wert. Ein `Flux` entspricht ungefähr der `List`- bzw. `Stream`-Klasse, also einem Datenstrom mit 0 bis potenziell unendlich vielen Elementen.

Wer einen reaktiven Microservice schreiben möchte, kann hierfür für die verschiedenen Schichten seines Service jeweils die geeigneten Spring-Module verwenden. Diese setzen jeweils auf dem Reactor-Framework auf:

- **Spring WebFlux**: eine Alternative zum Spring Web MVC Framework für reaktive Endpoints
- **Spring Data R2DBC**: die Integration des R2DBC-Standards in Spring Data, die eine reaktive Implementierung des JDBC-Standards für verschiedene Datenbanktreiber implementiert

Für die reine Serviceschicht reicht die herkömmliche Verwendung des Spring Frameworks bzw. Spring Boot, jeweils unter Nutzung der reaktiven Datentypen und eines reaktiven Datenflusses.

10.2 Codebeispiel

Folgendes Beispiel zeigt die Nutzung von Spring WebFlux und die Implementierung eines reaktiven REST-Controllers:

Listing 10–1
Ein Spring WebFlux Controller verwendet die reaktiven Datentypen.

```
@RestController
@RequestMapping("person")
public class PersonController {
  private final PersonRepository personRepository;

  public PersonController(PersonRepository repository) {
    this.personRepository = repository;
  }

  @GetMapping("/{id}")
  public Mono<Person> findById(@PathVariable Long id) {
    return personRepository
      .findById(id)
      .switchIfEmpty(Mono.defer(() -> Mono.error(
        new ResponseStatusException(HttpStatus.NOT_FOUND)
      )));
  }

  @GetMapping("/by-last-name")
  public Flux<Person> findByLastName(
    @RequestParam String lastName
  ) {
    return personRepository.findByLastName(lastName);
  }
}
```

Der Aufbau des Controllers ist sehr ähnlich zu denjenigen Controllern, die wir von Spring Web MVC kennen. Einzig die Rückgabewerte lassen erkennen, dass es sich hierbei um einen Spring WebFlux Controller handelt. In Abschnitt 18.3 werden wir mit den funktionalen Endpoints auch eine Alternative zu den annotierten Controllern kennenlernen, die einen anderen Programmieransatz verwenden.

Die Methoden `switchIfEmpty()` sowie `Mono.defer()` und `Mono.error()` sind Methoden, die uns das Reactor-Framework liefert. `Mono` und `Flux` kapseln den inneren Zustand des Datenstroms, sodass Manipulationen nur über vorgegebene Methoden des Frameworks erfolgen. Die `switchIfEmpty()`-Methode liefert beispielsweise den Wert, den wir in der Lambda-Funktion übergeben, wenn der gekapselte Wert leer ist, beispielsweise weil wir keine Person mit der gegebenen ID ermitteln konnten. Dies lässt sich ungefähr mit dem Verhalten der Methoden `Optional.or()` bzw. `Optional.orElse()` vergleichen.

Spring Data R2DBC Repositories halten sich ebenfalls an die gewohnten Konventionen, sodass nur geringe Unterschiede zu erkennen sind:

```
public interface PersonRepository
extends ReactiveCrudRepository<Person, Long> {
  Flux<Person> findByLastName(String lastName);
}
```

Listing 10–2
Spring Data R2DBC Repositories folgen dem bekannten Repository-Schema.

Das `ReactiveCrudRepository` deklariert die von einem `CrudRepository` gewohnten Methoden `findById()`, `findAll()`, `deleteById()`, usw. um, sodass diese die reaktiven Datentypen `Mono` bzw. `Flux` zurückliefern. Wir können aber wie gewohnt auch eigene Methoden hinzufügen.

10.3 Andere reaktive Operatoren

Üblicherweise setzen wir mehr als nur die bisher erwähnten reaktiven Operatoren ein. Das Reactor-Framework bietet eine sehr große Bandbreite von Operatoren für die unterschiedlichsten Anwendungsfälle.

Für die Erzeugung einer `Mono`-Instanz stehen uns unter anderem `just()`, `create()`, `from()`, `fromCallable()`, `fromSupplier()` oder `using()` zur Verfügung, die jeweils ihre eigene Semantik besitzen. Ebenso bietet uns das Framework Methoden für die Filterung des Datenstroms, ein Mapping auf andere Datentypen, Aggregierungen, Window-Funktionen, Kombinieren von mehreren Datenströmen, Überspringen von Werten und vieles mehr. Ähnlich wie bei der `Stream`-Klasse, die mit Java 8 eingeführt wurde, ist die Menge an neuen Methoden und ihre jeweilige Semantik anfangs erdrückend, erfordert jedoch einfach nur Einarbeitung.

Ein wichtiges Konzept bei der Verwendung von reaktiven Datentypen ist zudem das sogenannte *Reactive Chaining*. Da wir den internen Zustand des Datenstroms ausschließlich über die reaktiven Operatoren manipulieren wollen, ist es notwendig, diese miteinander zu verknüpfen. Folgendes Beispiel soll dieses Verketten der Operatoren visualisieren:

```
Mono
  .just(424242L)
  .flatMapMany(this::primeFactors)
  .reduce("", (l, r) -> String.format("%s %s", l, r))
  .subscribe(System.out::println);
  // 2 3 3 7 7 13 37
```

Listing 10–3
Manipulieren der gekapselten Daten über reaktive Operatoren

Über `Mono.just()` erzeugen wir eine Instanz der `Mono`-Klasse, die den Wert 424242 kapselt. Der Wert wird anschließend über `flatMapMany()` und `reduce()` manipuliert, wobei wir am Ende die Konsolenausgabe »*2 3 3 7 7 13 37*« erhalten, also die Zerlegung der Zahl in ihre Primfaktoren.

Die gezeigten Beispiele können nur einen sehr groben Überblick über das Reactor-Framework und die Verwendung von reaktiver Programmierung liefern. Das Kapitel 18 wird diese Themen daher aufgreifen und vertiefen.

11 Eine GraphQL-API entwickeln

In diesem Kapitel betrachten wir die Erstellung eines Service, der eine GraphQL-API exponiert. Kernelement des exemplarischen Service ist die Verwaltung von Blog-Beiträgen (Posts). Hierzu zählen das Abfragen sowie die Erstellung von Posts und die Verwaltung zugehöriger Kommentare.

11.1 GraphQL in Kürze

Wir beginnen mit den Grundlagen und wichtigsten Bausteinen von GraphQL. Diese bilden die Basis, um die in diesem Kapitel beschriebenen Beispiele zu verstehen.

Bei GraphQL handelt es sich um ein Konzept für die Erstellung und Bereitstellung von APIs. Damit ist es eine Alternative zu REST, RPC oder ähnlichen Konzepten. Die Stärke von GraphQL liegt dabei in einem stark typisierten und dennoch flexiblen Typsystem.

Zugriff auf GraphQL-APIs

Typischerweise wird GraphQL für APIs verwendet, die mittels HTTP aufgerufen werden. GraphQL selbst ist jedoch grundsätzlich unabhängig von der eigentlichen Transportmethode. Damit sind GraphQL-APIs, die alternative Methoden nutzen, denkbar.

Der zentrale Baustein von GraphQL ist das GraphQL-Schema. Es definiert die Einstiegspunkte in die Graph-API und die Datentypen, die den Graphen bilden. Für das Schema wird eine einfache Notation verwendet, die sich an der JavaScript-Syntax orientiert.

Eine Variation dieser Notation kommt für die Ausführung von Anfragen zum Einsatz. GraphQL unterscheidet dabei explizit zwischen Lese- und Schreibzugriffen. Für das Lesen wird eine Query-Operation verwendet und für das Schreiben eine Mutation-Operation. Sowohl bei der Query als auch bei der Mutation erhalten wir für jede Anfrage auch exakt eine Antwort.

Die dritte Operation ist die Subscription. Subscriptions bilden einen Sonderfall. Mit diesen ist es möglich, sich über Änderungen aktiv durch den Server benachrichtigen zu lassen. Damit weichen Subscriptions von dem für APIs typischen Request- & Response-Modell ab. Ein typischer Anwendungsfall könnte ein Chat oder die Kommentarfunktion eines Forums sein.

11.2 Die Beispielanwendung

Damit wir uns eine konkrete GraphQL-API-Implementation anschauen können, betrachten wir im Folgenden eine Beispielanwendung. Diese Anwendung ist eine stark vereinfachte Version eines Blogging-Systems, das Beiträge und zugehörige Kommentare verwaltet. Diese beiden Elemente bilden daher auch unser Datenmodell (`Post` und `Comment`).

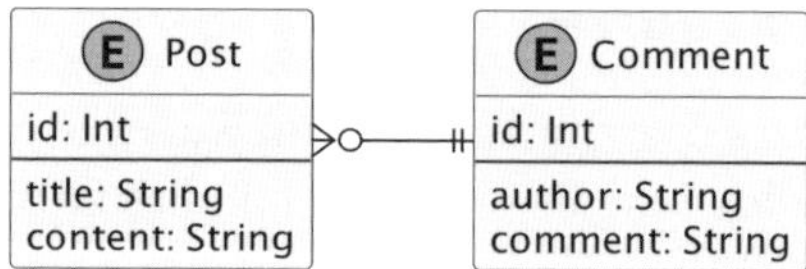

Abb. 11–1
Datenmodell unserer Blogging-Anwendung

Ein Post ist dabei ein für sich stehender Beitrag auf der Plattform und hat sowohl einen Titel als auch den zugehörigen Inhalt. Zu jedem Post kann es Kommentare geben.

Für die Implementierung wird ein Spring Data JPA Repository verwendet. Ein passendes Beispiel findet sich in Kapitel 14.

11.3 Erstellung der Anwendung

Wie für Spring-Boot-Anwendungen üblich, beginnen wir auch bei diesem Beispiel mit der Initialisierung des Grundgerüsts über den Spring Initializr (*https://start.spring.io*).

Als Dependency wählen wir »*Spring for GraphQL*«. Für die Datenhaltung der Anwendung fügen wir zusätzlich »*Spring Data JPA*« und für die kompaktere Definition von Klassen »*Lombok*« hinzu. Diese letztgenannten Dependencies dienen lediglich der Implementierung der Beispiel-Anwendungslogik, sind aber keine Voraussetzungen für die Entwicklung von GraphQL-APIs.

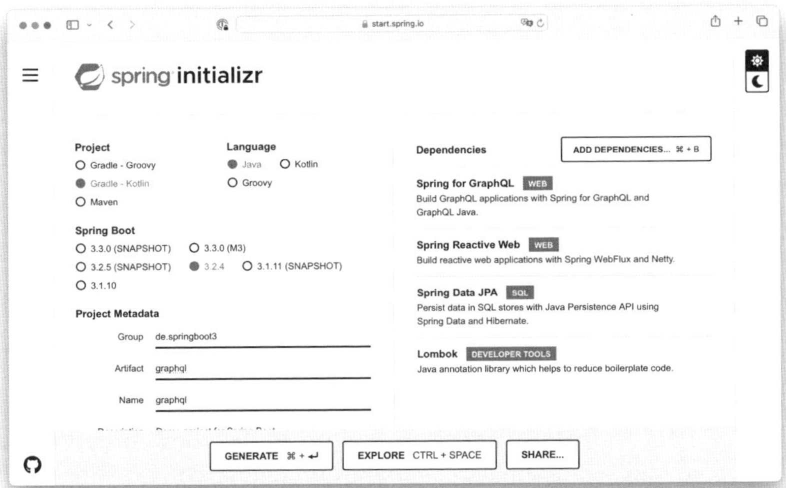

Abb. 11–2
Erzeugung unseres Beispielprojekts mit dem Spring Initializr

Als Transportmethode kommt HTTP zum Einsatz. Da wir auch eine Subscription implementieren möchten, wählen wir hierbei *Spring Reactive Web*.

Transportmethoden

Neben dem verwendeten Spring Reactive Web gibt es auch noch weitere Transportmethoden. Auf diese gehen wir detaillierter in Abschnitt 21.3.1 ein.

Um das initiale Anwendungsgerüst fertigzustellen, sind noch ein paar Konfigurationen in der *application.yml* notwendig.

Listing 11–1
Konfiguration in der application.yml

```
spring:
  graphql:
    websocket:
      path: /graphql
    graphiql:
      enabled: true
      path: /graphiql
```

Da wir eine Subscription implementieren werden, ist eine WebSocket-Unterstützung notwendig. Mit der Property `spring.graphql.websocket.path` definieren wir den Kontextpfad, unter dem die WebSocket-Verbindung aufgebaut werden soll. Zudem aktivieren wir die Unterstützung für GraphiQL und definieren die zu verwendende URL.

Interaktives Testen mit GraphiQL

Zusätzlich aktivieren wir in den Properties die Unterstützung für GraphiQL. Hierbei handelt es sich um eine integrierte Weboberfläche, die es uns erlaubt, mit der GraphQL-API zu interagieren und somit sehr einfach Abfragen an unsere GraphQL-API zu schicken.

Näheres zu GraphiQL findet sich in Abschnitt 21.4.3.

11.4 Abbildung des Datenmodells in GraphQL

Beginnen wir mit der Definition des Schemas für unsere GraphQL-API. Spring Boot erwartet ein (oder mehrere) Schemas in dem Verzeichnis *graphql* im Classpath. Typischerweise ist es Teil der Anwendungsressourcen und somit unter *src/main/resources/graphql* abzulegen. Der Name der Datei kann frei gewählt werden, muss jedoch mit *.graphqls* enden. In unserem Fall verwenden wir *blog.graphqls*:

Listing 11–2
GraphQL-Schema für Post und Comment

```
type Post {
  id: ID!
  title: String!
  content: String!
  comments: [Comment!]!
}

type Comment {
  id: ID!
  author: String!
  comment: String!
}
```

In dem Schema aus Listing 11–2 sind die Typen `Post` und `Comment` definiert. Die Definitionen orientieren sich stark an dem bereits beschriebenen Datenmodell. Das ist zwar nicht zwingend notwendig, erspart uns jedoch ein explizites Mapping von Feldern aus dem Datenmodell auf die GraphQL-Felder, wie wir im weiteren Verlauf sehen werden.

11.5 Implementierung des Controllers

Die Spring-Boot-Unterstützung für GraphQL nutzt den Mechanismus der von Spring Web MVC bekannten Controller. Der wesentliche Unterschied ist hierbei nur die Wahl der jeweiligen Annotation, um eine Methode als Handler zu deklarieren.

@Controller-Mechanismus

Die Spring Controller finden nicht nur in GraphQL eine Anwendung, sondern auch in REST-APIs oder allgemein für Webanwendungen auf Basis von Spring Web MVC. Beispiele hierfür finden sich in den Kapiteln 9 und 19.

11.5.1 Query Mapping

Beginnen wir mit dem lesenden Zugriff auf unser Datenmodell: den Queries. Queries benötigen einen Einsprungspunkt im Typsystem des GraphQL-Schemas. Hierfür wird der Typ `Query` im Schema definiert:

Listing 11–3
posts-Feld

```
type Query {
  posts: [Post!]!
}
```

In unserem Beispiel möchten wir alle Posts auflisten lassen und definieren daher im Typ `Query` ein Feld `posts`. Das `posts`-Feld ist als Array von `Post`-Objekten definiert. Damit ist es uns möglich, alle dem System bekannten Posts aufzulisten.

Paginierung in GraphQL-APIs

Natürlich ist dies ein vereinfachtes Beispiel. In einer realen GraphQL-API sollte eine möglicherweise große Datenmenge wie eine Liste der Posts über einen Paginierungsmechanismus (auch Paging genannt) abgebildet werden. Ein typisches Verfahren ist dabei die Cursor Connection. Näheres hierzu findet sich in der Dokumentation zu GraphQL selbst: *https://graphql.org/learn/pagination/*. Auch Spring GraphQL hat eine integrierte Unterstützung, deren Dokumentation unter *https://docs.spring.io/spring-graphql/reference/request-execution.html#execution.pagination* zu finden ist.

Die Implementierung einer Query erfolgt mittels einer als `@QueryMapping` annotierten Methode in einem Controller:

Listing 11–4
Query Mapping für die Auflistung aller Posts

```
@Controller
public class GraphQLController {

  @Autowired
  private final PostRepository postRepository;

  @QueryMapping
  public List<Post> posts() {
    return postRepository.findAll();
  }
}
```

Mit einem `@QueryMapping` wird explizit beschrieben, dass die Methode ein Feld im Query-Typ des GraphQL-Schemas repräsentiert und der Name der Methode entscheidet, welches Feld abgebildet wird.

Der Rückgabewert muss ebenfalls dem Typen des Feldes entsprechen. In unserem Fall ist dies ein Array von Posts im GraphQL-Schema, das in unserer Implementation als `List<Post>` repräsentiert wird.

Dabei können auch von Spring Web MVC oder Spring WebFlux unterstützte Utility Types verwendet werden. Wäre unsere Repository-Implementation beispielsweise ebenfalls vollständig reactive, würde sich ein Rückgabetyp `Flux<Post>` anbieten. Näheres zum Thema Reactive findet sich in Kapitel 18.

In unserem Fall enthält die zurückgegebene Liste eine Reihe von Post-Objekten, die wie folgt definiert sind:

Listing 11–5
Post-Entity-Typ

```
@Entity
@Access(AccessType.FIELD)
public class Post {
  @Id @GeneratedValue
  private Long id;
  private String title;
  private String content;

  public Post(String title, String content) {
    this.title = title;
    this.content = content;
  }
  // ...
}
```

Die Felder `id`, `title` und `content` entsprechen in ihren Namen direkt den Feldern im GraphQL-Schema und können aus diesem Grund von Spring GraphQL direkt assoziiert werden.

11.5.2 Schema Mapping

Nicht in allen Fällen kann ein Feld über die Typhierarchie direkt ermittelt werden. Betrachten wir die Deklaration des `Post`-Typs im GraphQL-Schema (Listing 11–2) und die Implementierung der Entity `Post` (Listing 11–5) fällt auf, dass `Post` kein `comments`-Feld enthält.

Dies kann man nun auf verschiedenen Wegen lösen. Einerseits ist es möglich, das `comments`-Feld explizit der `Post`-Entity hinzuzufügen. Nehmen wir beispielsweise an, dass Kommentare als unpassend gemeldet und gegebenenfalls ausgeblendet werden sollten. Die hierfür notwendige Fachlogik gehört nicht in eine Datenbank-Entity.

Die Alternative zu einem comments-Feld in der Entity ist daher, eine zusätzliche Methode im Controller zu implementieren, die das Feld comments repräsentiert:

```
@Controller
public class GraphQLController {

  @Autowired
  private CommentRepository commentRepository;

  @SchemaMapping(typeName = "Post", field = "comments")
  public List<Comment> postComments(Post parent) {
    return commentRepository.findByPost(parent);
  }
}
```

Listing 11–6
Implementation des comments-Feldes mittels @SchemaMapping

Die Implementation des Feldes comments wird explizit durch die Annotation @SchemaMapping(typeName = "Post", field = "comments") ausgedrückt. Die Parameter typeName und field beziehen sich dabei auf die Entsprechungen im GraphQL-Schema.

Jedes Mapping ist implizit ein @SchemaMapping

Die Mapping-Annotationen @QueryMapping, @MutationMapping oder @SubscriptionMapping sind nur vereinfachte Aliase für ein @SchemaMapping. Ein @QueryMapping entspricht beispielsweise einem @SchemaMapping(typeName = "Query").

Da wir uns bei den Kommentaren auf einen spezifischen Post beziehen, benötigen wir in der Implementation auch das Wissen um den eigentlichen Post. Aus der Perspektive des GraphQL-Schemas ist das Feld comments dem Post untergeordnet. Während der Ausführung einer Abfrage wird erst der Post ermittelt und danach werden die Felder aufgelöst. Damit können wir uns das Post-Objekt als Parameter injizieren lassen und die ID des Posts verwenden, um die zugehörigen Kommentare zu finden.

11.5.3 Mutation Mapping

Bisher haben wir nur lesende Interaktionen auf dem Graphen durchgeführt. Schreibende Operationen, genannt Mutations, unterscheiden sich nicht in der Art der Implementation.

Der Unterschied zwischen Queries und Mutations

Weder im Schema noch in der Implementierung unterscheiden sich Queries und Mutations. In beiden Fällen handelt es sich um Konventionen in der Implementierung. Dabei sollen lesende Operationen über den Query- und verändernde Operationen nur über den Mutation-Typ im GraphQL-Schema erreichbar sein. Die GraphQL-Unterstützung von Spring Boot (und auch in anderen Sprachen) forciert hier keine strikte Trennung.

Betrachten wir die Erstellung eines Posts mittels einer Mutation, beginnend mit dem dafür notwendigen Schema:

Listing 11–7
GraphQL-Schema der Mutation zur Erstellung eines Posts

```
type Mutation {
  createPost(title: String!, content: String!): Post!
}
```

Die Struktur des Schemas ist analog der bereits bekannten Query, nur mit dem Typ `Mutation`. Dem Feld `createPost` folgen allerdings die Argumente `title` und `content`. Jedes Feld in einem GraphQL-Schema kann zusätzliche Argumente erhalten, um beispielsweise nach bestimmten Kriterien zu filtern (Query) oder eben um Änderungen basierend auf den Argumenten vorzunehmen (Mutation). Hier bilden wir die Erstellung eines Posts mit den genannten Argumenten ab:

Listing 11–8
Implementation der Mutation im Controller

```
@MutationMapping
public Post createPost(
  @Argument String title, @Argument String content) {
  return postRepository.save(new Post(title, content));
}
```

Argumente, die über GraphQL übergeben werden, müssen mit der `@Argument`-Annotation gekennzeichnet werden und werden bei der Ausführung durch Spring GraphQL automatisch injiziert. Wurden die Argumente beim Aufruf durch einen Client nicht angegeben, bricht Spring GraphQL die Verarbeitung bereits vor der Ausführung der Methode ab.

11.6 Implementierung einer Subscription

Für unsere Blog-Post-Anwendung möchten wir Kommentare zu einem Post unmittelbar erhalten, sobald ein solcher hinzugefügt wurde. Eine mögliche Lösung ist natürlich, dass man kontinuierlich die Kommentare zu einem Post explizit abruft. Dieses als Polling bezeichnete Verfahren ist zum einen aufwendig und führt zu vielen, möglicherweise unnötigen Anfragen. Eben hier können Subscriptions helfen.

Eine Subscription unterscheidet sich von Query und Mutation dahingehend, dass ein Aufruf nicht nur zu einem einzigen Ergebnis führt. Vielmehr abonnieren wir Informationen über Änderungen und werden bei einem neuen Ergebnis informiert:

Listing 11-9
GraphQL-Schema für die Kommentar-Subscription

```
type Subscription {
  onCommentAdded: Comment!
}
```

In unserem Beispiel ist das GraphQL-Schema für die Subscription auch denkbar einfach gestaltet. Wir deklarieren das Feld `onCommentAdded`, das vom Typ `Comment` ist:

Listing 11-10
Implementation einer Subscription

```
@SubscriptionMapping
public Flux<Comment> onCommentAdded() {
  return Flux.create(sink -> {

    final Consumer<Comment> consumer = sink::next;

    registerConsumer(consumer);
    sink.onDispose(() -> unregisterConsumer(consumer));
  });
}
```

Die Struktur der Implementation im Controller bleibt weiterhin vergleichbar. Die Besonderheit ist jedoch der Rückgabewert, da dieser nicht nur ein Ergebnis liefert, sondern einen Strom an Ergebnissen. Um dies abzubilden, verwenden wir ein `Flux<Comment>`.

Flux und Reactive Programming mit Project Reactor

`Flux` ist Teil des Project-Reactor- und des Reactive-Programming-Konzepts in Spring Boot. Bei einem `Flux` handelt es sich um einen Datenstrom, der keine oder beliebig viele Elemente emittieren kann. Näheres zum Thema findet sich in Kapitel 18.

Die Controller-Methode `onCommentAdded()` erstellt ein `Flux`, das sich automatisch für den Empfang von neuen Kommentaren registriert und als Event im `Flux` publiziert. Hierfür verwenden wir eine Methodenreferenz auf `sink::next`, da wir keine weitere Verarbeitung der neu entstandenen Kommentare benötigen und diese direkt über den `Flux` publizieren können.

12 Integration einer SPA mit Spring Boot

Ein typischer Anwendungsfall für Spring-Boot-Anwendungen ist es, als Backend-Service für Web-Frontends zu dienen. Eine Methode ist dabei, die HTML-Inhalte innerhalb der Spring-Boot-Anwendung dynamisch zu generieren und an den Browser auszuliefern (siehe Kap. 13). Gebräuchlicher sind heute jedoch die sogenannten Single Page Applications (SPA). Dabei wird eine initiale HTML-Seite ausgeliefert, die notwendigen Inhalte werden dann über eine REST- oder GraphQL-API abgefragt und dynamisch auf dem Client zur Anzeige gebracht. In diesem Kapitel betrachten wir die Herausforderungen und Umsetzungsmöglichkeiten von SPAs mit Spring-Boot-Anwendungen.

12.1 Herausforderungen von SPAs

Auf den ersten Blick wirken SPAs einfach, sie bergen jedoch Herausforderungen in der konkreten Umsetzung. In diesem Kapitel beschäftigen wir uns mit den beiden häufigsten Herausforderungen und deren möglichen Lösungen.

12.1.1 Handhabung von URLs

Wie der Name bereits verrät, handelt es sich bei Single Page Applications um Anwendungen, die innerhalb einer einzigen HTML-Seite umgesetzt werden. Für Anwender ist diese Tatsache jedoch häufig vollständig transparent, da sich eine SPA idealerweise identisch zu jeder anderen Webseite verhält. Das bedeutet im Speziellen, dass sich bei der Navigation die Adresse im Browser ändert.

Navigiert der Anwender von der Hauptseite der Anwendung (beispielsweise *https://my.app/*) zu einer Seite für das eigene Profil, sollte sich die Adresse im Browser ebenfalls ändern (zum Beispiel *https://my.app/profile*). In einer klassischen Webapplikation wird beim Wechsel zu der Profilseite die Seite über den HTTP-Server geladen. Dies möchte man bei einer SPA allerdings vermeiden. Die Idee hinter einer SPA ist es, die Inhalte dynamisch im Browser zu aktualisieren und nicht einen vollständigen Ladevorgang durchzuführen. Daher muss eine SPA die URL im Browser anpassen können, ohne einen Reload der Seite durchzuführen. Dies wird durch die JavaScript-History-API ermöglicht.

JavaScript-History-API

Die History-API wird mittlerweile von allen gebräuchlichen Browsern unterstützt. Diese API erlaubt es, mit der Navigationshistorie des Browsers zu interagieren. Für SPAs ist im Speziellen die `pushState()`-Methode interessant, da es mittels dieser möglich ist, die `Location` (also die Adresse im Browserfenster) zu ändern, ohne dabei die Seite neu zu laden. Mehr hierzu findet sich in der Mozilla-Developer-Dokumentation zu `pushState()`[a].

a. *https://developer.mozilla.org/en-US/docs/Web/API/History/pushState*

Bei einem initialen Ladevorgang der Webapplikation (*https://my. app/*) wird der entsprechende HTML- und JavaScript-Inhalt an den Browser ausgeliefert. Navigiert der Anwender nun auf die Profilseite, nutzt eine SPA die History-API, um einen neuen History-Eintrag hinzuzufügen, der dann die Profilseite repräsentiert (*https://my.app/profile*). Dies geschieht ohne eine Interaktion mit dem Webserver, und die SPA kann entscheiden, was im Browser dargestellt werden soll.

Was ist jedoch, wenn der Anwender die URL für das Profil kopiert und zu einem späteren Zeitpunkt direkt auf die Profilseite navigieren möchte (*https://my.app/profile*)? Die SPA ist zu diesem Zeitpunkt nicht geladen und kann damit auch nicht in die Steuerung eingreifen. In diesem Fall wird der Browser diese URL auf dem Server anfragen. Als Ergebnis sollte aber ebenfalls die SPA ausgeliefert werden.

Konkret bedeutet dies, dass eine SPA, egal mit welcher URL der Browser den Aufruf ausführt, immer ausgeliefert werden muss. Die einzige Ausnahme bildet hier eine eventuelle API, die von der SPA verwendet wird.

12.1.2 Integration unterschiedlicher Toolings

Eine weitere Herausforderung bildet das Tooling von SPAs beziehungsweise im JavaScript-Ökosystem im Allgemeinen. Spring-Boot-Anwendungen werden typischerweise in Java (oder einer anderen JVM-Sprache wie beispielsweise Kotlin) geschrieben. Als Build-System kommen meist Maven oder Gradle zum Einsatz.

Im Bereich von Frontend-Anwendungen (SPA) ist jedoch vorwiegend ein Tooling im Node.JS-Ökosystem zu finden: Typische Programmiersprachen sind JavaScript oder TypeScript. Die möglichen Build-Systeme sind hierbei so vielfältig wie in kaum einer anderen Sprachlandschaft: NPM, yarn, PnNPM, Lerna, Rush und viele mehr.

Die zu diesem Kapitel geschriebenen Beispiele verwenden Java und Gradle für die Spring-Boot-Anwendung sowie JavaScript mit Vite und NPM für das Frontend.

Vite

Das JavaScript-Ökosystem bewegt sich sehr schnell, und es vergeht kein Tag, an dem nicht neue Frameworks das Licht der Welt erblicken. Zum Verfassungszeitpunkt dieses Textes ist aktuell Vite eines der meistgenutzten Bildsysteme für Frontend-Anwendungen. Näheres zu Vite findet sich unter *https://vitejs.dev/*.

Die Herausforderung ist nun, diese verschiedenen Sprachen und Toolings in eine Struktur zu bringen, die eine schnelle und zuverlässige Anwendungsentwicklung erlaubt. Hierbei gibt es verschiedene Ansätze, die sich auch durch die Art des Deployments unterscheiden können. Für dieses Kapitel werden wir eine integrierte Deployment-Variante betrachten, in der sowohl Frontend- als auch Backend-Build integriert wird.

12.2 Mögliche Varianten für ein Deployment

Bevor wir mit der Umsetzung beginnen, müssen wir zuvor noch eine Deployment-Strategie für die Anwendung festlegen. Hierbei gibt es zahlreiche Möglichkeiten. Am gebräuchlichsten ist einerseits die Integration das Frontends in die Spring-Boot-Anwendung (in die statischen Ressourcen des resultierenden JAR) oder ein unabhängiges Deployment von Frontend und Backend auf dedizierten Servern. In diesem Abschnitt betrachten wir die Grundzüge beider Varianten.

12.2.1 Integration in das Spring-Boot-JAR

Bei der Integration des Frontends in das Spring-Boot-JAR wird das Frontend gemeinsam mit der Spring-Boot-Anwendung entwickelt, gebaut und letztlich ausgerollt.

Ein Browser würde hierbei sowohl für das Laden der SPA als auch für die Interaktion mit der REST-API mit demselben Endpoint kommunizieren. Sämtliche Ressourcen der SPA befinden sich innerhalb der statischen Ressourcen der Anwendung.

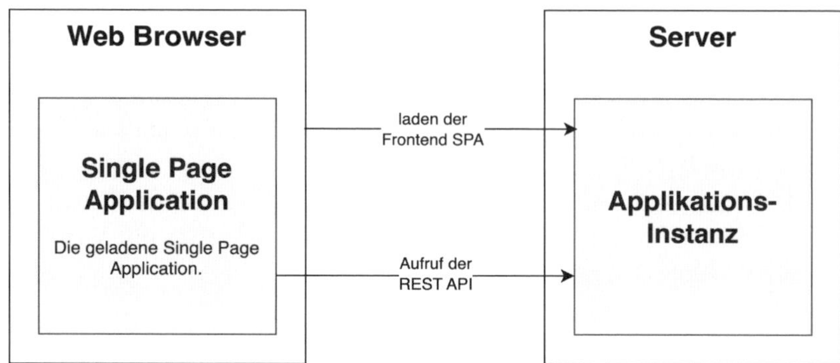

Abb. 12–1
Schematische Darstellung einer Anwendung mit integriertem Frontend

Ein Deployment ist damit recht einfach, da die Frontend-Anwendung und das zugehörige Backend gebündelt und als ein Artefakt ausgeliefert werden können. Dies bedeutet jedoch auch, dass Frontend und Backend einem gemeinsamen Entwicklungszyklus unterliegen und nicht getrennt aktualisiert werden können.

Damit ergibt sich eine notwendige Reihenfolge für den Bau der Anwendung:

1. Bau der Frontend-Anwendung
2. Kopieren der Frontend-Dateien in die Backend-Ressourcen
3. Bau der Backend-Anwendung

Diese Variante werden wir in diesem Beispielabschnitt näher betrachten.

12.2.2 Unabhängige Deployments des Frontends und Backends

Eine deutlich flexiblere, wenn auch etwas komplexere Variante ist, sowohl Backend als auch Frontend unabhängig voneinander zu deployen. Hierbei können die Release- und Update-Zyklen des Backends und des Frontends komplett unabhängig voneinander durchgeführt werden.

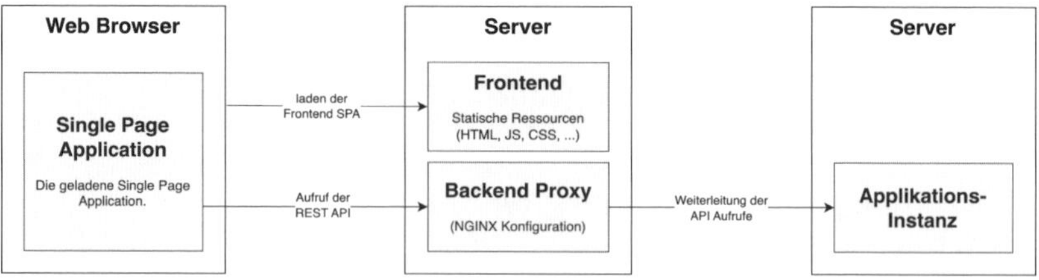

Abb. 12–2
Unabhängige Deployments von Frontend und Backend

In Abbildung 12–2 ist eine entsprechende Deployment-Struktur schematisch dargestellt. Das Frontend wird auf einem Webserver (in diesem Beispiel ein NGINX) bereitgestellt. Das Backend läuft unabhängig davon auf einer anderen Plattform, beispielsweise als Container oder in einem Servlet-Container wie Tomcat.

Typischerweise möchte man hierbei, dass die Frontend-SPA und die -API unter dem gleichen Hostnamen erreichbar sind, denn sonst beschwert sich der Browser, weil er »Cross-Origin«-Requests durchführen muss. Die SPA kann so (REST-)Requests stellen, ohne dedizierte CORS-Header (Cross-Origin Resource Sharing) zu setzen.

Eine Möglichkeit, dies zu realisieren, ist es, den Webserver so zu konfigurieren, dass alle Aufrufe mit einem bestimmten Pfad-Präfix, wie beispielsweise */api/**, zum Backend-System weitergeleitet werden. Für alle anderen Pfade jedoch wird die SPA ausgeliefert.

Diese Deployment-Methode bietet die größtmögliche Flexibilität und erlaubt es, Frontend und Backend weitestgehend unabhängig voneinander zu entwickeln und zu deployen. Bei der Entwicklung der API muss jedoch besonders auf eine entsprechende Kompatibilität geachtet werden, wenn Frontend und Backend unabhängig voneinander ausgerollt werden. Eine Möglichkeit, dies sicherzustellen, ist es, sowohl bei einem Backend- als auch bei einem Frontend-Deployment einen vollständigen Integrationstest durchzuführen. Das ist allerdings aufwendig und wird sehr schnell nur noch bedingt wartbar, da die ursprünglichen unabhängigen Entwicklungen nun eine gemeinsame Integrationstestbasis benötigen. Eine deutliche bessere Möglichkeit ist die Verwendung von Consumer-Driven Contract Testing (CDCT).

Consumer-Driven Contract Testing (CDCT)

Bei CDCT handelt es sich um eine Testmethode, die primär darauf abzielt, die Kompatibilität zwischen zwei kommunizierenden Parteien, genannt Consumer und Provider, sicherzustellen. Im Falle einer klassischen Frontend-SPA- und Backend-Spring-Boot-Anwendung ist die SPA der Consumer und das Backend der Provider.

Ein Consumer beschreibt, wie dieser eine API zu nutzen gedenkt, und definiert auch das Schema der zu erwartenden Antwort. Das bildet den sogenannten Contract. Mit dieser Contract-Definition kann der Consumer direkt Testfälle erstellen, die den Contract als Grundlage verwenden, um eine API mit den definierten Antworten zu simulieren. Der Contract wird auch dem Provider zur Verfügung gestellt. Dieser kann den Contract nutzen, um sicherzustellen, dass die API die spezifizierte Anfrage auch mit einer validen Antwort bedient.

Consumer und Provider können nun unabhängig voneinander testen. Ist ein Provider-Test basierend auf dem Contract und der Version, die in der Zielumgebung läuft, erfolgreich, kann der Consumer eine neue Version ausrollen.

Diese Variante des Deployments ist die deutlich flexiblere und erlaubt es, richtig eingesetzt, unabhängige Entwicklungs- und Deployment-Zyklen für Frontend und Backend zu nutzen.

12.3 Ein Spring Boot Backend mit React Frontend

Tauchen wir nun in eine konkrete Beispielanwendung ein, um das Zusammenspiel von Frontend und Backend in Aktion zu erleben. Der gesamte Code für diese Anwendung findet sich in dem zu diesem Buch gehörenden Git Repository unter *https://github.com/dxfrontiers/spring-boot-3-buch*. Die in diesem Kapitel abgedruckten Beispiele sind unvollständige Auszüge aus dem Code, um die verwendeten Techniken zu erklären.

Technisch wird unser Backend auf Spring Boot 3 mit einem Gradle-Build aufsetzen. Für das Frontend kommen Node.JS, Vite und React dazu. Grundsätzlich ist es unerheblich, welche konkreten Techniken und Frameworks für das Frontend genutzt werden. Vite und React bieten uns einen einfachen Weg, um ein Frontend bequem zu entwickeln. Die Basis, auf der das Frontend aufsetzt, ist Node.JS und NPM. Damit lassen sich viele andere Frameworks (beispielsweise Angular oder Vue) auf dieselbe Art integrieren.

12.3.1 Verzeichnisstruktur

Beginnen wir mit der verwendeten Verzeichnisstruktur, die sowohl das Frontend als auch das Backend enthalten wird. Als Build-System für das gesamte Projekt werden wir Gradle einsetzen. Auch wenn die Frontend-Applikation in das Backend JAR integriert werden soll, bietet es sich an, beides in unabhängigen Verzeichnissen zu entwickeln. Aus diesem Grund nutzen wir das Multi-Projekt-Modell von Gradle.

Gradle-Multi-Projekt-Builds

Gradle unterstützt den Bau von modularen Anwendungen durch das Konzept der Multi-Projekt-Builds. Hierbei wird ein Root-Projekt erstellt, das wiederum weitere Projekte in entsprechenden Unterverzeichnissen enthält.

Eine eingehende Betrachtung von Multi-Projekt-Builds würde den Rahmen dieses Buches sprengen. Aus diesem Grund sei auf die Gradle-Literatur im dpunkt-Verlagsprogramm oder auf die Gradle-Dokumentation[a] verwiesen.

a. *https://docs.gradle.org/current/userguide/intro_multi_project_builds.html*

```
Projekt
├── frontend
│   ├── package.json
│   └── build.gradle.kts
├── backend
│   └── build.gradle.kts
└──settings.gradle.kts
```

Listing 12–1
Verzeichnisstruktur des Projekts

Das Projekt selbst wird in einem Ordner, dem Root-Projekt, zusammengefasst. Die Projekte für das Frontend und das Backend finden sich in jeweiligen Unterverzeichnissen, genannt `frontend` und `backend`.

Wir beginnen mit der Erstellung der Frontend- und Backend-Projekte und legen diese in die entsprechenden Unterverzeichnisse, wie in den folgenden Abschnitten beschrieben. Die Struktur des Multi-Projekt-Builds werden wir in dem darauffolgenden Abschnitt anpassen.

12.3.1.1 Erstellen des Frontends

Das Frontend für unsere Anwendung verwendet Vite als Build-System und die React Library als Framework. Die Erstellung des Projekts ist denkbar einfach:

```
> npm create vite@latest frontend -- --template react
```

Nach erfolgreichem Abschluss von `npm create` finden wir den Code in dem `frontend`-Verzeichnis. Damit haben wir bereits eine lauffähige Frontend-Anwendung.

12.3.1.2 Erstellen des Backends

Das Backend wird, wie in den meisten Beispielen, mittels des Spring Initializr initialisiert. Neben den allgemeinen Angaben, wie GroupId, ArtifactId oder Version, müssen wir lediglich sicherstellen, dass wir Gradle als Build-System mit der Kotlin-DSL verwenden. Zudem wird eine Abhängigkeit für die Kommunikation zwischen Frontend und Backend benötigt: Wir werden eine REST-API implementieren, weshalb als einzige Abhängigkeit »*Spring Web*« gewählt wird. Nach dem Herunterladen des Templates wird es in das `backend`-Verzeichnis extrahiert.

12.3.2 Konfiguration des Builds

Mit den vorliegenden Bestandteilen der Anwendung (die `frontend`- und `backend`-Verzeichnisse), müssen diese nun in einem entsprechenden Build zusammengeführt werden. Hierfür verwenden wir eine Gradle-Multi-Projekt-Struktur. Frontend wie auch Backend sind jeweils eigene Projekte, die mit einem Root-Projekt zusammengeführt werden.

Unser Root-Projekt ist das Verzeichnis, in dem wiederum die Verzeichnisse `frontend` und `backend` liegen. Hier erzeugen wir eine *gradle.settings.kts*, die die Projekte referenziert:

Listing 12–2
settings.gradle.kts für das Root-Projekt

```
rootProject.name = "spa"
include("frontend", "backend")
```

In der Root-Projekt-Konfiguration aus Listing 12–2 wird der Name des Root-Projekts festgelegt. In unserem Fall ist dieser schlicht »spa«. Der folgende `include` definiert, dass zwei Projekte beachtet werden sollen (`frontend` und `backend`). Die jeweiligen Build-Konfigurationen finden sich dann in den entsprechenden Unterverzeichnissen.

12.3.2.1 Gradle-Build des Frontend-Projekts

Für das Frontend-Projekt fehlt noch eine passende Gradle-Build-Konfiguration. Diese lässt sich sehr einfach mit dem Frontend-Gradle-Plugin realisieren und erfordert nur wenige Zeilen:

Listing 12–3
frontend/build.gradle.kts

```
plugins {
  id("org.siouan.frontend-jdk17") version "8.0.0"
}

frontend {
  nodeVersion.set("20.10.0")
  assembleScript.set("run build")
}
```

Um das Frontend-Gradle-Plugin zu verwenden, wird dieses in der Plugins-Sektion deklariert. Im folgenden `frontend`-Abschnitt erfolgt dann die Konfiguration des Plugins. Für eine einfache SPA wie in unserem Beispiel genügt es, die NodeJS-Version sowie das `assembleScript` zu definieren. Das `assembleScript` verweist dabei auf eine Ausführung durch den gewählten Package Manager.

In Version 8 des Plugins ist es notwendig, den gewünschten Package Manager in der *package.json* zu deklarieren. Hierfür muss lediglich der Eintrag `packageManager` hinzugefügt werden und auf einen Package Manager inklusive gewünschter Version verweisen. In unserem Beispiel ist dies *npm* in der Version 10.4.0:

Listing 12–4
Ausschnitt aus der package.json

```
{
  "name": "frontend",
  "packageManager": "npm@10.4.0",
  // ...
}
```

Damit ist der Gradle-Build für das Frontend bereits funktionsfähig. Mittels eines Aufrufs von `gradle build` wird das Frontend gebaut, und das zugehörige Ergebnis findet sich im Verzeichnis `dist`.

Mehr zum Frontend-Gradle-Plugin

Das Frontend-Gradle-Plugin ist kein integriertes Plugin von Gradle, sondern ein unabhängiges Open-Source-Projekt. Mehr zu diesem Plugin findet sich auf der GitHub-Seite des Projekts: *https://github.com/siouan/frontend-gradle-plugin*.

12.3.2.2 Gradle-Build des Backends

Der Gradle-Build des Backends ist bereits durch den Spring Initializr definiert worden und muss nur etwas angepasst werden. Die im Verzeichnis *backend* existierende *settings.gradle.kts* wird entfernt, da im Root-Projekt bereits eine neue erstellt wurde.

Spring Boot bietet die Möglichkeit, statische Ressourcen, wie HTML, JavaScript, CSS oder Bilder, in das resultierende JAR zu integrieren. Dafür müssen diese im Ordner `public` innerhalb des Klassenpfads existieren. Erstellt man beispielsweise eine *test.html* unter *src/main/resources/public* und startet die Spring-Boot-Anwendung, wird diese Seite über *http://localhost:8080/test.html* erreichbar sein.

Möchten wir nun den Build-Output des Frontends integrieren, müssen wir eine Abhängigkeit auf das Frontend und dessen Output definieren und Gradle anweisen, diesen in unser Artefakt zu kopieren:

Listing 12–5
Kopieren der Frontend-Ressourcen

```
tasks.register<Copy>("processFrontendResources") {
  group = "Frontend"
  description = "Process frontend resources"
  dependsOn(":frontend:assembleFrontend")

  from(project(":frontend").layout
    .projectDirectory.dir("dist"))
  into(project.layout
    .buildDirectory.dir("resources/main/public"))
}

tasks.named("processResources") {
  dependsOn("processFrontendResources")
}
```

Listing 12–5 enthält die hierfür notwendigen Definitionen in der Datei *build.gradle.kts*. Es wird ein neuer Task mit dem Namen `processFrontendResources` deklariert. Bei diesem handelt es sich um einen einfachen Kopier-Task. Die Besonderheit ist hierbei, dass dieser eine definierte Abhängigkeit zu einem Task aus dem Frontend-Projekt enthält: `dependsOn(":frontend:assembleFrontend")`. Diese Deklaration stellt sicher, dass der Kopier-Task erst ausgeführt wird, wenn der `assembleFrontend`-Task im Frontend durchlaufen wurde. Die Quelle und das Ziel werden jeweils mit den `from`- und `into`-Aufrufen definiert.

Als Letztes wird nun sichergestellt, dass der processFrontendResources-Task im Rahmen der allgemeinen Ressourcenverarbeitung des Backend-Builds durchgeführt wird. Dazu wird der processResources-Task referenziert und um eine Abhängigkeitsdeklaration zu processFrontendResources erweitert. Mit dieser Abhängigkeit ist nun der Task für das Kopieren der Frontend-Ressourcen ein Teil des Backend-Builds.

Führt man einen Gradle-Build mit dem Task bootRun aus, wird die Spring-Boot-Anwendung gebaut und ausgeführt. Zusätzlich wird die Abhängigkeit zum Frontend erkannt und in der Folge der Bau des Frontends angestoßen sowie das Ergebnis kopiert. Ist der Bau erfolgreich und die Anwendung gestartet, wird unser Frontend unter *http://localhost:8080* angezeigt.

12.3.3 Integration einer REST-API in das Frontend

Nun fehlt nur noch eine REST-API, die in das Frontend integriert wird. Eine ausführliche Beschreibung der Implementation von REST-APIs findet sich in Kapitel 19.

Listing 12–6
REST-Controller

```
@RestController
@RequestMapping(path = "/api/v1/tasks")
public class TasksApiController {

  @Autowired
  private TaskService service;

  @GetMapping
  public List<Task> getTasks() {
    return service.getTasks();
  }
}
```

Listing 12–6 enthält einen einfachen REST-Controller, der bei einem HTTP-GET unter der URL */api/v1/tasks* eine Liste von Tasks als Ergebnis liefert. Die konkrete Logik für die Verwaltung der Task liegt in einem Service und ist für die weitere Betrachtung nicht relevant. Der gesamte Code für dieses Beispiel findet sich in dem zum Buch gehörenden Git-Repository.

Nun bleibt noch die Integration der REST-API in das Frontend. Da das Frontend über unsere Backend-Anwendung ausgeliefert wird, können wir im Frontend mit einem absoluten Pfad arbeiten. Für den Aufruf eines REST-Service bietet sich die JavaScript-fetch-API an.

```
fetch("/api/v1/tasks")
  .then(response => response.json())
  .then(response => {
    setTasks(response)
  })
```

Listing 12–7
REST-API-Aufruf mittels fetch-API

In Listing 12–7 wird mit der `fetch`-API ein GET-Request auf */api/v1/tasks* durchgeführt. Der Response-Body wird als JSON geparst, in unserem Fall eine Liste der Tasks, und mittels `setTasks()` an die UI übergeben. Damit können die Tasks im Frontend zur Anzeige gebracht werden.

Es ist wichtig zu bemerken, dass in diesem Beispiel bewusst auf eine Fehlerbehandlung verzichtet wurde. Diese ist jedoch bei einer produktiven Umsetzung unverzichtbar und muss entsprechend umgesetzt werden.

12.3.3.1 Unterstützung für Live-Reloading

Moderne JavaScript-Toolings unterstützen typischerweise ein Live-Reloading im Browser. Hierbei wird die Darstellung im Browser aktualisiert, wenn sich die Quelldateien ändern. Im Fall von Vite ist dies bereits direkt im Projekt integriert. Startet man die Live-Reload-Umgebung mittels `npm run dev` im Frontend-Projekt, wird ein eingebetteter HTTP-Server gestartet, der dann das Frontend bereitstellt. Öffnet man das Frontend im Browser und führt Änderungen durch, wird der Browser automatisch neu geladen. Es ist wichtig anzumerken, dass dies nicht Teil des Spring-Boot-Builds mit `bootRun` ist, sondern als unabhängige Instanz gestartet wird.

Startet man zusätzlich die Backend-Anwendung mit `gradle bootRun`, entsteht dann ein Problem beim Zugriff auf die REST-API. Diesen hatten wir mittels des Pfades */api/v1/tasks* definiert. Dieser Pfad ist nur erreichbar in unserem Backend, nicht jedoch über den eingebetteten HTTP-Server für das Live-Reloading. Beide HTTP-Server laufen unter unterschiedlichen Ports. Der Live-Reloading-HTTP-Server des Frontends läuft beispielsweise unter der URL *http://localhost:5173/*. Die Spring-Boot-Backend-Anwendung wird typischerweise unter *http://localhost:8080* erreichbar sein.

Eine Möglichkeit ist nun, statt eines Pfads (*/api/v1/tasks*) eine URL für den Zugriff über die `fetch`-API zu verwenden: *http://localhost:8080/api/v1/tasks*). Allerdings sieht hier der Browser, dass das Frontend und die REST-API über zwei unterschiedliche Server bereitgestellt werden. In solchen Fällen unterbindet der Browser Requests an den REST-Service, weil diese an eine andere Domain gehen.

Eine Möglichkeit, dies zu umgehen, ist es, den Live-Reload-Server auch als Proxy zu verwenden. In diesem Fall werden Aufrufe auf */api/v1/tasks* durch den Live-Reload-Server angenommen, jedoch an ein konfigurierbares Ziel weitergeleitet.

Das in unserem Beispiel verwendete Vite kann dies mit einer einfachen Konfiguration in der *vite.config.js* erledigen, die lediglich um eine Proxy-Konfiguration erweitert werden muss:

Listing 12–8
vite.config.js mit Proxy-Einstellung

```
import { defineConfig } from 'vite'
import react from '@vitejs/plugin-react'

// https://vitejs.dev/config/
export default defineConfig({
  plugins: [react()],
  server: {
    proxy: {
      '/api': 'http://localhost:8080'
    }
  }
})
```

Für einen Pfad auf dem Live-Reload-Server wird ein entsprechendes Ziel definiert. In Listing 12–8 definieren wir, dass */api*-Aufrufe auf *http://localhost:8080* weitergeleitet werden sollen.

Cross-Origin Resource Sharing (CORS)

Bei CORS handelt es sich um eine Sicherheitsmechanik der Browser, die Zugriffe über verschiedene Quellen (Origins) hinweg steuert. Mittels dieser Sicherheitsmechanik verhindern Browser verschiedene Arten von Angriffen, wie beispielsweise das Cross-Site Scripting (XSS).

Lädt beispielsweise eine Webseite von *https://www.meine-domain.de* JavaScript-Code, wird diesem JavaScript-Code der Origin *www.meine-domain.de* zugewiesen. Auf der eigenen Domain sind diese Zugriffe ohne Einschränkungen möglich.

Versucht aber eben dieser JavaScript-Code einen Zugriff auf eine andere Domain, wie beispielsweise *https://api.fremde-domain.com/api/v1*, wird der Browser dies verhindern. Es sei denn, der Server unter *https://api.fremde-domain.com* setzt bestimmte HTTP-Header, die einen Zugriff von meine-domain.de explizit erlauben.

Näheres zu CORS findet sich in der ausführlichen Dokumentation unter *https://developer.mozilla.org/en-US/docs/Web/HTTP/CORS*.

Wurde diese Konfiguration in Vite angewandt, werden Anfragen mit dem Pfad */api*, die an den Live-Reload-Server gerichtet werden, an unser Spring-Boot-Backend weitergeleitet.

12.3.4 Unterstützung von Deep-Links mit der History-API

Wie bereits ausgeführt, sollen auch SPA-URLs mit tiefen Pfaden unterstützt werden. Beispielsweise eine Profilseite, die entweder über eine Navigation in der SPA erreichbar ist oder explizit über die URL *http://localhost:8080/profile* geöffnet werden soll. Hierfür muss die Anwendung standardmäßig immer die HTML-Seite der SPA ausliefern, es sei denn, es handelt sich um einen API-Request */api/v1/**.

Auch hierfür bietet Spring Boot, genauer gesagt Spring Web MVC, die passenden Bordmittel. Wird eine URL aufgerufen, die der Anwendung nicht bekannt ist, soll die *index.html* ausgeliefert werden. Hierfür verwenden wir einen `@Controller` (Näheres zu `@Controller` in Kap. 19). Es ist wichtig zu bemerken, dass es sich um einen `@Controller` und nicht um einen `@RestController` handelt.

Listing 12–9
HistoryAPIController

```
@Controller
public class HistoryAPIController {

  @RequestMapping(value = "/{path:[^.]*}")
  public String redirect() {
    return "forward:/";
  }
}
```

Der in Listing 12–9 abgebildete Controller wird auf alle Pfade angewandt, die keinen Punkt und keinen Pfadtrenner (Schrägstrich) enthalten. Der Request wird dann an den Root und damit an unsere *index.html* weitergeleitet. Somit erhält man immer die HTML-Seite unserer SPA, unabhängig davon, ob auf die Startseite *http://localhost:8080/* oder auf eine Unterseite *http://localhost:8080/profile* navigiert wird.

13 Ein serverbasiertes Web-Frontend entwickeln

Auch wenn JavaScript-basierte Single Page Applications heutzutage der Standard sind, bietet es sich in vielen Fällen an, das HTML vom Server ausliefern zu lassen. In diesem Kapitel schauen wir uns an, wie wir Spring Boot und Thymeleaf nutzen können, um eine serverseitige Webanwendung zu entwickeln.

13.1 Warum serverseitig?

Wenn man heutzutage ein Web-Frontend entwickelt, basiert es meist auf JavaScript-Frameworks wie React oder Angular. Die Anwendung ist eine »Single Page Application« (Kap. 12), die einmal heruntergeladen wird, ab dann im Browser läuft und zwischendurch Anfragen an den Server sendet, um Daten nachzuladen oder zu speichern.

Serverbasierte Web-Frontends, bei denen ein Server Browseranfragen mit HTML-Fragmenten beantwortet, sind aus der Mode gekommen. Tatsächlich lassen sich mit serverbasierten Web-Frameworks aber sehr nutzerfreundliche (und entwicklerfreundliche) Anwendungen entwickeln!

In diesem Kapitel werden wir uns anschauen, wie wir eine solche Anwendung mit Spring Boot entwickeln können.

Der große Vorteil von serverbasierten Webanwendungen ist, dass wir denselben Tech Stack für das Backend und Frontend verwenden und somit nicht zwei völlig unterschiedliche Tech Stacks lernen müssen (oder unser Team in Frontend- und Backend-Spezialisten aufteilen müssen).

Spring Boot ist da keine Ausnahme. Es ist sehr gut integriert mit serverseitigen Template-Engines und dem Spring Web MVC Framework, was es sehr einfach macht, serverseitige Web-Frontends zu entwickeln.

Wir werden hier ein kleines Webformular entwickeln, um die Grundlagen der serverseitigen Webentwicklung mit Spring Boot aufzuzeigen. Am Ende werden wir auch noch das HTMX-Framework integrieren, das uns die Interaktivität von JavaScript liefert, ohne dass wir JavaScript schreiben müssen.

13.2 Die Beispielanwendung

Wir erzeugen unsere Beispielanwendung auf *start.spring.io* mit den folgenden Dependencies:

- *Spring Web*
- *Spring Boot Developer Tools*
- *Thymeleaf*

Damit haben wir alles, was wir für ein serverseitiges Web-Frontend benötigen. Thymeleaf ist unsere Templating-Engine, mit der wir komplette HTML-Seiten und einzelne HTML-Fragmente erzeugen, um sie zum Browser zu senden, der sie dann rendert.

Die Developer Tools helfen uns dabei, die Änderungen an unseren HTML-Templates in der lokalen Preview schnell sichtbar zu machen (siehe Kap. 22).

13.3 »Hello World« mit Thymeleaf

Bevor wir uns dem Webformular widmen, schauen wir uns in einem kleinen »Hello World«-Beispiel an, wie wir mit Thymeleaf HTML erzeugen und es mit dem Spring Web MVC Framework an den Browser senden können.

Wir beginnen mit einem einfachen HTML-Template, das wir in der Datei *src/main/resources/templates/hello.html* ablegen:

Listing 13–1
Ein einfaches HTML-Template

```
<html xmlns:th="http://www.thymeleaf.org">
  <body>
    Hello <span th:text="${name}">NAME</span>
  </body>
</html>
```

Wir importieren den XML-Namespace von Thymeleaf, damit unsere IDE die Thymeleaf-spezifischen HTML-Tags und -Attribute erkennt. Lassen wir den Namespace weg, funktioniert unsere Anwendung immer noch einwandfrei, wir müssten aber damit leben, dass die IDE uns Fehler im HTML markiert, weil sie bestimmte Tags und Attribute nicht kennt.

Im Body des HTML-Dokuments sehen wir ein <span>-Tag. Mit dem `th:text`-Attribut teilen wir Thymeleaf mit, dass es den Text innerhalb dieses <span>-Tags mit einem dynamischen Wert ersetzen soll – in diesem Fall mit dem Wert der Variable `name`.

Wir definieren den Wert dieser Variable in unserem Web-Controller:

```
@Controller
public class HelloController {
  @GetMapping("/hello")
  public ModelAndView renderHello() {
    return new ModelAndView(
      "hello.html",
      Map.of("name", "Bob")
    );
  }
}
```

Listing 13–2
Ein Web-Controller, der eine HTML-Seite ausliefert

Wir definieren unsere Controller ähnlich, wie wir auch REST-Controller definieren (siehe Kap. 9). Statt der Annotation `@RestController` verwenden wir hier lediglich die Annotation `@Controller`.

Wir mappen den Pfad */hello* auf unsere Methode `renderHello()`. In der Methode initialisieren wir ein `ModelAndView`-Objekt und geben es dem Framework als Rückgabewert zurück. Als »View« übergeben wir unser HTML-Template *hello.html*. Als Model geben wir eine Map mit, die dem Schlüssel `name` den Wert »Bob« zuweist.

Das Framework nimmt das `ModelAndView`-Objekt, lädt die Datei `hello.html` und gibt es zusammen mit der Model-Map an Thymeleaf, um aus diesen Zutaten ein HTML-Fragment zu erzeugen. Dieses HTML-Dokument wird dann an den Browser zurückgesendet, wenn er zuvor die URL */hello* aufgerufen hat.

Als Ergebnis sehen wir den Text »Hello Bob« im Browser. Neben dem einfachen Ersetzen von `${}`-Platzhaltern unterstützt Thymeleaf noch eine Fülle anderer Templating-Funktionen. Wir verweisen hierfür auf die sehr gute Dokumentation auf der Thymeleaf-Website[1].

13.4 Formulardaten verarbeiten

In jeder interaktiven Anwendung müssen wir Daten verarbeiten, die vom Benutzer eingegeben werden. Das Standardwerkzeug in HTML hierfür ist das <form>-Element in Kombination mit <input>-Elementen.

Im Folgenden wollen wir ein Registrierungsformular entwickeln, in das der Benutzer Name und E-Mail-Adresse eingeben muss. Das HTML-Template */templates/simple/registration.html* sieht wie folgt aus:

---

1. *https://www.thymeleaf.org/documentation.html*

Listing 13–3
HTML-Template für ein Formular

```
<html xmlns:th="http://www.thymeleaf.org">
<head>
  <link rel="stylesheet" href="/styles.css">
</head>
<body>
  <form action="/simple/register"
    method="post"
    id="registerForm"
    th:object="${registrationForm}"
  >

    <h1>Register</h1>

    <label for="name">Name</label>
    <input id="name"
      type="text"
      th:field="*{name}"
      th:class="*{isNameValid} ? 'valid' : 'invalid'"
    />

    <label for="email">E-mail</label>
    <input id="email"
      type="text"
      th:field="*{email}"
      th:class="*{isEmailValid} ? 'valid' : 'invalid'"
    />

    <input type="submit"/>
  </form>
</body>
</html>
```

Im Header haben wir nun die Datei */styles.css* als CSS-Stylesheet geladen, um das Formular etwas hübscher zu gestalten. Die CSS-Datei haben wir im Ordner *src/main/resources/static* abgelegt. Alle Dateien in diesem Ordner werden von Spring standardmäßig als statische Ressourcen vom Webserver ausgeliefert, sodass ein Browser sie herunterladen kann.

Mit den Attributen `action` und `method` definieren wir, dass das Formular die eingegebenen Daten an den Endpoint */simple/register* senden soll, und zwar mit einer HTTP-POST-Anfrage.

Mit `th:object` nutzen wir ein Thymeleaf-Feature, das die Formulardaten an ein bestimmtes Objekt im Model bindet. In unserem Fall erwarten wir in der Model-Map unter dem Schlüssel `registrationForm` ein Objekt mit den Attributen `name` und `email`. Wir binden diese Attribute mit `th:field` an unsere Eingabefelder. Hierfür nutzen wir die *-Notation, die in Thymeleaf so viel bedeutet wie »Verbinde dieses Element mit dem Objekt, das oben mit `th:object` definiert wurde«. Würden wir die normale $-Notation benutzen, würde Thymeleaf nach `name` und email in der Wurzel der Model-Map suchen anstatt im registrationForm-Objekt. Wird das Formular gerendert, sind die Eingabefelder nun immer mit den Werten aus dem registrationForm-Objekt befüllt.

Das registrationForm-Objekt im Model ist vom Typ RegistrationForm:

Listing 13–4 *Form-Klasse zur Aufnahme der Formulardaten*

```
public record RegistrationForm(
  String name,
  String email
) {

  public boolean isEmailValid() {
    return email.equals("test@test.com");
  }

  public boolean isNameValid() {
    return name != null && !"".equals(name);
  }

  public boolean isValid(){
    return isEmailValid() && isNameValid();
  }

  static RegistrationForm empty() {
    return new RegistrationForm("", "");
  }

}
```

Da ein Record automatisch Getter besitzt, kann Thymeleaf über die Platzhalter *{name} und *{email} auf die Felder name und email zugreifen. Des Weiteren haben wir die Methoden isEmailValid() und isNameValid() ergänzt, um zu prüfen, ob die Felder mit gültigen Werten befüllt wurden. Im HTML-Template nutzen wir diese Methoden in dem th:class-Attribut, um entweder die CSS-Klasse valid oder invalid zu ergänzen. In der CSS-Datei haben wir diese Klassen so definiert, dass sie das Eingabefeld entweder grün oder rot umranden, um dem Benutzer die Gültigkeit darzustellen.

Der zugehörige Controller sieht wie folgt aus:

Listing 13–5 *Controller, der Formulardaten entgegennimmt*

```
@Controller
@RequestMapping("/simple")
public class SimpleRegistrationController {

  @GetMapping("/register")
  public ModelAndView renderForm() {
    return formView(RegistrationForm.empty());
  }
```

```
  @PostMapping("/register")
  public ModelAndView submitForm(
    @ModelAttribute RegistrationForm formData
  ) {
    if(formData.isValid()) {
      // … process data
      return new ModelAndView(
        "redirect:/simple/register/success");
    }

   return formView(formData);
  }

  private ModelAndView formView(
    RegistrationForm formData
  ) {
    return new ModelAndView(
      "simple/register.html",
      Map.of("registrationForm", formData));
  }

  @GetMapping("/register/success")
  public ModelAndView renderSuccess() {
    return new ModelAndView("/simple/success.html");
  }
}
```

Die Methode `renderForm()` ist auf den Pfad */simple/register* gemappt, sodass HTTP-GET-Anfragen an diesen Endpoint in dieser Methode landen. Sie gibt ein `ModelAndView`-Objekt zurück, das unser HTML-Template mit einem leeren `RegistrationForm`-Objekt befüllt.

Sendet ein Benutzer das Formular ab, landet die HTTP-POST-Anfrage in der Methode `submitForm()`. Sie nimmt ein `RegistrationForm`-Objekt entgegen, das mit den Eingaben des Benutzers befüllt ist. Die Annotation `@ModelAttribute` gibt Spring den Hinweis, dieses Objekt mit den Formulareingaben zu befüllen. Dies funktioniert, weil die Namen der Felder unseres `RegistrationForm`-Objekts mit den Namen der `<input>`-Elemente im HTML-Template übereinstimmen. Wenn die Eingaben valide sind, verarbeiten wir sie und senden einen Redirect zum Endpoint */simple/register/success*, der letztendlich in der Methode `renderSuccess()` landet und dem Benutzer eine Erfolgsmeldung anzeigt.

13.5 Interaktivität mit HTMX

Ein beliebter Kritikpunkt an serverbasierten Web-Frameworks wie Thymeleaf ist, dass die damit entwickelten Anwendungen wenig interaktiv sind. Heutzutage wird von Webanwendungen (zu Recht) erwartet, dass sie eine interaktive und ansprechende Benutzererfahrung bieten. Eine simple serverbasierte Anwendung lädt aber jedes Mal, wenn der Benutzer einen Button oder einen Link klickt, die Seite komplett neu und reißt die Benutzer so aus ihrem Fluss.

Mit serverseitigen Frameworks wie Thymeleaf lassen sich aber durchaus auch ansprechende und interaktive Webanwendungen entwickeln. Um interaktive Elemente zu entwickeln, müssen wir wohl oder übel auf JavaScript zurückgreifen. Mit einem deklarativen JavaScript-Framework wie HTMX können wir das JavaScript aber in den Hintergrund schieben und fast alles mit der richtigen Kombination von HTML-Attributen implementieren.

Als Beispiel entwickeln wir hier mithilfe von HTMX im Folgenden eine neue Version unseres Kontaktformulars, in der die Benutzereingaben interaktiv, ohne die komplette Seite neu zu laden, validiert werden.

Wir beginnen wieder mit dem HTML-Template, das wir jetzt unter *.../templates/htmx/register.html* ablegen:

Listing 13–6
Unsere HTML-Seite, umgesetzt mit HTMX

```
<html xmlns:th="http://www.thymeleaf.org">
<head>
  <link rel="stylesheet" href="/styles.css">
  <script
   th:src="@{/webjars/htmx.org/1.9.10/dist/htmx.min.js}"
   defer>
  </script>
</head>
<body>

<div th:replace="~{htmx/fragments :: form(${registrationForm})}">
</div>

</body>
</html>
```

Zunächst laden wir im Header des Dokuments das HTMX-JavaScript-Package in das Dokument. Wir nutzen das Thymeleaf-Attribut `th:src` in Kombination mit der `@{...}`-Notation, die in Thymeleaf eine URL-Expression darstellt. Das Script ist unter der URL */webjars/htmx.org/...* verfügbar, weil wir es mithilfe des WebJars[2]-Projekts in unsere Java-Anwendung inkludiert haben. Das WebJars-Projekt bündelt beliebte JavaScript-Packages in JARs und stellt sie so als statische Ressourcen in Java-Anwendungen zur Verfügung. In unserem Fall haben wir die folgende Dependency in unserer *build.gradle.kts* ergänzt:

Listing 13–7
WebJars-Dependency, um die HTMX-JavaScript-Bibliothek zu laden

```
dependencies {
  implementation("org.webjars.npm:htmx.org:1.9.10")
}
```

2. *https://www.webjars.org/*

Eine weitere Änderung zur vorherigen Version unseres Formulars ist, dass wir es in ein »Fragment« ausgelagert haben und mit `th:replace` in unsere Seite `register.html` inkludieren.

Das eigentliche Formular liegt nun in der Datei *.../templates/htmx/fragments.html*:

Listing 13–8
HTML-Fragment für unser Formular

```
<form th:fragment="form(registrationForm)"
  action="/htmx/register"
  method="post"
  id="registerForm"
  th:object="${registrationForm}"
  hx-target="this"
  hx-swap="outerHTML">

    <h1>Register</h1>

    <label for="name">Name</label>
    <input id="name"
      type="text"
      th:field="*{name}"
      hx-post="/htmx/register/validate"
      th:class="*{isNameValid} ? 'valid' : 'invalid'"
    />

    <label for="email">E-mail</label>
    <input id="email"
      type="text"
      th:field="*{email}"
      hx-post="/htmx/register/validate"
      th:class="*{isEmailValid} ? 'valid' : 'invalid'"
    />

    <input type="submit"/>
</form>
```

Mit dem Attribut `hx-post` an den `<input>`-Elementen weisen wir HTMX an, bei einem `onchange`-Event auf den Eingabefeldern eine `POST`-Anfrage mit den Formulardaten an die URL */htmx/register/validate* zu senden. Wir schauen uns die serverseitige Implementierung dieses Endpoints später noch genau an. Der Endpoint liefert lediglich das HTML-Fragment unseres Formulars zurück, das wir mit `th:fragment` separat adressierbar gemacht haben. HTMX ersetzt das Formular dann mit dem vom Server zurückgelieferten HTML, ohne die gesamte Seite neu zu laden.

Um HTMX mitzuteilen, welches Element es ersetzen soll, haben wir das `hx-target`-Attribut an das `<form>`-Element gesetzt. Mit `hx-swap="outerHTML"` sagen wir HTMX, dass das komplette HTML dieses Elements mit dem serverseitig erzeugten HTML-Fragment ersetzt werden soll.

Die serverseitige Implementierung mit HTMX sieht wie folgt aus:

Listing 13–9
Implementierung des Controllers, der ein HTML-Fragment ausliefert

```
@Controller
@RequestMapping("/htmx")
public class HtmxRegistrationController {

  @GetMapping("/register")
  public ModelAndView renderForm() {
    return new ModelAndView(
      "htmx/register.html",
      Map.of(
        "registrationForm",
        RegistrationForm.empty()
      )
    );
  }

  @PostMapping(
    value = "/register/validate",
    headers = "HX-Request"
  )
  public ModelAndView validate(
    @ModelAttribute RegistrationForm formData
  ) {
    return new ModelAndView(
      "htmx/fragments :: form",
      Map.of("registrationForm", formData));
  }

  // ...
}
```

Die Methode `renderForm()` liefert weiterhin das komplette HTML der Seite *register.html* aus. Wir initialisieren wie gehabt die Template-Variable `registrationForm` mit einem leeren `RegistrationForm`-Objekt, die dann im HTML-Template an das Fragment übergeben wird.

Die Methode `validate()` hat sich aber verändert. Wir haben in der `@PostMapping`-Annotation das Attribut `headers` ergänzt, sodass diese Methode nur für Anfragen aufgerufen wird, die den Header `HX-Request` besitzen. HTMX setzt diesen Header immer auf `true`, wenn es Anfragen an den Server schickt. So verhindern wir, dass diese Methode aus Versehen von anderen Stellen aufgerufen wird, und machen deutlich, dass diese Methode explizit für die Beantwortung von HTMX-Anfragen entwickelt ist. Anstatt wie vorher das komplette *register.html*-Template zurückzugeben, geben wir nun lediglich unser `form`-Fragment zurück. Thymeleaf rendert das Fragment mit dem aktuellen Zustand der `registrationForm`-Variable und liefert es an HTMX zurück, welches dann das Formular mit dem neuen HTML ersetzt. Die Validierung der Eingabefelder erfolgt nun also, ohne die Seite komplett neu zu laden.

Diese Formularvalidierung ist lediglich ein kleines Beispiel der Funktionalität von HTMX. Mit HTMX und einem serverseitigen Web-Framework kann man also sehr wohl interaktive und ansprechende Webanwendungen entwickeln, auch ohne JavaScript-Frameworks wie React, Angular oder Vue.js lernen zu müssen.

13.6 Spring Boot Developer Tools

Bei der Entwicklung einer serverbasierten Webanwendung mit Thymeleaf sind die Spring Boot Developer Tools sehr hilfreich. Wenn wir Änderungen an einem HTML-Template vornehmen, sind sie mithilfe der Developer Tools sehr zügig in der lokalen Anwendung zu sehen, sodass wir sie testen können. In Kapitel 22 werfen wir einen tieferen Blick auf die Spring Boot Developer Tools.

13.7 Weitere Ressourcen

In diesem Kapitel haben wir nur einen kleinen Ausschnitt der Möglichkeiten gesehen, die Thymeleaf und HTMX uns bieten, um eine ansprechende, moderne Webanwendung zu entwickeln. Um tiefer in das Thema einzusteigen, empfehlen wir die Bücher »Taming Thymeleaf[3]« und »Modern Frontends with HTMX[4]« vom Wim Deblauwe.

3. *https://leanpub.com/taming-thymeleaf*
4. *https://leanpub.com/modern-frontends-with-htmx*

14 Eine Datenbank anbinden

Die wenigsten Anwendungen kommen ohne die Anbindung an eine Datenbank aus. Das Spring-Ökosystem bietet mit Spring Data eine einfache Lösung für die Anbindung und das Abfragen von Datenbanken. In Kombination mit den simplen Konfigurationsmöglichkeiten und Auto-Configurations von Spring Boot stellt der Zugriff auf Daten praktisch keine Herausforderung mehr dar.

14.1 Datenbanken

Nachdem das Wort Datenbanken lange Zeit faktisch ein Synonym für relationale SQL-Datenbanken war, sind in den letzten Jahren unterschiedlichste NoSQL-Datenbanken auf den Markt gekommen, die verschiedenen Paradigmen folgen. Document Stores, Column Stores, Graph-Datenbanken und viele mehr machen das Thema Datenbankanbindung heute weit heterogener als in der Vergangenheit. Entsprechend finden sich unter dem Spring-Data-Projekt verschiedenste Unterprojekte – einige, die direkt vom Spring-Team entwickelt werden und einige in Form von Community-Projekten –, um die meisten dieser Datenbanken anbinden zu können. In diesem Kapitel fokussieren wir uns auf ein Beispiel mit Spring Data JPA, da SQL-Datenbanken den meisten Lesern bekannt sein sollten. Allerdings folgen alle Spring-Data-Projekte denselben Paradigmen, somit sollten die Konzepte auch bei anderen Datenbanken ohne Probleme anwendbar sein.

14.2 Codebeispiel

Listing 14–1
Verwendung eines Repository für die Datenbankanbindung

```
@SpringBootApplication
public class AccessingDataJpaApplication {

  public static void main(String[] args) {
    SpringApplication.run(
      AccessingDataJpaApplication.class, args);
    }

  @Entity
  public class Customer {

    @Id
    @GeneratedValue(strategy=GenerationType.AUTO)
    private Long id;
    private String firstName;
    private String lastName;

    protected Customer() {}

    public Customer(
      String firstName,
      String lastName
    ) {
        this.firstName = firstName;
        this.lastName = lastName;
    }

    // getters, setters, etc. left out for brevity

  }

  public interface CustomerRepository
  extends CrudRepository<Customer, Long> {
    List<Customer> findByLastName(String lastName);

    Customer findById(long id);
  }

}
```

In diesem Codebeispiel, das aus der offiziellen Spring-Dokumentation stammt, werden zwei Dinge definiert: eine Entity und ein Repository. Bei der Entity handelt es sich um eine gewöhnliche Jakarta JPA Entity. Während in früheren Versionen von Spring oft noch dedizierte, Spring-eigene Annotationen empfohlen wurden, setzt man hier mittlerweile komplett auf den Standard. Die Entity im Beispiel beschreibt einen Kunden, der über Felder für Vor- und Nachname sowie eine automatisch generierte ID verfügt. Das Repository-Interface erbt von der Klasse `CrudRepository` und stellt somit automatisch grundlegende CRUD(Create, Read, Update, Delete)-Funktionalitäten bereit. Zusätzlich werden zwei spezifische Queries definiert: die Suche nach allen Kunden mit einem bestimmten Nachnamen sowie die Abfrage eines spezifischen Kunden anhand seiner ID.

14.3 Spring Data Repositories

Im Codebeispiel ist das Interface für ein Repository definiert. Wer noch nie mit Spring Data gearbeitet hat, würde nun intuitiv vermuten, dass die Implementierung dieses Repositorys noch fehlt. Tatsächlich wird diese Implementierung aber automatisch von Spring generiert, sodass es nicht nötig ist, hier selbst tätig zu werden. Das zulässige Format für Spring Data Interfaces ist so klar definiert, dass es möglich ist, die Implementierung automatisch aus den Funktionsnamen abzuleiten. Diese folgen einem klaren Muster: Geht es um eine einfache Query anhand einer Property, so heißt die Funktion `findBy{Property}()`, in unserem Beispiel etwa `findByLastName()`. Um mehrere Properties in die Query einzubeziehen, können diese mit dem Operator `And` verknüpft werden: `findByFirstNameAndLastName()`. Neben dem `findBy`-Präfix können auch andere Operatoren verwendet werden, etwa `countBy` oder `existsBy`. Auch schreibende Operationen wie etwas `deleteBy` sind möglich.

Sollten diese automatisch generierten Queries einmal nicht ausreichen, ist es möglich, mithilfe der `@Query`-Annotation eigene, spezifischere Queries in SQL zu schreiben. Ein Beispiel könnte in etwa so aussehen:

```
@Query("""
  SELECT c FROM Customer c
  WHERE LOWER(c. lastName) = LOWER(:name)
""")
Customer retrieveByName(@Param("name") String name);
```

Listing 14–2
Verwendung der @Query-Annotation

Hier wird eine Abfrage anhand des Nachnamens ausgeführt, bei der Groß- und Kleinschreibung ignoriert wird. Tatsächlich wäre für dieses Beispiel nicht zwingend eine Custom Query nötig, da auch anhand des Funktionsnamens `findByLastNameIgnoreCase()` eine entsprechende Query automatisch generiert würde. In der Praxis ist eine manuelle `@Query`-Annotation eher selten nötig, da die DSL-artige Syntax für Repository-Funktionsnamen mittlerweile sehr viele Features unterstützt.

14.4 Transaktionen

Transaktionen werden in Spring mithilfe der `@Transactional`-Annotation spezifiziert. Die Repositories, die von Spring Data erzeugt werden, sind allesamt transaktional, sofern die verwendete Datenbank Transaktionen unterstützt (im NoSQL-Umfeld ist dies oft nicht der Fall). Da die meisten Operationen in einem Repository ohnehin atomar sind, ist dies hier nicht von großer Tragweite. Relevant wird die Transaktionalität vor allem bei der Verwendung der Repositories in einem Service, der mehrere Operationen atomar ausführen soll. Annotiert man hier eine Methode mit `@Transactional`, werden im Fehlerfall sämtliche in dieser Methode durchgeführten Änderungen sauber zurückgerollt. Mit den Parametern von `@Transactional` kann das Transaktionsverhalten sehr granular je nach den entsprechenden Anforderungen eingestellt werden.

15 Eine CLI-Anwendung entwickeln

Nicht jede Anwendung benötigt einen dauerhaft laufenden Server. Für manche Anwendungsfälle genügt es auch, wenn eine Anwendung über einen Kommandozeilen-Aufruf genutzt werden kann. Diese Art der Anwendungen sind vor allem aus dem Entwickleralltag nicht mehr wegzudenken. Werkzeuge wie git, javac, gradle und ähnliche erleichtern die tägliche Arbeit. Mit Spring Shell lassen sich sehr einfach und schnell Kommandozeilen-Anwendungen erstellen und diese um eigene Kommandos anreichern.

15.1 Eine ADR-Management-Anwendung

Für diese Anwendung betrachten wir einen konkreten Anwendungsfall aus dem Alltag. In Softwareprojekten ist es üblich, Architekturentscheidungen zu dokumentieren (zumindest sollte dies so sein). Oft werden Entscheidungen aber ad hoc getroffen und nicht dokumentiert, da das passende Dokumentationsformat nicht existiert oder nie vorbereitet wurde. Das ist bedauerlich, da es mit Architecture Decision Records (ADR) ein einfaches und leichtgewichtiges Dokumentationsformat für Architekturentscheidungen gibt. In diesem Kapitel implementieren wir ein Kommandozeilen-Werkzeug für die Erstellung und Verwaltung von ADRs, um die Hürde für gute Architekturdokumentation zu verringern.

Architecture Decision Records

Das Konzept der Architecture Decision Records von Michael Nygard wird in einem Blogpost unter *https://cognitect.com/blog/2011/11/15/documenting-architecture-decisions* näher beschrieben.

Das Konzept ist jedoch denkbar einfach. Bei einem ADR handelt es sich um ein Dokument, das im Wesentlichen die folgenden Abschnitte enthält:

- **Title:** ein beschreibender Titel für die Entscheidung
- **Context:** die Rahmenbedingungen oder das technische Umfeld, das relevant für die Entscheidung ist
- **Decision:** die getroffene Entscheidung
- **Status:** proposed, accepted oder superseded (wenn die Entscheidung durch eine neue Entscheidung ersetzt wurde)
- **Consequences:** die Konsequenzen der Entscheidung auf die Umsetzung, Technologien oder Ähnliches

ADRs können grundsätzlich in allen erdenklichen Formaten umgesetzt werden. Auch gibt es hilfreiche Werkzeuge für die Verwaltung von ADRs. Eines der bekanntesten sind die adr-tools[1], die aber leider seit geraumer Zeit nicht mehr aktualisiert wurden.

Aus diesem Grund nehmen wir dieses Kapitel zum Anlass, eine Reimplementierung der adr-tools mit Spring Boot CLI zu realisieren.

15.2 Erstellen des Projekts

Das CLI-Projekt wird, wie in den meisten Beispielen, mittels des Spring Initializr initialisiert. Neben den allgemeinen Angaben, wie GroupId, ArtifactId und Version, definieren wir, dass Gradle als Build-System mit der Kotlin-DSL verwendet werden soll. Damit bleibt nur noch die passende Abhängigkeit hinzuzufügen: Spring Shell.

Nach dem Herunterladen des für uns erstellten Templates entpacken wir es und laden es in die favorisierte Entwicklungsumgebung.

15.2.1 Die ADR-API

Unsere Anwendung soll der Verwaltung von ADRs dienen. Die konkrete Implementation der ADR-Verwaltungslogik ist ein spannender, jedoch für die Betrachtung von Spring Shell sekundärer Aspekt. Aus diesem Grund gehen wir nicht näher auf die Implementation der Verwaltungs-

1. *https://github.com/npryce/adr-tools*

logik ein, sondern setzen diese als gegeben voraus. Deutlich interessanter für dieses Kapitel ist die Umsetzung von CLI-Kommandos, die wir im Folgenden angehen werden. Die vollständige Implementation findet sich in dem zu diesem Buch gehörenden Git-Repository.

Werfen wir nun einen Blick auf die ADR-API, die wir nutzen werden. Diese besteht im Wesentlichen aus drei Interfaces, welche die API definieren: `ADRStoreManager`, `ADRStore` und `ADR`:

Listing 15–1 Interface zur Verwaltung von ADR-Stores

```
public interface ADRStoreManager {
  ADRStore open(Path directory);

  ADRStore init(Path directory, Path adrDirectory);
}
```

Der `ADRStoreManager` bildet die API für den Zugriff auf `ADRStores`. Dieser bietet die Möglichkeit, einen existierenden `ADRStore` mit der `open()`-Methode zu öffnen. Der `ADRStore` kann dabei auch in der Verzeichnishierarchie höher liegen und wird dennoch von der Anwendung gefunden. Gibt es keinen `ADRStore`, liefert `open()` `null` als Ergebnis.

Mittels der Methode `init()` wird ein neuer `ADRStore` in dem angegebenen Verzeichnis erzeugt. Die ADR selbst liegen dann in dem angegebenen Unterverzeichnis.

Listing 15–2 Interface zur Manipulation von ADRs

```
public interface ADRStore {
  Path getStoreLocation();
  Path getADRDirectory();

  Stream<ADR> list();
  ADR createNew(String title);
  ADR supersede(int adrNumber, String title);
}
```

Der `ADRStore` bildet die ADR-Datenbank ab. Mit diesem werden die ADRs in einem Store verwaltet. Es ist möglich, neue ADRs zu erzeugen (`createNew()`), ADRs mit `list()` aufzulisten und existierende ADRs durch neue abzulösen (`supersede()`).

Listing 15–3 Interface zur Abbildung eines ADR

```
public interface ADR {
  int getNumber();
  String getTitle();
}
```

Es bleibt das eigentliche zentrale Element: der ADR. Dieser repräsentiert das ADR-Dokument inklusive Nummer und zugehörigem Titel.

15.3 Ein erstes Kommando

Starten wir direkt mit der Umsetzung des ersten Kommandos. Dies ist mit Spring Shell in Kombination mit Spring Boot schnell erstellt:

Listing 15–4
Eine erste Spring-Shell-Anwendung

```
@SpringBootApplication
public class CliApplication {
  @Bean
  public CommandRegistration greet() {
    return CommandRegistration.builder()
      .command("greet")
      .description("Print a greeting")
      .withTarget()
        .consumer(ctx -> {
          System.out.println("Hello CLI!");
        })
      .and()
      .build();
  }

  public static void main(String[] args) {
    SpringApplication.run(CliApplication.class, args);
  }

}
```

Wie bei Spring-Boot-Anwendungen üblich, beginnen wir in der Anwendungsklasse. In dieser deklarieren wir als erstes einfaches Beispiel ein `greet`-Kommando. Die Details zu dieser Registrierung betrachten wir später noch.

Um die CLI-Anwendung zu testen, können wir diese aus der Entwicklungsumgebung heraus starten. Alternativ ist es möglich, die Anwendung mittels `./gradlew build` auch über die Kommandozeile zu bauen. Anschließend lässt sich diese mit `java -jar build/libs/<applikation>-<version>.jar` starten.

Starten wir die Anwendung ohne weitere Parameter, landen wir in der integrierten (und namensgebenden) Shell von Spring Shell. Über diese haben wir einen interaktiven Prompt, über den wir mit der Anwendung interagieren können.

Neben dem von uns definierten Kommando `greet` gibt es auch eine Reihe integrierter Kommandos, die Spring Shell bereits mitbringt. Hierzu zählt auch `help`, das eine Übersicht über die verfügbaren Kommandos bietet und bei einem Aufruf von `help <Kommando>` Details über das jeweilige Kommando liefert.

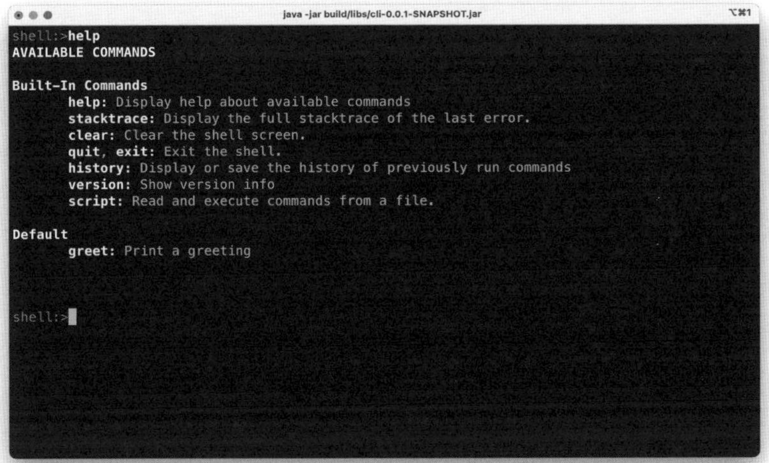

```
java -jar build/libs/cli-0.0.1-SNAPSHOT.jar
shell:>help
AVAILABLE COMMANDS

Built-In Commands
       help: Display help about available commands
       stacktrace: Display the full stacktrace of the last error.
       clear: Clear the shell screen.
       quit, exit: Exit the shell.
       history: Display or save the history of previously run commands
       version: Show version info
       script: Read and execute commands from a file.

Default
       greet: Print a greeting


shell:>
```

Abb. 15–1
Integrierte Kommandos

Beim Start der Anwendung fällt allerdings auf, dass das Spring-Boot-Banner erscheint und eine Reihe von Log-Meldungen zu sehen sind. Dies ist bei einer CLI-Anwendung in dieser Art eher untypisch und kann, je nach Anwendungsfall, störend sein. Es lässt sich jedoch sehr einfach durch ein paar Einstellungen in der *application.yml* korrigieren.

```
spring.main.banner-mode:off
logging.pattern.console:''
```

Listing 15–5
Logging über die application.yml deaktivieren

Der große Spring-Banner lässt sich mit der `banner-mode`-Property aus Listing 15–5 deaktivieren. Für die Deaktivierung des Log-Outputs genügt es, das `pattern` für die Konsole auf einen leeren String zu setzen.

15.4 Registrieren von Kommandos

Damit ein Kommando durch Spring Shell gefunden und ausgeführt werden kann, muss dieses registriert werden. Hierfür gibt es in Spring Shell zwei Möglichkeiten. Mit dem `greet`-Beispiel haben wir bereits die Registrierung eines Kommandos über die programmatische API gesehen.

Die Alternative ist die Registrierung mittels Annotationen. Hierbei werden die Eigenschaften der Kommandos vollständig in Annotationen auf Klassen und Methoden abgebildet.

Im Folgenden betrachten wir beide Wege anhand konkreter Beispiele genauer.

15.4.1 Programmatische Registrierung von Kommandos

Betrachten wir die programmatische Registrierung von Kommandos erneut mit einem konkreten Beispiel. Zentrales Element ist das Interface `CommandRegistration`, das sämtliche Informationen zu einem Kommando trägt. Wir müssen hierbei keine eigene Implementation dieses Interface erstellen, sondern konstruieren eine Instanz mittels eines Builders:

Listing 15–6
Programmatische Registrierung des init-Kommandos

```
@Autowired
CommandRegistration.BuilderSupplier builderSupplier;

@Bean
public CommandRegistration initCommand() {
  return builderSupplier.get()
    .command("init")
    .group("ADR Configuration")
    .description(
      "Initializes the current directory as " +
        "the root for ADR tracking.")
    .withOption()
      .position(0)
      .longNames("path")
      .required()
      .description(
        "(relative) path to the directory " +
          "that will contain the ADR files.")
      .and()
      .withTarget()
        .consumer(new InitCommand(storeManager))
      .and()
      .build();
}
```

Die `CommandRegistration` wird als Bean in einer Spring-`@Configuration`-Klasse deklariert und kann damit sämtliche Bean-Injection-Mechanismen nutzen. Eine wichtige Bean ist hierbei der `BuilderSupplier`, der die Instanz des Builders für die `CommandRegistration`-Erstellung bereitstellt. In Listing 15–6 wird die Registrierung eines `init`-Kommandos als Bean definiert.

Verwendung von BuilderSupplier

Neben dem `CommandRegistration.BuilderSupplier` ist es auch möglich, eine eigene Instanz des `CommandRegistration.Builder` zu erstellen. In diesem Fall werden jedoch keine im `ApplicationContext` registrierten `CommandRegistrationCustomizer` angewandt. Diese Customizer dienen dazu, registrierte Kommandos zentral anzupassen und allgemeine Konfigurationen vorzunehmen. Ein bereits integriertes Beispiel ist die Erstellung der Hilfe-Parameter (`--help`). Diese werden über einen integrierten `CommandRegistrationCustomizer` automatisch hinzugefügt. Erstellt man eine `CommandRegistration` mit einem eigenen Builder, geschieht dies nicht.

Das `init`-Kommando dient in unserem ADR-Beispiel dazu, ein Verzeichnis als Stammverzeichnis zu markieren und den Speicherort für die eigentlichen ADR-Dokumente festzulegen.

Der Name des Kommandos wird mit der Methode `command()` definiert und lautet `init`. `group()` und `description()` sind Metainformationen, die in der Hilfe-Darstellung verwendet werden. Alle Kommandos mit der gleichen Gruppe werden gemeinsam in der Hilfe aufgelistet.

Für die Initialisierung wird noch ein Pfad benötigt, unter dem zukünftig die ADRs verwaltet werden sollen. Dieser Pfad wird als positionierte Option definiert: `.withOption().position(0)`.

Dies bedeutet, dass das erste Argument nach dem Kommando als das Argument `path` betrachtet wird.

Schlussendlich wird noch das Target, die eigentliche Kommando-Logik, definiert. In diesem Fall wird `consumer()` verwendet, was die Implementierung des Interface `Consumer<CommandContext>` erfordert:

Listing 15–7
Implementierung des Init-Kommandos

```
public static class InitCommand
      implements Consumer<CommandContext> {
  private final ADRStoreManager storeManager;

  public InitCommand(ADRStoreManager storeManager) {
    this.storeManager = storeManager;
  }

  @Override
  public void accept(CommandContext ctx) {
    Path adrDirectory = Paths.get(
      ctx.<String>getOptionValue("path"));

    final var w = ctx.getTerminal().writer();

    final var store = storeManager.init(
      Paths.get("").toAbsolutePath(),
      adrDirectory);
```

```
        w.println("Initialized in " +
          store.getStoreLocation());
        w.println("  => ADRs will be stored in " +
          store.getADRDirectory());
      }
    }
```

Über den CommandContext können wir die Werte für deklarierte Optionen abrufen. In diesem Fall lesen wir den Wert über ctx.<String>getOptionValue("path") aus.

Muss das Kommando eine Ausgabe generieren, ist dies über einen PrintWriter möglich, der über den CommandContext angefragt werden kann: context.getTerminal().writer().

15.4.2 Kommandos mit Annotationen definieren

Kommandos können nicht nur programmatisch registriert werden, sondern auch rein deklarativ mittels Annotationen. Die Deklaration erfolgt dabei mit der @Command-Annotation:

Listing 15–8
Implementierung des list-Kommandos mit Annotationen

```
@Command(group = "ADR")
public class ADRCommands {

  @Command(
    command = "list",
    description = "List all ADRs"
  )
  public void list(CommandContext ctx) {
    // ...
  }
}
```

Wie in Listing 15–8 zu sehen, kann die @Command-Annotation sowohl auf einem Typen als auch auf einer Methode gesetzt werden.

@ShellComponent, @ShellMethod und @ShellOption

Manche Codebeispiele für Spring Shell enthalten nicht die @Command-Annotation, sondern Annotationen, die mit @Shell beginnen. Diese sind die Vorläufer der @Command-Annotation und werden als Legacy betrachtet. Sie sind nicht deprecated und werden auch weiterhin unterstützt. Allerdings wird Spring Shell in Zukunft primär auf die @Command-Annotation setzen.

Damit die mit @Command deklarierten Kommandos verwendet werden können, müssen diese noch Spring Shell bekanntgegeben werden. Eine Möglichkeit ist es, alle Klassen, die Kommandos enthalten, mit der

@EnableCommand-Annotation explizit zu referenzieren. @EnableCommand kann grundsätzlich an jeder @Configuration-Klasse angebracht werden und wird damit von Spring Boot erkannt.

Die Alternative ist, ein Scanning nach Kommandos zu aktivieren. Das geschieht mit der Annotation @CommandScan. Ist diese auf einer @Configuration gesetzt, wird Spring Boot automatisch nach Klassen mit der @Command-Annotation suchen und Kommandos registrieren.

Natürlich lassen sich auch Kommandozeilen-Optionen über Annotationen deklarieren:

Listing 15–9
Deklaration einer Option

```
@Command(
  command = "new",
  description="Create a new ADR record with the given title"
)
public void createNewAdr(
  @Option(
    longNames = "title",
    arity = OptionArity.ONE_OR_MORE,
    required = true
  )
  String[] title,
  CommandContext ctx
) {
  // ...
}
```

Eine Option wird mittels der Annotation @Option direkt an einem Methodenparameter deklariert. Daher deklarieren wir nicht nur die Option, sondern teilen Spring Shell auch zeitgleich mit, dass der Wert auch automatisch bei Aufruf als Argument übergeben werden soll. Damit müssen wir nicht einen Wert explizit aus dem CommandContext lesen.

Eine Besonderheit ist hierbei die arity. Der Begriff lässt sich mit »Stelligkeit« am besten übersetzen. Dabei definiert man die Anzahl der Argumente, die eine Option erhalten kann. Mit der Arity.ONE_OR_MORE definieren wir, dass mindestens ein oder mehr Argumente in dieser Option zusammengefasst werden.

Was kompliziert klingt, hat eine eigentlich recht einfache Anwendung. In Deklaration einer Option wird das Kommando new definiert, das der Erstellung neuer ADRs dient. Hierbei soll der Titel des ADR mit dem Kommando und ohne Anführungszeichen angegeben werden. Beispielsweise:

```
shell:> new Entscheidungen als ADR erfassen
```

Hierbei sollen die Worte nach dem new den Titel für den ADR bilden und werden daher durch die Angabe Arity.ONE_OR_MORE zusammengefasst.

15.4.3 AvailabilityProvider

Manche Kommandos können nur zu bestimmten Zeitpunkten oder unter bestimmten Voraussetzungen ausgeführt werden. In unserem Beispiel ist die Ausführung des `init`-Kommandos nur dann sinnvoll, wenn noch keine vorherige Initialisierung erfolgt ist. Die Kommandos für die Verwaltung der ADRs wiederum sollten nur dann aufrufbar sein, wenn eine vorherige Initialisierung erfolgte.

Damit muss für jedes Kommando individuell geprüft werden, ob dieses ausgeführt werden kann oder nicht. Eine Möglichkeit ist die Prüfung innerhalb der Kommando-Logik, was jedoch wenig praktikabel ist und für jedes Kommando wiederholt werden muss. Spring Shell bietet genau hierfür aber einen Mechanismus: den `AvailabilityProvider`.

Listing 15–10
AvailabilityProvider, der einen ADRStore erwartet

```
@Bean
public AvailabilityProvider storeInitialized(
  Supplier<ADRStore> storeSupplier
) {
  return () -> {

    if (storeSupplier.get() == null) {
      return Availability.unavailable(
        "no store has been created, yet. " +
          "Call init to initialize a new one");
    }
    return Availability.available();
  };
}
```

Der `AvailabilityProvider` kann wie in Listing 15–10 als Spring Bean definiert werden. Damit kann der Provider auch auf andere Beans verweisen, um eine Entscheidung über die Verfügbarkeit zu treffen. In unserem Beispiel verwenden wir eine `storeSupplier`-Bean, über die wir den aktiven `ADRStore` erhalten oder `null`, sollte derzeit kein `ADRStore` aktiv sein.

In diesem Beispiel definieren wir den `AvailabilityProvider` mit dem Bean-Namen `storeInitialized`. Die Implementierung prüft daher auch, ob ein `ADRStore` existiert und verwendet werden kann oder eben nicht. Dabei kann der `AvailabilityProvider` auch mitteilen, was der Grund für die Nichtverfügbarkeit ist:

Listing 15–11
Referenzierung eines AvailabilityProvider

```
@Command(
  command = "list",
  description = "List all ADRs"
)
@CommandAvailability(provider = "storeInitialized")
public void list(CommandContext ctx) {
  // ...
}
```

Möchten wir beispielsweise bei der Ausführung der `list()`-Methode sicherstellen, dass zuvor eine Initialisierung durchgeführt wurde, genügt es, wie in Listing 15–11 die Methode mit der Annotation `@CommandAvailability(provider="storeInitialized")` zu versehen.

Vor einer Ausführung des Kommandos wird nun geprüft, ob dieses überhaupt verfügbar und damit ausführbar ist. Ist dem nicht so, wird die Ausführung mit einer Fehlermeldung unterbunden. Die Fehlermeldung besteht dabei aus der Meldung, die der `AvailabilityProvider` angegeben hat.

Auch das `help`-Kommando nutzt die Information, ob ein Kommando verfügbar ist oder nicht. Ist es nicht verfügbar, wird es in der Übersicht mit einem Stern markiert.

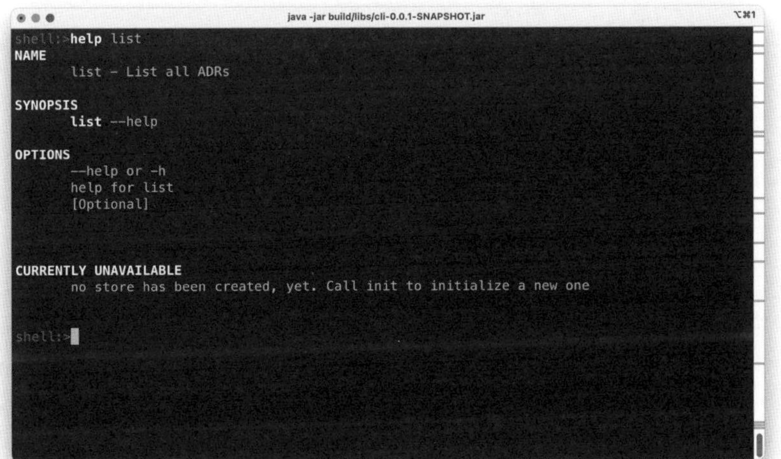

Abb. 15–2
list-Kommando-Hilfe, wenn dieses nicht verfügbar ist

Zusätzlich findet sich in der detaillierteren Hilfe des Kommandos mittels `help list` auch der Hinweis, dass dieses derzeit nicht verfügbar ist. Wie in Abbildung 15–2 wird auch die Begründung für die Nichtverfügbarkeit dargestellt.

15.4.4 Anzeige eines eigenen Prompts

Bisher ist der Prompt, mit dem die Shell das Warten auf eine Eingabe anzeigt, sehr generisch. Wir sehen lediglich den Text `shell:>`. Es wäre jedoch hilfreich direkt kontextuelle Informationen zu sehen. Ein typischer Shell-Prompt zeigt beispielsweise häufig das aktuelle Arbeitsverzeichnis an oder den Status eines Git Repository, wenn man sich gerade innerhalb eines solchen befindet.

Derart eigene Prompts lassen sich auch mit Spring Shell realisieren. Hierfür muss ein PromptProvider implementiert werden, der als Bean registriert wird. In unserem Fall wollen wir den Pfad zum aktuellen ADRStore anzeigen oder signalisieren, dass kein Store konfiguriert ist:

Listing 15–12
PromptProvider, der die Store-Location anzeigt

```
@Component
public class ADRPromptProvider implements PromptProvider {
  @Autowired
  private Supplier<ADRStore> storeSupplier;

  @Override
  public AttributedString getPrompt() {

    final var store = storeSupplier.get();
    final var b = new AttributedStringBuilder();
    b.append("ADR ");
    if (store != null) {
      b.append(store.getStoreLocation().toString());
    } else {
      b.append("NO STORE");
    }
    return b.append(":> ").toAttributedString();
  }
}
```

Ein PromptProvider wie in Listing 15–12 ist einfach zu realisieren. Im Wesentlichen muss eine Methode get() implementiert werden, die einen AttributedString zurückliefert. Auch dieser AttributeProvider wird wieder als Spring Bean registriert und kann damit wiederum auf andere Beans zugreifen. Dies erfolgt in unserem Fall auf dem bereits bekannten Supplier<ADRStore>. Der Prompt zeigt damit an, ob und in welchem ADRStore gerade gearbeitet wird.

15.4.4.1 Hervorhebungen mit dem AttributedString

Bei der Implementierung des PromptProvider sind wird erstmalig auf den AttributedString gestoßen. Die meisten Terminals erlauben es, die Darstellung des Texts mit verschiedenen Arten der Hervorhebung zu ergänzen. Beispielsweise können Vordergrund- oder Hintergrundfarbe von Zeichen gewählt werden. Um die dafür notwendigen Steuerzeichen zu definieren und schlussendlich auszugeben, wird der AttributedString verwendet. In diesem können einzelne Zeichenketten individuell mit Hervorhebungen versehen werden:

```
final var store = this.storeSupplier.get();
final var b = new AttributedStringBuilder();
b.append("ADR ",
  AttributedStyle.BOLD.foreground(
    AttributedStyle.CYAN));
if (store != null) {
  b.append(store.getStoreLocation().toString(),
    AttributedStyle.DEFAULT.foreground(AttributedStyle.WHITE));
} else {
  b.append("NO STORE", AttributedStyle.BOLD);
}
return b.append(":> ").toAttributedString();
```

Listing 15–13
Hervorhebung mit einem AttributedString

Die einfachste Methode für den Aufbau eines `AttributedString` ist dabei die Verwendung eines `AttributedStringBuilder`. Dieser ermöglicht es mit der Methode `append()` neben einem Text auch einen zugehörigen `AttributedStyle` zu übergeben. Diesen kann man, wie in Listing 15–13 zu sehen, nutzen, um beispielsweise einen Text als Fettdruck erscheinen zu lassen (`AttributedStyle.BOLD`) oder die jeweilige Farbe zu definieren.

15.5 Ausführung im interaktiven oder Kommando-Modus

In den bisherigen Beispielen haben wir die Anwendung gestartet und interagierten mit der integrierten Shell. Dies wird auch als interaktiver Modus bezeichnet. Gerade für die Entwicklung bietet sich dieser Modus an, da die Implementierung unmittelbar getestet werden kann und funktioniert gerade aus einer IDE heraus sehr gut.

Zusätzlich gibt es auch den Nicht-Interaktiven Modus. Hierbei wird keine interaktive Shell gestartet, sondern der Anwendungsstart wird, nach Ausführung eines gewählten Kommandos, automatisch beendet. Welches Kommando ausgeführt werden soll, wird als Argument an die Anwendung übergeben. Damit verhält sich diese Anwendung ähnlich wie andere Kommandozeilenwerkzeuge, wie beispielsweise Git, Javac oder ähnliche.

Das Verhalten einer Spring Shell Anwendung kann hierbei auch durch Properties in der *application.yml* angepasst werden. Beide Modi können jeweils über eine entsprechende Property aktiviert oder deaktiviert werden: `spring.shell.interactive.enabled` und `spring.shell.non-interactive.enabled`.

15.6 Alternativen zu Spring Shell

Für die Umsetzung von CLI-Anwendungen ist nicht zwingend Spring Shell oder ein Framework im Allgemeinen notwendig. Eine CLI-Anwendung kann genauso, wenn auch mit einem deutlich erhöhten Aufwand, von Grund auf selbst implementiert werden. Es gibt aber eine Reihe von Alternativen im Java-Ökosystem:

- **Commons CLI** ist ein stabiles und lange existierendes Projekt der Apache Software Foundation. Die Library bietet alle wichtigen Funktionalitäten, um Kommandozeilen-Argumente zu parsen und Kommandos auszuführen. Details finden sich unter *https://commons.apache.org/proper/commons-cli*.
- **args4j** fokussiert sich, wie auch Commons CLI, ausschließlich auf das Parsen von Kommandozeilenargumenten. Mehr Informationen finden sich unter *https://args4j.kohsuke.org/*.
- **picocli** ist eine umfassende Bibliothek für sowohl CLI- als auch Shell-Applikationen. Hinsichtlich des Funktionsumfangs und der Integrationsmöglichkeiten liegt picocli deutlich vor Spring Shell oder Commons CLI. Auch existiert ein Spring Boot Starter, der eine Integration mit Spring Boot erleichtert. Details finden sich auf der Projektseite unter *https://picocli.info/*.

Soll eine neue Applikation mit einer umfassenden CLI- und Shell-Integration umgesetzt werden, bieten sich Spring Shell wie auch picocli besonders an. Je nach Anwendungsfall bietet picoclil sogar mehr Funktionalitäten und ist in jedem Fall einen Blick wert.

16 Architektur-Governance mit Spring Boot

In jeder Codebase kommt es im Laufe der Zeit unwillkürlich zu einer Verwässerung der Softwarearchitektur. In diesem Kapitel diskutieren wir einen Ansatz und Werkzeuge, die uns helfen, die Architektur über die Zeit zu erhalten.

16.1 Warum Architektur-Governance?

Zu Beginn eines Projekts ist die Architektur noch sehr klar sichtbar. Später aber, wenn zum Beispiel neue Entwickler ins Projekt kommen, führen diese unwissentlich Abhängigkeiten zwischen Komponenten ein, die wir in der Zielarchitektur eigentlich vermeiden wollten. Oder Termindruck führt dazu, dass wir wissentlich Abkürzungen nehmen und die Architektur so verwässern.

In diesem Kapitel stellen wir eine komponentenbasierte Architektur vor, die einfach und automatisch validierbar ist, und erläutern, wie wir diese Architektur mit Spring Boot umsetzen können.

Mit Architektur-Governance (zu Deutsch etwa »Aufsicht über die Architektur« oder »Kontrolle der Architektur«) können wir dem Effekt der »Architekturverwässerung« entgegenwirken. Um diese Governance möglichst effektiv zu machen, sind zwei Dinge erforderlich:

- Die Architektur muss einfach sein, sodass jeder Entwickler sie verinnerlichen kann. Nur dann können wir davon ausgehen, dass die Entwickler auch hinter der Architektur stehen.
- Die Architektur muss zur Build-Zeit automatisch validiert werden. Ein Verstoß gegen die Architektur führt dazu, dass der Build fehlschlägt. Nur dann können wir sicherstellen, dass die Architektur über die Zeit nicht verwässert (oder zumindest den Effekt der Verwässerung deutlich reduzieren).

Beide Ziele können wir mit einer einfachen, komponentenbasierten Architektur erreichen.

16.2 Komponentenbasierte Architektur

Bauen wir einen Motor, können wir ihn nicht aus einem einzigen Teil »gießen«. Wir brauchen viele kleine und größere Komponenten, die ineinandergreifen, um letztendlich die Funktionalität des Motors zur Verfügung zu stellen. Und wir brauchen Schrauben und Rohre, um diese Komponenten miteinander zu verbinden.

In der Softwareentwicklung übersehen wir den Aspekt von Komponenten häufig. Es ist möglich, komplexe Software in einer einzigen Funktion in einer einzigen Quelldatei zu erzeugen. Ganz so extrem ist es in den meisten Fällen nicht, dennoch ignorieren wir die Vorteile von (angemessen geschnittenen) Komponenten zu häufig. Software ist »soft« und gibt uns nicht so viele Restriktionen vor wie die physikalische Welt, sodass wir Abkürzungen nehmen können.

Deshalb sollten wir uns einige einfache Restriktionen selbst setzen. In einer komponentenbasierten Architektur ist die Hauptrestriktion, dass eine Komponente eine definierte Schnittstelle nach außen anbietet und nur über diese Schnittstelle aufgerufen werden kann. Wenn wir möchten, können wir dann noch eine weitere Restriktion einbringen, die definiert, welche anderen Komponenten eine bestimmte Komponente aufrufen darf.

Konkret können wir die Hauptrestriktion wie folgt in unserer Java-Anwendung abbilden:

- Eine Komponente ist eine Menge von Quelldateien, die zusammen eine bestimmte Funktionalität implementieren.
- Die Quelldateien einer Komponente liegen in einem dedizierten Package, das die Komponente eindeutig identifiziert.
- Eine Komponente besitzt ein dediziertes `api`-Package, das die Interfaces und Domänenklassen beinhaltet, die von anderen Komponenten genutzt werden können.
- Eine Komponente besitzt ein dediziertes `internal`-Package, das alle Klassen beinhaltet, die nicht von anderen Komponenten genutzt werden dürfen (zum Beispiel Implementierungen der Interfaces im `api`-Package).
- Ein `internal`-Package darf weitere Subkomponenten enthalten.
- Klassen innerhalb eines `internal`-Packages dürfen nicht von außerhalb dieses Packages aufgerufen werden.

Das sind schon alle Regeln, die wir für eine komponentenbasierte Architektur verstehen müssen. Damit ist die Anforderung »Einfachheit« erfüllt.

Es stellt sich immer die Frage, wie wir die Komponenten schneiden. Wie teilen wir die Funktionalitäten unserer Anwendung auf verschiedene Komponenten auf, sodass die Komponenten in sich kohärent sind und die Abhängigkeiten zwischen den Komponenten minimal bleiben? Diese Frage lässt sich nicht einfach beantworten. Die Konzepte des strategischen Domain-Driven Design können hier helfen.

Eine Kategorie von Komponenten lässt sich allerdings sehr einfach identifizieren: Für jede eingehende und ausgehende Schnittstelle von/zu einem anderen System können wir eine eigene Komponente erstellen. Bietet unsere Anwendung beispielsweise eine REST-API und eine Benutzeroberfläche an und greift auf eine Datenbank zu, können wir die folgenden (technischen) Komponenten identifizieren:

- eine Komponente für die REST-API
- eine Komponente für die Benutzeroberfläche
- eine Komponente für den Datenbankzugriff

Zusätzlich gibt es vermutlich noch mindestens eine fachliche Komponente, die die Geschäftslogik implementiert.

Die nächste Frage, die sich stellt, ist natürlich, wie wir eine solche komponentenbasierte Architektur mit Spring Boot implementieren.

16.3 Komponentenbasierte Architektur mit Spring Boot

Eine Komponente, die zum Beispiel den Zugriff auf eine Datenbank kapselt, kann mit Spring Boot wie folgt aussehen:

Listing 16–1
Verzeichnisstruktur einer Komponente

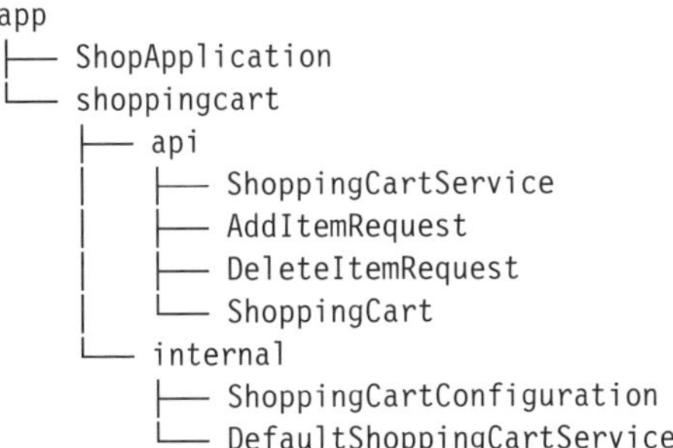

```
app
├── ShopApplication
└── shoppingcart
    ├── api
    │   ├── ShoppingCartService
    │   ├── AddItemRequest
    │   ├── DeleteItemRequest
    │   └── ShoppingCart
    └── internal
        ├── ShoppingCartConfiguration
        └── DefaultShoppingCartService
```

In diesem Beispiel haben wir eine »Shopping Cart«-Komponente modelliert. Im *api*-Package liegt das Interface `ShoppingCartService`, das alle Funktionen bereitstellt, die von anderen Komponenten aufgerufen werden können. Das *api*-Package beinhaltet außerdem alle Domänen- und DTO-Klassen, die für diese Schnittstelle benötigt werden.

Das *internal*-Package beinhaltet die Klasse `DefaultShoppingCartService`, die das Interface `ShoppingCartService` implementiert. Die Richtung der Abhängigkeiten geht immer vom *internal*-Package zum *api*-Package und nicht andersherum. Dieses Konzept nennt sich »Dependency Inversion« und ist von Architekturen wie Clean Architecture und der Hexagonalen Architektur inspiriert.

Weiterhin finden wir die Klasse `ShoppingCartConfiguration` im *internal*-Package der Komponente. Dies ist eine einfache Spring-Boot-`@Configuration`-Klasse, die wie folgt aussehen könnte:

Listing 16–2
Spring Configuration für unsere Komponente

```
@Configuration
@ComponentScan
public class ShoppingCartConfiguration {

}
```

Damit teilen wir Spring Boot mit, dass alle Klassen innerhalb des *internal*-Packages und dessen Subpackages, die mit `@Component` oder `@Configuration` annotiert sind, als Beans instanziiert und dem Spring Application Context hinzugefügt werden. Solange die Hauptklasse unserer Spring-Boot-Anwendung (`ShopApplication` in unserem Beispiel) in einem Eltern-Package liegt, wird Spring Boot unsere `ShoppingCartConfiguration` finden und auswerten.

Damit ist nicht nur der Code unserer Anwendungslogik komponentenbasiert, sondern auch der Code, der für die Erstellung des Spring Application Context verantwortlich ist. Das hilft uns zum Beispiel dabei, einzelne Komponenten in Isolation oder auch mehrere Komponenten integriert miteinander zu testen. Für unsere Tests müssen wir nicht mehr zwangsläufig die komplette Spring-Boot-Anwendung mit `@SpringBootTest` starten, sondern wir können einen Spring Application Context starten, der nur diejenigen Komponenten enthält, die wir testen möchten:

Listing 16–3
Konfiguration des Application Contexts in einem Test unserer Komponente

```
@ExtendWith(SpringExtension.class)
@ContextConfiguration(
  classes = { ShoppingCartConfiguration.class }
)
class ShoppingCartTests{
  // ...
}
```

Die Tatsache, dass jede unserer Komponenten eine eigene Spring-Konfigurationsklasse besitzt, macht auch die Evolution des Codes einfacher. Wenn wir zum Beispiel entscheiden, dass die Komponente in einen eigenen (Micro-)Service ausgelagert werden soll, können wir einfach das komplette Package in eine andere Spring-Boot-Anwendung verschieben und sie sollte dort mit relativ wenig Aufwand lauffähig sein. Der Aufwand hängt von der Anzahl der Abhängigkeiten von und zu der Komponente ab.

Schauen wir uns ein etwas komplexeres Beispiel mit zwei fachlichen Komponenten an, die sich eine Datenbank teilen:

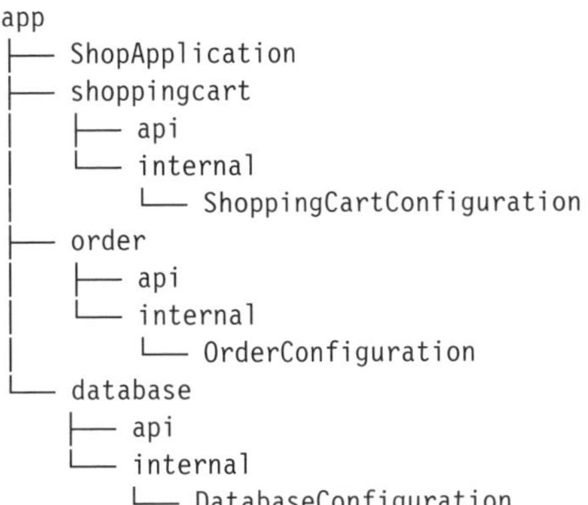

```
app
├── ShopApplication
├── shoppingcart
│   ├── api
│   └── internal
│       └── ShoppingCartConfiguration
├── order
│   ├── api
│   └── internal
│       └── OrderConfiguration
└── database
    ├── api
    └── internal
        └── DatabaseConfiguration
```

Listing 16–4
Verzeichnisstruktur verschiedener Komponenten

In diesem Fall haben wir eine *database*-Komponente, die eine Datenbank-API für die *shoppingcart*- und die *order*-Komponente bereitstellt.

Wenn wir möchten, können wir die Kopplung zwischen den beiden fachlichen Komponenten reduzieren, indem wir für jede fachliche Komponente eine eigene Datenbank-Komponente implementieren:

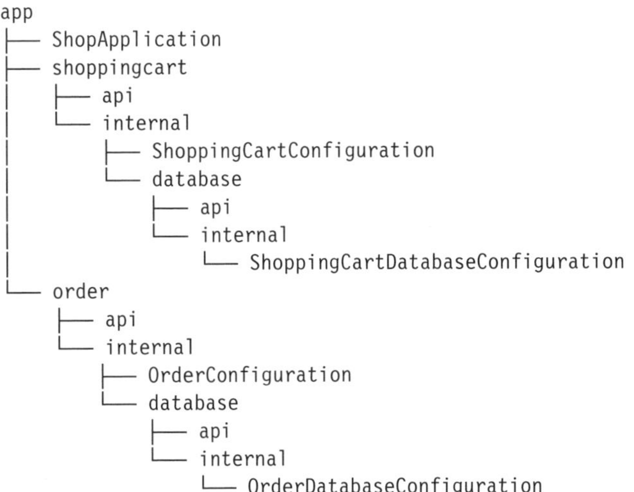

```
app
├── ShopApplication
├── shoppingcart
│   ├── api
│   └── internal
│       ├── ShoppingCartConfiguration
│       └── database
│           ├── api
│           └── internal
│               └── ShoppingCartDatabaseConfiguration
└── order
    ├── api
    └── internal
        ├── OrderConfiguration
        └── database
            ├── api
            └── internal
                └── OrderDatabaseConfiguration
```

Listing 16–5
Veränderte Verzeichnisstruktur mit database als internal-Package

Jede fachliche Komponente hat nun eine Subkomponente namens *database* innerhalb ihres *internal*-Packages. Da sie im *internal*-Package liegt, darf sie von außerhalb der jeweiligen fachlichen Komponente nicht aufgerufen werden, und wir haben die Datenmodelle unserer fachlichen Komponenten sauber getrennt.

Welchen Weg wir auch wählen, eine komponentenbasierte Architektur gibt uns die Möglichkeit, flexibel zu sein und Komponenten relativ einfach zu verschieben oder in einen anderen »Komponentenschnitt« zu überführen. Die Implementierung mit Spring Boot ist relativ einfach, da wir pro Komponente lediglich eine `@Configuration`-Klasse benötigen, die dem Spring Application Context alle Beans hinzufügt, die diese Komponente zur Laufzeit benötigt.

16.4 Governance mit ArchUnit

Ein großer Vorteil der komponentenbasierten Architektur ist, dass sie sich mit einer einzigen Regel validieren lässt. Die Architektur ist genau dann verletzt, wenn eine Klasse innerhalb eines *internal*-Packages außerhalb dieses Packages genutzt wird. Subpackages des *internal*-Packages gelten in diesem Fall als »innerhalb« des Packages, sodass eine Komponente auf ihre Subkomponenten zugreifen kann (wohlgemerkt nur durch deren *api*-Package, denn die Klassen in den *internal*-Packages der Subkomponenten sind durch dieselbe Regel vor dem direkten Zugriff durch die Eltern-Komponente geschützt).

Ein hilfreiches Werkzeug zur Architekturvalidierung ist ArchUnit. Mit ArchUnit können wir Regeln wie die obige in Code abbilden und innerhalb eines Unit-Tests ausführen, sodass eine Regelverletzung zu einem Testfehler führt und damit der Build fehlschlägt. Die »Komponentenregel« kann mit ArchUnit in etwa so aussehen:

Listing 16–6
Validierung der Komponentenarchitektur mit ArchUnit

```
@Test
void verifyComponentArchitecture() {

  List<String> internalPackages
    = internalPackages(BASE_PACKAGE);

  for (String internalPackage : internalPackages) {
    assertPackageIsNotAccessedFromOutside(internalPackage);
  }
}

private List<String> internalPackages(
  String basePackage
) {
  // ... return list of all "internal" packages
}

private void assertPackageIsNotAccessedFromOutside(
  String internalPackage
) {
```

```
    noClasses()
      .that()
      .resideOutsideOfPackage(packageMatcher(internalPackage))
      .should()
      .dependOnClassesThat()
      .resideInAPackage(packageMatcher(internalPackage))
      .check(analyzedClasses);
  }

  private String packageMatcher(
    String fullyQualifiedPackage
  ) {
    return fullyQualifiedPackage + "..";
  }
```

Mit der Methode `internalPackages()` ermitteln wir zunächst alle `internal`-Packages unterhalb eines bestimmten Basispackages. Dies können wir mithilfe von Reflection tun (der komplette Code ist auf GitHub[1] zu finden).

Für jedes `internal`-Package rufen wir dann die Methode `assertPackageIsNotAccessedFromOutside()` auf, in der wir die ArchUnit-DSL nutzen, um unsere Komponentenregel zu definieren: Keine Klasse, die außerhalb unseres *internal*-Packages liegt, darf auf Klassen, die innerhalb unseres *internal*-Packages liegen, zugreifen.

Da wir das Ganze in einer `@Test`-Methode verpacken, wird dieser Code mit jedem Build ausgeführt, und wir können sicher sein, dass unsere Architektur intakt bleibt, solange die Entwickler die Konvention der `api`- und *internal*-Packages einhalten. Wenn wir noch strikter sein möchten, können wir diese Konvention ebenfalls mit ArchUnit validieren, zum Beispiel indem wir die Regel »Jedes Komponenten-Package muss ein `api`- und ein *internal*-Package besitzen« implementieren. Dann müssten wir allerdings definieren, wie wir ein »Komponenten-Package« im Code identifizieren.

16.5 Spring Modulith

Einen Schritt weiter als die oben beschriebene komponentenbasierte Architektur geht das Spring-Modulith[2]-Projekt. Das Projekt ist erst im Jahr 2023 der experimentellen Phase entwachsen und wurde in das offizielle Spring-Portfolio aufgenommen.

---

1. *https://github.com/thombergs/shop-components/blob/main/src/test/java/com/example/shopcomponents/InternalPackageTests.java*
2. *https://spring.io/projects/spring-modulith*

Der Name »Modulith« ist ein Kofferwort aus den Begriffen »Modul« und »Monolith« und spielt darauf an, dass wir eine Anwendung aus Angst vor einer unwartbaren, monolithischen Codebase nicht unbedingt in viele, kleinere (Micro-)Services aufteilen müssen. Stattdessen können wir es den Entwicklern einfacher machen, unsere monolithische Codebase zu modularisieren, um sie wartbar zu halten.

Die Ziele des Spring-Modulith-Projekts sind also dieselben wie die der oben beschriebenen komponentenbasierten Architektur. Spring Modulith bringt aber einige Spring-spezifische Werkzeuge mit, um eine Modul-Architektur zu dokumentieren, zu validieren und zu testen. Wir verzichten an dieser Stelle auf eine Gegenüberstellung der Begriffe »Modul« und »Komponente« und nutzen sie synonym.

Standardmäßig geht Spring Modulith davon aus, dass ein Package direkt unterhalb unseres Hauptpackages (das Package, in dem die `@SpringBootApplication`-annotierte Klasse liegt), ein »Modul« in unserer Architektur darstellt.

Greifen wir das Beispiel unserer Shop-Anwendung auf, wäre die Package-Struktur unserer bisherigen Struktur sehr ähnlich:

Listing 16–7
Verzeichnisstruktur von Modulith-Modulen

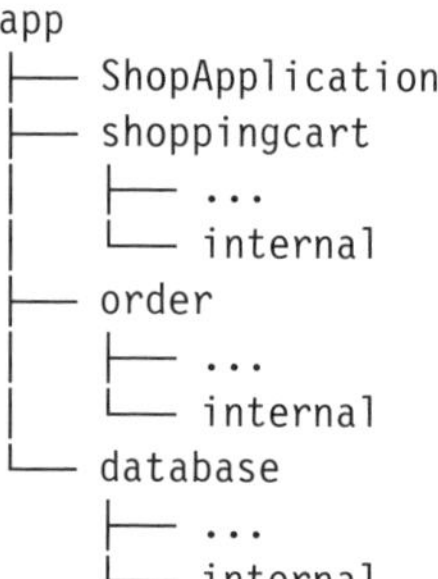

```
app
├── ShopApplication
├── shoppingcart
│   ├── ...
│   └── internal
├── order
│   ├── ...
│   └── internal
└── database
    ├── ...
    └── internal
```

Spring Modulith würde in diesem Beispiel die Module *shoppingCart*, *order* und *database* erkennen. Es macht dabei keine Unterscheidung zwischen fachlichen und technischen Modulen. In diesem Beispiel wären *shoppingCart* und *order* fachliche Module und *database* ein technisches Modul. Alle Klassen, die direkt in einem der Modulpackages liegen, würden als API dieses Moduls erkannt. Sie sind also von außerhalb des Moduls zugreifbar. Klassen in beliebigen Subpackages innerhalb eines Moduls würde Spring Modulith als interne Klassen erkennen und den Zugriff von außen entsprechend verbieten.

Ähnlich wie ArchUnit können wir Spring Modulith innerhalb eines Unit-Tests aufrufen, um unsere Architektur zu validieren:

```
import org.springframework.modulith.core.ApplicationModules;

class ApplicationTests {

  @Test
  void verifyModuleArchitecture() {
    var modules = ApplicationModules
      .of(ShopApplication.class)
      .verify();
  }
}
```

Listing 16–8
Modularchitektur validieren mit Modulith

Dieser Test würde fehlschlagen, sobald Modulith eine zyklische Abhängigkeit zwischen Modulen oder einen nicht erlaubten Zugriff auf eine interne Klasse erkennt.

Die Standardkonventionen von Spring Modulith sind (bewusst) einschränkend, um die Packagestruktur einfach zu halten. Wenn uns diese Struktur aber zu sehr einschränkt, können wir die von Spring Modulith vorgegebenen Regeln anpassen. Möchten wir zum Beispiel ein *api*-Package für unsere Module einführen, könnten wir dieses Package wie folgt annotieren:

```
@NamedInterface("api")
package app.order.api;
```

Listing 16–9
Freigabe eines Packages für den Zugriff von außen

Spring Modulith würde alle Klassen in diesem Package dann als API-Klassen behandeln und den Zugriff von außen zulassen.

Des Weiteren gibt uns Spring Modulith die Möglichkeit, die Abhängigkeiten von einem Modul zu einem anderen einzuschränken:

```
@ApplicationModule(allowedDependencies = {})
package app.database;
```

Listing 16–10
Zugriff von außen blockieren

Mit dieser Annotation verbieten wir dem `database`-Modul beispielsweise den Zugriff auf alle anderen Module. Statt einer leeren Liste können wir auch eine Liste von Modulnamen angeben, auf die unser Modul zugreifen darf.

Spring Modulith bietet noch eine Reihe weiterer Funktionen:

- automatische Dokumentation der Modularchitektur durch Erzeugung von Dokumentations-Snippets und Diagrammen
- Bootstrapping von einzelnen Modulen oder Kombinationen von Modulen für Integrationstests
- Austausch von Events zwischen Modulen und Testen der Event-Kommunikation

Für eine detaillierte Beschreibung dieser und weiterer Funktionen verweisen wir auf die Referenzdokumentation[3].

3. *https://docs.spring.io/spring-modulith/docs/1.0.x/reference/html/*

Teil III

Referenz

17 Testing

Dieses Kapitel gibt einen Überblick über die vielfältigen Möglichkeiten des Testens, die uns das Spring Framework und Spring Boot bieten. Hierbei gehen wir unter anderem auf die verschiedenen Test-Annotationen, den Test Application Context und die zugrunde liegende Funktionsweise von Spring-Boot-Tests ein.

17.1 Überblick

Das Schreiben von Tests ist integraler Bestandteil der Softwareentwicklung. Ohne aussagekräftige Tests kann die korrekte Funktionsweise der Geschäftslogik nicht belegt werden. Zudem ist jedes Refactoring ein Risiko, da weder der Ist-Stand noch der Soll-Stand gesichert getestet sind. Hierdurch schleichen sich Regressionen in den Code ein, also Fehler, die durch die Veränderung des Codes entstanden sind.

In Kapitel 7 haben wir das Thema Testen bereits grundsätzlich behandelt und einen ersten Überblick gegeben, wieso wir Anwendungen testen wollen und wie uns das Spring Framework hierbei unterstützt. In diesem Kapitel wollen wir das Thema vertiefen und insbesondere herausarbeiten, welche unterschiedlichen Arten von Tests das Spring Framework unterstützt und wie diese gezielt eingesetzt werden, um die verschiedenen Schichten einer Anwendung zu testen. Dabei soll auch verdeutlicht werden, wie wichtig ein sinnvolles Schneiden von Klassen und Abhängigkeiten ist, um die Testbarkeit einer Komponente zu erhöhen.

Für das Kapitel verwenden wir das Modul *spring-boot-starter-test*, das bereits alle Funktionalitäten zum Testen einer Spring-Boot-Anwendung mitliefert. In letzten Teil dieses Kapitels wollen wir uns näher mit dem Konzept der Test Slices beschäftigen, also dem Testen von bestimmten Aspekten der Anwendung mit einem reduzierten Application Context.

Das Modul *spring-boot-starter-test* bietet uns die Möglichkeit, Unit-Tests und Integrationstests zu schreiben. Mit Unit-Tests belegen wir die korrekte Funktionsweise einer bestimmten Einheit, also vorwiegend einer einzelnen Klasse. Mit Integrationstests lässt sich das Zusammenspiel von mehreren Komponenten und ihren Interaktionen untereinander verifizieren. Beide Arten von Tests sind essenziell und können nicht gegeneinander aufgewogen werden. Eine Anwendung ohne eine solide Basis von Unit-Tests ist genauso wenig vertrauenerweckend wie eine Anwendung, die ausschließlich auf Integrationstests setzt.

Wer auf den Test-Starter verzichten möchte, kann stattdessen auch nur die Module *spring-boot-test* und *spring-boot-test-autoconfigure* einbinden. Jedoch importiert der Starter weitere transitive Abhängigkeiten, die sich in vielen Projekten bewährt haben:

- **JUnit 5**: eine sehr bekannte und beliebte Bibliothek in Java zum Schreiben von Unit-Tests
- **Spring Test & Spring Boot Test**: bietet Hilfsklassen und -methoden sowie die Möglichkeit zum Schreiben von Integrationstests für Spring-Boot-Anwendungen
- **AssertJ**: eine Bibliothek zum Verifizieren von Annahmen unter Verwendung einer sogenannten *Fluent-API* (also einer deklarativen Sprache, die sich flüssig liest)
- **Hamcrest**: Mit der Bibliothek lassen sich `Matcher`-Objekte definieren, die dabei helfen, die Intention eines Tests hervorzuheben.
- **Mockito**: ein Framework zum Mocken von Objekten und Verhalten
- **JSONassert**: eine Hilfsbibliothek, mit der Annahmen über JSON-Strukturen verfasst werden können
- **JsonPath**: eine Java-DSL zum Lesen von JSON-Strukturen mit einer ähnlichen Syntax wie *XPath* (für XML-Dokumente)

Doch auch wenn der Spring Boot Starter diese Testbibliotheken einbindet, ist es jederzeit möglich, alternative Bibliotheken zu verwenden, wenn dies gewünscht ist. Zudem ist es möglich, vorhandene JUnit-4-Tests weiter zu verwenden, auch wenn Spring Boot 3 standardmäßig auf JUnit 5 setzt. Hierfür muss zusätzlich die *JUnit Vintage Engine* eingebunden werden:

Listing 17–1
JUnit Vintage Engine zum Integrieren von JUnit-4-Tests

```
testImplementation("org.junit.vintage:junit-vintage-engine") {
  exclude(group = "org.hamcrest", module = "hamcrest-core")
}
```

Durch das Einbinden der JUnit Vintage Engine lassen sich alte JUnit-4-Tests wieder ausführen. Wir verlieren durch das Exkludieren der Hamcrest-Abhängigkeit jedoch nicht etwa die Unterstützung hierfür, sondern beziehen durch den Spring Boot Starter Test stattdessen das Modul *org.hamcrest:hamcrest*.

Zudem lassen sich trotzdem neue JUnit-5-Tests schreiben, da der Spring Boot Starter Test auch die *JUnit Jupiter Engine* einbindet. Unsere starke Empfehlung ist es, für neue Tests wirklich nur noch JUnit 5 zu verwenden und die alten JUnit-4-Tests iterativ auf die neue Framework-Version zu migrieren, denn das letzte Release von JUnit 4 ist von 2021 und somit in die Jahre gekommen.

17.2 Unit Testing

Unit-Tests sind speziell darauf ausgelegt, einzelne Einheiten oder Komponenten einer Anwendung unabhängig von ihrer Umgebung zu testen. Hiermit überprüfen wir das Verhalten einer spezifischen Methode oder Klasse und stellen sicher, dass die an sie gestellten Anforderungen erfüllt werden, sprich, ob sich diese Einheit so verhält, wie wir es erwarten. Da Klassen selten in völliger Isolation existieren, sondern Abhängigkeiten zu anderen Klassen besitzen, verwenden wir in Unit-Tests spezielle Objekte, sogenannte *Mocks*, mit denen wir das erwartete Verhalten einer Abhängigkeit simulieren können. Hierdurch können wir beispielsweise auch externe Ressourcen wie Datenbanken mocken, um unerwünschte Seiteneffekte zu vermeiden und die Testlaufzeit zu minimieren.

Mock, Spy und Stub

Wenn wir im Kontext von Tests von »Mocks« sprechen, ist hierbei typischerweise der generellere Begriff »Test Double« und seine verschiedenen Ausprägungen wie Mock, Spy und Stub gemeint, die jeweils einen anderen Einsatzzweck haben.

Ein Mock simuliert ein vordefiniertes Verhalten für bestimmte Methoden einer Klasse, wobei diese Klasse durch den Mock ersetzt wird. Für Methoden, deren Verhalten wir im Mock nicht überschreiben, liefert das Mocking-Framework typischerweise eine Standardantwort zurück, beispielsweise eine leere Liste für Listentypen, das Boolean-Literal `false` für den primitiven boolean-Typ oder `null` für Referenztypen, für die sonst kein Standardverhalten festgelegt wurde.

Ein Spy simuliert ebenfalls ein vordefiniertes Verhalten, jedoch besteht der Hauptunterschied darin, dass der Spy die tatsächliche Implementierung eines Objekts verwendet. Das bedeutet, dass für Methoden, deren Verhalten wir nicht überschrieben haben, die echte Implementierung der Methode aufgerufen wird. Ähnlich wie bei einem Mock werden die Methodenaufrufe und Parameter in der Interaktion mit dem Spy aufgezeichnet und können überprüft werden.

→

Stubs liefern eine statische Antwort für Methoden zurück, um die Rückgabewerte von Methoden im Kontext des Tests zu kontrollieren. In Frameworks wie Mockito wird der Unterschied zwischen Mock und Stub nicht unmittelbar klar, denn beides wird auf dem »gemockten« Objekt durchgeführt. Für Mockito lässt sich simplifiziert ausdrücken, dass sich die Stub-Phase an den »when«-Aufrufen und die Interaktion mit den Mocks an den »verify«-Aufrufen erkennen lässt.

Erst bei den Integrationstests wollen wir das Zusammenspiel mehrerer Komponenten testen. Es ist jedoch auch dort nicht unüblich, im Kontext des Tests beispielsweise eine In-Memory-Datenbank hochzufahren, sodass die Tests prinzipiell in jeder beliebigen Umgebung lauffähig sind.

Damit Klassen vernünftig testbar sind, ist es unabdingbar, diese auf geeignete Weise zu strukturieren. Dies erreichen wir beispielsweise, indem wir das *Single Responsibility Principle* (SRP) befolgen, sodass wir eine Klasse nur für sehr bestimmte Gründe ändern müssen. Dies fördert die Isolation der Klasse und hierdurch auch das Testen einzelner Komponenten. Zudem bietet uns Spring Boot mit der *Inversion of Control* (siehe Abschnitt 3.1.1) und der *Dependency Injection* (siehe Abschnitt 3.1.2) die Möglichkeit, Abhängigkeiten einer Klasse explizit zu deklarieren, sodass wir Mock-Objekte in Tests verwenden können.

Constructor Injection

Im Kontext der Testbarkeit einer Klasse hat sich die konsequente Verwendung von Constructor Injection für die zu testende Klasse bewährt. Bei dieser Variante werden die Abhängigkeiten im Konstruktor deklariert und können dadurch nachträglich nicht mehr verändert werden. Hierdurch ist sichergestellt, dass die Klasse bereits bei der Instanziierung alle erforderlichen Abhängigkeiten erhält und diese nicht erst nachträglich über Reflection (Field Injection) oder Setter (Setter Injection) gesetzt werden. Dies verhindert insbesondere, dass sich die Klasse nicht zwischenzeitlich in einem halb initialisierten Zustand befindet, in dem manche Abhängigkeiten bereits gesetzt sind und andere noch nicht.

17.2.1 Unit Testing ohne Spring

Im Folgenden wollen wir einmal einen Blick auf einen exemplarischen Aufbau eines Unit-Tests werfen. Hierfür schauen wir uns die Implementierung der Klasse `AdvertisementService` an:

```
@Service
public class AdvertisementService {
  private final UserService userService;
  private final MailSenderService mailSenderService;
  private final AdContentTemplateService templateService;

  public AdvertisementService(
    UserService userService,
    MailSenderService mailSenderService,
    AdContentTemplateService templateService
) {
    this.userService = userService;
    this.mailSenderService = mailSenderService;
    this.adContentTemplateService = templateService;
  }

  public void triggerAdvertisement(AdContent ad) {
    List<User> usersOlderThan = userService
      .findUsersOlderThan(ad.minAge());

    usersOlderThan.forEach(user -> {
      MailContent mailContent = templateService
        .template(ad, user);
      mailSenderService.sendMail(mailContent);
    });
  }
}
```

Listing 17–2
Implementierung der Klasse AdvertisementService

Die Klasse versendet Werbe-Mails an ausgewählte Nutzer, die über eine Nutzerverwaltung ermittelt werden. Die Klasse besitzt Abhängigkeiten zu anderen Klassen, die wir in einem Unit-Test nicht wirklich aufrufen wollen, da wir diese Klassen sonst implizit mittesten würden. Daher werden wir für diese Klassen Mocks bereitstellen und vorgefertigte Antworten für die Aufrufe liefern. Zuletzt überprüfen wir, ob so viele Mails versendet wurden, wie wir erwarten. Der grundsätzliche Aufbau der Unit-Test-Klasse könnte folgendermaßen aussehen:

```
@ExtendWith(MockitoExtension.class)
public class AdvertisementServiceTest {
  @InjectMocks
  private AdvertisementService cut;
  @Mock
  private UserService userService;
  @Mock
  private MailSenderService mailSenderService;
  @Mock
  private AdContentTemplateService templateService;

  @Test
  public void verifyTriggerAdPerformsSendMail() {
    ...
  }}
```

Listing 17–3
Aufbau der Testklasse AdvertisementServiceTest

Mittels der `MockitoExtension` integrieren wir Mockito in diesen JUnit-Test, da wir die Abhängigkeiten der Klasse mocken wollen. Unsere *Class-Under-Test* `AdvertisementService` (daher abgekürzt mit `cut`) wird mit `@InjectMocks` annotiert, womit wir signalisieren, dass Mocks und Spys in diese Klasse injiziert werden sollen. Für die mit `@Mock` annotierten Klassen müssen wir im Test jeweils ihr Verhalten definieren, da diese sonst nichts ausführen und nur Standardwerte zurückliefern.

Ein Test, der prüft, dass genauso viele Mails versendet werden, wie passende Nutzer zurückgeliefert wurden, könnte folgendermaßen aufgebaut sein:

Listing 17–4
Testen der Funktionalität der triggerAdvertisement-Methode

```
@Test
public void verifyTriggerAdPerformsSendMail() {
  AdContent ad = assembleAdContent();

  when(userService.findUsersOlderThan(ad.minAge()))
    .thenReturn(Arrays.asList(
      assembleUser("Mike", "Johnson", 42),
      assembleUser("Andy", "Goldfield", 31)
    ));
  when(templateService.template(any(), any()))
    .thenReturn(mock(MailContent.class));

  cut.triggerAdvertisement(ad);

  verify(mailSenderService, times(2)).sendMail(any());
}
```

Die Methoden `when()`, `any()`, `mock()`, `verify()` sowie `times()` werden uns durch Mockito bereitgestellt. Mit `when()` legen wir jeweils das Verhalten der aufgerufenen Methode fest. Zuletzt überprüfen wir mittels `verify()`, ob die `sendMail()`-Methode tatsächlich zweimal aufgerufen wurde, da wir zuvor festgelegt haben, dass der `UserService` zwei Nutzer zurückliefern soll.

Der Test prüft tatsächlich nur den Datenfluss der Methode und nicht mehr. Weitere Tests könnten beispielsweise prüfen, was passiert, wenn die Nutzerverwaltung nur eine leere Liste zurückliefert oder der `AdContentTemplateService` eine Exception wirft. Jedoch gehen wir nicht über die Grenze dieser Klasse hinaus, da uns in diesem Fall nur interessiert, ob die fachliche Logik der Klasse konsistent ist.

17.2.2 Unit Testing Utilities im Spring Framework

Über die Integration mit gängigen Test- und Mock-Frameworks hinaus bietet das Spring Framework auch noch eigene Helferklassen, die im Kontext von Unit-Tests hilfreich sein können.

Die `ReflectionTestUtils` sind eine Hilfsklasse aus dem Spring Framework, die es ermöglicht, auf private Felder, Methoden und Konstruktoren einer Klasse zuzugreifen und diese gegebenenfalls zu verändern. Ein typischer Anwendungsfall hierfür wäre ein Unit-Test einer Klasse, die *Field Injection* verwendet (also Abhängigkeiten via `@Autowired`-Annotation auf den Klassenfeldern setzt). Durch die Nutzung der Hilfsklasse können diese Felder im Unit-Test dennoch gesetzt werden. Grundsätzlich gilt jedoch, dass Reflection nur mit Bedacht und Vorsicht eingesetzt werden sollte, da es dazu neigt, den Testcode schwerer lesbar und wartbar zu machen.

Speziell zum Testen von Aspekten bietet das Spring Framework die `AopTestUtils`. Diese Hilfsklasse kann dazu verwendet werden, eine Referenz auf das Zielobjekt eines Aspekts zu erhalten. Dies kann in solchen Tests hilfreich sein, bei denen eine Klasse durch einen Spring-Proxy gekapselt ist und wir nur das Zielobjekt mocken wollen, um unsere Erwartungshaltung gegenüber diesem Objekt zu formulieren. An dieser Stelle sollten wir jedoch aufpassen, dass wir nicht ausschließlich das Framework testen, sondern nur unsere konkrete Ausprägung und Konfiguration des Verhaltens des Aspekts.

Die beiden Abstraktionen `MockEnvironment` und `MockPropertySource` sind nützlich, um Tests für Anwendungen zu schreiben, die unterschiedliche Konfigurationen für verschiedene Umgebungen behandeln. Auch wenn der Produktivcode beispielsweise von Umgebungsvariablen abhängig ist, können diese mittels `MockEnvironment` bereitgestellt werden, ohne tatsächliche Systemumgebungsvariablen für Testfälle setzen zu müssen. Diese beiden Abstraktionen ermöglichen eine Entkopplung von der tatsächlichen Umgebung, in der der Test ausgeführt wird. Hierdurch gewinnen wir konsistente und deterministische Testergebnisse.

Spring MVC Controller lassen sich über den *Test Slice* `@WebMvcTest` zwar sehr komfortabel testen, allerdings gibt es Fälle, in denen wir Spring-MVC-Komponenten zusätzlich durch Unit-Tests absichern wollen. Dies kann insbesondere bei Implementierungen des `HandlerInterceptor`-Interface nützlich sein, bei denen wir direkt mit `HttpServletRequest` und `HttpServletResponse` arbeiten. Zum einfachen Erzeugen der Anfragen und Antworten bietet uns das Package `org.springframework.mock.web` jeweils die beiden Mock-Implementierungen `MockHttpServletRequest` und `MockHttpServletResponse`. Weitere nützliche Klassen aus dem Package sind `ModelAndViewAssert`, `MockHttpSession` und `MockFilterChain`.

17.3 Integration Testing

Vieles lässt sich durch Unit-Tests abdecken. Wenn wir jedoch das korrekte Zusammenspiel mehrerer Komponenten oder die korrekte Verwendung von Framework-Funktionalität verifizieren wollen, gestaltet sich dies mit Unit-Tests allein als teilweise sehr schwierig.

Folgendes Beispiel soll dies einmal verdeutlichen:

Listing 17–5
Ein Spring Web MVC Controller profitiert von Integrationstests.

```
@RestController
@RequestMapping("/users")
public class UserController {
  private final UserService userService;

  public UserController(UserService userService) {
    this.userService = userService;
  }

  @PutMapping("/{id}")
  public void updateEmail(
    @PathVariable long id,
    @RequestParam String email) {
    userService
      .update(id, user -> user.setEmail(email));
  }

  @ResponseStatus(value = HttpStatus.NOT_FOUND)
  @ExceptionHandler(UserNotFoundException.class)
  public String handleException(UserNotFoundException ex) {
      log.info("Caught UserNotFoundException: {}",
        ex.getMessage());
      return ex.getMessage();
  }
}
```

Wir könnten eine Unit-Test-Klasse für diesen Controller schreiben, um beispielsweise zu verifizieren, dass die `updateEmail()`-Methode den `UserService` korrekt aufruft, wobei auch das bereits sehr trivial wäre. Auch den `ExceptionHandler` könnten wir insofern testen, als er die `UserNotFoundException` in einen String umwandelt, der wiederum zurückgeliefert wird. Dadurch hätten wir jedoch nicht viel gewonnen. Da wir in einem Unit-Test das Framework möglichst nicht mittesten wollen, brauchen wir hier nicht zu verifizieren, dass der Endpoint der Methode wirklich unter */users/{id}* erreichbar ist und wir die E-Mail als Query-Parameter mitgeben können. Auch lässt sich in dem Unit-Test die Verknüpfung zwischen Endpoint-Methode und `ExceptionHandler` nicht verifizieren und dass das Spring Framework an der Stelle die `UserNotFoundException` in eine HTTP-Response mit HTTP-Status 404 umwandelt.

17.3.1 Spring TestContext Framework

Aus diesem Grund bietet das Spring Framework als Teil des *org.springframework.test*-Packages das umfangreiche, annotationsgetriebene *Spring TestContext Framework* für Unit- und Integrationstests.

Die Ziele des Frameworks lassen sich wie folgt zusammenfassen:

- Verwaltung von Spring IoC Container Caching und Context Management zwischen den Tests
- Nutzen von Dependency Injection zum Erfüllen von Abhängigkeiten der Testklasse
- sauberes Kapseln von datenmanipulierenden Tests durch ein Transaction Management zwischen Tests und Testklassen
- Bereitstellen von Basisklassen, die das Schreiben von Integrationstests erleichtern

Eine der besonderen Funktionalitäten des TestContext-Frameworks ist das *Context Caching* zwischen einzelnen Tests. In der Regel wird der konfigurierte Application Context einmal geladen und dann für jeden Test wiederverwendet. Hierdurch werden Objekte im Spring-Container nur einmal instanziiert und dann von vielen Tests genutzt. Dies hat immense Performancevorteile, insbesondere wenn die Instanziierung dieser Objekte aufwendig ist.

Context Caching

Context Caching bezieht sich jeweils auf alle Tests, die in der gleichen JVM, also im gleichen Prozess, ausgeführt werden. Falls für die Integrationstests das *maven-failsafe-plugin* genutzt wird, sollte hierfür der Fork-Count auf 1 und die Wiederverwendung der Forks eingestellt werden. Andernfalls würde der Application Context für jeden Fork neu aufgebaut werden müssen, wodurch sich im ungünstigsten Fall die Gesamtlaufzeit der Tests erhöht statt verringert.

Standardmäßig ist Spring so konfiguriert, dass 32 eindeutige Application Contexts vorgehalten werden. Wenn gewünscht, kann diese Zahl durch das Setzen der Property `spring.test.context.cache.maxSize` verändert werden. Dies ist jedoch nur in Einzelfällen sinnvoll oder notwendig. Ein eindeutiger Application Context setzt sich aus verschiedenen Quellen zusammen, wie beispielsweise aus den zu ladenden Klassen, möglichen Context Initializers oder Context Loaders, zu verwendenden Profilen für den Test oder zu berücksichtigenden Property Sources. Dies bedeutet konkret, dass eine Testklasse, die sich für die Ausführung eine eigene dynamische `TestPropertySource` definiert, auch einen eigenen Application Context erhält. Dieser Application Context kann wiederum zwischen allen Tests geteilt werden, die die gleiche `TestPropertySource` heranziehen.

LRU-Cache

Das TestContext-Framework verwendet eine »*Last Recently Used*«-Cache-Semantik (LRU). Dies bedeutet, dass beim Erreichen der maximalen Cache-Größe derjenige Application Context zuerst geschlossen und entfernt wird, der am längsten nicht mehr im Rahmen eines Tests benötigt wurde.

Wer den Überblick über die Anzahl der verwendeten Application Contexts und andere Statistiken erhalten möchte, kann das Log-Level für die Testausführung von `org.springframework.test.context.cache` auf `DEBUG` setzen.

Wir werden später sehen, dass es sinnvoll sein kann, für bestimmte Tests einen eigenständigen Application Context anzufordern, bzw. für welche Art von Tests und Konfigurationen dies automatisch im Hintergrund passiert.

17.3.2 SpringExtension und SpringRunner

Das TestContext-Framework bietet eine Reihe von unterstützenden Klassen für die Testausführung, die Funktionalitäten des TestContext-Frameworks für Testklassen bereitstellen. Dies umfasst insbesondere Dependency Injection für Testinstanzen, transaktionales Verhalten bei Tests mit Persistenz oder die Verwendung von `TestExecutionListeners`, um auf bestimmte Ereignisse während der Testausführung zu reagieren.

Die folgenden Beispiele beziehen sich jeweils auf die Integration mit JUnit, da dieses Framework standardmäßiger Teil des Test-Starters ist. Für eine Integration mit TestNG muss stattdessen das Modul *org.testng:testng* eingebunden werden. Testklassen erweitern in diesem Fall standardmäßig die abstrakte Basisklasse `AbstractTestNGSpringContextTests`.

JUnit 4 oder JUnit 5?

Mindestens für neue Projekte, aber auch für bereits existierende empfiehlt es sich, das modernere JUnit-5-Framework zu verwenden. Vorhandene JUnit-4Tests können beispielsweise erst einmal mit der *junit-vintage-engine* zum Laufen gebracht werden. Doch auch wer exzessiv JUnit 4 Rules verwendet, für die es in JUnit 5 das Alternativkonzept der Extensions gibt, wird bei der Migration nicht allein gelassen. Vereinzelte Rule-Typen können auch in JUnit 5 weiterhin verwendet werden. Dies betrifft die drei Typen `ExternalResource` (inklusive `TemporaryFolder`), `Verifier` und `ExpectedException`. Diese Rules lassen sich in JUnit-5-Testklassen verwenden, wenn die Testklasse mit `@EnableRuleMigrationSupport` annotiert wird.

17.3.2.1 JUnit 4

Das Spring Framework bietet zwei mögliche Integrationspunkte mit JUnit 4, einerseits über den Spring JUnit 4 Runner und andererseits über die Spring JUnit 4 Rules.

Ein *JUnit Runner* ist ein Mechanismus, der die Ausführung von Tests in JUnit steuert und die jeweilige Ausführungsumgebung konfiguriert. Für eine Integration mit Spring verwenden wir den `SpringRunner` (bzw. in seiner Langform: `SpringJUnit4ClassRunner`), der uns die Anbindung an das TestContext-Framework bereitstellt. Eine beispielhafte Verwendung könnte folgendermaßen aussehen:

Listing 17–6
Beispielhafte Testklasse unter Verwendung des SpringRunners

```
@DataJpaTest
@RunWith(SpringRunner.class)
public class UserRepositoryJUnit4Test {

  @Test
  public void verifyXYZ() {
    // test implementation
  }
}
```

Mittels `@RunWith` können wir JUnit 4 mitteilen, welcher Runner aktiviert werden soll. Wir verwenden für diesen Testfall die Annotation `@DataJpaTest`, um eine Test Slice zu konfigurieren, da wir ausschließlich die Persistenz testen wollen. Mit der Verwendung von Test Slices beschäftigen wir uns in Abschnitt 17.5 näher.

Alternativ können wir JUnit-Tests mit Spring-Unterstützung auch mittels JUnit 4 Rules implementieren. Dies kann in Einzelfällen nützlich sein, wenn für diesen Test ein anderer Runner (zum Beispiel der `MockitoJUnitRunner` oder `Parameterized` für parametrisierbare Tests) verwendet werden soll, jedoch weiterhin eine Unterstützung seitens Spring benötigt wird. Hierbei wird zwischen der `SpringClassRule` für Funktionalitäten auf Klassenebene und der `SpringMethodRule` für Funktionalitäten auf Methodenenebene unterschieden. Die `SpringClassRule` ermöglicht es uns, die Annotationen `@IfProfileValue` und `@ProfileValueSourceConfiguration` zu verwenden, womit wir beispielsweise Tests überspringen können, wenn eine bestimmte Property einen bestimmten Wert hat. Die `SpringMethodRule` unterstützt ebenfalls die beiden eben genannten Annotationen, jedoch auf Ebene der Testmethode statt der Klasse. Darüber hinaus werden die beiden Annotationen `@Timed` und `@Repeat` unterstützt. Mit `@Timed` über der Testmethode geben wir an, dass der Test in einer bestimmten Zeit erfolgreich durchgelaufen sein muss. Mit `@Repeat` deklarieren wir, dass der Test mehrfach ausgeführt werden soll.

Die Testklasse für unser `UserRepository` könnte unter Verwendung dieser JUnit 4 Rules folgendermaßen aufgebaut sein:

Listing 17–7
Beispielhafte Testklasse unter Verwendung der Spring JUnit 4 Rules

```
@DataJpaTest
public class UserRepositoryJUnit4RuleTest {
  @ClassRule
  public static final SpringClassRule springClassRule =
    new SpringClassRule();
  @Rule
  public final SpringMethodRule springMethodRule =
    new SpringMethodRule();
  @Autowired
  private UserRepository cut;
  @Autowired
  private TestEntityManager entityManager;

  @Test
  public void verifyXYZ() {
    // test implementation
  }
}
```

17.3.2.2 JUnit 5

Für eine Integration mit dem Spring-TestContext-Framework steht uns in JUnit 5 die `SpringExtension` zur Verfügung. Mit der `SpringExtension` haben wir im Gegensatz zu JUnit 4 aufgrund der *JUnit Extension API* beispielsweise die Möglichkeit, Konstruktoren für Testklassen zu definieren, in denen wir unsere Abhängigkeiten zu anderen Komponenten deklarieren und somit *Constructor Injection* nutzen können. Für unsere `UserRepository`-Testklasse könnte ein JUnit-5-Test folgendermaßen aussehen:

Listing 17–8
Beispielhafte Testklasse unter Verwendung der SpringExtension

```
@DataJpaTest
@ExtendWith(SpringExtension.class)
public class UserRepositoryTest {
  @Autowired
  private UserRepository cut;
  @Autowired
  private TestEntityManager entityManager;

  @Test
  public void verifyXYZ() {
    // test implementation
  }
}
```

Mittels `@ExtendWith` können wir eine `Extension`-Klasse mitgeben. Die `SpringExtension` wiederum sorgt für die Integration mit dem Spring-TestContext-Framework. Für diesen konkreten Anwendungsfall hätten wir die `@ExtendWith`-Annotation auch weglassen können, denn viele der Test-Annotationen in Spring Boot 3, wie zum Beispiel `@DataJpaTest`, sind aus Gründen der Komfortabilität mit `@ExtendWith(SpringExtension.class)` metaannotiert.

Meta-Annotationen

Meta-Annotationen sind Annotationen, die selbst wiederum mit anderen Annotationen deklariert sind. Dies ermöglicht es, mehrere Annotationen zu bündeln, die oft zusammen verwendet werden oder deren Kombination eine besondere Funktion hat.

17.3.3 TestContextManager und ContextConfiguration

Unabhängig davon, ob wir den Spring JUnit 4 Runner, die JUnit 4 Spring Rules oder die Spring JUnit 5 Extension verwenden, ist die Basis der Implementierung der `TestContextManager`, der im Hintergrund für uns die verschiedenen Funktionalitäten des TextContext-Frameworks bereitstellt. In einer Spring-Anwendung besteht der Application Context aus einer Hierarchie von beanspezifischen Definitionen, die aus unterschiedlichen Quellen stammen. Im normalen Betrieb instanziiert und verwaltet der Spring-Container diesen (Web-)Application Context. Für Integrationstests übernimmt der `TestContextManager` diese Aufgabe und sorgt hierbei stets für eine möglichst isolierte Testausführung. Hierbei kommen weitere Komponenten, wie die `TestExecutionListener` und der `SmartContextLoader`, ins Spiel. Die Interaktionen dieser Komponenten sehen hierbei vereinfacht ausgedrückt folgendermaßen aus:

- Für die Testausführung wird ein `TestContextManager` instanziiert.
- Der `TestContextManager` verwendet den `SmartContextLoader`, um den Application Context für diesen Test auf Basis unterschiedlicher Konfigurationsquellen für Spring Beans zu laden.
- Während der Testausführung verwaltet der `TestContextManager` die Testlebenszyklus-Methoden der `TestExecutionListener`, die auf unterschiedliche Ereignisse der Testausführung reagieren.
- Zuletzt gibt der `TestContextManager` die im Rahmen des Tests benötigten Ressourcen frei und bereinigt den Application Context.

Die Rolle des `SmartContextLoaders` ist hierbei entscheidend, da dieser den Application Context für den Test erzeugt. Hierfür deklarieren wir auf Klassenebene die Annotation `@ContextConfiguration`. Wenn wir sonst nichts weiter definieren oder einschränken, lädt der `SmartContextLoader` die Spring Beans aus allen ihm bekannten Standardquellen.

Standardquellen für Spring Beans

Wenn wir nur die @ContextConfiguration-Annotation ohne weitere Einschränkung verwenden, werden die Standardquellen für Spring Beans herangezogen. Dies sind alle statischen, inneren @Configuration-Klassen innerhalb der Testklasse, die ihrerseits Spring Beans für den Test bereitstellen. Der Vorteil dieser Deklaration ist, dass die Beans in diesen @Configuration-Klassen immer nur für genau die Testklasse gelten, in der sie deklariert werden. Dies verhindert, dass diese in anderen Testklassen, beispielsweise über Component-Scanning im Application Context, landen, ohne dass dies beabsichtigt ist.

Wir haben jedoch mit der @ContextConfiguration-Annotation auch die Möglichkeit, zu bestimmen, aus welchen Quellen der Application Context für den Test gespeist werden soll, wie beispielsweise Groovy-Skripts, XML-Dateien, @Component-Klassen, Profile, Test Property Source und viele mehr.

@Component-Klassen

@Component-Klassen bezeichnen hierbei Klassen, die durch das Classpath-Scanning automatisch gefunden werden können. Dies sind beispielsweise Klassen mit einer der Annotationen @Configuration, @Component, @Service oder @Repository, aber auch Klassen, die mit @Bean annotierte Methoden enthalten.

Im Folgenden wollen wir uns einmal eine beispielhafte Testklasse unter Verwendung einer statischen, inneren @Configuration-Klasse anschauen:

Listing 17–9
Integrationstest mit statischer, innerer Configuration-Klasse

```
@ContextConfiguration
@ExtendWith(SpringExtension.class)
public class MailSenderServiceWithCtxTest {
  @Autowired
  private MailSenderService cut;

  @Configuration
  static class Config {
    @Bean
    MailSenderService mailSenderService() {
      return new MailSenderService();
    }
  }

  @Test
  public void verifySendingAMailIsWorking() {
    // ...
  }
}
```

Da wir @ContextConfiguration ohne weitere Annotation-Properties verwenden, wird die statische, innere Configuration-Klasse zum Auflösen der Abhängigkeiten verwendet. Würden wir auch diese weglassen, schlüge der Test mit der Mitteilung fehl, dass kein geeigneter *Bean-Candidate* zum Auflösen der Abhängigkeit MailSenderService zur Verfügung stünde. Alle mit @Autowired annotierten Felder der Testklasse müssen in irgendeiner Weise durch geeignete Mittel dem Application Context bekannt gemacht werden.

Ein anderer, klassischer Weg ist das Auflisten der Abhängigkeiten über das classes-Attribut der @ContextConfiguration-Annotation:

Listing 17–10
Integrationstest mit classes-Attribut auf der @ContextConfiguration

```
@ExtendWith(SpringExtension.class)
@ContextConfiguration(classes = MailSenderService.class)
public class MailSenderServiceIntegrationTest {
  @Autowired
  private MailSenderService cut;

  @Test
  public void verifySendingAMailIsWorking() {
    // ...
  }
}
```

Das Attribut lässt die Auflistung unterschiedlichster @Component-Klassen zu. So könnten wir beispielsweise auch auf eine @Configuration-Klasse auf Top-Level-Ebene verweisen. Dies ist insbesondere im Kontext von Spring Security nützlich, da Security-bezogene Funktionalitäten oftmals in einer WebSecurityConfig gebündelt werden.

17.4 Wichtige Testfunktionalitäten im Überblick

Das Spring Boot Framework bietet zahlreiche Möglichkeiten zur Konfiguration und Gestaltung von Tests. Wir beschränken uns in den folgenden Abschnitten auf die gängigsten Anwendungsfälle und erläutern diese jeweils mit Beispielen. Als kurzer, vollständigerer Überblick soll nachfolgende Tabelle dienen, die die jeweiligen für Tests relevanten Annotationen mit einer kurzen Erläuterung auflistet. Für den praktischen Einsatz dieser Funktionen sei auf die jeweiligen Abschnitte verwiesen.

Tab. 17–1
Test-Annotationen und ihre Bedeutung kurz zusammengefasst

Annotation	Erklärung
`@ContextConfiguration`	Die Annotation wird verwendet, um den Application Context in einem Test zu konfigurieren. Hiermit können spezifische Konfigurationsklassen oder -ressourcen für den Test definiert werden.
`@SpringBootTest`	Mit der Annotation wird ein Test erstellt, der den gesamten Application Context hochfährt. Sie eignet sich für Integrationstests und simuliert das Verhalten der Anwendung in Produktion.
`@ActiveProfiles`	Hiermit können für den Test bestimmte Profile aktiviert werden, um beispielsweise für unterschiedliche Testfälle andere Konfigurationen zu laden.
`@TestPropertySource`	Über die Annotation lassen sich Properties für Tests überschreiben.
`@DynamicPropertySource`	Die Annotation ermöglicht es, bestimmte Properties zur Laufzeit zu setzen, deren Information erst nach dem Start des Tests zur Verfügung stehen.
`@DataJpaTest`	Deklariert eine Test Slice mit einem minimalen Application Context, der zum Testen von Spring Data JPA Repositories gedacht ist.
`@DataJdbcTest`	Ähnlich wie `@DataJpaTest`, dient aber zum Testen von Spring Data JDBC Repositories.
`@WebMvcTest`	Mit der Annotation wird ein Test Slice definiert, mit dem Spring MVC Controller getestet werden können. Das Component-Scanning beschränkt sich dabei auf Komponenten, die im Kontext eines Web-MVC-Controller relevant sind.
`@WebFluxTest`	Ähnlich wie `@WebMvcTest`, dient jedoch zum Testen von Spring WebFlux Controllern.
`@JsonTest`	Mit der Annotation wird ein Test Slice zum Testen der JSON-Serialisierung und -Deserialisierung definiert.
`@TestConfiguration`	Hiermit können Konfigurationsklassen definiert werden, die dazu dienen, den Application Context für Tests zu erweitern. Anders als herkömmliche `@Configuration`-Klassen werden diese nicht automatisch aufgegriffen, sondern müssen explizit importiert werden, es sei denn, sie werden als statische, innere Klasse in der Testklasse definiert.
`@TestExecutionListeners`	Mit der Annotation können `TestExecutionListener` eingebunden werden, womit auf unterschiedliche Ereignisse im Testausführungszyklus reagiert werden können.
`@DirtiesContext`	Über die Annotation können wir dem TestContext-Framework mitteilen, dass die Testausführung den Application Context »verschmutzt«. Dies hat zur Folge, dass je nach Konfiguration vor oder nach jeder Testmethode oder vor oder nach der Testklasse der Application Context geschlossen und ein neuer Context generiert wird.

→

Annotation	Erklärung
@AutoConfigure...	Dies ist eine Sammelbezeichnung für unterschiedliche Annotationen, mit denen zusätzliche Komponenten für verschiedene Testszenarien konfiguriert werden. Beispielsweise kann @AutoConfigureMockMvc verwendet werden, um MockMvc für einen Spring Web MVC Controller Test zu konfigurieren.
@Sql	Über die Annotation können SQL-Skripte angegeben werden, die vor oder nach einem Test ausgeführt werden sollen, um beispielsweise Testdaten bereitzustellen oder die Datenbank aufzuräumen.
@SqlConfig	Die Annotation wird im Kontext von @Sql verwendet, um bestimmte Konfigurationseinstellungen vorzunehmen, beispielsweise wie die SQL-Skripte gelesen oder ausgeführt werden sollen.
@ContextHierarchy	Die Annotation wird dazu verwendet, hierarchische Testkontexte zu erstellen, wobei ein übergeordneter Application Context für alle Tests innerhalb untergeordneter Kontexte gemeinsam genutzt wird.
@RecordApplicationEvents	Mithilfe der Annotation werden Application Events im Spring-TestContext-Framework aufgezeichnet. Anschließend können wir über die ApplicationEvents-API auf die aufgezeichneten Ereignisse zugreifen.
@LocalServerPort	Die Annotation ermöglicht uns in Tests den Zugriff auf den zufällig zugewiesenen lokalen Port, auf dem ein Embedded Server gestartet wurde.

17.4.1 @SpringBootTest

Wenn wir einen kompletten Application Context für unseren Test hochfahren wollen, bietet Spring Boot mit der `@SpringBootTest`-Annotation hierfür eine eigene Annotation an. Diese dient als Alternative zur `@ContextConfiguration` und erzeugt den Application Context auf Basis der `SpringApplication`, die wir typischerweise in der `main()`-Methode der Anwendung erzeugen und mit `@SpringBootApplication` oder `@SpringBootConfiguration` annotieren. Ausgehend von dieser Klasse wird das Component-Scanning initiiert und es werden jegliche Konfigurationen, Property-Dateien usw. geladen, die ermittelt werden können.

Die `@SpringBootTest`-Annotation bietet zahlreiche Konfigurationsmöglichkeiten. Darunter beispielsweise, ob ein Embedded Webserver gestartet werden soll. Standardmäßig passiert dies nicht. Dies lässt sich mit dem `webEnvironment`-Attribut konfigurieren:

- **`MOCK`:** lädt einen `WebApplicationContext` und erzeugt eine Mock-Webumgebung, bei der kein eingebetteter Server gestartet wird. Diese Variante wird oft zusammen mit `@AutoConfigureMockMvc` verwendet, um die Webschicht durch einen Mock zu ersetzen.

- **RANDOM_PORT**: lädt einen `WebServerApplicationContext` und erzeugt eine echte Webumgebung. Der eingebettete Server horcht hierbei auf einen zufälligen Port.
- **DEFINED_PORT**: wie die vorherige Variante, nur wird ein definierter Port verwendet (entweder der Property `server.port` oder standardmäßig 8080)
- **NONE**: lädt einen Application Context ohne eine Webumgebung (default)

Folgendes Codebeispiel zeigt eine Verwendung der `@SpringBootTest`-Annotation in einem minimalen Testfall:

Listing 17–11
Mit SpringBootTest den gesamten Application Context laden

```
@SpringBootTest
public class ApplicationTest {
  @Test
  public void contextLoads() {
  }
}
```

Durch die Verwendung der Annotation können wir an dieser Stelle sicherstellen, dass der Application Context in seinem jetzigen Zustand ohne Probleme hochfährt. Da hierfür Abhängigkeiten aufgelöst sowie Property Sources, gegebenenfalls Data Sources und Repositories, Konfigurationen und vieles Weitere erstellt werden müssen, zeigt ein grüner Test, dass dies ohne Konflikte funktioniert hat.

JUnit 5 vs. JUnit 4

Da wir in unseren Beispielen standardmäßig JUnit 5 verwenden, können wir auf `@ExtendWith(SpringExtension.class)` verzichten, da `@SpringBootTest` hiermit bereits metaannotiert ist. Unter JUnit 4 hätten wir noch `@RunWith(SpringRunner.class)` ergänzen müssen, da der Test sonst nicht ausgeführt worden wäre.

Tests mit `@SpringBootTest` haben eine vergleichsweise lange Startzeit. Das TestContext-Framework kann jedoch den erzeugten Application Context zwischenspeichern, wodurch gleichartige Spring-Boot-Tests diesen Context wiederverwenden können.

17.4.2 Context Initializers

Mit Context Initializers lässt sich der Application Context für Tests anpassen. Wir können hiermit beispielsweise vor der Testausführung dynamisch Properties erzeugen und diese dem Application Context hinzufügen, sodass der Test später auf diese zugreifen kann. Dies passiert im

Hintergrund, wenn wir uns in einem Test über `@LocalServerPort` den Port des gestarteten Webservers geben lassen, damit wir für den Test beispielsweise ein `RestTemplate` oder `WebClient` korrekt konfigurieren können. Hierfür sorgt der `ServerPortInfoApplicationContextInitializer`, der auf das `WebServerInitializedEvent` horcht.

Ein weiteres prominentes Beispiel ist der `ConfigDataApplicationContextInitializer`. Dieser erlaubt uns in Tests, die keine Spring-Boot-Funktionalitäten verwenden, dennoch Properties aus einer *application.yml* zu laden. Der Testaufbau sieht in dem Fall folgendermaßen aus:

Listing 17–12
Laden von Properties mittels ConfigDataApplicationContextInitializer

```
@ExtendWith(SpringExtension.class)
@ContextConfiguration(
  classes = MailSenderService.class,
  initializers = ConfigDataApplicationContextInitializer.class
)
@EnableConfigurationProperties(MailProperties.class)
public class MailSenderServiceTest {
  @Autowired
  private MailSenderService cut;

  @Test
  public void verifySendMail() {
    // ...
  }
}
```

Für den Test wird nur ein minimalistischer Application Context mittels `@ContextConfiguration` hochgefahren. Die Test-Properties sind gemäß den Möglichkeiten, die Spring Boot bietet, in einer *application.yml* unter *src/test/resources* externalisiert. Erst das Einbinden des Context Initializers durch das `initializers`-Attribut sorgt dafür, dass die `MailProperties` für den Test korrekt mit den Werten aus der *application.yml* befüllt werden. Andernfalls würden die einzelnen Felder der Property-Klasse ihre jeweiligen Standardwerte der JVM erhalten (0 für `int`, `null` für Referenztypen und so weiter).

17.4.3 @TestPropertySource

In Integrationstests möchten wir häufig Konfigurationsparameter mit Werten belegen, die sich von den Standardwerten oder den Werten in der Entwicklungs- oder Produktionsumgebung unterscheiden.

Wenn wir in einem Test einzelne Konfigurationswerte überschreiben möchten, bietet sich der Parameter `properties` der `@SpringBootTest`-Annotation an:

Listing 17–13
Überschreiben von Properties in Tests mittels properties-Attribut

```
@SpringBootTest(properties = {
  "custom.app-name=This is a test app"
})
public class WeatherServiceTest{
  // ...
}
```

Das `properties`-Attribut nimmt ein Array von Strings entgegen, und jeder dieser Strings wird als ein Key/Value-Paar getrennt durch Gleichzeichen interpretiert, mit dem ein Konfigurationsparameter befüllt wird. Wenn wir mehr als nur ein paar Konfigurationswerte definieren möchten, kann dieser Weg jedoch schnell unübersichtlich werden. Alternativ können wir deshalb die Konfigurationswerte in eine *.properties*-Datei auslagern und mit der Annotation `@TestPropertySource` in unserem Test laden:

Listing 17–14
Überschreiben von Properties in Tests mittels @TestPropertySource

```
@SpringBootTest
@TestPropertySource("classpath:/.../test.properties")
public class WeatherServiceTest {
  // ...
}
```

Die `@TestPropertySource`-Annotation funktioniert nicht nur in Kombination mit `@SpringBootTest`, sondern auch mit der `@ContextConfiguration`-Annotation:

Listing 17–15
@TestPropertySource mit @ContextConfiguration kombinieren

```
@ContextConfiguration
@TestPropertySource("classpath:/.../test.properties")
public class WeatherServiceTest {
  // tests
}
```

Anstatt die Konfigurationsparameter für jede einzelne Testklasse zu setzen, können wir diese aber auch in einem Profil verwalten.

17.4.4 @ActiveProfiles

Es bietet sich an, neben unseren Profilen für die lokale Entwicklung, die Entwicklungsumgebung und die Produktionsumgebung zusätzlich noch ein Profil für Tests anzulegen. In diesem Profil können wir die Konfigurationsparameter mit Werten belegen, die im Kontext unserer Tests sinnvoll sind.

Hierfür legen wir, genau wie für die anderen Profile auch, eine Konfigurationsdatei mit dem Profilnamen als Suffix an, beispielsweise *application-test.yml*. Damit diese Datei nur in Tests aufgegriffen wird, legen wir die Datei im Ordner *src/test/resources* ab anstatt im Ordner *src/main/resources*. In dieser Datei können wir nun alle Konfigurationswerte definieren, die für das Profil »test« gelten sollen. Die Werte, die wir hier nicht setzen, werden wie gewohnt aus der Fallback-Datei ohne Suffix geladen (*application.yml*).

Um das Testprofil für die Testklasse zu aktivieren, können wir die Annotation `@ActiveProfiles` benutzen:

```
@SpringBootTest
@ActiveProfiles("test")
public class WeatherServiceTest {
  // ...
}
```

Listing 17–16
Aktivieren von einzelnen Profilen für die Testausführung

Auch diese Annotation funktioniert sowohl mit `@SpringBootTest` als auch mit `@ContextConfiguration` sowie mit anderen Test-Annotationen, die von Spring und Spring Boot bereitgestellt werden.

17.4.5 @TestConfiguration

Wir haben zuvor bereits das Überschreiben der primären Konfiguration der Spring-Boot-Anwendung im Kontext der jeweiligen Testklasse kennengelernt. Hierfür haben wir eine mit `@Configuration` annotierte statische innere Klasse innerhalb der Testklasse definiert. Dadurch beginnt der Algorithmus zum Auflösen von Abhängigkeiten auf Höhe dieser `@Configuration`-Klasse, wodurch die mit `@SpringBootApplication` deklarierte Klasse nicht mehr gefunden wird.

Wenn die primäre Konfiguration stattdessen jedoch ergänzt werden soll, verwenden wir `@TestConfiguration`, wie im folgenden Beispiel:

```
@SpringBootTest
public class WeatherServiceTest {
  @TestConfiguration
  static class Configuration {
    @Bean
    @Primary
    public WeatherServiceConnectionProperties properties() {
      return new WeatherServiceConnectionProperties(
        "https://local.weather.com", 8082, 2,
        Duration.ofSeconds(5), "a_token"
      );
    }
  }

  @Test
  public void test() {
    // ...
  }
}
```

Listing 17–17
Primäre Konfiguration mittels statischer innerer TestConfiguration ergänzen

In der statischen inneren `@TestConfiguration` überschreiben wir die Konfigurationswerte, die für diese Testklasse im `WeatherService` herangezogen werden sollen. Die `@Primary`-Annotation ist notwendig, um Spring an dieser Stelle mitzuteilen, dass nicht das durch Component-Scanning ermittelte `WeatherServiceConnectionProperties`-Objekt, sondern unser eigenes Objekt zum Auflösen der Abhängigkeit verwendet werden soll.

Die `@TestConfiguration` lässt sich auch in eine Top-Level-Klasse auslagern, damit wir diese einfach in mehreren Tests wiederverwenden können. Um diese anschließend in Tests einzubinden, müssen wir die `@Import`-Annotation wie im folgenden Beispiel verwenden:

Listing 17–18
TestConfiguration mittels @Import-Annotation einbinden

```
@TestConfiguration
public class WeatherServiceTestConfiguration {
  @Bean
  @Primary
  public WeatherServiceConnectionProperties properties() {
    // ...
  }
}

@SpringBootTest
@Import(WeatherServiceTestConfiguration.class)
public class WeatherServiceTest {
    // ...
}
```

Die Top-Level-Klasse `WeatherServiceTestConfiguration` lässt sich auf diese Weise auslagern und wird durch die `@TestConfiguration`-Annotation auch nicht automatisch dem Application Context hinzugefügt. Der Vorteil der ausgelagerten `@TestConfiguration` ist die Wiederverwendbarkeit in unterschiedlichen Testklassen, die ähnliche Abhängigkeiten und Umgebungen benötigen.

Beans überschreiben

In bestimmten Szenarien kann es passieren, dass der Test anschließend fehlschlägt und stattdessen eine `BeanDefinitionOverrideException` wirft. Dies liegt daran, dass mit Spring Boot 2.1 das Verhalten für das Überschreiben von Bean-Definitionen verändert wurde und dies seither standardmäßig nicht mehr erlaubt ist. Diese Vorsichtsmaßnahme kann durch das Setzen der Property `spring.main.allow-bean-definition-overriding` auf »true« ausgeschaltet werden (beispielsweise als `@TestPropertySource` auf dieser Testklasse). Dieser Schritt sollte jedoch wohlüberlegt sein und nur in Ausnahmefällen und auch nur in einem Testszenario verwendet werden.

17.4.6 @TestExecutionListeners

Wenn wir auf die Lebenszyklusmethoden des TestContext-Frameworks reagieren wollen, schreiben wir hierfür einen `TestExecutionListener`. Wie in Abschnitt 17.3.3 bereits angerissen, definiert der `TestContextManager` einen einzelnen TestContext, der bestimmte Ausführungspunkte deklariert. Das Erreichen dieser Ausführungspunkte wird durch Events signalisiert, die an alle registrierten `TestExecutionListener` verschickt werden, damit diese bei Bedarf darauf reagieren können. Das Interface sieht folgende Methoden vor:

Listing 17–19
Die Lebenszyklusmethoden des TestExecutionListener-Interface

```
public interface TestExecutionListener {
  default void beforeTestClass(TestContext testContext)
    throws Exception {}
  default void prepareTestInstance(TestContext testContext)
    throws Exception {}
  default void beforeTestMethod(TestContext testContext)
    throws Exception {}
  default void beforeTestExecution(TestContext testContext)
    throws Exception {}
  default void afterTestExecution(TestContext testContext)
    throws Exception {}
  default void afterTestMethod(TestContext testContext)
    throws Exception {}
  default void afterTestClass(TestContext testContext)
    throws Exception {}
}
```

Wir sind nicht dazu verpflichtet, jede dieser Methoden zu implementieren. In diesem Fall gilt die leere Default-Implementierung des Basis-Interface. Wenn wir beispielsweise nur auf die `@BeforeAll`- und `@AfterAll`-Annotation einer Testklasse reagieren wollen, würden wir die Methoden `beforeTestClass` und `afterTestClass` überschreiben und die restlichen Methoden unangetastet lassen.

Folgende beispielhafte Implementierung eines `TestExecutionListeners` soll dieses Verhalten verdeutlichen:

Listing 17–20
Implementierung eines eigenen TestExecutionListeners

```
public class DatabasePopulatorTestExecutionListener
implements TestExecutionListener {
  public void beforeTestClass(TestContext testContext) {
    // setup test database
  }

  public void afterTestClass(TestContext testContext) {
    // clear test database
  }
}
```

TestExecutionListener müssen jedoch zunächst registriert werden. Dies kann entweder auf Klassenebene über die @TestExecutionListeners-Annotation oder automatisch über den SpringFactoriesLoader-Mechanismus erfolgen:

Listing 17–21
Registrieren über die TestExecutionListeners-Annotation

```
@SpringBootTest
@TestExecutionListeners(
  listeners = DatabasePopulatorTestExecutionListener.class,
  mergeMode = MergeMode.MERGE_WITH_DEFAULTS
)
public class UserServiceTest {
  @Test
  public void test() {
    // ...
  }
}
```

Die @TestExecutionListeners-Annotation ist klassenspezifisch und überschreibt die Listeners nur für diese Klasse. Hierbei sollten wir jedoch darauf achten, dass die Annotation standardmäßig alle registrierten TestExecutionListener-Implementierungen ersetzt. Wenn wir dies nicht wollen, können wir über das Attribut mergeMode = MergeMode.MERGE_WITH_DEFAULT festlegen, dass die lokal registrierten Listener mit den Standard-Listenern kombiniert werden sollen.

Falls wir eine TestExecutionListener-Implementierung haben, die beispielsweise für die gesamte Testsuite gelten soll, können wir diese auch automatisch für alle Integrationstests registrieren lassen. Hierfür deklarieren wir unsere Implementierung in der Datei *META-INF/spring.factories* unter *src/test/resources*:

Listing 17–22
Registrieren eines TextExecutionListeners in der spring.factories-Datei

```
org.springframework.test.context.TestExecutionListener=\
de.springboot3.testing.listeners.DatabasePopulatorTestExecutionLis
tener
```

Automatisch registrierte TestContextListener

Das spring-test-Modul stellt bereits einige TestContextListener-Implementierungen bereit, die automatisch registriert werden. Das Verhalten der Annotationen @Transactional, @DirtiesContext oder @Sql wird hierüber beispielsweise gesteuert. Spring verwendet hierfür den Mechanismus über die *META-INF/spring.factories*-Datei.

17.5 Testen von einzelnen Schichten mit Test Slices

Ein herkömmlicher Spring-Boot-Test fährt grundsätzlich den gesamten Application Context mit allen Abhängigkeiten hoch, wenn dies nicht bereits durch beispielsweise eine @ContextConfiguration-Annotation eingeschränkt wird. Wir haben jedoch auch noch weitere Möglichkeiten, den Application Context auf bestimmte Bestandteile unserer Anwendung für Integrationstests zu beschränken. So können wir unseren Web MVC Controller konfigurieren lassen und verifizieren, dass unsere Request Mappings und die Interaktion mit der Serviceschicht passt. Die Serviceschicht selbst und die Persistenz würden in diesem Fall jedoch gar nicht konfiguriert werden. Auch können wir den Integrationstest beispielsweise auf die JSON-Serialisierung und -Deserialisierung beschränken, ohne eine In-Memory-Datenbank oder den Servlet-Container hochfahren zu müssen. Spring Boot nennt dies »*Test Slices*«.

17.5.1 Was sind Test Slices?

Mittels Test Slices können Integrationstests geschrieben werden, die einen bestimmten Aspekt der Anwendung testen. Das *spring-boot-test-autoconfigure*-Modul stellt entsprechende Annotationen bereit, die den jeweiligen Test Slice konfigurieren und gegebenenfalls das Component-Scanning deaktivieren. Diese Annotationen gibt es in zwei grundsätzlichen Ausrichtungsarten:

- **`@...Test`**: Diese Annotationen laden den Application Context, deaktivieren typischerweise das automatische Component-Scanning und binden eine oder mehrere der `@AutoConfigure`...-Annotationen ein, um den Test Slice zusammenzusetzen. Beispiele sind `@WebMvcTest` oder `@DataJpaTest`.
- **`@AutoConfigure`...**: Diese Annotationen erweitern oder verändern die Auto-Configuration, um beispielsweise bestimmte Aspekte zusätzlich zu laden. Beispiele sind `@AutoConfigureTestDatabase` oder `@AutoConfigureMockMvc`.

@AutoConfigure-Annotationen

Die `@AutoConfigure`...-Annotationen können mit den `@`...`Test`-Annotationen kombiniert werden, um den Test Slice zu erweitern. Es ist jedoch auch möglich, die Annotationen mit der `@SpringBootTest`-Annotation zu kombinieren. Wenn wir keinen Test Slice benötigen, aber beispielsweise unsere REST-Calls via Mock MVC mocken wollen, würden wir die `@AutoConfigureMockMvc`-Annotation ergänzen und können uns somit die `MockMvc`-Klasse per Autowiring erzeugen lassen.

Im Folgenden wollen wir uns einmal die gängigsten Test Slices aus dem Spring Boot Framework anschauen.

17.5.2 @WebMvcTest

Die Annotation @WebMvcTest konfiguriert einen Test Slice für Tests, die die Spring Web MVC Controller und verwandte Themen testen wollen. Hierfür beschränkt sich das Component-Scanning beispielsweise auf Controller, Controller Advices, Servlet-Filter, Filter Registration Beans, HTTP Message Converter, Handler Interceptor und weitere Komponenten, die im Spring Web MVC Stack angesiedelt sind. Die Annotation ist mit @OverrideAutoConfiguration(enable = false) metaannotiert, um die Auto-Configuration zu deaktivieren, wodurch wirklich nur die oben genannten Komponenten zur Verfügung stehen.

Zu Beginn haben wir bereits unseren UserController definiert. Mittels @WebMvcTest wollen wir diesen Controller nun testen:

Listing 17–23
Slice Test des UserControllers via @WebMvcTest

```
@WebMvcTest(controllers = UserController.class)
public class UserControllerTest {
  @Autowired
  private MockMvc mockMvc;
  @MockBean
  private UserService userService;

  @Test
  public void verifyUpdateEmail () throws Exception {
    mockMvc
      .perform(put("/users/42")
        .queryParam("email", "zaphod.beeblebrox@sup.being"))
      .andExpect(status().isOk());

    verify(userService).update(eq(42L), any());
  }
}
```

Da @WebMvcTest mit der JUnit-5-Annotation @ExtendWith metaannotiert ist, reicht uns die Annotation zum Definieren des Testaufbaus. Über die Annotation-Property controllers können wir deklarieren, dass ausschließlich die aufgelisteten Controller geladen werden sollen. Der Test Slice konfiguriert uns eine MockMvc-Instanz, mit der wir Abfragen erzeugen und die Rückgaben des Controllers verifizieren können.

Auch konfigurierte Exception Handler lassen sich über den WebMvcTest-Slice testen:

Listing 17–24
Verifikation des Exception Handlers innerhalb des Controllers

```
@Test
public void verifyUserNotFoundResultsIn404() throws Exception {
  doThrow(UserNotFoundException.class)
    .when(userService)
    .update(eq(42L), any());
```

```
    mockMvc
      .perform(put("/users/42")
        .queryParam("email", "zaphod.beeblebrox@sup.being"))
      .andExpect(status().isNotFound());
}
```

Wenn eine Änderungsanfrage für einen unbekannten Nutzer gestellt wird, wirft die Serviceschicht eine `UserNotFoundException`. Da der Service jedoch weggemockt ist, stellen wir dieses Verhalten über den Mock nach. Über den `ResultMatcher` von `MockMvc` können wir anschließend verifizieren, dass der Exception Handler tatsächlich die geworfene Exception behandelt und eine Antwort mit Statuscode 404 zurückliefert.

@MockMvcTest und Spring Security

Mit diesem Test Slice lässt sich grundsätzlich alles rund um den Controller testen. Dies inkludiert prinzipiell auch Komponenten, die aus dem `spring-security`-Modul stammen, da beispielsweise auch `WebSecurityConfigurer` oder `SecurityFilterChains` aufgegriffen werden, wenn die Abhängigkeit im Classpath ist. Unter Umständen kann es jedoch notwendig sein, auf die entsprechenden `@AutoConfigure...`-Annotationen, wie `@AutoConfigureMockMvc`, umzusteigen. Diese können wir anschließend mit `@SpringBootTest` kombinieren, um zusätzlich die notwendigen Security-relevanten Komponenten via Component-Scanning aufzugreifen und konfigurieren zu lassen.

17.5.3 @DataJpaTest

Wenn wir Spring Data JPA verwenden, ist die zugehörige Annotation zum Konfigurieren des Test Slices der `@DataJpaTest`. Hiermit werden mit `@Entity` annotierte Klassen sowie Spring Data JPA Repositories aufgegriffen. Zudem wird eine In-Memory-Datenbank konfiguriert, falls eine solche auf dem Classpath liegt. Wie auch beim `@WebMvcTest` werden weitere Komponenten (oder auch Configuration-Properties) explizit vom Component-Scanning ausgeschlossen.

Data-JPA-Tests sind automatisch mit `@Transactional` metaannotiert, wodurch in der Folge alle Tests in jeweils in einer Transaktion ablaufen und die Datenbank am Ende des Tests zurückgerollt wird.

Zudem wird auch der `TestEntityManager` konfiguriert, der nützliche Funktionalitäten und Helferfunktionen im Umgang mit Spring Data JPA Repositories in Tests bereitstellt.

Folgender Test soll die Verwendung der `@DataJpaTest`-Annotation einmal verdeutlichen:

Listing 17–25
Testen der Datenbankschicht mittels DataJpaTest

```
@DataJpaTest
public class UserRepositoryTest {
  @Autowired
  private UserRepository cut;
  @Autowired
  private TestEntityManager entityManager;

  @Test
  public void verifyFindByDateOfBirthBefore() {
    entityManager.persist(assembleUser());
    List<User> users = cut
      .findByDateOfBirthBefore(ZonedDateTime.now());
    assertThat(users).hasSize(1);
  }
  ...
}
```

Wir verwenden hier den `TestEntityManager` zum Erzeugen der Testdaten. Dies ist grundsätzlich auch über die `save()`-Methode des `UserRepository` möglich, jedoch lässt sich darüber streiten, ob wir uns auf die `save()`-Methode des Objekts verlassen wollen, das wir gerade testen.

Anstelle des Test Slices kann auch ein integrativer Test mit `@SpringBootTest` und `@AutoConfigureTestDatabase` geschrieben werden. Hiermit wird ebenfalls eine In-Memory-Datenbank hochgefahren, anstatt die Data Source zu verwenden, die in der Anwendung konfiguriert ist.

17.5.4 @JsonTest

Zum Testen der Serialisierung und Deserialisierung von JSON lässt sich der Test Slice `@JsonTest` verwenden. Dieser autokonfiguriert verschiedene JSON-Mapper, wie den `ObjectMapper` von Jackson, `Gson` von Google oder `Jsonb` von der Eclipse Foundation. In folgendem Codebeispiel wollen wir den Test Slice einmal verwenden:

Listing 17–26
JSON-(De-)Serialisierung mithilfe von @JsonTest validieren

```
@JsonTest
public class JsonTests {
  @Autowired
  private JacksonTester<User> tester;

  @Test
  public void userDeSerialization() throws Exception {
    User user = assembleUser();
    String json = """
    {
```

```
        "firstName": "Zaphod",
        "lastName": "Beeblebrox",
        "email": "zaphod.beeblebrox@superior.being"
      }
      """;
      assertThat(tester.write(user)).isEqualToJson(json);
      assertThat(tester.parseObject(json))
        .isEqualTo(user);
    }
  ...
  }
```

Der `JacksonTester` wird uns automatisch durch den Test Slice bereitgestellt und hilft uns beim Serialisieren und Deserialisieren.

Als Alternative zum Test Slice hätten wir auch hier die Möglichkeit, zum Verifizieren der JSON-(De-)Serialisierung einen kompletten Application Context hochzufahren. Hierfür verwenden wir `@SpringBootTest` in Kombination mit `@AutoConfigureJsonTesters`.

17.5.5 Weitere Test Slices

Das Modul *spring-boot-test-autoconfigure* stellt noch weitere Test Slices zur Verfügung, die unterschiedliche andere Aspekte einer Anwendung abdecken. Hierunter befinden sich beispielsweise folgende weitere Slices:

- **`@WebFluxTest`**: Ist vergleichbar mit `@WebMvcTest`, allerdings wird stattdessen der Spring WebFlux Stack konfiguriert. Es werden automatisch mit `@Controller` oder `@ControllerAdvice` annotierte Komponenten geladen sowie zugehörige Klassen, wie `Converter`, `WebFilter` oder `WebFluxConfigurer`.
- **`@JdbcTest`**: Kann als Alternative zum `@DataJpaTest` verwendet werden, wenn nur eine `DataSource` und kein Spring Data JDBC genutzt werden soll. Es wird automatisch eine In-Memory-Datenbank konfiguriert und hochgefahren sowie ein `JdbcTemplate` für die Interaktion mit der Datenbank bereitgestellt. Die Testmethoden werden standardmäßig transaktional ausgeführt und am Ende der Testmethode zurückgerollt.
- **`@DataR2dbcTest`**: Ist vergleichbar mit `@DataJpaTest`, dient jedoch zum Testen von Spring Data R2DBC Repositories. Auch hier wird eine In-Memory-Datenbank bereitgestellt. Andere mit `@Component` oder `@ConfigurationProperties` annotierte Komponenten werden nicht aufgegriffen.

- **`@DataLdapTest`**: Damit können Anwendungen, die LDAP verwenden, unkompliziert getestet werden. Hierfür wird standardmäßig eine In-Memory-LDAP-Instanz hochgefahren, ein `@LdapTemplate` konfiguriert und es werden `@Entry`-Klassen und Spring Data LDAP Repositories aufgegriffen. Wie auch beim `@DataJpaTest` werden keine zusätzlichen Komponenten konfiguriert.
- **`@RestClientTest`**: Dient zum Testen von REST-Clients. Hierfür werden ähnlich wie beim `@JsonTest` unterschiedliche JSON-Mapper konfiguriert sowie zusätzlich ein `RestTemplateBuilder` zum Erzeugen einer `RestTemplate`-Klasse. Des Weiteren wird ein `MockRestServiceServer` konfiguriert, mit dem erwartete Anfragen und Antworten formuliert werden können.
- **`@WebServiceClientTest`**: Funktioniert ähnlich wie der `@RestClientTest` und dient zum Testen von Anwendungen, die stattdessen Webservices über das Spring-Web-Services-Projekt aufrufen. Es wird ein `WebServiceTemplateBuilder` zur Verfügung gestellt sowie mittels `WebServiceServer` eine Bean konfiguriert, mit der wiederum Anfragen und Antworten gegen den Webservice definiert werden können.

18 Spring Reactive

In diesem Kapitel steigen wir in die Reaktive Programmierung ein und thematisieren hierbei schwerpunktmäßig die idiomatische Verwendung von reaktiven Datentypen, die Integration auf verschiedenen Ebenen einer Anwendung und das Testen des reaktiven Codes.

18.1 Warum Reactive?

Das Spring Framework bietet seit Version 5 einen Ansatz zum Bauen von Anwendungen auf Basis von Reaktiver Programmierung. Für Webanwendungen existiert nun neben dem Spring Web MVC Framework noch Spring WebFlux, das auf Servlet-3.1+-Containern basiert und auf Netty oder Undertow als Webserver setzt. Auch für andere Bausteine des Spring Frameworks existieren Integrationen, wie beispielsweise für Spring Data, Spring Cloud Streams oder Spring Security. Die Basis all dessen bildet Project Reactor, ein Open-Source-Projekt, das die Reactive-Streams-Spezifikation umsetzt.

Doch bevor wir uns näher mit den Details des Frameworks befassen, sollten wir uns genauer damit auseinandersetzen, was Reaktive Programmierung genau bedeutet, wofür dieses Programmierparadigma gedacht ist und wofür es genutzt werden kann.

Die Reaktive Programmierung ist ein Programmiermodell zur Verarbeitung von Ereignissen auf eine asynchrone und nicht blockierende Weise. Grundsätzlich basiert es auf der Idee, dass eine Anwendung auf Ereignisse reagiert und diese als Ströme von Daten verarbeitet (Push-Prinzip). Gegensätzlich dazu wäre eine Verarbeitung, die auf synchronen und blockierenden Anfragen basiert, bei der auf die Antwort dieser Anfragen gewartet wird (Pull-Prinzip).

Das Programmiermodell ähnelt von seinem Grundprinzip her dem Observer-Entwurfsmuster aus der Objektorientierten Programmierung, das es Objekten ermöglicht, sich über Veränderungen an anderen Objekten informieren zu lassen. Es besteht aus einem Subjekt, das Änderungen emittiert, und mehreren Beobachtern, die dann über die Änderungen informiert werden, wobei die Beobachter sich an- und abmelden können. Die Reaktive Programmierung setzt hierbei auf reaktive Streams: Publisher informieren ihre Subscriber über neue Werte, sobald diese kommen.

Die reaktive Verarbeitungskette setzt sich aus funktionalen Operationen deklarativ zusammen. Anders als in der imperativen Programmierung beschreiben Entwickler den Verarbeitungsfluss anhand der Verarbeitungskette, anstatt sich um die konkrete Ausprägung des Kontrollflusses selbst kümmern zu müssen. Dies übernimmt das reaktive Framework.

Durch den deklarativen Ansatz kann der Verarbeitungskette leicht Verhalten hinzugefügt werden, wie beispielsweise eine Fehlerbehandlung, das Wiederholen von Anfragen oder eine »Backpressure«-Strategie, falls die Subscriber die Daten nicht so schnell verarbeiten können, wie der Publisher diese erzeugt. Wenn wir HTTP-Anfragen gegen andere Services im Fehlerfall wiederholen möchten, lässt sich einfach eine Wiederholungsanweisung in die Verarbeitungskette einfügen. Tatsächlich geht dies sehr einfach mit `retry(3)`, was die Anfrage bis zu dreimal wiederholt.

Doch auch wenn dieser Ansatz viele Vorteile birgt, bleibt noch die Frage offen, unter welchen Umständen sich der Einsatz lohnt und welche Probleme eine solche Architektur unter Nutzung der Reaktiven Programmierung löst. Dies ist insbesondere unter dem Gesichtspunkt relevant, dass hierdurch initiale Aufwände entstehen, da Programmierer dieses neue Programmierparadigma erst einmal erlernen und verinnerlichen müssen, bevor sie damit produktiv arbeiten können.

Durch die zunehmende Verbreitung von Big-Data-Anwendungen und Microservice-Architekturen, aber auch durch die Herausforderungen im Bereich des Cloud-Computings hat das reaktive Programmiermodell einen Aufschwung erlebt. Wenn nicht mehr 10, sondern 10.000 gleichzeitige Nutzer einen Service nutzen, ist die Frage nach der Skalierbarkeit der Anwendung essenziell.

Ein typischer Ansatz zur parallelen Verarbeitung von Requests in Web-Anwendungen ist das Prinzip »One thread per request«. Jeder eingehende Request wird über einen separaten Thread abgehandelt. Durch entsprechende Maßnahmen wird sichergestellt, dass sich die verschiedenen Requests nicht in die Quere kommen, und die Hardware kann die vorhandenen Ressourcen voll ausreizen.

Dieser Ansatz hat jedoch seine eigenen Nachteile. Einerseits sind Threads in Java nicht günstig zu erzeugen und benötigen je nach verwendeter JVM eine nicht unerhebliche Menge an Speicher. Andererseits führt blockierender Code dazu, dass auch die Threads blockiert werden, wodurch diese auf Antworten warten müssen und in der Zeit keine anderen Requests verarbeiten können. Ob Dateisystemzugriffe, Netzwerkanfragen oder Interaktionen mit der eigenen Persistenz, all diese Operationen sind typischerweise blockierend und führen in der Folge dazu, dass Ressourcen durch unnötiges Warten verschwendet werden.

Virtual Threads als mögliche Lösung

Solange Java keine leichtgewichtigen Threads unterstützt, darf der Aspekt des Speicherbedarfs nicht unterschätzt werden. Mit Project Loom könnte hierfür mit den »Virtual Threads« eine Lösung geschaffen werden. Mit diesem Projekt ist es kein Problem, mehrere Millionen »Virtual Threads« zu erzeugen. Wer das Gleiche mit herkömmlichen Threads versucht, wird früher oder später von der JVM einen `OutOfMemoryError` erhalten. Jedoch ist zum aktuellen Zeitpunkt, selbst mit dem Release von Java 19, ein produktiver Einsatz noch in weiter Ferne.

Um dieses Problem zu entschärfen, existieren in Java Konzepte aus der asynchronen Programmierung, wie Callbacks und das `CompletableFuture`. Anstatt auf ein Ergebnis zu warten, definieren wir eine Operation, die durchzuführen ist, wenn eine andere Operation fertig ist. Der Ausführungskontext kann hierbei je nach Bedarf zwischen aktiven Aufgaben hin- und herwechseln, die auf die gleiche Ressource zugreifen.

Insbesondere Callbacks bergen jedoch die Gefahr, unleserlichen Code zu erzeugen, da sich diese nicht gut aneinanderreihen lassen (die sogenannte »Callback Hell«). `CompletableFutures` hingegen bieten durch vorgefertigte Operationen und einen streamartigen Ansatz zahlreiche Möglichkeiten, diese hintereinanderzuschalten.

`CompletableFutures` und reaktive Streams sind Ansätze zur asynchronen und nicht blockierenden Verarbeitung von Daten. Bei der genaueren Betrachtung ergeben sich jedoch Unterschiede. Während `CompletableFutures` vorwiegend für die Verarbeitung von Einzelergebnissen und deren Kombination zu einem einzigen Ergebnis gedacht sind, fokussieren sich reaktive Streams auf die Verarbeitung und Kombination ganzer Datenströme. Letztlich ist das `CompletableFuture` ein spezifisches Konstrukt, das auch in der reaktiven Programmierung eingesetzt werden kann. Anders als reaktive Streams bieten `CompletableFutures` jedoch keine Unterstützung für weitergehende Konzepte zur Beeinflussung von Datenströmen, wie zum Beispiel Backpressure, sodass die Konsumenten beispielsweise nicht die Geschwindigkeit beeinflussen können, mit der Ergebnisse von den Produzenten erzeugt werden.

Kurz gefasst ist die reaktive Programmierung ein Ansatz zur asynchronen und nicht blockierenden Verarbeitung von Datenströmen in Anwendungen, die hohe Verfügbarkeit, Skalierbarkeit und Resilienz erfordern.

18.2 Grundlagen

Nachfolgend wollen wir uns mit den Reactive Streams die zugrunde liegende Spezifikation anschauen und wie diese in der Project-Reactor-Bibliothek repräsentiert sind.

18.2.1 Reactive Streams und Project Reactor

Reactive Streams bezeichnet einen Standard für die asynchrone Verarbeitung von Datenströmen. Die Spezifikation definiert hierbei vier grundlegende Komponenten in Form von einfachen Interfaces:

- **`Publisher<T>`**: Der `Publisher` beschreibt den Erzeuger eines potenziell unendlichen Datenstroms, der diese entlang der Verarbeitungskette an seine `Subscriber` leitet.
- **`Subscriber<T>`**: Diese Komponente abonniert einen `Publisher` und meldet den Bedarf für neue Elemente.
- **`Subscription`**: Die `Subscription` bezeichnet den Lebenszyklus und Datenfluss zwischen exakt einem `Publisher` und einem `Subscriber`.
- **`Processor<T, R>`**: Der `Processor` bezeichnet einen Verarbeitungsschritt zwischen `Publisher` und `Subscriber`, der über eine simple Transformation hinausgehen kann.

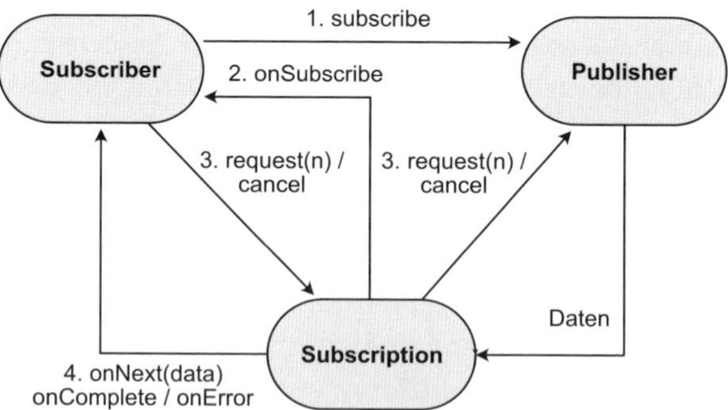

Abb. 18–1 Interaktionen der Komponenten der Reactive-Streams-Spezifikation

Die Spezifikation der Komponenten sieht dabei eine Reihe von Regeln in Bezug auf ihr Verhalten und ihre Wechselwirkungen mit anderen Komponenten vor, die von Implementierungen der Reactive-Streams-API gewährleistet sein müssen, um als konform zu gelten.

Andere Implementierungen der Reactive-Streams-Spezifikation

Die mit dem JDK 9 veröffentlichte Flow-API ist eine Implementierung der Reactive-Streams-Spezifikation. Wer komplett auf Third-Party-Bibliotheken verzichten möchte, kann diese native Implementierung verwenden. Im Vergleich zu anderen Projekten, wie RxJava oder Akka Streams, ist der Funktionsumfang allerdings deutlich reduziert.

Da die Umsetzung dieser Regeln nicht trivial ist und die Spezifikation selbst auch keine Vorgaben hinsichtlich der genauen Ausprägung der Stream-Manipulationen macht, ist dies Aufgabe der unterschiedlichen Implementierungen.

Das Spring Framework setzt hierbei auf Project Reactor, das auch eine direkte Integration von funktionalen APIs wie `Flow`, `Stream` oder `CompletableFuture` bietet. Project Reactor stellt zwei Ausprägungen des `Publisher` bereit: `Flux` und `Mono`.

18.2.2 Reaktive Datentypen: Mono und Flux

Publisher haben typischerweise unterschiedliche Kardinalitäten[1], je nachdem, was sie repräsentieren. Project Reactor unterscheidet hier jedoch zwischen 0..1-elementigen (`Mono`) und 0..n-elementigen Datenströmen (`Flux`). Mit ein paar Ausnahmen funktionieren auch alle Operatoren auf beiden reaktiven Datentypen. Die folgenden beiden Abbildungen veranschaulichen das Verhalten dieser beiden Datentypen:

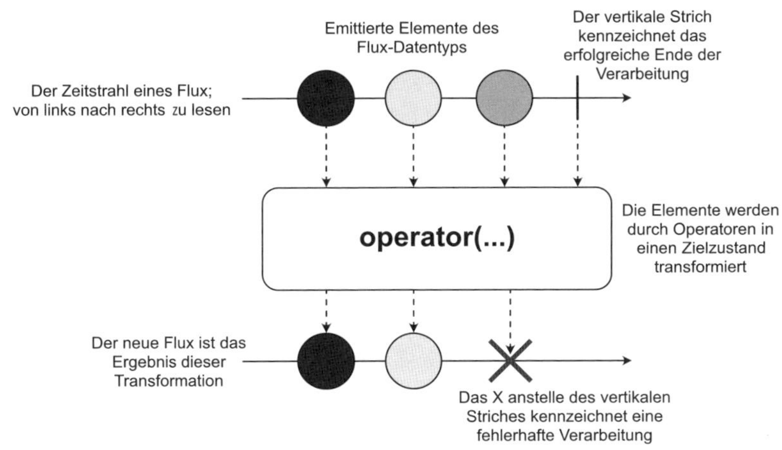

Abb. 18–2
Marble-Diagramm zum Darstellen des Verhaltens des Flux-Operators

1. Die Kardinalität oder Mächtigkeit ist die Anzahl der Elemente einer Menge.

Ein `Flux` ist ein Publisher, der einen asynchronen Datenstrom von 0 bis n Elementen darstellt, die über die *onNext*-Signale an die Subscriber propagiert werden. Ein *Completion Signal* terminiert den Datenstrom, ist jedoch ebenso optional wie das *Error Signal*, um Fehler zu signalisieren.

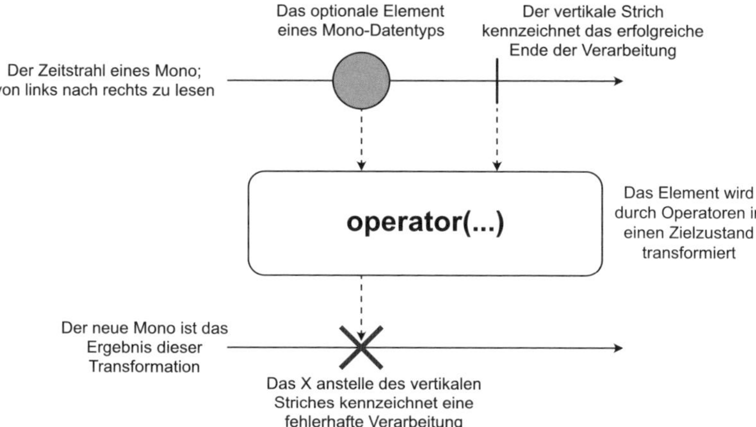

Abb. 18–3
Marble-Diagramm zum Darstellen des Verhaltens des Mono-Operators

Ein `Mono` ist ein spezialisierter Publisher, der kein oder ein Element emittiert. Ein Completion-Signal im Erfolgsfall oder ein Error-Signal im Fehlerfall terminieren diesen Publisher.

Marble-Diagramme zur Darstellung von reaktiven Flows

Diese Diagramme werden Marble-Diagramme genannt und stellen eine Sequenz von Elementen auf einem Zeitstrahl grafisch dar. Die Reactive-Bibliotheken stellen oftmals für jeden Operator (Processor) ein Marble-Diagramm bereit, damit leichter erkenntlich ist, wofür dieser Operator genutzt wird und wie dieser den Datenstrom transformiert.

Prinzipiell lässt sich `Flux` für jeden Anwendungsfall verwenden. Jedoch kann es sinnvoll sein, explizit `Mono` zu verwenden, wenn wir darstellen wollen, dass der Publisher nur ein oder kein Element emittiert. Wenn wir das aktuelle Element verwerfen und zugleich das Ende der Verarbeitung darstellen wollen, können wir `Mono<Void>` verwenden. Dies ist sinnvoll, wenn nur das Completion-Signal relevant ist, das heißt, dass eben kein Fehler geworfen wurde (beispielsweise bei einer delete-Operation auf einer Datenbank).

Im folgenden Kapitel werden wir uns einige Beispiele anschauen, um erste praktische Erfahrung bei der Verwendung der reaktiven Datentypen zu sammeln.

18.2.3 Reactive Chaining

Fangen wir mit der Erzeugung eines Publishers aus einem einfachen Wert an:

```
Mono<UUID> uuid = Mono.just(UUID.randomUUID());

uuid.subscribe(System.out::println);
// ade9596d-bbdf-441f-816d-301e60744116
uuid.subscribe(System.out::println);
// ade9596d-bbdf-441f-816d-301e60744116
```

Listing 18–1
Publisher aus einfachem Wert via Mono.just

Die Methode `just` ist wohl die einfachste Möglichkeit, einen Publisher zu erzeugen. Wie zu erkennen, bleibt die generierte UUID auch für jeden Subscriber die gleiche, denn der Wert, den wir an die `just`-Methode übergeben, wird strikt (also unmittelbar und nicht verzögert) evaluiert.

Aber Vorsicht: Wenn der übergebene Wert durch einen blockierenden Aufruf erzeugt wird, wird hiermit auch der aufrufende Thread blockiert. Solche Aufrufe sollten durch entsprechende Operatoren gekapselt werden. Hierfür stehen uns beispielsweise `fromSupplier()` oder `defer()` zur Verfügung:

```
Mono<UUID> uuid = Mono
  .defer(() -> Mono.just(UUID.randomUUID()));

uuid.subscribe(System.out::println);
// 29c9efba-834b-43f0-bd9d-4a26d59701a9
uuid.subscribe(System.out::println);
// 47887e2a-67e6-4818-90d7-cf431bedalea
```

Listing 18–2
Publisher erzeugen mit verzögerter Ausführung (defer)

Die `defer()`-Methode nimmt einen `Supplier` entgegen, der den Publisher erzeugt. Im Gegensatz zur `just()`-Methode wird `defer()` für jeden Subscriber neu ausgewertet, wodurch wir auch unterschiedliche UUIDs erhalten.

```
Mono<UUID> uuid = Mono.fromSupplier(UUID::randomUUID);

uuid.subscribe(System.out::println);
// 71540797-6914-465e-8624-c39fbe85e174
uuid.subscribe(System.out::println);
// 895594b2-fc75-4f77-9755-79dbe7eb25c7
```

Listing 18–3
Publisher erzeugen mit verzögerter Ausführung (fromSupplier)

Auch bei der `fromSupplier()`-Methode erhalten wir im `subscribe()` unterschiedliche UUIDs, da auch dieser Operator dafür sorgt, dass der übergebene Wert für jeden Subscriber evaluiert wird. Allerdings unterscheiden sich die beiden Methoden in dem Rückgabewert ihrer Supplier:

- **`defer()`:** `Supplier<Mono<T>>`
- **`fromSupplier()`:** `Supplier<T>`

Die defer()-Methode lohnt sich daher für Anwendungsfälle, in denen wir ein Mono von außen erhalten und dieses verzögert auswerten wollen.

Mono und Flux lassen sich bei Bedarf fließend ineinander überführen. Hierüber entscheidet der verwendete Operator. An folgendem Beispiel wollen wir dies demonstrieren:

Listing 18–4
Konvertieren zwischen Mono und Flux

```
Mono
  .just(424242L)
  // Mono<Long>
  .flatMapMany(this::primeFactors)
  // Flux<Long>
  .reduce("", (l, r) -> String.format("%s %s", l, r))
  // Mono<String>
  .subscribe(System.out::println);
  // 2 3 3 7 7 13 37
```

Wir starten mit einem Mono durch den gewohnten Aufruf von Mono.just(). Anschließend konvertieren wir diesen in ein Flux, indem wir Primfaktorzerlegung auf die mitgegebene Zahl durchführen. Die einzelnen Emissionen des Flux konkatenieren wir mittels reduce() in einen einzelnen String, wodurch wir wieder ein Mono enthalten. Zuletzt geben wir diesen in der subscribe()-Methode auf der Konsole aus. Wie wir hier bereits sehen können, können die Reactive Chains schon etwas komplizierter und auch länglich werden. Die IDE unterstützt uns hier jedoch durch die Anzeige der Ausgabetypen.

Dieser Abschnitt sollte nur einen kleinen Einblick in die Verwendung der reaktiven Datentypen und Operatoren geben. Im Folgenden gehen wir näher auf die einzelnen Komponenten des Spring Reactive Stacks ein, angefangen mit Spring WebFlux.

18.3 Spring WebFlux

Spring WebFlux ist seit Version 5.0 ein Teil des Spring Frameworks und wurde als alternatives Modell zu Spring MVC für Webanwendungen entwickelt. Es setzt hierbei auf Reactive Streams und ermöglicht eine asynchrone und nicht blockierende Datenverarbeitung auch im Web-Layer. Es fügt sich hierbei nahtlos in das bestehende Spring-Ökosystem ein und kann problemlos in existierende Anwendungen eingefügt werden. Mit den Functional Endpoints und Router Functions wurde zudem ein leichtgewichtiges Modell zum Behandeln von Requests auf Basis funktionaler Programmierung geschaffen.

Der reaktive Ansatz erfordert jedoch auch eine Umstellung in einigen Bereichen. So wurde das bekannte RestTemplate durch den reaktiven WebClient ersetzt, und auch die Spring Web Security erhielt eine Implementierung auf Basis von Reactive Streams, an die sich Entwickler erst gewöhnen müssen.

Da dies für die meisten der erste Berührungspunkt mit dem Framework sein wird, schauen wir uns doch einmal die beiden Varianten an, wie Endpoints in Spring WebFlux definiert werden können:

- **Annotierte Controller:** Diese Variante verwendet die bereits aus Spring Web MVC bekannten Annotationen wie `@Controller`, `@PathVariable` oder `@GetMapping`. Rückgabewerte oder auch Request Bodies können jedoch reaktive Datentypen sein.
- **Funktionale Endpoints:** Bei diesem Ansatz behandeln wir Requests, indem wir Funktionen bereitstellen, die den Server Request entgegennehmen und hieraus eine Server Response generieren. Die Variante zeichnet sich durch die Nutzung funktionaler Programmierung mit unveränderlichen Datenstrukturen für die Behandlung der Requests aus.

Die beiden Ansätze lassen sich jedoch auch kombinieren. Es ist problemlos möglich, einen Controller mit den gewohnten Annotationen zu versehen und andere Requests über funktionale Endpoints zu behandeln. Auch ist es möglich, Spring MVC und Spring WebFlux im gleichen Projekt zu verwenden. Dies kann beispielsweise sinnvoll sein, wenn bestimmte Teile einer Anwendung mit blockierenden Frameworks wie JPA oder JDBC arbeiten. Folgendes Schaubild soll einmal kurz veranschaulichen, welche Gemeinsamkeiten diese beiden Frameworks aufweisen und auch welche Funktionalitäten nur von dem jeweiligen Framework unterstützt werden:

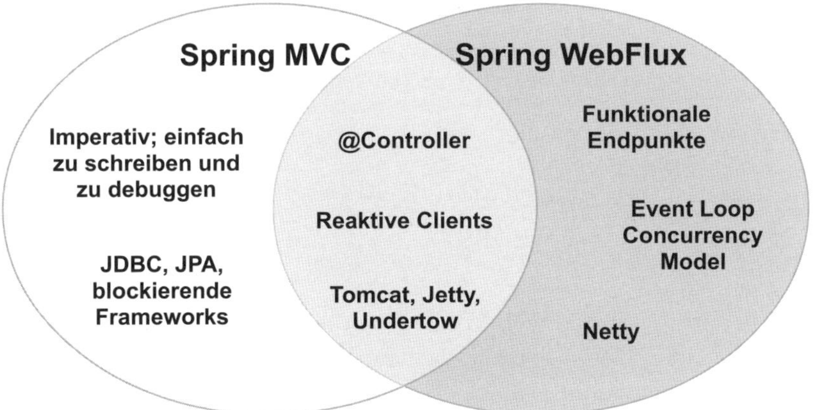

Abb. 18–4 *Unterschiede und Gemeinsamkeiten von Spring MVC und Spring WebFlux*

Für den Einstieg bilden die annotierten Controller die geringste Hürde, da sie dem Spring MVC Pendant ähneln. Daher wollen wir mit diesen beginnen. Unabhängig davon, welchen Ansatz wir letztlich wählen, benötigen wir das Modul *org.springframework.boot:spring-boot-starter-webflux in* unseren Dependencies.

Durch diese Dependency erhalten wir transitiv auch die Dependencies für Project Reactor und das Client-Server-Framework Netty.

Andere Webserver für Spring Reactive

Auch wenn standardmäßig Netty mitgeliefert wird, funktioniert Spring WebFlux auch mit anderen Webservern ohne Probleme. Wer dennoch einen anderen Webserver nutzen möchte, kann einfach die Abhängigkeit zu *spring-boot-starter-reactor-netty* exkludieren und stattdessen *spring-boot-starter-tomcat*, *spring-boot-starter-jetty* oder *spring-boot-starter-undertow* inkludieren. Wer den `WebClient` nutzen möchte, sollte jedoch darauf achten, dass dieser einen der unterstützten HTTP-Clients oder einen entsprechenden Adapter via `ClientHttpConnector` benötigt.

18.3.1 Annotierte Controller

Nachfolgend definieren wir einen ersten Controller, den wir im Laufe dieses Abschnitts weiter ausbauen werden:

Listing 18–5
Ein erster reaktiver Controller mit gewohnten Spring-Web-MVC-Annotationen

```
@RestController
@RequestMapping("person")
public class PersonController {
  private final PersonService personService;

  public PersonController(
    PersonService personService,
    PersonFeedSource personFeedSource
  ) {
    this.personService = personService;
    this.personFeedSource = personFeedSource;
  }

  @GetMapping("/{id}")
  public Mono<Person> findById(@PathVariable Long id) {
    return personService.findById(id);
  }
}
```

Wer bereits mit Spring Web MVC Controllern gearbeitet hat, wird hier nahezu keinen Unterschied feststellen. Einzig der reaktive Rückgabewert mag ungewohnt erscheinen, ansonsten verwenden wir die typischen Annotationen.

Die ReactiveAdapterRegistry

Die Verwendung von `Mono` oder `Flux` als Rückgabetyp bedeutet nicht unbedingt, dass ein WebFlux-Controller vorliegt. Auch Spring Web MVC unterstützt diese beiden reaktiven Datentypen als valide Rückgabewerte. Dafür sorgt die `ReactiveAdapterRegistry` in *spring-core*, die auch Adapter für RxJava oder die Flow-API bereitstellt.

Die Daten für unsere Antwort erhalten wir über die Klasse `PersonService`. Diese liefert uns für die Anfrage ein Objekt vom Typ `Mono<Person>`, da wir entweder eine Person mit der ID finden oder ein leeres `Mono` erhalten.

Wir können diesen Endpoint einfach über den Browser oder cURL aufrufen und erhalten ein Ergebnis, wenn wir mit einer gültigen ID anfragen:

```
> curl -s http://localhost:8080/person/42
{"id":42,"firstName":"Arya","lastName":"Stark","house":1}
```

Listing 18-6
Reaktiven Endpoint über cURL abfragen

Durch die verwendeten Annotationen erhalten wir automatisch den Media-Type *application/json* sowie Statuscode 200 als Antwort. An dieser Stelle ist wichtig anzumerken, dass das leere `Mono` standardmäßig nicht als Fehler betrachtet wird und ebenfalls mit einem Statuscode 200, aber einer Content-Length von 0, quittiert wird. Wenn wir dieses Verhalten überschreiben wollen, können wir der reaktiven Kette eine zusätzliche Verzweigung hinzufügen, die diesen Fall abdeckt und behandelt:

```
@GetMapping("/{id}")
public Mono<Person> findById(@PathVariable Long id) {
  return personService
    .findById(id)
    .switchIfEmpty(Mono.defer(() -> Mono.error(
      new ResponseStatusException(HttpStatus.NOT_FOUND)
  )));
}
```

Listing 18-7
Statuscode 404 durch Verwendung von ResponseStatusException

Durch das hinzugefügte `switchIfEmpty()` können wir auf ein leeres `Mono` reagieren und dieses mittels `Mono.error()` in eine von Spring WebFlux automatisch behandelte Exception umwandeln.

```
> curl -s http://localhost:8080/person/5
{"timestamp":"2023-03-
03T16:42:02.356+00:00","path":"/person/5","status":404,"error":
"Not Found","message":null,"requestId":"752c13b7-3"}
```

Listing 18-8
Statuscode 404 mit Fehlermeldung wird zurückgeliefert.

Wenn wir nun mit einer unbekannten ID anfragen, erhalten wir in der Rückmeldung den Statuscode 404, optional mit einer Nachricht, wenn wir in der Exception eine hinterlegen.

Mono.defer() für verspätete Auswertung

Beim zuvor verwendeten `switchIfEmpty()` haben wir das `Mono.error()` nicht direkt übergeben, sondern stattdessen mit `Mono.defer()` gekapselt. Dies liegt daran, dass `switchIfEmpty()` keinen Lambda-Ausdruck entgegennimmt und dementsprechend den übergebenen Wert direkt auswertet. In diesem Fall würde die Exception erzeugt – aber nicht unbedingt geworfen – werden, unabhängig davon, welcher Fall letztlich eintritt. Um dies zu verhindern, werden wir an der einen oder anderen Stelle die Aufrufe mit `Mono.defer()` oder vergleichbaren Methoden kapseln, damit eine späte Auswertung der Parameter erfolgt.

Wir haben jedoch nicht nur die Möglichkeit, einfach nur einen oder mehrere Werte zurückzuliefern. Im nachfolgenden Beispiel wollen wir einen Event Stream erzeugen, der dauerhaft offen bleibt und neue Werte veröffentlicht, sobald diese im Backend erzeugt werden. Wir werden die Anfrage wieder via cURL durchführen, nur bleibt diesmal die Verbindung offen, bis wir diese explizit abbrechen:

Listing 18–9
Event Stream via cURL abrufen

```
> curl -s -N -XGET localhost:8080/person/feed
{"id":10,"firstName":"Sansa","lastName":"Stark","house":1}
{"id":11,"firstName":"Aegon","lastName":"Targaryen","house":6}
{"id":12,"firstName":"Cersei","lastName":"Lannister","house":2}
```

Hierfür fügen wir dem `PersonController` eine neue Methode hinzu, die sich mit einem Feed verbindet und das zurückgelieferte `Flux` als Event Stream veröffentlicht:

Listing 18–10
Event Stream via Spring WebFlux

```
// neues Klassenfeld
private final PersonFeedSource personFeedSource;

@GetMapping(
  path = "/feed",
  produces = MediaType.APPLICATION_NDJSON_VALUE
)
public Flux<Person> personFeed() {
  return personFeedSource.asFeed();
}
```

Der MediaType *application/x-ndjson* ist speziell für gestreamte JSON-Daten gedacht, wobei die einzelnen Rückgaben jeweils durch eine neue Zeile getrennt sind. Nachfolgend wollen wir uns kurz die Implementierung der `PersonFeedSource` anschauen:

```
@Component
public class PersonFeedSource
implements AfterSaveCallback<Person> {
  private final Sinks.Many<Person> personSink = Sinks
    .many()
    .multicast()
    .directAllOrNothing();

  @Override
  public Publisher<Person> onAfterSave(
    Person entity,
    OutboundRow outboundRow,
    SqlIdentifier table
  ) {
    personSink.tryEmitNext(entity);
    return Mono.just(entity);
  }

  public Flux<Person> asFeed() {
    return personSink.asFlux();
  }
}
```

Listing 18–11
Update-Feed für Entity via AfterSaveCallback

Die `PersonFeedSource` emittiert für jede veränderte Personen-Entität die aktualisierte Version der Entität, sodass sich hierdurch beispielsweise auch ein Auditing durchführen ließe. Wir verwenden an dieser Stelle das `AfterSaveCallback`, das automatisch aufgerufen wird, sobald eine Entität persistiert wurde. Dieses Callback-Interface wird uns von R2DBC bereitgestellt, eine reaktive Implementierung des JDBC-Standards.

Über die unterschiedlichen `Sinks`-Varianten können wir auf simple Weise einen Publisher erzeugen, dessen Elementerzeugung wir beispielsweise über `tryEmitNext()` wie oben direkt steuern können.

Sinks zur programmatischen Erzeugung von Signalen

Sinks ermöglichen es, die gewohnten Signale aus dem Reactive-Streams-Umfeld programmatisch zu erzeugen, und verhalten sich hierbei grundsätzlich wie ein Mono oder Flux. Hierfür werden Methoden wie `emitNext()`, `emitComplete()` oder `emitError()` (oder ihre sicheren Varianten `tryEmitNext()` usw.) bereitgestellt, die die Signalerzeugung auslösen.

18.3.2 Funktionale Endpoints

Die beiden Hauptbestandteile von *WebFlux.fn* – die Basis der funktionalen Endpoints – sind die `HandlerFunction` und die `RouterFunction`. Das Zusammenspiel der beiden Komponenten sieht folgendermaßen aus:

- **`RouterFunction`:** erhält `ServerRequest` und liefert `Mono<HandlerFunction>` oder ein leeres `Mono`, wenn die Anfrage nicht der Route entspricht
- **`HandlerFunction`:** erhält `ServerRequest` und liefert `Mono<ServerResponse>`, wenn die Anfrage verarbeitet wurde

Abb. 18–5
RouterFunction (oberer Kasten) und HandlerFunction (unterer Kasten)

Im Vergleich mit den annotierten Controllern entspricht die `@RequestMapping`-Annotation ungefähr der `RouterFunction` und der Inhalt der Controller-Methode der `HandlerFunction`.

Im Folgenden wollen wir den aus den vorherigen Beispielen bekannten `PersonController` einmal mittels funktionaler Endpoints umsetzen. Hierfür definieren wir zuerst die einzelnen Handler Functions, die die konkrete Behandlung der Anfrage bilden:

Listing 18–12
Bereitstellung der Handler Functions als Spring Boot Component

```
@Component
public class PersonHandler {
  private final PersonService personService;
  private final PersonFeedSource personFeedSource;

  public PersonHandler(
    PersonService personService,
    PersonFeedSource personFeedSource
  ) {
    this.personService = personService;
    this.personFeedSource = personFeedSource;
  }

  // Implementation of findByName ...
  // Implementation of findById ...
  // Implementation of personFeed ...
}
```

Im Spring-Boot-Umfeld lassen sich die Handler Functions am einfachsten in einer als `@Component` deklarierten Klasse kapseln. Hierdurch können wir Abhängigkeiten auflösen und auch die Klasse in der `RouterFunction` problemlos instanziieren. Die konkrete Implementierung einer der Handler Functions könnte folgendermaßen aussehen:

Listing 18–13
Implementierung einer Handler Function

```
public Mono<ServerResponse> findById(
  ServerRequest request
) {
  return personService
    .findById(Long.valueOf(request.pathVariable("id")))
    .flatMap(person -> ServerResponse
```

```
        .ok()
        .contentType(MediaType.APPLICATION_JSON)
        .bodyValue(person))
      .switchIfEmpty(Mono.defer(() ->
        ServerResponse.notFound().build()
      )
    );
  }
```

Wie bereits erwähnt, erhalten Handler Functions grundsätzlich immer einen `ServerRequest` als einzigen Parameter und liefern ein `Mono<ServerResponse>` als Rückgabe. Zudem fällt auf, dass wir uns beispielsweise selbst um das Extrahieren von Request-Parametern oder Path-Variablen, das Setzen von Content-Types oder das Generieren der `ServerResponse` kümmern müssen. Während dies bei den annotierten Controllern durch die Annotationen oder per Konvention geschieht, lassen die funktionalen Endpoints dem Entwickler völlige Freiheit bei der Behandlung von Anfragen – mit der Folge, dass dementsprechend mehr Code geschrieben werden muss.

Die `RouterFunction` werden wir in einer `@Configuration`-Klasse definieren:

Listing 18–14
Implementierung einer RouterFunction mittels Configuration-Klasse

```
@Configuration
public class PersonRouter {
  private final PersonHandler personHandler;

  public PersonRouter(PersonHandler personHandler) {
    this.personHandler = personHandler;
  }

  @Bean
  public RouterFunction<ServerResponse> personRoutes() {
    return route()
      .path("/person", builder -> builder
        .GET("/feed", personHandler::personFeed)
        .GET("/{id}", personHandler::findById)
        .GET(
          queryParam("lastName", isTrue()),
          personHandler::findByName)
        )
      .build();
  }
}
```

Mittels `route()` lassen wir uns einen Router-Builder geben, der eine elegante Schreibweise der Routen ermöglicht. Über `path(pattern, builderConsumer)` lassen sich Routen mit einem gemeinsamen Präfix zusammenfassen. Darunter lassen sich dann Routen definieren, die ausgewählt werden, wenn das entsprechende Request-Muster passt. In unserem Fall ist das entweder ein String-Pattern (*/feed*), eine bestimmte Path-Variable

(*/{id}*) oder ein mitgegebener Query-Parameter (*?lastName=...*). Wenn das Pattern passt, wird die mitgegebene `HandlerFunction` ausgeführt. Diese kümmert sich dann wie gehabt um die Behandlung der Anfrage und Generierung einer `ServerResponse`.

Automatische Registrierung von RouterFunctions

Alle Beans vom Typ `RouterFunction` werden automatisch aufgesammelt und mit einem entsprechenden `HttpHandler` versehen, der zum gewählten Webserver passt (standardmäßig Netty). Dies ist nur eine von mehreren Möglichkeiten, die Route bereitzustellen, gleichzeitig aber auch die komfortabelste, wenn Spring Boot verwendet wird.

Die Tests auf die Routen werden von oben nach unten durchgeführt, das heißt, die Reihenfolge der Routen ist relevant. Häufig verwendete Routen sollten daher möglichst früh deklariert werden, sodass nicht immer alle möglichen anderen Routen zuerst getestet werden müssen, auch wenn diese nur sehr selten aufgerufen werden.

Ob wir jetzt intern annotierte Controller oder funktionale Endpoints verwenden, ist letztlich Geschmackssache. Bei der Verwendung der Endpoints lässt sich kein Unterschied feststellen. Die Demonstration via cURL lassen wir in diesem Fall daher aus.

18.3.3 WebClient statt RestTemplate

Mit dem Spring Framework 5 wurde auch das `WebClient`-Modul veröffentlicht, das eine flexible und leistungsstarke Möglichkeit bietet, HTTP-Requests an externe APIs oder Webdienste zu senden. Der `WebClient` bietet eine moderne API, die auf dem Reactor-Projekt basiert und es Entwicklern ermöglicht, asynchrone und nicht blockierende HTTP-Anfragen zu senden. Der `WebClient` ist ein vollwertiger Ersatz zum `RestTemplate` mit seinen synchronen, blockierenden Aufrufen und wird seit Spring 5.2 auch für den standardmäßigen Einsatz empfohlen.

Der `WebClient` benötigt einen darunter liegenden HTTP-Client, wobei hier im Standardfall Reactor Netty verwendet wird. Andere Möglichkeiten sind der JDK HttpClient (seit dem Spring Framework 6), der Jetty Reactive HttpClient, Apache HttpComponents oder andere HTTP-Clients, sofern diese durch den `ClientHttpConnector` gekapselt wurden.

Die Konfiguration des `WebClient` erfolgt durch eine seiner statischen Methoden:

- `WebClient.create()`
- `WebClient.create(String baseUrl)`
- `WebClient.builder()`

Die Variante über `WebClient.builder()` lässt zahlreiche weitere Konfigurationsmöglichkeiten zu, wie das Hinzufügen von Standardverhalten für beispielsweise das Setzen von Cookies oder Headers, Request-Filter oder Anpassungen am darunter liegenden HTTP-Client. In den allermeisten Fällen empfiehlt sich daher diese Variante.

Wenn wir beispielsweise unseren `PersonController` aus dem entsprechenden Abschnitt 18.3.1 mittels `WebClient` konsumieren wollen, reicht folgende Konfiguration völlig aus:

```
WebClient webClient = WebClient
  .create("http://localhost:8080");
```

Listing 18–15
Simple WebClient-Konfiguration mit `WebClient.create()`

Wenn wir aber beispielsweise das Standardverhalten für bestimmte Statuscodes überschreiben und zusätzlich auch noch verschiedene Timeouts anpassen wollen, so lässt sich dies ebenfalls problemlos bewerkstelligen. Hierfür lassen wir uns den `HttpClient` zuerst erzeugen, um diesen anschließend zu konfigurieren und dem `WebClient` zu übergeben:

```
HttpClient httpClient = HttpClient
  .create()
  .option(ChannelOption.CONNECT_TIMEOUT_MILLIS, 10_000)
  .doOnConnected(conn -> conn
    .addHandlerLast(new ReadTimeoutHandler(10))
    .addHandlerLast(new WriteTimeoutHandler(10)));

WebClient webClient = WebClient.builder()
  .baseUrl("http://localhost:8080")
  .clientConnector(
    new ReactorClientHttpConnector(httpClient)
  )
  .defaultStatusHandler(
    HttpStatusCode::is5xxServerError,
    response -> Mono.error(
      new ExternalCommunicationException(
        response.statusCode().value()
      )
    )
  )
  .build();
```

Listing 18–16
WebClient-Konfiguration mit Anpassungen am HttpClient und Verhalten

Durch das Hinzufügen von `.defaultStatusHandler(...)` in die Aufrufkette können wir beispielsweise definieren, dass für alle Serverfehler ein `Mono.error()` mit der gegebenen Exception erzeugt werden soll.

Als Nächstes wollen wir den Person-Controller mit unserem `WebClient` aufrufen. Dies erfolgt über die Request- und Response-Spezifikation im Rahmen der Fluent-API des `WebClient`:

Listing 18–17
Aufruf der findById()-Methode via WebClient

```
Mono<PersonResponse> findById = webClient
  .get()
  .uri("/person/1337")
  .retrieve()
  .bodyToMono(PersonResponse.class);

findById.subscribe(System.out::println);
```

Mit `get()` beginnen wir einen HTTP-GET-Request. Ähnliche Methoden stehen für PUT, POST, DELETE usw. zur Verfügung. In den folgenden Aufrufen der Ausführungskette deklarieren wir die Anfrage weiter und setzen die URI und gegebenenfalls Request-Header, Query-Parameter oder anderes. Beginnend mit `retrieve()` deklarieren wir, wie wir die Antwort extrahieren wollen. In unserem Fall wollen wir die Antwort nur in ein `Mono<PersonResponse>` umwandeln. Wir könnten an dieser Stelle auch das Verhalten für bestimmte Statuscodes nur für diese Anfrage überschreiben, anstatt dies für alle Anfragen zu deklarieren. Zuletzt erhalten wir einen Publisher, auf den wir weitere Operationen verketten oder den wir direkt via `subscribe()` konsumieren können.

Für die `findByName()`-Anfrage ist es notwendig, die Query-Parameter für unsere Anfrage zu setzen:

Listing 18–18
Aufruf der findByName()-Methode via WebClient

```
Flux<PersonResponse> findByName = webClient
  .get()
  .uri(uriBuilder -> uriBuilder
    .path("/person")
    .queryParam("lastName", "{lastName}")
    .build("Stark"))
  .retrieve()
  .bodyToFlux(PersonResponse.class);

findByName.subscribe(System.out::println);
```

Hierfür verwenden wir den `UriBuilder`, den wir uns in der Methode `uri(UriBuilder uriBuilder)` geben lassen können. Ansonsten unterscheidet sich die Aufrufkette nur in dem gewählten Publisher. Da `findByName()` eine Liste von Treffern liefern kann, verwenden wir `bodyToFlux(Class<T> clazz)`.

In Abschnitt 20.4 werden wir eine Möglichkeit kennenlernen, wie wir uns die Implementierungen der jeweiligen HTTP-Anfragen durch das Spring Framework generieren lassen können. Hierfür wurde in Version 6 ein deklarativer HTTP-Client geschaffen, womit, ähnlich wie bei OpenFeign, auf Basis eines Proxy-Interface inklusive Methodensignaturen die konkrete Implementierung durch das Framework vorgenommen wird.

18.4 Testen von Reactive Streams

Das Schreiben von Tests gehört zum Programmieren dazu. Dies ist insbesondere für reaktiven Code relevant, der durch seinen funktionaleren Ansatz eine andere Art der Strukturierung des Codes erfordert. Zum Testen unseres reaktiven Codes binden wir in dem Build-Tool unserer Wahl das Modul *io.projectreactor:reactor-test* ein. Das Reactor-Framework stellt unter diesen Koordinaten verschiedene Möglichkeiten zum Testen bereit, die wir für unterschiedliche Anwendungsfälle nutzen können. Der `StepVerifier` bildet hierbei das Kernstück des Test-Setups.

18.4.1 StepVerifier

Um die Funktionalitäten des `StepVerifier` zu erläutern, fügen wir eine neue Methode in unseren `PersonService` ein, die auf Basis des Namens einen Eintrag aus der Datenbank löscht:

```
public Mono<Void> deleteByName(
  String firstName,
  String lastName
) {
  return personRepository
    .findByFirstNameAndLastName(firstName, lastName)
    .switchIfEmpty(Mono.defer(() -> Mono.error(
      new PersonNotFoundException(...)
    )))
    .flatMap(person -> personRepository
      .deleteById(person.getId())
      .thenReturn(person));
}
```

Listing 18–19
`deleteByName()`,
die Method-Under-Test

Wir ermitteln erst die Person, falls eine solche existiert. Wenn nicht, werfen wir einen Fehler, andernfalls löschen wir die Person aus der Datenbank mittels der ID und geben die gelöschte Person an den Aufrufer zurück (`thenReturn()`).

Mit dem `StepVerifier` lässt sich nun das Verhalten der Reactive Chain in Tests verifizieren:

```
@ExtendWith(MockitoExtension.class)
class PersonServiceTest {
  @InjectMocks
  private PersonService cut;
  @Mock
  private PersonRepository personRepository;

  @Test
  public void verifyDeleteByName () {
    // implementation of assemblePerson omitted
    Person expected = assemblePerson("Sansa", "Stark");
```

Listing 18–20
Verwenden des StepVerifiers zum Testen von reaktivem Code

```
        when(personRepository
          .findByFirstNameAndLastName("Sansa", "Stark")
        ).thenReturn(Mono.just(expected));
        when(personRepository.deleteById(1337L))
          .thenReturn(Mono.empty());

        StepVerifier
          .create(cut.deleteByName(
            expected.getFirstName(),
            expected.getLastName()
          ))
          .expectNext(expected)
          .verifyComplete();
        }
    }
```

Der Test ist ein klassischer Unit-Test, und wir verwenden als Test-Framework JUnit 5 sowie Mockito für das Simulieren der Abhängigkeiten. Die Methode `StepVerifier.create()` kapselt das `Mono` bzw. `Flux`, das von unserer Methode zurückgegeben wird, und bietet eine Builder-API an, um unsere Erwartungshaltung gegenüber dem reaktiven Ablauf zu formulieren. Hierbei können beispielsweise die emittierten Elemente zur Überprüfung konsumiert werden, wie im Aufruf von `expectNext()` zu sehen ist.

Die Verarbeitungskette muss mit einer geeigneten `verify()`-Methode abgeschlossen werden. In diesem Fall eignet sich `verifyComplete()`, da wir sicherstellen möchten, dass kein weiteres Element emittiert wird und die reaktive Kette tatsächlich ein Completion-Signal am Ende der Verarbeitung gesendet hat.

»Nothing happens until you subscribe.«

Es ist unerlässlich, die Verifikation beim `StepVerifier` mit einer geeigneten `verify()`-Methode einzuleiten. Nur hierdurch wird die Verarbeitungskette evaluiert, andernfalls würde der Test erfolgreich beendet, weil nichts ausgeführt wurde. Auch hier gilt der gängige Grundsatz beim Arbeiten mit reaktiven Ketten: »*Nothing happens until you subscribe.*«

Dies wird durch den `StepVerifier` im Rahmen einer der `verify()`-Methoden für uns vorgenommen.

Der `StepVerifier` bietet auch weitere Varianten der Verifikation, die bei Bedarf verwendet werden können:

- **`assertNext()`:** erwartet `Consumer<Person>` und ermöglicht die Nutzung von AssertJ oder anderer Assertion-Frameworks
- **`consumerNextWith()`:** erwartet `Consumer<Person>`, Synonym zu `assertNext()`

- **`expectNextMatches()`:** erwartet `Predicate<Person>` und prüft, ob das gegebene Prädikat die Bedingung erfüllt

Falls die Methode ein `Mono.empty()` zurückliefert, lässt sich `expectNextCount(0)` verwenden, da wir erwarten, dass kein Element emittiert wird. Die Erwartungshaltung wird wiederum mit einem `verifyComplete()` abgeschlossen.

Für den Fall, dass die Reactive Chain einen Fehler wirft, stehen ebenfalls Methoden im `StepVerifier` für die Verifikation zur Verfügung:

Listing 18–21
Verwenden des StepVerifiers zum Prüfen auf Error-Signale

```
@Test
public void verifyDeleteByNameThrowsForUnknownPerson() {
  when(personRepository
    .findByFirstNameAndLastName(any(), any())
  ).thenReturn(Mono.empty());

  StepVerifier
    .create(cut.deleteByName("Sansa", "Lannister"))
    .expectError(PersonNotFoundException.class)
    .verify();
}
```

Wenn das Repository keinen Eintrag für die Parameter in der Anfrage enthält, wird eine `PersonNotFoundException` geworfen. Dies lässt sich über die Methode `expectError()` verifizieren. Da in diesem Fall kein Completion-Signal, sondern ein Error-Signal erzeugt wird, schließen wir unsere Erwartung mit `verify()` ab. Dies verifiziert die erzeugten Signale der Reactive Chain.

Der `StepVerifier` stellt auch hier weitere ähnlich lautende Methoden zur Verfügung, wie beispielsweise `expectErrorSatisfies()`, um die Fehlermeldung mit einem Assertion-Framework zu überprüfen. Weitere Möglichkeiten sind `consumeErrorWith()` oder `expectErrorMatches()`.

18.4.2 WebFluxTest

Zum Testen der WebFlux-Controller bietet Spring Boot die Annotation `@WebFluxTest`, die ähnlich wie `@WebMvcTest` einen Test Slice bereitstellt. Die Auto-Configuration ist hierdurch deaktiviert, und nur die zum Testen der Controller-Schicht notwendigen Beans wie `@Controller`, `@ControllerAdvice` oder `WebFluxConfigurer` werden durch Spring bereitgestellt. Alle weiteren Abhängigkeiten, insbesondere zur Serviceschicht, werden typischerweise durch `@MockBean` simuliert.

Der WebFluxTest-Slice stellt ebenfalls einen `WebTestClient` bereit, mit dem sich die Aufrufe gegen den Controller im Testkontext sehr simpel bewerkstelligen lassen, ohne hierfür einen Mock-Server bereitstellen zu müssen.

Im Folgenden definieren wir die `PersonControllerTest`-Klasse und testen das Verhalten der `findById()`-Methode:

Listing 18–22
WebFluxTest zum Testen von WebFlux-Controllern

```
@WebFluxTest(PersonController.class)
class PersonControllerTest {
  @Autowired
  private WebTestClient webClient;
  @MockBean
  private PersonService personService;
  @MockBean
  private PersonFeedSource personFeedSource;

  @Test
  public void verifyFindByIdReturnsPerson() {
    Person expected = assemblePerson("Sansa", "Stark");

    when(personService.findById(1337L))
      .thenReturn(Mono.just(expected));

    webClient
      .get().uri("/person/1337")
      .accept(MediaType.APPLICATION_JSON)
      .exchange()
      .expectStatus().isOk()
      .expectBody(Person.class).isEqualTo(expected);
  }
}
```

Wir formulieren mit dem `WebTestClient` unseren Aufruf gegen den Controller und erhalten anschließend nach dem Aufruf der `exchange()`-Methode Zugriff auf die Spezifikation der Serverantwort. Hierbei können wir beispielsweise auf den Status via `expectStatus()` oder auf den Inhalt des Response Body via `expectBody()` zugreifen und unsere Erwartungshaltung definieren.

19 Spring Web MVC

Dieses Kapitel befasst sich mit dem Spring-Web-MVC-Modul. Mit diesem Modul ist es möglich, sowohl REST-Schnittstellen als auch templatebasierte Weboberflächen bereitzustellen. Web MVC ist zwar schon wesentlich älter als Spring Boot und wurde auch in Standalone-Spring-Anwendungen bereits intensiv genutzt. Mit Spring Boot wird die Verwendung jedoch noch wesentlich einfacher und das Bereitstellen von Webschnittstellen erheblich beschleunigt.

19.1 REST

Die Bereitstellung von REST-Ressourcen mithilfe von speziellen Controllern ist mit dem *spring-boot-starter-web*-Modul ohne Weiteres möglich. Die Implementierung erfordert lediglich die Kenntnis einiger Annotationen, aber sobald man diese einmal verinnerlicht hat, sind neue Endpunkte schnell hinzugefügt.

19.1.1 RestController

Mit der Annotation `@RestController` wird ein Controller beschrieben, der REST-typische Antworten generiert. Unter der Haube bedeutet dies, dass es sich um einen `@Controller` handelt, der zusätzlich mit der `@ResponseBody`-Annotation versehen ist. Jede Methode in einem solchen Controller, die mit der `@RequestMapping`-Annotation oder einer ihrer Spezialisierungen (`@GetMapping`, `@PostMapping`, ...) versehen ist, definiert einen REST-Endpunkt. Dieselbe Annotation kann auch auf einer Klasse genutzt werden, um Eigenschaften zu definieren, die allen Endpunkten einer Klasse gemein sind. Wird auf der Klasse ein Pfad deklariert, so sind alle Pfade, die per Annotation an den einzelnen Methoden festgelegt werden, relativ zu diesem Basispfad. Der Pfad des Endpunkts wird durch die Parameter der Annotation angegeben. Für denselben

Pfad können grundsätzlich auch mehrere Funktionen definiert werden, sofern diese anhand anderer Merkmale (etwa gesetzter Header) unterschieden werden können. In einem solchen Fall wird immer die Funktion mit der höchsten Spezifizität ausgewählt, die zu einem Request passt. Wird ein entsprechender Pfad zur Laufzeit aufgerufen, so wird die Methode ausgeführt und der Rückgabewert zurückgegeben. Dies passiert aufgrund der bereits erwähnten `@ResponseBody`-Annotation, die für die gesamte Klasse gilt. Diese besagt, dass die Rückgabewerte sämtlicher Methoden, die mit einem `@RequestMapping` versehen sind, mithilfe eines passenden Mappers als Response Body verwendet werden sollen. Dieses Mapping erfolgt unter Verwendung eines sogenannten `HttpMessageConverter`, der sich darum kümmert, dass der Java-Rückgabewert in ein für die HTTP-Übertragung geeignetes Format umgewandelt wird. Für die Objekte in einem REST-Controller ist dies in der Standardkonfiguration von Spring Boot der Jackson-basierte `MappingJackson2HttpMessageConverter`. Dieser wandelt unter Verwendung des Jackson-Serializers das Java-Objekt in eine entsprechende JSON-Repräsentation um.

Das folgende Listing zeigt ein Beispiel für einen Controller, der einen Endpunkt unter dem Pfad *GET /items* anbietet. Ein Aufrufer erhält eine Liste von Items, die jeweils über einen Namen und einen Preis verfügen:

Listing 19–1
GET-Mapping für einen Endpunkt /items

```
@RestController
@RequestMapping("/items")
public class ItemController {

  public class Item {
    public String name;
    public float price;
  }


  @GetMapping
  public List<Item> items() {
    return itemService.getItems();
  }
}
```

Dank des bereits erwähnten Mappings wird beim Aufruf an den */items*-Endpoint eine entsprechende JSON-Serialisierung zurückgegeben. Der Response Body sieht also in etwa wie folgt aus:

Listing 19–2
Mögliche Antwort für die Anfrage GET /items

```
[
  {
    name: "banana",
    price: 0.75,
  },
  {
```

```
    name: "chocolate",
    price: 3.85,
  }
]
```

Um diese Serialisierung anzupassen, können Jackson-Annotationen (siehe Abschnitt 19.2) oder ein Custom Serializer genutzt werden.

19.1.2 Request-Daten auslesen

Um einen Request adäquat beantworten zu können, braucht es häufig mehr als nur den angefragten Pfad. Spring bietet eine breite Palette an Annotationen an, mit deren Hilfe sämtliche Aspekte des Requests für eine Mapping-Methode zugänglich gemacht werden können. Wird ein Parameter einer solchen Methode mit der jeweiligen Annotation versehen, so injiziert Spring die entsprechenden Request-Daten in diesen Parameter. Da diese Daten unter der Haube überwiegend als Strings übertragen werden, findet eine automatische Typkonvertierung statt, sofern ein anderer Datentyp verwendet werden soll.

Das folgende Beispiel zeigt einen Endpunkt, der verschiedene Request-Daten ausliest, sowie einen beispielhaften cURL-Aufruf und die Werte, die die jeweiligen Variablen bei ebendiesem Aufruf annehmen.

Listing 19–3
Verwendung diverser Parameter zum Auslesen von Request-Daten

```
/*
curl --location --request PUT '/items/42?force=true' \
--header 'User-Agent: Chrome' \
--header 'Content-Type: application/json' \
--header 'Cookie: JSESSIONID=12345' \
--data '{
    "name": "banana",
    "price": "1.50"
}'
 */

@PutMapping("/items/{id}")
public void getItem(
    @PathVariable String id,
    @RequestBody Item item,
    @RequestParam Boolean force,
    @CookieValue("JSESSIONID") String sessionId,
    @RequestHeader("User-Agent") String agent) {
    // id == 42
    // item == Item{name='banana', price=1.5}
    // force == true
    // sessionId == 12345
    // agent == Chrome
}
```

`@RequestBody` ermöglicht den Zugriff auf den Body der Anfrage. In aller Regel profitieren wir hier am meisten von der automatischen Typenkonversion, da wir den Parameter direkt mit unserer entsprechenden Klasse typisieren können und der Body entsprechend durch Spring serialisiert wird. Für die Auswahl des richtigen Konverters wird der *Content-Type* Header verwendet. Im Beispiel wird etwa mithilfe des `MappingJackson2HttpMessageConverter` automatisch ein Objekt von Typ `Item` erzeugt, das dem JSON-Objekt im Body entspricht.

`@PathVariable` bietet Zugriff auf variable Teile des Pfades, die im Mapping mit der Syntax `{parameterName}` ausgewiesen sind.

`@RequestParam` ermöglicht den Zugriff auf einen bestimmten Request- beziehungsweise Query-Parameter. Um zu identifizieren, welcher Parameter gemeint ist, kann der Parametername der Annotation als Parameter übergeben werden. Der Name und sogar die gesamte `@RequestParam`-Annotation können aber auch weggelassen werden, wenn der Name des Funktionsparameters gleich dem Namen des Request-Parameters ist, da jede Variable ohne Annotation automatisch als `@RequestParam` behandelt wird. Alternativ ist es auch möglich, ein Feld vom Typ `Map<String, String>` bzw. `MultiValueMap<String, String>` mit der `@RequestParam`-Annotation zu versehen. In diesem Fall enthält die `Map` sämtliche Parameter des eingehenden Requests.

In aller Regel seltener gebraucht werden die Annotationen `@RequestHeader` und `@CookieValue`, mit denen die Werte von Headern und Cookies ausgelesen werden können.

19.1.3 Reactive RestController

Spring bietet mit WebFlux auch eine reaktive Alternative zu den klassischen REST-Controllern aus Web MVC. Die verwendeten Annotationen ähneln sich dabei stark, um den Umstieg für reaktive Use Cases zu erleichtern. Mehr Details dazu finden sich im Abschnitt 18.3.

19.2 JSON-Mapping mit Jackson

JSON ist als Austauschformat für REST-Schnittstellen sehr gut geeignet, entspricht in seinen Konzepten aber nicht genau den Anforderungen, die wir aus Java-Sicht an unsere Klassen haben. Um das Mapping zwischen REST und JSON kümmert sich für uns die *Jackson*-Library mithilfe der Klasse `ObjectMapper`. Eine Instanz dieses Mappers wird von Spring Boot mittels Auto-Configuration bereitgestellt, sobald das Modul *spring-boot-starter-web* im Classpath ist. Diesem Mapper ist es zu verdanken, dass wir nur unseren Java-Datentyp auf einem Controller angeben müssen und dieser automatisch von oder nach JSON (de-)serialisiert wird.

Wenn wir diese Serialisierung anpassen wollen, sodass zum Beispiel bestimmte Felder ignoriert oder die Felder in einer bestimmten Reihenfolge geschrieben werden, so haben wir hierfür zwei Möglichkeiten: die spezifischen Annotationen, die Jackson mitbringt, oder das Schreiben eines Custom Serializers für unsere Klasse. Spring Boot unterstützt uns bei beiden Varianten.

19.2.1 Jackson Annotations

Die Jackson-Annotationen sind eine Auswahl an Klassen- und Feld-Annotation, die Jackson im Modul *jackson-annotations* bündelt, welches unser Starter automatisch in den Classpath mitbringt. Werden diese Annotationen an einer Klasse verwendet, die als Parameter oder Rückgabewert eines `RequestMappings` benutzt wird, so berücksichtigt der Mapper automatisch die Anweisungen, die mithilfe der Annotationen gegeben werden. Damit lassen sich Implementierungsdetails problemlos von der Serialisierung trennen.

So könnte die Klasse `Item` aus dem vorherigen Beispiel auch folgendermaßen aussehen:

Listing 19–4
Erweiterung der Item-Klasse mit speziellen JSON-Annotationen

```
@JsonPropertyOrder({"name", "price", "description"})
@JsonInclude(Include.NON_NULL)
public class Item {
  public String name;
  public String description;
  public float price;
  @JsonIgnore
  public Seller vendor;
}
```

Das JSON-Ergebnis wäre weiterhin das gleiche wie in Listing 19–2. Die hier verwendeten Annotationen führen dazu, dass die Reihenfolge der Elemente im JSON-Dokument fix ist, Werte nur dann serialisiert werden, wenn sie nicht `null` sind, und das Feld `vendor` bei der Serialisierung komplett ignoriert wird. Damit können fachliche Anforderungen an das Schnittstellenformat leicht umgesetzt werden: Das zusätzliche Feld `vendor` könnte für andere Features relevant sein, soll aber nicht an unserer Schnittstelle ausgegeben werden. Das Feld `description` sollte nur dann erscheinen, wenn auch tatsächlich eine weiterführende Beschreibung vorliegt[1].

1. Für eine vollständige Liste der möglichen Annotationen sei an dieser Stelle auf die Jackson-Referenzdokumentation verwiesen.

Der mögliche Nachteil hierbei ist die Vermischung von Serialisierungs- und Anwendungslogik, also von Framework- und Business-Code. Ob das als Problem anzusehen ist, muss von Fall zu Fall entschieden werden. Möchte man den Business-Code aber frei von Framework-Annotationen halten, besteht die Möglichkeit, einen eigenen Serializer zu schreiben.

19.2.2 Custom Serializer

Der Serializer stellt eine Alternative zu den Annotationen dar und kann genutzt werden, um das gleiche Ergebnis zu erreichen. Ein solcher Serializer erweitert die Jackson-`JsonSerializer`-Basisklasse und kann mithilfe der speziellen Annotation `@JsonComponent` als Komponente registriert werden. Möchten wir dieselben Anforderungen abbilden wie in unserem Annotation-Beispiel, so müsste der Serializer wie folgt aussehen:

Listing 19–5
JsonSerializer für die Item-Klasse

```
@JsonComponent
public class ItemJsonSerializer extends JsonSerializer<Item> {
  @Override
  public void serialize(Item item, JsonGenerator jsonGenerator,
SerializerProvider serializerProvider) {
    jsonGenerator.writeStartObject();
    jsonGenerator.writeNumberField("name", item.name);
    jsonGenerator.writeStringField("price", item.price);
    if(item.description != null) {
      jsonGenerator.writeStringField(
        "description", item.description);
    }
    jsonGenerator.writeEndObject();
  }
}
```

Der Spring-Kontext sammelt diese Komponente automatisch auf und erledigt das Mapping von `Item`-Objekten nun mithilfe dieses Mappers. Anders als bei Verwendung von Jackson Annotation kann die `Item`-Klasse selbst somit komplett frei von Jackson-spezifischem Code bleiben und dennoch alle fachlichen Anforderungen erfüllen.

Analog zum `JsonSerializer` gibt es auch eine Klasse `JsonDeserializer`, die erweitert werden kann, um JSON in Java-Objekte zu deserialisieren. Ausführliche Erklärungen für beide finden sich in der Jackson-Dokumentation.

Möchte man für eine Klasse sowohl einen Serializer als auch einen Deserializer bereitstellen, so kann man beide Klassen auch gemeinsam in eine Oberklasse packen und diese mit `@JsonComponent` annotieren, wie im Beispiel unten zu sehen. Der Component-Scan findet alle Kind-Klassen und fügt sie dem Kontext hinzu. Mit dieser Methode kann man bei der Verwendung von vielen Mappern leichter den Überblick behalten:

```
@JsonComponent
public class ItemJsonSerializers {
  public class ItemJsonSerializer extends JsonSerializer<Item> {
    ...
  }
  public class ItemJsonDeserializer extends JsonDeserializer<Item>
{
    ...
  }
}
```

Listing 19–6
Gemeinsame Klasse für Jackson Serializer und Deserializer

19.3 Error Handling

Fehler sind ein wichtiger Bestandteil von Anwendungen, da bestimmte Fehlerfälle immer erwartbar sind und mit diesen sinnvoll umgegangen werden muss. Gerade im REST-Umfeld ist die Unterscheidung zwischen Fehlercodes im Bereich 4XX (Clientfehler) und 5XX (Serverfehler) sehr wichtig. Während bestimmte Exceptions aus dem Spring Framework automatisch auf passende Fehlercodes gemappt werden, ist das Standardverhalten von Spring, bei nicht behandelten Fehlern den Statuscode 500 zu verwenden und die Fehlermeldung am REST-Endpoint herauszugeben. Das ist weder aus Security-Sicht noch im Sinne der Benutzerfreundlichkeit ein sinnvolles Vorgehen. Dementsprechend sollte jede Anwendung das Thema Error Handling betrachten. Für die Fehlerbehandlung in Controllern gibt es verschiedene Möglichkeiten. Mit diesen können Fehler auf verschiedenen Leveln abgefangen werden und entweder nur für spezifische Exceptions, für bestimmte Controller oder auch anwendungsweit behandelt werden.

Eine simple Lösung, um die gewünschten HTTP-Statuscodes zu setzen, ist das Annotieren einer Exception:

```
@ResponseStatus(value=HttpStatus.NOT_FOUND, reason="Item not
found")
public class ItemNotFoundException extends RuntimeException {
  ...
}
```

Listing 19–7
Exception mit @ResponseStatus-Annotation

Der offensichtliche Vorteil ist, dass diese Implementierung sehr simpel und selbsterklärend ist. Allerdings ist dieses Vorgehen oft nicht ohne Weiteres mit einer sauberen Paketstruktur vereinbar. Eine solche `ItemNotFoundException` würde vermutlich aus dem Datenbank-Layer stammen und ist somit eng mit der Persistenz gekoppelt. Daher ist es oft kein guter Stil, hier eine REST-spezifische Annotation hinzuzufügen. Die naheliegende Lösung wäre es also, auf dem Controller-Layer diese Datenbank-Exception zu fangen und stattdessen eine spezifische, zu diesem Layer gehörende Exception zu werfen. Das war lange Zeit der Weg, ist heute jedoch nicht mehr nötig, da mit Spring 5 die umfassende

ResponseStatusException eingeführt wurde, eine generische Exception, die für die Rückgabe eines bestimmten Statuscodes genutzt werden kann.

Listing 19–8
Verwendung von ResponseStatusException

```
@RestController
@RequestMapping("/items")
public class ItemController {
  @GetMapping
  public List<Item> items() {
    try {
      return itemService.getItems();
    } catch (ItemNotFoundException e) {
      throw new ResponseStatusException(
        HttpStatus.NOT_FOUND, "Item not found", e);
    }
  }
}
```

Bei Verwendung der ResponseStatusException muss keine zusätzliche Annotation an der ItemNotFoundException sein, der Datenbank-Layer bleibt somit sauber und es muss keine zusätzliche Exception eingeführt werden.

Möchte man das Exception Handling für einen gesamten Controller zentral lösen, kann man hierfür einen dedizierten @ExceptionHandler definieren.

Listing 19–9
ExceptionHandler für ItemNotFound Exceptions

```
@RestController
@RequestMapping("/items")
public class ItemController {
  ...

  @ExceptionHandler(ItemNotFoundException.class)
  @ResponseStatus(value=HttpStatus.NOT_FOUND, reason="Item not
found")
  public void itemNotFound() {
  }
}
```

Möchte man eine andere Antwort zurückgeben als das Standard-Fehlerformat von Spring, so hat man durch das Injizieren des Request-, Response- oder des Exception-Objekts volle Kontrolle über die Antwort.

Listing 19–10
Angepasster ExceptionHandler mit Zugriff auf HttpServletResponse

```
@RestController
@RequestMapping("/items")
public class ItemController {
  ...

  @ExceptionHandler(ItemNotFoundException.class)
  public ModelAndView itemNotFound(
    HttpServletResponse res, Exception e) {
    res.sendError(HttpServletResponse.SC_NOT_FOUND);
    return new ModelAndView();
  }
}
```

Eine ähnliche Implementierung können wir nutzen, um einen eigenen `HandlerExceptionResolver` zu erzeugen. Dabei handelt es sich um eine `@Component`, die von `AbstractHandlerExceptionResolver` erbt und die Methode `doResolveException()` implementiert. Dieser Handler ist Teil einer `HandlerChain`, durch die sämtliche Exceptions innerhalb der Anwendung gereicht werden, und gibt ebenfalls ein `ModelAndView`-Objekt zurück. Wenn der Handler für eine bestimmte Exception ein Objekt zurückgibt, so wird dieses als Antwort an den Client ausgegeben. Gibt er stattdessen `null` zurück, so wird die Exception an den nächsten Handler in der Kette weitergereicht.

Bei `HandlerExceptionResolver` handelt es sich also um eine Möglichkeit für globale Fehlerbehandlung. Eine Alternative und meist simplere Variante hierfür ist die Verwendung von `@ControllerAdvice`. Damit kann ein querschnittlicher `@ExceptionHandler` definiert werden, der Fehler von sämtlichen Controllern behandeln kann.

Listing 19–11 *Anwendungsweite Fehlerbehandlung mithilfe von @ControllerAdvice*

```
@ControllerAdvice
public class GlobalExceptionHandler {
  @ExceptionHandler(ItemNotFoundException.class)
  @ResponseStatus(value=HttpStatus.NOT_FOUND, reason="Item not
found")
  public void itemNotFound() {
  }
}
```

Dieses `@ControllerAdvice` wird vom Component-Scan automatisch gefunden und dem Context hinzugefügt. Damit wird für sämtliche `ItemNotFoundExceptions` anwendungsweit immer eine saubere Fehlermeldung zurückgegeben.

19.4 API-Dokumentation mit Spring REST Docs

Gutes API-Design ist ein wichtiger Baustein beim Bereitstellen von Schnittstellen. Doch die wenigsten APIs sind so simpel und selbsterklärend, dass sie komplett ohne Dokumentation auskommen. Das Erstellen und vor allem das Aktuellhalten einer Dokumentation können aber für viele Entwickler zäh und nervtötend sein. Ein mächtiges Werkzeug, das diesen Prozess vereinfacht, ist Spring REST Docs. Mithilfe von REST Docs können Unit-Tests so erweitert werden, dass bei deren Ausführung automatisch sogenannte Snippets generiert werden, die in der Dokumentation verwendet werden können. Diese Snippets sind immer aktuell, und es ist gewährleistet, dass Code und Dokumentation zusammenpassen.

19.4.1 Setup für REST Docs

Um REST Docs zu verwenden, müssen die Dependencies für *spring-restdocs-mockmvc* sowie ein Build-Plugin für Asciidoctor (zum Beispiel *asciidoctor-maven-plugin*) zum Projekt hinzugefügt werden. Die genaue Konfiguration wird in der Referenzdokumentation zu Spring REST Docs ausführlich erklärt.

Damit ein Test nun Asciidoc Snippets erzeugt, muss die entsprechende JUnit Extension, `RestDocumentationExtension`, aktiviert werden. Danach kann ein normaler Test unter Verwendung von MockMVC geschrieben werden, der sämtliche gewünschten Assertions vornimmt (mehr Infos zum Testing von REST-Endpoints finden sich in Abschnitt 17.5.2). Am Ende der Assertion-Kette können dann Anweisungen für REST Docs hinzugefügt werden.

19.4.2 JUnit-Test zur Generierung

Der folgende Test illustriert die Nutzung von REST Docs für unsere Item-Schnittstelle:

Listing 19–12
Dokumentation des /items-Endpunkts mit Spring REST Docs

```
@WebMvcTest(ItemController.class)
@ExtendWith(RestDocumentationExtension.class)
public class ItemControllerTest {

  @Autowired
  private MockMvc mockMvc;

  @Test
  public void shouldReturnItemList() throws Exception {
    ResultActions result =
        mockMvc.perform(get("/items"))
          .andExpect(status().isOk())
          .andDo(document("items",
              responseFields(
                  fieldWithPath("[].name")
                    .description("The name of the item"),
                  fieldWithPath("[].price")
                    .description("The price of the item")
          )));
  }
}
```

Durch die Verwendung der Anweisung `andDo(document(...))` am Ende des `mockMvc`-Aufrufs definieren wir, welche Informationen in dem generierten Snippet inkludiert werden. Zusätzlich wird die tatsächliche Antwort des Endpoints ebenfalls als Snippet abgelegt. Das Beispiel zeigt die Dokumentation der Felder aus der Response, generell ist es aber natürlich möglich, sämtliche Felder in Request und Response sowie Query-,

Form- und Path-Parameter, Header, Cookies und alle weiteren Aspekte der HTTP-Kommunikation zu dokumentieren. Eine vollständige Liste findet sich in der REST-Docs-Dokumentation.

Im Verzeichnis *target/generated-snippets* finden sich nach der Ausführung des Tests Dateien wie zum Beispiel */items/response-body.adoc* oder */items/response-fields.adoc* im Asciidoctor-Format.

19.4.3 Nutzen von Snippets

Die so generierten Snippets können wir nun nach Belieben in jegliche Asciidoc-Dateien importieren, um die von Hand geschriebene Dokumentation mit automatisch erstellten Codebeispielen zu ergänzen. Im Idealfall ist der Overhead für die manuelle Dokumentation nicht mehr allzu hoch, da die meisten Informationen zu den konkreten Requests bereits in den Tests und damit den Snippets vorhanden sind. In den Asciidoc-Dateien müssen wir somit nur noch Themen wie etwa eine generelle Übersicht und Erklärung der API ergänzen, die nicht in einen konkreten Test gehören.

19.5 HATEOAS

HATEOAS, kurz für »Hypermedia as the Engine of Application State«, ist ein Prinzip aus REST, das in der Praxis noch selten genutzt wird, jedoch verschiedene interessante Vorteile bietet. Spring bringt mit Spring HATEOAS eine einfache Möglichkeit mit, um Hypermedia an REST-Schnittstellen zu inkludieren.

19.5.1 Wieso überhaupt HATEOAS?

HATEOAS ist die geläufige Bezeichnung für Level 3 des Richardson Maturity Model. Leonard Richardson hat Web-APIs je nach ihrer Reife in 4 Level klassifiziert (Level 0 bis 3), Level 3 stellt den höchsten erreichbaren Reifegrad dar. Die 4 Level bedeuten, grob gesagt, dass HTTP für Requests verwendet wird (Level 0), die API in Ressourcen aufgeteilt ist (Level 1), korrekte HTTP-Verben verwendet werden (Level 2) und eben die Verwendung sogenannter Hypermedia Controls (Level 3). Diese Hypermedia Controls geben an jedem Endpoint die Möglichkeiten zur weiteren Verwendung der API beziehungsweise zur Navigation durch die Ressourcen als Liste von Links an. Was im ersten Moment recht unspektakulär klingt, ermöglicht tatsächlich einen starken Paradigmenwechsel in der Implementierung von Client/Server-Systemen, indem Logik ins Backend verschoben werden kann und der Client anhand der vom Server vorgegebenen Links handelt.

19.5.2 Repräsentation von Ressourcen

Die Repräsentation der Ressource im Sinne von HATEOAS bildet im Wesentlichen den aktuellen Zustand einer Ressource sowie die durch Hypermedia-Objekte abgebildeten Interaktionsmöglichkeiten ab, die der Client hat, um diese Ressource zu manipulieren. Der Zustand beziehungsweise State war bereits bei allen Beispielen in diesem Kapitel Teil der REST-Antworten (für unser `Item` setzte sich dieser State beispielsweise aus Name, Preis und Beschreibung zusammen, für die Item-Liste ist der State die Menge aller Items). Das Konzept der Interaktionen ist an dieser Stelle neu, typische Interaktionen für unser Beispiel wären etwa das Navigieren zu einer anderen Ressource, das Löschen eines Elements aus der Liste oder das Ändern eines Preises.

Um eine solche Repräsentation anstelle der reinen Entity zurückgeben zu können, müssen wir lediglich den Rückgabetyp unseres Endpoints anpassen. Spring HATEOAS stellt hierfür den Typ `RepresentationModel` bereit, wir können also eine Klasse `ItemModel extends RepresentationModel<Item>` anlegen und diese als Rückgabewert für unseren Endpoint wählen. Allerdings gibt es für Ressourcen, die einfach nur einzelne Entitäten oder Collections abbilden, auch die Repräsentationen `EntityModel` und `CollectionModel`, die den Programmieraufwand minimal halten, da die Felder nicht noch mal explizit gemappt werden müssen, sondern der simple Aufruf `EntityModel.of(item)` ausreicht, um die Repräsentation zu erzeugen.

19.5.3 Hypermedia Links & Relations

Bei einem Link handelt es sich um eine Verknüpfung zu einer Ressource. Eine Link-Relation beschreibt, wie diese Zielressource mit der aktuellen Ressource verknüpft ist. Das simpelste Beispiel hierfür ist die self-Relation: Die Ressource für die Link-Relation *self* verlinkt auf das gerade betrachtete Element. Für eines unserer Items könnte die Ressource somit folgendermaßen aussehen:

Listing 19–13
HATEOAS self-Link einer Ressource

```
{
  "_links" : {
    "self" : {
      "href" : "https://some-url/items/banana"
    }
  },
  "name" : "banana",
  "price" : 0.75
}
```

Die Links werden im Element `_links` zusammengefasst. Würde dieses Element in der Liste von Items auftauchen, wüsste der Client automatisch, wie er die Details eines Items laden kann.

19.5.4 Komfortable Links mit dem WebMvcLinkBuilder

Links manuell zusammenzubauen ist zwar möglich, aber nicht besonders bequem. Als Unterstützung bietet Spring HATEOAS den `WebMvcLinkBuilder` an. Mit diesem kann man im Code direkt auf andere Controller und Methoden verweisen, zur Laufzeit werden dann die korrekten Links vom Framework generiert. Unter der Haube wird hierfür der `ServletUriComponentsBuilder` verwendet, somit stehen uns alle Möglichkeiten zur Verfügung, die dieser bietet. Möchten wir beispielsweise einen Link von irgendeinem Punkt unserer Anwendung zu unserer Item-Liste zusammenbauen, so kann der entsprechende Link mit der Anweisung `linkTo(ItemController.class).withRel("item");` erzeugt werden. Links zu bestimmten Methoden sind ebenso möglich, wie das folgende Beispiel zeigt:

```
Method method = ItemController.class.getMethod("item",
String.class);
Link link = linkTo(method, "banana").withSelfRel();
```

Listing 19–14
HATEOAS Link basierend auf einer Controller-Methode

19.5.5 Affordances

Bei Affordances handelt es sich um weitere Interaktionsmöglichkeiten mit einer gegebenen Ressource. Während Links also eine Möglichkeit bieten, zu einer bestimmten Ressource zu navigieren, zeigen Affordances an, welche Aktionen es gibt, um mit der aktuellen Ressource zu interagieren. Das folgende Beispiel zeigt, wie bei einer Item-Ressource ein Link zu einer dedizierten Preis-Update-Funktion hinzugefügt werden kann:

```
Link findOneLink = linkTo(methodOn(ItemController.class)
  .item(name)).withSelfRel();

return EntityModel.of(
  ITEMS.get(name),
  findOneLink
        .andAffordance(afford(
            methodOn(ItemController.class)
            .updatePrice(null, name))));
```

Listing 19–15
HATEOAS Affordance für eine Update-Methode

19.5.6 Integration mit RestTemplate und WebClient

Um einen `WebClient` zu erhalten, der für den Umgang mit HATEOAS geeignet ist, kann der `HypermediaWebClientConfigurer` verwendet werden. Dafür muss einfach eine entsprechende `WebClientCustomizer`-Bean wie in diesem Beispiel in einer Configuration deklariert werden.

Listing 19–16
HATEOAS Customizer für WebClients

```
@Bean
WebClientCustomizer webClientCustomizer(
    HypermediaWebClientConfigurer configurer) {
  return clientBuilder -> {
    configurer.registerHypermediaTypes(clientBuilder);
  };
}
```

Wird nun ein `WebClient.Builder` im Code injiziert, so sorgt der Customizer dafür, dass der mit diesem Builder erzeugte `WebClient` für die Verwendung mit HATEOAS konfiguriert ist. Natürlich kann auch lokal ein solcher `WebClient` erzeugt werden, ohne eine Bean zu registrieren.

Analog dazu kann auch das `RestTemplate` mit einem entsprechenden Configurer für HATEOAS vorbereitet werden. Dieses ist zwar mittlerweile deprecated, aber auch Projekte, die noch auf die Verwendung von `RestTemplate` setzen, müssen damit nicht auf die Vorzüge von HATEOAS verzichten.

Listing 19–17
HATEOAS Customizer für RestTemplate

```
@Bean
RestTemplateCustomizer restTemplateCustomizer(
    HypermediaRestTemplateConfigurer configurer) {
  return restTemplate -> {
    configurer.registerHypermediaTypes(restTemplate);
  };
}
```

Die so konfigurierten Clients bieten einfache Möglichkeiten zum Abrufen von Ressourcen und zum Verfolgen von Links.

20 HTTP-Clients mit Spring

Spring bietet nicht nur für die Bereitstellung, sondern auch für das Konsumieren von HTTP-Schnittstellen mehrere Möglichkeiten, die jeweils nach den entsprechenden Bedürfnissen konfiguriert werden können.

20.1 RestTemplate

Das `RestTemplate` wurde ursprünglich im Jahr 2009 mit Spring 3 eingeführt und ist mittlerweile schon etwas in die Jahre gekommen. In den aktuellen Spring-Versionen steht das Template nach wie vor zur Verfügung, und gerade Anwender, die Spring schon seit längerem verwenden, sind vermutlich versucht, aus Gewohnheit weiterhin Code mit diesem Client zu bauen.

Mittlerweile gilt es allerdings als deprecated, und anstatt des alten `RestTemplates` sollten lieber moderne Alternativen wie `WebClient` oder `RestClient` verwendet werden. Es ist nicht auszuschließen, dass in künftigen Versionen von Spring das alte `RestTemplate` komplett entfernt wird. Daher gehen wir hier auch nicht mehr näher auf das `RestTemplate` ein. Eine wichtige Info ist jedoch, dass der neue `RestClient` extra für Codebases, die bereits mit `RestTemplate` arbeiten, eine dedizierte Methode bereitstellt, um einen `RestClient` aus dem alten `RestTemplate` zu bauen: `RestClient.create(restTemplate);`.

20.2 RestClient

Der `RestClient` wurde mit Spring 6.1 eingeführt und stellt die moderne Alternative zum `RestTemplate` dar. Er ist für synchrone Aufrufszenarien etwas simpler in der Handhabung als der auf reaktive Aufrufe ausgelegte `WebClient`.

Anders als viele andere Abhängigkeiten wird der `RestClient` in der Regel nicht aus dem Kontext injiziert, sondern an jeder Stelle, wo Bedarf für ein HTTP-Request besteht, mittels `RestClient.create()` erzeugt.

Beim Erzeugen können wir optional auch bereits eine Basis-URL in den Konstruktor übergeben: `RestClient.create("https://my-service")`. Dies bietet sich vor allem dann an, wenn wir in einem Service verschiedene Endpoints unter der gleichen Basis-URL ansprechen möchten.

Reichen diese Möglichkeiten der Anpassung nicht aus, können wir alternativ den `RestClient.Builder` nutzen. Von diesem können wir mit `RestClient.builder()` eine Instanz erzeugen, Spring Boot erzeugt aber auch automatisch eine Instanz des Builders als Bean, die per Autowiring verfügbar ist. Um diese Bean anzupassen, können wir zusätzliche Beans vom Typ `RestClientCustomizer` erzeugen, die den Builder entsprechend der jeweiligen Bedürfnisse manipulieren. Das folgende Listing zeigt eine beispielhafte Verwendung des Builders.

Listing 20–1
Erzeugung eines RestClient mithilfe von RestClient.Builder

```
RestClient client = RestClient.builder()
  .baseUrl("https://item-service")
  .defaultHeader(
    HttpHeaders.ACCEPT,
    MediaType.APPLICATION_JSON_VALUE
  )
  .build();
```

Der damit erzeugte Client bietet Methoden für sämtliche HTTP-Methoden an: `get()`, `put()`, `post()`, `patch()`, `delete()`, `head()` und `options()`.

Nach Auswahl der Methode können wir mithilfe der Fluent-API alle weiteren Details des Requests anpassen: den aufgerufenen Pfad, den Body und den Content Type (bei Verben, die einen Body unterstützen) und die Header. Für besonders häufig verwendete Header wie etwa *accept* gibt es sogar dedizierte Hilfsmethoden neben der generischen `header()`-Methode.

Nachdem der Request spezifiziert ist, können wir ihn mithilfe der `retrieve()`-Methode abschicken. Wenn der Response Body relevant ist, kann dieser mithilfe der `body()`-Funktion leicht in ein POJO umgewandelt werden. Brauchen wir Zugriff auf weitere Details der Response, wie etwa den Statuscode, so können wir stattdessen die `toEntity()`-Methode verwenden. Das hierbei erzeugte Entity ermöglicht den Zugriff auf alle Details der Response. Zur Deserialisierung von Listen können wir die Klasse `ParameterizedTypeReference` verwenden.

Das nachfolgende Beispiel zeigt, wie wir die */items*-Schnittstelle mithilfe des REST-Clients aufrufen können, um ein einzelnes Item oder eine Liste von Items zu laden:

```
Item item = client.get()
  .uri("/items/1")
  .accept(MediaType.APPLICATION_JSON)
  .acceptCharset(StandardCharsets.UTF_8)
  .retrieve()
  .body(Item.class);

List<Item> items = client.get()
  .uri("/items")
  .retrieve()
  .body(new ParameterizedTypeReference<>() {});
```

Listing 20–2
Abruf einer Schnittstelle mit RestClient

In aller Regel reicht dieses Vorgehen für die Kommunikation mit REST-Schnittstellen aus. Um aber etwaige Sonderfälle zu implementieren, können wir statt `retrieve()` die Methode `exchange()` verwenden, die eine Lambda Funktion entgegen nimmt, die den Request und die Response manipulieren kann. Dies ist allerdings nur in sehr exotischen Fällen nötig und sollte im Allgemeinen vermieden werden.

Die Fehlerbehandlung im `RestClient` ist simpel. Für gewöhnlich wirft der Client automatisch eine zum Statuscode passende `RestClientException`, wenn der Code nicht im 200er-Bereich liegt. Möchten wir dieses Verhalten überschreiben, können wir einfach einen eigenen Status Handler als Lambda-Funktion übergeben, wie das folgende Beispiel zeigt:

```
Item item = client.put()
      .uri("/items/1")
      .retrieve()
      .onStatus(
        status -> status.value() == 404,
        (request, response) -> {
         throw new ItemNotFoundException()
        })
      .body(Item.class);
```

Listing 20–3
Manuelles Error Handling beim Aufruf einer REST-Schnittstelle

20.3 WebClient

Der `WebClient` wurde im Rahmen von Spring Reactive eingeführt und arbeitet nach reaktiven Prinzipien. Fachlich gehört er zum *spring-webflux* Modul. Der Client kann grundsätzlich auch für die Kommunikation in nichtreaktiven Stacks verwendet werden, allerdings bietet es sich für diese eher an, stattdessen den `RestClient` zu verwenden, der eine für Blocking Calls optimierte Variante des `WebClient` darstellt.

Es gelten die gleichen Prinzipien wie beim zuvor vorgestellten `RestClient`: Beim Erzeugen können wir optional auch wieder eine Basis-URL angeben: `WebClient.create("https://my-service")`. Dies bietet sich vor allem dann an, wenn in einem Service verschiedene Endpoints unter der gleichen URL angesprochen werden sollen. Reichen diese Möglichkeiten der Anpassung nicht aus, können wir alternativ den `WebClient.Builder` nutzen.

Um mit dem `WebClient` einen Request auszuführen, muss eine bestimmte Kette an Commands durchlaufen werden, mit deren Hilfe das HTTP-Verb, die Route, der Request Body und die Header bestimmt werden.

Eine ausführliche Erklärung zum `WebClient` findet sich in Abschnitt 18.3.3.

20.4 HTTP-Interface

Bei HTTP-Interfaces handelt es sich um deklarative REST-Clients. Diese stellen eine gute Möglichkeit zur Kapselung von Remote-Service-Funktionalitäten dar, da mit den Interfaces genauso operiert werden kann wie mit jedem anderen Service – die Tatsache, dass es sich am Ende des Tages um HTTP-Aufrufe handelt, wird effektiv weggekapselt.

Die Idee hinter diesen deklarativen Clients ist, dass lediglich ein Interface mit speziellen Annotationen deklariert werden muss und die konkrete Implementierung automatisch vom Framework erzeugt wird. In dieser Hinsicht ähneln die HTTP-Interfaces den Repositories aus Spring Data. Das folgende Beispiel zeigt ein HTTP-Interface, mit dem Funktionalitäten zum Abruf eines einzelnen Items, einer Liste von Items sowie zum Löschen eines Items bereitgestellt werden.

Listing 20–4
HTTP-Interface für die Kommunikation mit einem REST-Service

```
@HttpExchange(
        url = "/items",
        accept = MediaType.APPLICATION_JSON_VALUE)
public interface ItemClient {

    @GetExchange
    List<Item> getItems();

    @GetExchange("/{id}")
    Optional<Item> getItemById(@PathVariable long id);

    @DeleteExchange("/{id}")
    void deleteById(@PathVariable long id);

}
```

Es gibt dedizierte Exchange-Annotationen für die entsprechenden HTTP-Verben. Auf Klassenebene können wir mittels der `@HttpExchange`-Annotation einen Basispfad definieren. Die Pfade, die an den einzelnen Methoden-Annotationen angegeben werden, sind relativ zu diesem

Basispfad. Wird bei einer Methoden-Annotation kein Pfad angegeben, wie etwa bei der `getItems()`-Funktion, wird der Basispfad für diesen Aufruf verwendet. Im Beispiel sehen wir nur die Verwendung von `@PathVariable`, grundsätzlich können wir aber andere Parameter-Annotationen aus Web MVC verwenden, wie zum Beispiel `@RequestParam` oder `@RequestBody`. Eine vollständige Auflistung der möglichen Parameter und Annotationen findet sich in der Referenzdokumentation.

Die Deklaration des Interface allein reicht jedoch nicht ganz aus, um den Service aufrufen zu können. Dies fällt allein deshalb direkt ins Auge, weil nirgendwo im Interface die URL des Zielservice angegeben wird. Um das Interface verwenden zu können, müssen wir es in einen `WebClient` oder `RestClient` einbinden. Das folgende Beispiel zeigt das Binding mit einem `RestClient`.

Listing 20–5
RestClient Binding für ein HTTP-Interface

```
RestClient restClient = RestClient
  .builder()
  .baseUrl("https://item-service/")
  .build();
RestClientAdapter adapter =
  RestClientAdapter.create(restClient);
HttpServiceProxyFactory factory =
  HttpServiceProxyFactory
  .builderFor(adapter)
  .build();

ItemClient service = factory
  .createClient(ItemClient.class);
```

Der so erzeugte `ItemClient` kann nun beispielsweise als Bean bereitgestellt und von anderen Services injiziert werden.

Eine Alternative zu den deklarativen Clients aus Spring ist der `FeignClient` aus Spring Cloud OpenFeign. Dieser funktioniert nach sehr ähnlichen Mustern, hat jedoch den Vorteil, dass fertig nutzbare Clients automatisch per Auto-Configuration erzeugt werden und tatsächlich nur die Interfaces deklariert sowie die entsprechenden Konfigurationen hinzugefügt werden müssen. Somit spart man bei der Verwendung dieser OpenFeign-Clients etwas Code. Es gibt Bestrebungen, in künftigen Spring-Boot-Versionen eine ähnliche Konfigurationsmöglichkeit für die HTTP-Interfaces aus Spring hinzuzufügen, es lohnt sich also gegebenenfalls, die aktuelle Dokumentation zum Thema zu überprüfen. In Spring Boot 3.2 ist dieses Feature leider noch nicht verfügbar.

21 GraphQL

Mit GraphQL bietet sich eine alternative Lösung für die Kommunikation, die vorwiegend zwischen Frontends und Backends zum Einsatz kommt. Ein starkes Typsystem, kombiniert mit einem umfangreichen Tooling, ermöglicht eine einfache Umsetzung komplizierter APIs.

21.1 Einführung

Bevor wir tiefer in GraphQL eintauchen, müssen wir erst einmal beleuchten, worum es sich dabei überhaupt handelt. GraphQL ist eine Möglichkeit, APIs bereitzustellen. Damit steht es in direkter Konkurrenz zu REST, RPC oder ähnlichen Methoden. Eine Besonderheit ist hierbei, dass GraphQL, ganz im Gegensatz zum REST, keine strikte Bindung an HTTP hat. Vielmehr definiert GraphQL die Art und Weise, wie ein Client Anfragen an einen Server formuliert, ohne dabei den Transportweg vorzugeben.

Die namensgebende Eigenschaft von GraphQL ist der Graph. Der Graph besteht aus einer Reihe von Typen, die Verbindungen zu anderen Typen aufweisen. Damit entsteht ein Netzwerk von Elementen (der Graph), die untereinander verbunden sind.

In diesem Kapitel betrachten wir die Grundlagen von GraphQL. Dazu zählen das GraphQL-Schema, das Typsystem sowie der grundsätzliche Ablauf eines GraphQL-Requests. Mit diesem Wissen steigen wir dann in die Umsetzung von GraphQL-APIs in Spring Boot 3 ein.

21.2 GraphQL in Kürze

Für das Verständnis von Spring GraphQL ist ein Grundlagenwissen zu GraphQL selbst wichtig. Aus diesem Grund betrachten wir in diesem Kaptiel die Grundlagen zu GraphQL.

Eine umfassende Einführung in GraphQL würde den Rahmen dieses Buches sprengen. Wer auf der Suche nach einer tiefgreifenden Dokumentation ist, wird auf *https://graphql.org/* fündig.

Wer grundsätzlich mit dem GraphQL-Schema sowie der Abfragesprache von GraphQL vertraut ist, kann diesen Abschnitt überspringen und direkt in Abschnitt 21.3 weiterlesen.

21.2.1 Das GraphQL-Schema

Das zentrale Element einer GraphQL-API ist das GraphQL-Schema. Dieses beschreibt sämtliche möglichen Interaktionen mit der API. Ob Abfrage von Daten oder die Ausführung von Änderungen, alles wird im GraphQL-Schema explizit ausgedrückt. Im Gegensatz zu typischen REST-Schema-Dokumentationen wie Swagger beziehungsweise OpenAPI ist das GraphQL-Schema auch für die Applikationslaufzeit relevant und wird ebenso für die Validierung von Anfragen verwendet.

Je nach Implementierung oder verwendeter Library findet sich das Schema an unterschiedlichen Stellen wieder. Wo das Schema für Spring Boot zu hinterlegen ist, betrachten wir in Abschnitt 21.5.1.

Entscheidend ist, dass es für das GraphQL-Schema eine eigene Sprache und damit textuelle Repräsentation gibt. Diese ist grundsätzlich sehr einfach gehalten. Wir werden die einzelnen Bausteine der Schema-Sprache in den folgenden Abschnitten näher betrachten.

21.2.1.1 GraphQL-Typen

GraphQL hat ein sehr starkes Typsystem. Im Prinzip kennt GraphQL ausschließlich Typen und Felder in diesen Typen. Aus diesem Grund ist die Typdeklaration der wichtigste Bestandteil des GraphQL-Schemas:

Listing 21–1
GraphQL-Typdefinition

```
type Post {
  id: ID!
  title: String!
  content: String!
  comments: [Comment!]!
}
```

Ein Typ wird mittels des Schlüsselworts `type` definiert, gefolgt von dem Namen des Typs. In den geschweiften Klammern (dem Body des Typs) finden sich Felder, die entweder skalare Werte (String, Integer, Boolean, Float) sind, eine Liste und deren enthaltene Werte definieren oder auf einen weiteren Typ verweisen.

Gerade der Verweis auf einen anderen Typen (in dem Beispiel aus Listing 21–1 verweist Post auf einen Comment-Typen) bilden den namensgebenden Aspekt von GraphQL. Mit diesen Verweisen entsteht ein Graph, anhand dem sich ein Client entlanghangeln kann.

21.2.1.2 Felder mit Argumenten

Der Name GraphQL suggeriert, dass es sich um eine Abfragesprache (Query Language) handelt. Wie spezifiziert man jedoch, was genau angefragt werden soll? Hierfür können Argumente in Feldern verwendet werden. Argumente werden nach der Deklaration des Feldnamens in Klammer stehend aufgelistet:

```
post(id: ID!): Post!
```

Eine Felddeklaration ähnelt daher mehr einer Methoden- oder Funktionsdeklaration. Das ist auch durchaus treffend, wie wir im Abschnitt zur Umsetzung in Spring GraphQL sehen werden.

21.2.1.3 Definition von Queries und Mutations

Ein GraphQL-Schema besteht also aus einer Reihe von Typdeklarationen und Feldern in diesen. Doch wo genau startet man bei einer Abfrage von Daten in diesem Schema? Man benötigt Einstiegspunkte in das Schema, von denen aus die Abfrage gestartet und durch den Graphen navigiert werden kann.

Um Einstiegspunkte in das Schema zu definieren, gibt es ebenfalls Typdefinitionen.

Listing 21–2
Query- und Mutation-Definitionen

```
type Query {
  posts: [Post!]!
}

type Mutation {
  createPost(title: String!, content: String!): Post!
  addComment(postId: ID!, author: String!,
    comment: String!): Comment
}
```

Standardmäßig definiert ein Typ mit dem Namen `Query` die Einstiegspunkte für lesende Abfragen (Query) innerhalb des Graphen. Sämtliche Änderungen am Graphen werden über den `Mutation`-Typ abgebildet.

Query oder Mutation wird nicht forciert

Bei der Implementation einer GraphQL-API ist es wichtig, zwischen lesenden und schreibenden Zugriffen klar zu trennen. Query ist für lesende und Mutation für schreibende Zugriffe. Das Spring Boot GraphQL zugrunde liegende Framework hat jedoch keine Mittel, um dies zu forcieren. Aus diesem Grund ist es wichtig, in der Implementierung darauf zu achten, dass schreibende Zugriffe ausschließlich über Mutation abgebildet werden.

Die besondere Bedeutung der Typen `Query` und `Mutation` sind eine Konvention, die falls notwendig geändert werden kann.

Listing 21–3
Explizite Konfiguration der Query- und Mutation-Typen

```
schema {
  query: MyCustomQueryType
  mutation: DangerZone
}

type MyCustomQueryType {
  // ...
}
type DangerZone {
  // ...
}
```

Mit der in Listing 21–3 zu sehenden `schema`-Deklaration lassen sich die Typen für Queries und Mutations explizit definieren und mit eigenen Namen versehen.

21.2.1.4 Skalare

Neben den Typen kennt GraphQL auch Skalare. Die Schema-Sprache hat bereits vordefinierte Skalare: `Int`, `Float`, `Boolean` und `String`.

Es lassen sich jedoch auch eigene Skalare definieren. Diese dienen dazu, leichtgewichtige Typen zu definieren, die eine bestimmte Bedeutung haben. Ein weiterer integrierter Skalar ist `ID`. Dieser ist nur ein String, dem eine Bedeutung zugewiesen wird. Damit ist direkt ersichtlich, dass ein Feld der Identifizierung dient. Je nach Framework kann ein Feld vom Typ ID auch eine besondere Bedeutung erhalten. Der Apollo GraphQL Client beispielsweise verwendet die in einem Typen definierte ID, um ein Ergebnis zu cachen.

Listing 21–4
Definition zusätzlicher Skalare im GraphQL-Schema

```
scalar Timestamp
scalar LocalDate
scalar LocalDateTime
scalar Money
```

Zusätzliche Skalare lassen sich mittels des Schlüsselworts `scalar` definieren. Im vorherigen Beispiel werden die Skalare `Timestamp`, `LocalDate`, `LocalDateTime` und `Money` definiert. Die genaue Bed0eutung und Interpretation dieser ist dann die Aufgabe sowohl des Clients als auch des Servers.

Skalare müssen auf beiden Seiten implementiert werden

Skalare sind eine flexible Möglichkeit, um Felder mit zusätzlichen Wertetypen anzureichern. Man sollte hierbei jedoch beachten, dass sowohl Client als auch Server mit dem entsprechenden Skalar umgehen können müssen.

→

> Technisch wird ein Skalar auf einem vordefinierten Skalar-Typen abgebildet (`Int`, `Float`, `Boolean` oder `String`). Das geht jedoch aus dem Schema selbst nicht hervor, womit eine standardmäßige Validierung ebenfalls nicht möglich ist.
>
> Aus diesem Grund sollten Skalare nur sehr gezielt und mit Bedacht eingesetzt werden.

21.2.1.5 Listen

Auch Listen können in GraphQL abgebildet werden. Die Notation sieht dabei wie folgt aus:

Listing 21–5
Schema für eine Liste

```
type Post {
  comments: [Comment]
}
```

Das Feld `comments` verweist auf eine Liste von Elementen des Typs `Comment`. Die Deklaration einer Liste erfolgt, indem der Typ der Listenelemente in eckige Klammern gesetzt wird.

21.2.1.6 Nicht-Null

In dem einen oder anderen Beispielschema fanden sich bereits scheinbar willkürliche Ausrufezeichen. Diese sind jedoch nicht willkürlich, sondern haben eine besondere Bedeutung. Wird der Typ eines Feldes mit einem Ausrufezeichen beendet, darf (und wird) der Wert dieses Feldes niemals `null` enthalten.

Listing 21–6
Schema mit Nicht-Null-Deklarationen

```
type Post {
  id: ID!
  authors: [String!]!
  comments: [Comment!]
}
```

Etwas umständlicher ist die Nicht-Null-Deklaration im Fall von Listen. Hierbei müssen zwei Aussagen getroffen werden: Darf die Liste selbst null sein oder darf die Liste Werte enthalten, die null sind.

Möchte man eine Liste definieren, die keine Null-Einträge enthalten kann, wird ein Ausrufezeichen an das Ende des Typen gesetzt: `comments: [Comment!]`. Nun kann die Liste selbst `null` sein. Werte in der Liste (`Comment`) können jedoch niemals `null` sein.

Soll eine Liste deklariert werden, die sowohl niemals `null` sein darf als auch keinerlei `null`-Elemente enthält, werden zwei Ausrufezeichen notwendig: `authors: [String!]!`.

21.2.1.7 Input-Typen

Wie bereits diskutiert, können Felder auch parametrisiert werden. Bisher hatten wir jedoch nur einfache Skalare als Werte übergeben. Was jedoch, wenn wir für die Parametrisierung eines Feldes einen komplexeren Datentyp benötigen? Genau hierfür werden die Input-Typen verwendet.

Listing 21–7
Deklaration eines Input-Typen

```
input PersonInput {
  firstname: String!
  lastname: String!
  age: Int!
}
```

Input-Typen unterscheiden sich lediglich durch das Schlüsselwort `input`, das die Deklaration einleitet. Der verbleibende Aufbau ähnelt dem eines normalen Typen. Da es sich jedoch um einen Input-Typen handelt, können die Felder des Typen nicht parametrisiert werden.

21.2.1.8 Subscriptions

Subscriptions sind eine besondere Funktionalität in GraphQL. Die bisher betrachteten Queries und Mutations werden in einem Request-Response-Zyklus bearbeitet. Das bedeutet, dass der Client eine Anfrage verschickt (ob Query oder Mutation ist dabei unerheblich), diese durch den Server bearbeitet und schlussendlich beantwortet wird.

Was jedoch, wenn sich auf der Seite des Servers etwas Neues ereignet, über das der Client informiert werden sollte? Genau für diese Anwendungsfälle sind Subscriptions gedacht.

Listing 21–8
Definition einer Subscription für neue Kommentare

```
type Subscription {
  onCommentAdded: Comment!
}
```

Auch eine Subscription wird als Typdeklaration im Schema aufgenommen. Hierbei ist jedoch die Semantik eine leicht andere. In dem Beispiel aus Listing 21–8 wird eine `onCommentAdded`-Subscription angeboten. Der Wert ist als `Comment` definiert. Im Falle einer Subscription ist das Ergebnis jedoch nicht nur ein Kommentar. Vielmehr kann ein Server über eine offene Verbindung (wenn sich der Client subscribed hat) immer wieder neue Kommentare an den Client verschicken. Daher ist der Wert des Feldes `onCommentAdded` nicht ein einzelner `Comment`, sondern vielmehr ein Strom von `Comment`.

21.2.2 Die Query Language

Nun kommen wir zu der eigentlichen Graph Query Language. Mit dieser Sprache drückt ein Client die Intention seines Aufrufs aus.

Listing 21–9
Definition von Queries

```
query ListPosts {
  posts {
    id
    title
  }
}

query GetPost($id: ID!) {
  post(id: $id) {
    title
    content
    comments {
      author
      comment
    }
  }
}
```

Das Listing enthält zwei Definitionen von benannten Queries. Eine Query wird immer durch das Schlüsselwort `query` eingeleitet. Dem folgt ein Name für diese Query. In unserem Beispiel haben wir zwei Queries, genannt `ListPosts` und `GetPost`. Queries können auch parametrisiert werden. Im Beispiel von `GetPost` wird die `ID` des gesuchten `Post` als Argument übergeben. Dieses Argument, das immer mit einem $(Dollar)-Präfix geschrieben werden muss, kann dann innerhalb des Query-Blocks referenziert werden.

Der Body des Query-Blocks enthält eine Definition dessen, was der Client erfragen möchte. Hierbei kann der Client explizit definieren, welche Teile des Graphen durchlaufen werden sollen und welche Felder dabei von Interesse sind. Vergleicht man die beiden Queries, ist zu sehen, dass im Falle von `ListPosts` nicht die vollständigen Posts gelesen werden, sondern nur die Felder `id` und `title`. Wird jedoch ein dedizierter Post angefragt (Query `GetPost`), wird für den betreffenden Post neben dem `title` auch `content` und `comments` angefragt.

Listing 21–10
Beispiel für eine Subscription

```
subscription ReceiveComments {
  onCommentAdded {
    id
    post {
      id
    }
    author
    comment
  }
}
```

Diese Syntax wird sowohl für die Definition von Mutations als auch Subscriptions verwendet. Für Mutations startet die Deklaration mit dem Schlüsselwort `mutation`, für Subscriptions ist es dementsprechend `subscription`.

21.2.3 Ein GraphQL-Schema kann noch mehr

In diesem Abschnitt konnten wir nur an der Oberfläche des GraphQL-Schemas kratzen. Die Schema-Sprache bietet noch weitere Funktionalitäten wie beispielsweise Interfaces, Enumerations oder Union Types. Die Dokumentation unter *https://www.graphql.org* bietet detaillierte Informationen zum gesamten Umfang.

21.3 Ablauf eines GraphQL-Requests

Grundsätzlich wird eine GraphQL-Interaktion immer durch einen Client initiiert. Dieser sendet einen Request über einen entsprechenden Transportkanal (zum Beispiel HTTP) an den GraphQL-Server. Der Client definiert dabei, welche Teile er von dem Graphen abrufen möchte (siehe auch Abschnitt 21.2.2) und übergibt gegebenenfalls eine Reihe von Variablen zur genaueren Eingrenzung. In der Regel wird dies durch eine GraphQL-Bibliothek abgebildet. Ein prominentes Beispiel ist hierbei »Apollo for GraphQL«, ein Framework für GraphQL im JavaScript-Ökosystem.

Auf der Serverseite wird die Anfrage entgegengenommen, wobei hier der Server noch eine Reihe von zusätzlichen Aufgaben hat. Beispielsweise muss der Request auf grundsätzliche Plausibilität hin geprüft werden. Dazu zählt, dass der angefragte Teil-Graph auch vollständig repräsentiert werden kann und die Anfrage damit dem Schema entspricht, die Argumente die korrekten Datentypen verwenden und die Nicht-Null-Regeln eingehalten wurden. Nach dieser grundsätzlichen Validierung selektiert der Server die entsprechenden Implementierungen, um die relevanten Teile des Graphen abzufragen und als Ergebnis auszuliefern.

Die daraus resultierenden Ergebnisse werden dann über den gewählten Transportweg wieder an den Client zurückgeschickt. Speziell Spring GraphQL führt vor der Übermittlung an den Client eine weitere Validierung durch. Liefert eine Implementierung für einen Graphen unerwartete `null`-Werte, schlägt die Ausführung des Requests fehl und der Client wird über den Fehler informiert. Damit stellt Spring GraphQL sicher, dass auch eine Antwort konsequent dem Schema entspricht.

21.3.1 Transportmethoden

GraphQL selbst ist, wie bereits beschrieben, transportagnostisch. Damit ließe sich eine GraphQL-Kommunikation über die verschiedensten Kanäle realisieren. Aus diesem Grund ist es zwingend notwendig, dem Projekt ein Transportmodul hinzuzufügen. Die folgende Tabelle listet dabei die wichtigsten Module und die darüber realisierte Transportmethode auf.

Transportmethode	Modul
HTTP	*org.springframework.boot:spring-boot-starter-web*
WebSocket	*org.springframework.boot:spring-boot-starter-websocket*
HTTP, WebSocket	*org.springframework.boot:spring-boot-starter-webflux*
TCP, WebSocket	*org.springframework.boot:spring-boot-starter-rsocket*

Jede dieser Transportmethoden unterscheidet sich letztlich nur in Details von den anderen.

21.4 Erstellung einer Spring-Boot-Anwendung mit GraphQL-API

Für die Erstellung einer GraphQL-Anwendung mit Spring Boot gibt es mehrere Wege. Zum einen den einfachen und klassischen Weg, eine Applikation über den Spring Initializr zu erstellen. Zum anderen aber auch das manuelle Konfigurieren der jeweiligen Abhängigkeiten. Im Folgenden betrachten wir beide diese Varianten näher.

21.4.1 Verwenden des Spring Initializr

Die einfachste und schnellste Möglichkeit stellt die Verwendung des Spring Initializr dar. Grundsätzlich wird die Abhängigkeit *Spring for GraphQL* benötigt. Diese enthält allerdings nur die GraphQL-spezifische Implementierung. Was noch fehlt, ist die jeweilige Transportmethode, die genutzt werden soll. Eine Auflistung der Transportmethoden findet sich in Abschnitt 21.3.1.

Wurde eine Transportmethode gewählt, kann nun die entsprechende Abhängigkeit ebenfalls hinzugefügt werden. Möchten wir beispielsweise eine asynchrone Implementation realisieren, verwenden wir die Abhängigkeit *Spring Reactive Web*.

Spring Reactive Web

Die Beispiele in diesem Kapitel verwenden *Spring Reactive Web* als Transportmethode. In den meisten Fällen ist das jedoch kaum ersichtlich, da keine Reactive-Typen verwendet werden. An manchen Stellen kommen jedoch die Typen `Mono` und `Flux` vor. Weitere Informationen zu diesen finden sich in Kapitel 18.

21.4.2 Manuelles Hinzufügen der notwendigen Abhängigkeiten

Auch das manuelle Hinzufügen der Abhängigkeiten zu einem existierenden Projekt ist möglich. Hierbei teilen sich die Abhängigkeiten jedoch in verschiedene Teilbereiche auf: Implementierung, Transportmethode und Testen.

Für die Implementierung wird lediglich das Modul *org.springframework.boot:spring-boot-starter-graphql* benötigt. Damit eine GraphQL-API auch verfügbar gemacht werden kann, muss eine Transportmethode gewählt werden. In Abschnitt 21.3.1 wurden die verschiedenen Transportmethoden bereits betrachtet. Die jeweilige Library findet sich in der Liste.

21.4.3 Interaktives Testen mit GraphiQL

Bei der Entwicklung einer GraphQL-API kann es sehr hilfreich sein, die API interaktiv zu testen. Diese Art des Testens ist kein Ersatz für ein automatisiertes (Unit-)Testing der API, kann jedoch bei API-Design und -Entwicklung hilfreich sein.

Spring GraphQL bietet hierbei eine integrierte Möglichkeit, genannt GraphiQL. Dabei handelt es sich um eine integrierte Webapplikation, die es erlaubt, basierend auf dem GraphQL Schema-Anfragen zu formulieren, abzuschicken und eine Antwort darzustellen.

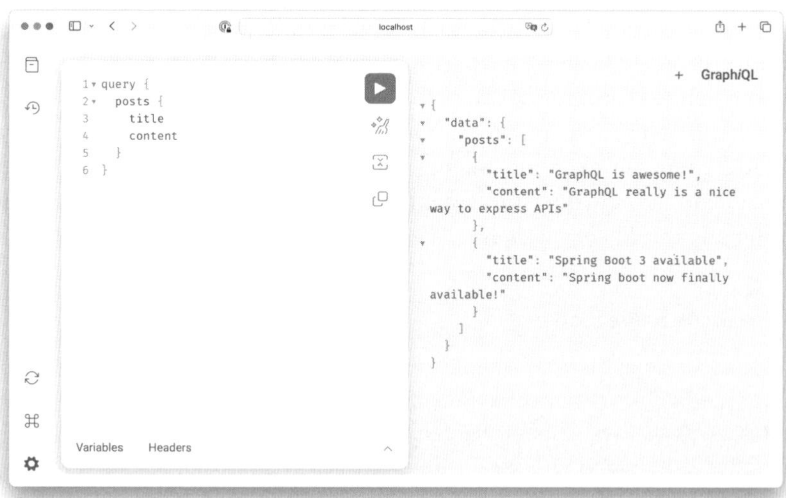

Abb. 21–1
GraphiQL

GraphiQL muss jedoch explizit aktiviert werden, damit wir es nutzen können. Hierfür nehmen wir die folgenden Einstellungen in der *application.yml* vor:

```
spring:
  graphql:
    graphiql:
      enabled: true
      path: /graphiql
```

Listing 21–11
GraphiQL-Konfiguration in der application.yml

Die zweite Zeile, die den Pfad zu GraphiQL angibt, ist jedoch optional. Standardmäßig wird der Pfad */graphiql* verwendet, kann jedoch nach Belieben angepasst werden.

Mit dieser Konfiguration können wir GraphiQL unter der URL *http://localhost:8080/graphiql* erreichen.

21.5 Implementierung einer GraphQL-API

Für die Implementierung einer GraphQL-API gibt es verschiedene Varianten. Jede Implementationsvariante bietet unterschiedliche Vor- und Nachteile. Praktischerweise lassen sich diese jedoch miteinander kombinieren.

Wie wir bereits bei der Betrachtung des GraphQL-Schemas gesehen haben, spielen Typen und deren Felder eine entscheidende Rolle. Die Aufgabe der Implementierung ist es daher, die Typen und deren Felder bereitzustellen. Dabei müssen sowohl die Typen als auch die Felder nicht stark aneinandergekoppelt sein. Die Implementierung muss lediglich für einen gegebenen Typen das jeweils passende Feld liefern.

Betrachten wir ein Beispiel.

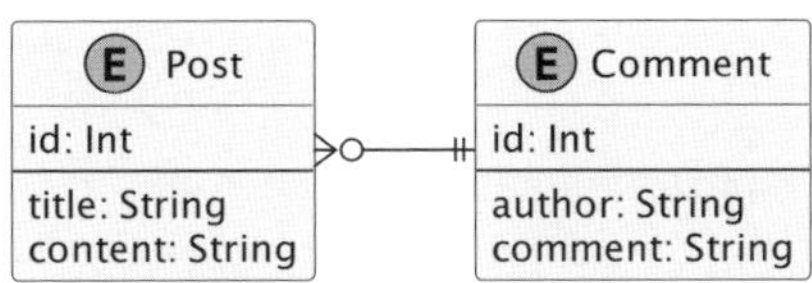

Abb. 21–2
Datenmodell für einen Post und assoziierte Kommentare

Das Datenmodell aus Abbildung 21–2 besteht aus einem Post und zugehörigen Kommentaren. Ein passendes GraphQL-Schema, das dieses Datenmodell abbildet, könnte wie folgt umgesetzt werden:

```
type Query {
  posts: [Post!]!
}

type Post {
  id: ID!
  title: String!
  content: String!
  comments: [Comment!]!
}
```

Listing 21–12
GraphQL-Schema für Post und Kommentar

```
type Comment {
  id: ID!
  author: String!
  comment: String!
}
```

Betrachten wir den Post, besteht dieser aus drei einfachen Feldern `id`, `title` und `content`, die jeweils in Form eines Skalars abgebildet werden. Bei `comments` handelt es sich jedoch um einen Verweis auf eine Liste von Kommentaren. Wer bereits mit derartigen Relationen in einem Datenmodell gearbeitet hat, kennt die damit einhergehenden Herausforderungen: Relationen lassen sich je nach Persistenz (relationale Datenbank, Key Value Store, Dokumentdatenbank) unterschiedlich gut abbilden. Meist ist ein zusätzlicher Aufwand notwendig, um die Relation aufzulösen und die passenden Elemente zu finden.

Was jedoch, wenn der Aufrufer eigentlich nur die Felder `title` und `content` benötigt? In einem solchen Fall sollten auch nur die Daten geladen werden, die benötigt werden. Genau das lässt sich mit GraphQL sehr einfach umsetzen. Je nach Art der Implementierung hat man unterschiedlich viel Kontrolle darüber, wie die Antwort erzeugt wird.

Alle Ansätze haben jedoch eines gemeinsam: Die Implementierungen werden für ein Feld auf einem Typen aufgerufen. Somit kann eine dedizierte Implementierung beispielsweise für `comments` hinterlegt werden. In den folgenden Abschnitten betrachten wir die verschiedenen Varianten.

DataFetcher

Die Spring-Boot-GraphQL-Integration basiert auf der *graphql-java*-Bibliothek. Diese bietet die grundlegenden Bausteine für die Umsetzung von GraphQL-APIs. Einer dieser Bausteine ist der sogenannte `DataFetcher`. Hierbei handelt es sich um ein Interface, das aus nur einer einzigen Methode besteht:

```
T get(DataFetchingEnvironment env) throws Exception
```

Auch wenn das Interface grundsätzlich einfach gehalten ist, liegt in diesem Fall sehr viel Verantwortung bei der Implementierung. Spring GraphQL bietet hier eine Reihe von Abstraktionen, die die Implementierung einer GraphQL deutlich erleichtern. Im Hintergrund wird dennoch der DataFetcher verwendet.

21.5.1 Definieren eines GraphQL-Schemas

Ein GraphQL-Schema kann über verschiedene Wege erstellt werden. Die gebräuchlichsten sind dabei:

- **Code first:** Das Schema wird aus einer Implementation heraus abgeleitet. Hierfür gibt es eine Reihe von Libraries, die sich jedoch in sehr unterschiedlichen Reifegraden befinden.
- **Schema first:** Wie der Name bereits andeutet, kommt in diesem Fall das Schema zuerst. Das Schema wird dabei in einer textuellen Form ausgedrückt.

In Spring Boot wird standardmäßig nur der *Schema-first*-Ansatz angeboten. Aus diesem Grund konzentrieren sich die kommenden Beispiele ausschließlich auf diese Methode.

GraphQL-Schemas werden für Spring Boot als Datei im Klassenpfad in einem Unterverzeichnis *graphql* definiert. Diese Schema-Datei muss die Dateiendung *.graphqls* tragen. Die folgenden Beispiele demonstrieren die Syntax für die Schema-Beispiele anhand eines Blogging-Systems. Für dieses Beispiel bietet sich daher der Dateiname *graphql/blog-system.graphql* an.

21.5.2 GraphQL Controller in Spring Boot

Die Logik einer GraphQL-API wird in Spring Boot normalerweise mittels des bereits aus Spring Web (und auch Spring Reactive Web) bekannten `@Controller` umgesetzt. Damit kommen ähnliche Prinzipien zum Einsatz, wie sie in Kapitel 19 beschrieben werden. In diesem Kapitel konzentrieren wir uns daher auf die wesentlichen Unterschiede und Spezialitäten eines GraphQL Controller.

21.5.2.1 Explizites Mapping mit @SchemaMapping

Bei REST-Controllern wird die jeweilige Logik an einen Pfad gebunden. Pfade gibt es jedoch bei GraphQL nicht. Stattdessen haben wir Typen und Felder. Aus diesem Grund definieren wir Controller-Methoden, die einen Typen und ein bestimmtes Feld referenzieren.

Listing 21–13
Mapping für das `posts`-*Feld des* `Query`-*Typs*

```
@Controller
public class GraphQLController {

  public class Post {
    private Long id;
    private String title;
    private String content;
    // ...
  }
```

```
    @SchemaMapping(typeName = "Query", field = "posts")
    public List<Post> allPosts() {
      return postRepository.findAll();
    }
}
```

Das Schema aus Listing 21–12 enthält ein Feld im Query-Typ für die Liste aller Posts. Um die passende Implementierung für dieses Feld zu liefern, annotieren wir eine Methode mit `@SchemaMapping(typeName="Query", field="posts")`. Damit wird definiert, dass die Methode `allPosts()` aufgerufen werden soll, wenn das Feld `posts` des `Query`-Typen angefragt wird.

Die Angabe des `field` ist allerdings optional. Wird `field` nicht angegeben, dient der Methodenname als Feldname, was in dem Beispiel aus Listing 21–13 `allPosts` wäre.

Der Methoden-Rückgabewert sollte dann etwas liefern, das als Basis für die weitere Feld-Auflösung der GraphQL Library dient. Im Fall von `Query.posts` ist das eine Liste von `Post`-Elementen. Das Beispiel aus Listing 21–13 liefert eine Liste von `Post`-Objekten, deren Struktur dem Schema entspricht. Damit kann die GraphQL Library die Felder `id`, `title` und `content` unmittelbar auflösen. Es fehlt jedoch das Feld `comments`.

Listing 21–14
@SchemaMapping für das Feld comments

```
@SchemaMapping(typeName="Post", field="comments")
public List<Comment> postComments(Post parent) {
  return commentRepository.findByPost(parent);
}
```

Das `@SchemaMapping` ermöglicht es, die Felder für einen beliebigen Teil des Graphen zu definieren. Die GraphQL Library wird dann, bei Bedarf, diese Methode aufrufen, um die Inhalte für das `comments`-Feld eines Posts explizit anzufordern. Bei Bedarf bedeutet das, dass die vom Client empfangene Abfrage entscheidet, ob die Kommentare aufgelöst werden müssen oder nicht. Werden beispielsweise nur `id` und `title` angefragt, werden auch nur diese aufgelöst.

Die Methode `postComments()` wird für jeden einzelnen Post-Eintrag aufgerufen. Damit wir entscheiden können, welche Kommentare geliefert werden müssen, kann das Parent-Objekt injiziert werden. In diesem Fall ist es `Post`. Spring GraphQL spricht hierbei von `Post` als der Source.

21.5.2.2 @QueryMapping, @MutationMapping und @SubscriptionMapping

Mit der `@SchemaMapping`-Annotation werden die Typen immer explizit referenziert. Im Fall der Einstiegspunkte für Queries, Mutations und Subscriptions gibt es mit den Annotationen `@QueryMapping`, `@MutationMapping` und `@SubscriptionMapping` vereinfachte Mapping-Annotationen.

```
@QueryMapping
public List<Post> posts() {
  return postRepository.findAll();
}
```

Listing 21–15
@QueryMapping anstelle eines @SchemaMapping

Mit diesen Annotationen müssen die Typen nicht explizit konfiguriert werden, sondern sind implizit gegeben. Auch auf die Angabe des Feldnamens kann verzichtet werden, wenn der Methodenname dem Namen des Feldes entspricht.

21.5.2.3 Mapping von Argumenten

Ist das Feld im GraphQL-Schema mit Argumenten versehen, lassen sich diese entsprechend auch in einer Mapping-Methode injizieren. Betrachten wir die Erstellung eines `Post`, die im Schema wie folgt definiert wurde:

```
type Mutation {
  createPost(title: String!, content: String!): Post!
}
```

Listing 21–16
Mutation-Schema mit Argumenten

Die `createPost`-Mutation wurde mit zwei Argumenten versehen: `title` und `content`. Diese Argumente lassen sich über die Methodendeklaration injizieren.

```
@MutationMapping
public Post createPost(
    @Argument String title,
    @Argument String content) {
  return postRepository.save(new Post(title, content));
}
```

Listing 21–17
Injizieren von Argumenten mit @Argument

Die Namen der Argumente werden aus dem Parameternamen abgeleitet. Alternativ lässt sich der Name auch explizit über die Annotation definieren: `@Argument("title")`.

21.5.3 Optimierte Abfragen mit Batches

Nimmt die GraphQL-API an Umfang zu, entsteht zeitgleich auch schnell der Bedarf an Optimierungen. Gerade wenn ein Client komplexere Graphen-Abschnitte laden möchte, ist eine gute Optimierung entscheidend. Eine wichtige Optimierung ist die Vermeidung des N+1-Problems beim Datenzugriff.

Das N+1-Problem

Was auf den ersten Blick kompliziert klingt, ist relativ einfach anhand eines Beispiels erklärt:

Angenommen, wir haben eine Liste von Kommentaren. Diese Liste laden wir aus einer Datenquelle (beispielsweise einer Datenbank). Jeder dieser Kommentare hat einen Verweis auf einen jeweiligen Autor. Die Autoren werden in einer anderen Datenquelle bereitgestellt. Um nun eine Liste der Kommentare inklusive Informationen zu den Autoren zu erhalten, könnte man wie folgt vorgehen:

- Laden der Liste der Kommentare
- Für jeden Kommentar laden wir dann den zugehörigen Autor.

Haben wir eine Liste, bestehend aus 12 Kommentaren, müssten insgesamt 13 Ladevorgänge durchgeführt werden: ein Ladevorgang für die Liste der Kommentare und dann 12 weitere für jeden einzelnen Kommentar, um den Autor zu finden.

Bei 12 Einträgen ist das möglicherweise noch nicht allzu problematisch, wird die Datenmenge jedoch größer, hat das einen signifikanten Einfluss auf die Anwendungsperformance.

Spring GraphQL bietet zwei Möglichkeiten für die Optimierung und vor allem zur Vermeidung des N+1-Problems: `@BatchMapping` und `DataLoader`.

Um dieses Problem genauer zu betrachten, erweitern wir unser bisheriges Datenmodell um einen `User`.

Abb. 21–3 *Datenmodell erweitert um ein User Entity*

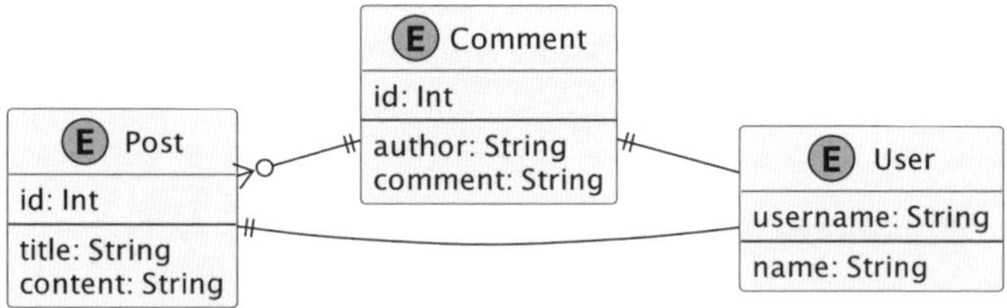

Sowohl der `Post` als auch der `Comment` haben damit einen Verweis auf einen `User`. Ein dazu passendes GraphQL-Schema enthält dann auch einen neuen Typ für den `User`.

```
type Post {
  id: ID!
  title: String!
  content: String!
  author: User!
  comments: [Comment!]!
}
type Comment {
  id: ID!
  author: User!
  comment: String!
}
type User {
  username: ID!
  name: String!
}
```

Listing 21–18
Ein passendes GraphQL-Schema zu Post, Comment und User

Die Beispiele in den kommenden Abschnitten basieren auf dem eben beschriebenen Datenmodell und GraphQL-Schema.

21.5.3.1 Verwendung eines `DataLoader`

Beim Batch-Loading sollen möglichst viele Ladevorgänge gesammelt durchgeführt werden. Das bedeutet, dass Spring GraphQL-Anfragen sammeln muss. Genau hierfür ist der `DataLoader` gedacht.

```
@SchemaMapping
public Future<User> author(
  Post parent,
  DataLoader<String, User> loader) {
    return loader.load(parent.getAuthorUsername());
}
```

Listing 21–19
Laden des Author mittels DataLoader

Der `DataLoader` ist eine API, die wir uns in jede Controller-Methode injizieren lassen können. In unserem Fall wollen wir die Aufrufe der Autoren der Posts (die User) gruppieren, um nicht für jeden Post einen Roundtrip zur Datenbank durchzuführen. Listing 21–19 zeigt die notwendige Implementierung. Wir erhalten einen `DataLoader<String, User>`. Der erste Typparameter (`String`) definiert eine Referenz, unter der wir das gewünschte Objekt finden. Der zweite Typparameter ist eben das gewünschte Objekt.

Um einen `User` zum Laden vorzumerken, wird die Methode `loader.load(..)` verwendet. Als Ergebnis erhalten wir ein `Future<User>`, das wir auch als Ergebnis der Methode zurückliefern. Damit wurde der Ladevorgang effektiv auf einen späteren Zeitpunkt verschoben.

Nun bleibt noch der eigentliche Abruf der gewünschten Daten. Hierfür wird eine Ladelogik in der `BatchLoaderRegistry` registriert.

Listing 21–20
Registrierung der Ladelogik

```
public PostController(
  BatchLoaderRegistry registry,
  UserRepository userRepository
) {

  registry.forTypePair(String.class, User.class)
    .registerBatchLoader((usernames, env) -> {
      final var result =
        userRepository.findAllById(usernames)
          .stream()
          .collect(toMap(
             User::getUsername,
              Function.identity()));

      return Flux.create(sink -> {
        usernames.forEach(username -> {
          sink.next(result.get(username));
        });
        sink.complete();
      });
    });
}
```

Die `BatchLoaderRegistry` steht im Application Context zur Verfügung, es muss lediglich eine Registrierung erfolgen. Das Beispiel aus Listing 21–20 löst dies, indem die Registrierung im Konstruktor des Controllers erfolgt. Das ist im Allgemeinen auch die gebräuchlichste Strategie und sorgt dafür, dass die Registrierung in der `BatchLoaderRegistry` und der Aufruf des `DataLoader` nahe beieinander liegen.

Die Registrierung erfolgt über `forPairType()`. Bei diesem Aufruf werden die Typen der Parameter übergeben, wie wir sie auch für den `DataLoader` spezifiziert haben. Die eigentliche Ladelogik erhält nun die von uns definierten Referenzen als Liste und muss die passenden Elemente zu diesen liefern. In unserem Beispiel haben wir die Usernames und laden alle angefragten User-Objekte.

Als Ergebnis liefert die Ladelogik ein `Flux` (mehr zu `Mono` und `Flux` in Kap. 18). Hierbei ist die Reihenfolge der Objekte entscheidend und muss der Reihenfolge der übergebenen Liste entsprechen. Aus diesem Grund emittieren wir die gefundenen `User` anhand der Reihenfolge, wie sie in der `usernames`-Liste vorkommen.

21.5.3.2 Verwendung von @BatchMapping

Die Annotation `@BatchMapping` ist eine weitere Annotation für das Abbilden des GraphQL-Schemas auf Controller-Methoden und verhält sich daher ähnlich wie `@SchemaMapping`. Allerdings gibt es einen Unterschied in der Kardinalität. Bei `@SchemaMapping` ist die Controller-Methode dafür verantwortlich, die Daten für ein Feld auf einem konkreten Typen zu liefern. Im Falle von `@BatchMapping` hat die Controller-Methode die Aufgabe, für eine Liste von Objekten die Werte für ein entsprechendes Feld in all diesen Objekten zu liefern.

Listing 21–21
@BatchMapping für die Kommentare zu Posts

```
@BatchMapping
public Mono<Map<Post, List<Comment>>> comments(
  List<Post> parents
) {

  final var comments = commentRepository
    .findAllByPostIn(parents);

  final var mappedComments = comments
    .stream()
    .collect(Collectors.groupingBy(Comment::getPost));

  parents.forEach(parent ->
    mappedComments
      .putIfAbsent(parent, Collections.emptyList()));

  return Mono.just(mappedComments);
}
```

Betrachten wir unser Beispiel der Kommentare eines Posts: Werden die Posts und die zugehörigen Kommentare durch einen Client angefragt, sollten alle relevanten Kommentare zeitgleich geladen werden. Die dafür notwendige Implementierung findet sich in Listing 21–21. Augenfällig sind sowohl der Rückgabewert als auch der Parameter der Methode `comments()`.

Beginnen wir mit dem Parameter: `List<Post> parents`. Anstelle eines einzelnen Post erhalten wir eine Liste aller zu der Query gehörenden Post-Objekte, für die die Kommentare geladen werden sollen. In unserem Beispiel verwenden wir ein Spring Data `JpaRepository` mit einer selbst definierten Methode `findAllByPostIn()` (mehr zu Spring Data Repositories findet sich in Abschnitt 26.2). Damit können wir in einer einzigen Datenbankabfrage alle Kommentare laden.

Betrachten wir nun, was Spring GraphQL als Ergebnis der Methode erwartet: `Mono<Map<Post, List<Comment>>>`. Im Wesentlichen erwartet Spring GraphQL eine resultierende `Map`, die als Key den jeweiligen Parent (`Post`) und als Value den Wertetyp des erfragten Feldes erwartet (`List<Comment>`). Unsere Aufgabe ist es daher, eine Map zu erzeugen, die für jedes erhaltene Element in der `parents`-Liste auch ein passendes Mapping hat. Dies wird in der Implementierung aus Listing 21–21 mittels `.stream()` und einem `groupingBy()`-Collector realisiert.

Die Verwendung von `Mono` als Rückgabetyp ermöglicht es, den Ladevorgang auch non-blocking zu implementieren. Gerade in Kombination mit den Möglichkeiten von Spring Reactive kann das zu einer sehr effizienten Implementierung führen. In unserem Beispiel verwenden wir jedoch eine blockierende Implementierung.

21.5.4 Definition eigener Skalare

GraphQL bringt bereits einen Satz an vordefinierten Skalaren mit: `Int`, `Float`, `Boolean`, `String` und `ID`. `ID` ist ein interessanter Fall, da es sich im Wesentlichen um einen String handelt, der aber eine besondere semantische Bedeutung erhält.

In manchen Situationen kann es hilfreich sein, zusätzliche Skalare zu definieren, um bestimmte Datentypen abzubilden, die nicht gut in einen eigenen Typen passen. Beispiele hierfür sind ein Datum, eine Uhrzeit oder eine Währungseinheit. Diese Art von Informationen können sehr gut in einem String repräsentiert werden.

Betrachten wir die Definition eines Datums ohne Angabe der Zeitzone. In Java gibt es hierfür den Typ `LocalDate`. Dieser lässt sich sehr einfach in eine ISO-8601-Zeichenkette umwandeln und auch wieder lesen. Bei ISO-8601 handelt es sich um einen Standard für die textuelle Darstellung von Datumsangaben. Unterstützungen für diese Art der Datumsdarstellung finden sich in vielen Sprachen und Frameworks.

Listing 21–22
Implementierung des Coercing-Interface für LocalDate

```
public class GraphQLLocalDateCoercing
  implements Coercing<LocalDate, String> {

  @Override
  public String serialize(
    Object dataFetcherResult,
    GraphQLContext context,
    Locale locale
  ) {
    if (dataFetcherResult instanceof LocalDate) {
      return ((LocalDate) dataFetcherResult).toString();
    } else {
      throw new CoercingSerializeException(
        "Unable to serialize '" + dataFetcherResult + "' as a ");
    }
  }

  @Override
  public LocalDate parseValue(
    Object input,
    GraphQLContext context,
    Locale locale
  ) {
    try {
      return LocalDate.parse(String.valueOf(input));
    } catch (DateTimeParseException ignored) {
      throw new CoercingParseValueException(
        "Value is not a local date : '" + input + "'"
      );
    }
  }
```

```
    @Override
    public LocalDate parseLiteral(
      Value<?> input,
      CoercedVariables variables,
      GraphQLContext graphQLContext,
      Locale locale
    ) {
      if (input instanceof StringValue)
        try {
          return LocalDate
            .parse(((StringValue) input).getValue());
        } catch (DateTimeParseException ignored) {
        }

      throw new CoercingParseLiteralException(
        "Value is not a local date : '" + input + "'"
      );
    }
  }
```

Der wichtigste Baustein für die Definition eines Skalars ist die Implementierung des `Coercing`-Interface. In Listing 21–22 ist die Implementierung für `LocalDate` zu sehen. Diese besteht aus drei Methoden, die jeweils eine spezifische Aufgabe erfüllen:

- **`serialize()`**: Die `serialize()`-Methode hat die Aufgabe, ein Objekt in das Zielformat zu überführen. In diesem Fall soll aus einem `LocalDate` ein `String` werden. Diese Methode darf ausschließlich eine Exception vom Typ `CoercingSerializeException` werfen.
- **`parseValue()`**: Wurde der Wert eines Skalars als Variable in der Anfrage übergeben, wird diese Methode verwendet, um den übergebenen Wert zu parsen. Das Resultat ist das entsprechende Java-Objekt (`LocalDate`). Der einzig erlaubte Exception-Typ ist `CoercingParseValueException`.
- **`parseLiteral()`**: Diese Methode ist `parseValue()` sehr ähnlich, kommt jedoch in einer anderen Situation zum Einsatz. Wurde ein Skalar-Wert in der Anfrage selbst definiert, wird diese Methode durchlaufen. Der wesentliche Unterschied zu `parseLiteral()` ist, dass auf dem AST (Abstract Syntax Tree) von GraphQL gearbeitet wird. In unserem Fall beachten wir nur `StringValue`. Auch hier gibt es nur einen erlaubten Exception-Typen: `CoercingParseLiteralException`.

Wurde das Coercing implementiert, muss die Implementierung noch Spring GraphQL bekannt gemacht werden.

Listing 21–23
Configuration für einen eigenen Skalar

```
@Configuration
public class GraphQLConfiguration {
  @Bean
  public RuntimeWiringConfigurer runtimeWiringConfigurer() {
    return (wiringBuilder) -> wiringBuilder
      .scalar(GraphQLScalarType.newScalar()
        .name("LocalDate")
        .description("Date without timezone information")
        .coercing(new GraphQLLocalDateCoercing())
        .build());
  }
}
```

Hierfür wird in einer `@Configuration`-Klasse ein `RuntimeWiringConfigurer`-Bean erstellt. Dieses dient als Callback nach der Initialisierung der Applikation, um Spring GraphQL mit zusätzlichen Konfigurationen zu versehen. Die Registrierung eines eigenen Skalars benötigt ein `GraphQLScalarType`-Objekt, das die Definition des Skalars enthält. In Listing 21–23 ist dies für den `LocalDate`-Skalar realisiert.

Als Letztes bleibt nur noch die Definition des Skalars im GraphQL-Schema und die Verwendung des Skalars:

Listing 21–24
GraphQL-Schema, erweitert um den LocalDate-Skalar

```
scalar LocalDate

type Comment {
  id: ID!
  date: LocalDate
  author: User!
  comment: String!
}
```

Wurde der Skalar definiert, kann dieser im Schema an beliebiger Stelle referenziert werden.

21.6 Fehlerbehandlung

Was, wenn die Ausführung eines Requests fehlschlägt, die Anfrage schlicht fehlerhaft formuliert oder ein angefragtes Objekt nicht existiert? Bei einer REST-API würde der Endpunkt schlicht eine Fehlermeldung einschließlich HTTP-Statuscode liefern.

GraphQL geht hier einen etwas anderen Weg. Anstelle eines HTTP-Status inklusive Fehlermeldung kann die Antwort einen kompletten `errors`-Block enthalten.

Listing 21–25
Beispiel für eine Antwort mit Fehlermeldung


```
{
  "errors": [
    {
      "message": "No post with id '4700' has been found",
      "locations": [
        {
          "line": 5,
          "column": 5
        }
      ],
      "path": [
        "post"
      ],
      "extensions": {
        "classification": "NOT_FOUND"
      }
    }
  ],
  "data": null
}
```


In Listing 21–25 ist ein Beispiel für eine Fehlermeldung des Servers zu sehen. Hier wurde über die GraphQL-API ein Post mit einer ID angefragt, die nicht existiert. Dies geht klar aus der `message` der Fehlermeldung hervor. Allerdings erhalten wir nicht nur die Fehlermeldung selbst, sondern Hinweise, auf welche Stelle in der Anfrage sich der Fehler bezieht oder an welcher Stelle im Graphen der Fehler auftrat.

Listing 21–26
GraphQL Exception Handler für NoSuchPostExceptions

```
@ControllerAdvice
public class ControllerErrorHandling {

  @GraphQlExceptionHandler
  public GraphQLError handleNoSuchPost(
    NoSuchPostException e,
    DataFetchingEnvironment env) {

    return GraphQLError
      .newError()
      .errorType(ErrorType.NOT_FOUND)
      .message(e.getMessage())
      .path(env.getExecutionStepInfo().getPath())
      .location(env.getField().getSourceLocation())
      .build();
  }
}
```

Die Behandlung von Fehlern erfolgt in GraphQL-Exception-Handler-Methoden. Diese mit `@GraphQlExceptionHandler` annotierten Methoden übersetzen aufgetretene `Exceptions` in einen `GraphQLError`.

Listing 21–26 enthält die Methode `handleNoSuchPost()`, die eine aufgetretene `NoSuchPostException` engegennimmt und einen passenden `GraphQLError` erzeugt. Der `GraphQLError` erhält dabei eine Klassifizierung des Fehlers (hier ist es `ErrorType.NOT_FOUND`) sowie eine `message`. Zusätzlich steht das `DataFetchingEnvironment` zur Verfügung, um zusätzliche Informationen in der Fehlermeldung bereitstellen zu können. So liefert `env.getField().getSourceLocation()`die Stelle in der Anfrage, an der sich die GraphQL-Ausführung gerade befindet (und die fehlgeschlagen ist). `env.getExecutionStepInfo().getPath()` liefert den Pfad im Graphen, an dem wir uns gerade befinden. Beide Informatinen werden über den Error an den Aufrufer zurückgegeben und bieten zusätzliche Informationen, um die Fehlersuche zu erleichtern.

GraphQL Exception Handler können grundsätzlich in allen Controller-Klassen implementiert werden, in denen diese benötigt werden. Wird eine Fehlerbehandlung in mehreren Controllern benötigt, kann die entsprechende Methode in eine Klasse ausgelagert werden, die mit `@ControllerAdvice` annotiert ist. Damit wird die Exception-Handling-Logik als Cross-Cutting-Concern in jedem Controller bereitgestellt.

22 Spring Boot Developer Tools

Mit den Spring Boot Developer Tools bietet Spring Boot eine Möglichkeit, Änderungen am Code schnell lokal zu testen. In diesem Kapitel schauen wir uns an, wie wir die Developer Tools in unseren Projekten nutzen können.

22.1 Warum Developer Tools?

Beim Arbeiten an einer Webanwendung möchten wir unsere Änderungen lokal ausprobieren, bevor wir sie in die Versionskontrolle einchecken und in ein Produktionssystem deployen. Wir haben natürlich auch eine Suite von automatisierten Unit- und Integrationstests, die uns Sicherheit gibt, aber manche Dinge wie die User Experience unserer Weboberfläche oder die Developer Experience unserer REST-API lassen sich am besten testen, indem wir sie selbst ausprobieren.

Wie testen wir eine Codeänderung lokal? Die Spring Boot Developer Tools bieten hierfür eine Lösung.

Wenn wir eine Änderung am Code lokal testen möchten, kompilieren wir den geänderten Code, kopieren die Bytecode-Dateien in den Ort, wo unser lokaler Webserver sie erwartet, und starten den Webserver erneut, damit er die geänderten Bytecode-Dateien berücksichtigt.

Dieses Vorgehen mag akzeptabel sein, wenn man nur hin und wieder mal eine Änderung lokal testen möchte. Arbeitet man aber intensiv an einer Benutzeroberfläche oder API, die man immer wieder ausprobieren möchte, verschwendet es eine Menge Zeit, denn einen Webserver (inklusive einer Spring-Boot-Anwendung) neu zu starten, dauert üblicherweise selbst bei kleinen Anwendungen oft 30 Sekunden oder mehr. Diese 30 Sekunden machen das Context-Switching zwischen einer Codeänderung und dem Testen der Änderung zu einem Produktivitätsproblem.

22.2 Developer Tools aktivieren

Die Spring Boot Developer Tools bieten eine frei verfügbare Lösung für dieses Problem, die nicht perfekt ist, aber unsere Produktivität in vielen Fällen deutlich verbessern kann.

Wir können die Developer Tools in unserem Projekt aktivieren, indem wir das folgende Modul hinzufügen:

Listing 22–1
Developer Tools in der build.gradle.kts einbinden

```
dependencies {
    developmentOnly("org.springframework.boot:spring-boot-devtools")
}
```

Man beachte, dass das Modul im Scope `developmentOnly` hinzugefügt werden sollte, damit es nicht im Produktionsartefakt landet, weil dies eine Sicherheitslücke darstellen würde. Dieser Scope wird vom Spring-Boot-Gradle-Plugin bereitgestellt. In Maven sollte das Modul für denselben Effekt als `optional` deklariert werden.

22.3 Restart

Die Hauptfunktionalität der Spring Boot Developer Tools ist die Restart-Funktion. Nach Änderungen an den Java-Klassen unserer Anwendung stoßen die Developer Tools einen Restart des Spring Application Context an. Dies bietet uns einige Vorteile bei der Entwicklung:

- Anstatt die komplette Java-Anwendung nach einer Änderung neu zu starten, wird nur noch der Spring Application Context neu gestartet. Das kann, je nach Größe der Anwendung, zwar immer noch einige Sekunden dauern, aber wir sparen uns die Zeit, die die JVM zum Hochfahren benötigt.
- Anstatt die Anwendung manuell neu zu starten, geschieht der Neustart nun automatisch, was uns einige Sekunden pro Änderung erspart und den Kopf für die eigentlichen Probleme frei macht.

Technisch nutzen die Spring Developer Tools zwei Classloader im Hintergrund:

- Der Base Classloader beinhaltet alle Klassen, die sich selten ändern, wie zum Beispiel die Klassen der Bibliotheken, die unsere Anwendung nutzt.
- Der Restart Classloader beinhaltet alle Klassen, die sich häufig ändern, also die Klassen unserer Anwendung selbst.

Bei einem Restart wird der Restart Classloader verworfen und mit den geänderten Klassen neu initialisiert, während der Base Classloader beibehalten wird. Wir sparen bei einem Restart also mindestens die Zeit, die sonst benötigt würde, um alle Klassen in den Classloader zu laden, die sich gar nicht verändert haben.

Um zu entscheiden, wann ein Restart durchgeführt wird, beobachten die Developer Tools alle Ordner im Classpath. Starten wir unsere Anwendung zum Beispiel aus der IDE heraus, ergänzt die IDE den Classpath üblicherweise um einen Ordner, in dem sie dann alle kompilierten Klassen ablegt. Verändern wir eine Klasse, kompiliert die IDE sie direkt und schreibt den Bytecode in diesen Ordner. Da die Developer Tools Veränderungen in diesem Ordner beobachten, aktualisieren sie den Restart Classloader und starten unsere Spring-Boot-Anwendung neu, ohne dass die komplette JVM erneut gestartet werden muss.

22.4 Live Reload

Ein weiteres Feature der Developer Tools ist der sogenannte »Live Reload«. Für Entwickler, die Benutzeroberflächen mit einem Node Tech Stack entwickelt haben, ist dieses Konzept bekannt:

- Wir haben unsere Anwendung lokal gestartet.
- Wir haben die Anwendung in einem Browserfenster geöffnet.
- Sobald wir eine Änderung am Quellcode vornehmen, lädt der Browser die Anwendung neu, ohne dass wir manuell auf den »Refresh«-Button klicken müssen.

Dies wird mithilfe eines Live-Reload-Servers ermöglicht. Die Developer Tools starten im Hintergrund einen Live-Reload-Server und benachrichtigen diesen Server bei jeder Änderung des Codes. Dieser Server benachrichtigt wiederum den Browser, der das Live-Reload-Protokoll unterstützen muss (welches üblicherweise die Installation eines Live-Reload-Browser-Plugins erfordert).

Live Reload ist standardmäßig aktiviert und funktioniert ohne weitere Konfiguration, solange ein entsprechendes Live-Reload-Browser-Plugin installiert ist.

22.5 Einschränkungen der Developer Tools

Die Spring Boot Developer Tools funktionieren genau dann, wenn die folgenden Rahmenbedingungen erfüllt sind:

- Die IDE kompiliert veränderte Klassen automatisch.
- Der Classpath unserer lokal laufenden Anwendung beinhaltet den Ordner, in den die IDE den Bytecode kopiert.
- Die Developer Tools sind so konfiguriert, dass sie auf Veränderungen in diesem Ordner horchen.

In einem einfachen Standardprojekt sind all diese Voraussetzungen erfüllt, ohne dass wir irgendwelche Konfigurationen vornehmen müssen. In einem komplexeren Projekt, zum Beispiel einem Projekt, das aus mehreren Maven- oder Gradle-Modulen besteht, müssen wir die Developer Tools und unsere IDE entsprechend konfigurieren. Hier hilft es, die Funktionsweise der Developer Tools (wie oben beschrieben) zu verstehen und die Konfigurationsparameter der Developer Tools zu kennen. Eine Erläuterung aller verfügbaren Konfigurationsparameter mit dem Präfix `spring.devtools` findet sich im Anhang[1] der Spring-Boot-Dokumentation.

Gegebenenfalls lohnt es sich auch, ein eigenes Maven- oder Gradle-Plugin zu entwickeln, das auf den Bedarf im Projekt abgestimmt ist. Inspiration kann das von den Autoren entwickelte Spring-Boot-Dev-Tools-Gradle-Plugin[2] geben, welches Gradle-Projekte mit mehreren Modulen unterstützt.

---

1. *https://docs.spring.io/spring-boot/docs/3.0.0/reference/htmlsingle/*
2. *https://github.com/thombergs/spring-boot-devtools-gradle-plugin*

23 Events

Da Spring alle von uns definierten Beans verwaltet, kann das Framework auch Nachrichten an diese Beans senden. Wir können das nutzen, um einen Event-Mechanismus zu entwickeln, der unsere Komponenten lose koppelt.

23.1 Lose Kopplung

Wenn eine Softwarekomponente die Funktionalität einer anderen Komponente benötigt, sind die beiden Komponenten miteinander »gekoppelt«.

Diese Kopplung kann unterschiedlich ausgeprägt sein. Eine Klasse kann zum Beispiel eine Methode einer anderen Klasse aufrufen, um auf ihre Funktionalität zuzugreifen. Dies koppelt die beiden Klassen zur Compile-Zeit. Man spricht dann von »starker Kopplung«.

Die Stärke der Kopplung hängt zusätzlich davon ab, wie umfangreich und kompliziert die Signatur der aufgerufenen Methode ist – wenn es eine einfache Methode ohne Parameter ist, ist die Kopplung nicht so stark, wie wenn die Methode eine Reihe komplexer Parameter erwartet. Sobald wir eine Veränderung an den Klassen dieser Parameter vornehmen, müssen wir den Code der aufrufenden und der aufgerufenen Klasse ändern.

Kopplung ist nicht per se schlecht. Manchmal müssen zwei Klassen sehr eng zusammenarbeiten, um eine Funktion zu erfüllen.

Meistens möchten wir unseren Code aber modular gestalten. Wenn wir an einem Modul arbeiten, möchten wir nicht über alle anderen Module der Anwendung nachdenken müssen. Dies geht nur, wenn die Abhängigkeiten zwischen den Modulen sich in Grenzen halten.

Lose gekoppelte Module ermöglichen auch eine Parallelisierung der Entwicklungsarbeit. Jedes Modul kann von einem anderen Team entwickelt werden. Dies ist nicht möglich, wenn die Module sehr stark gekoppelt sind, denn dann würden sich die Teams gegenseitig auf die Füße treten.

Nehmen wir das Beispiel einer Banking-Anwendung, die Anwendungsfälle aus zwei verschiedenen Domänen implementiert. Das erste Modul implementiert die »Benutzer«-Domäne. Es verwaltet die Benutzerdaten und gilt als »Single Source of Truth« für diese Daten. Ein weiteres Modul implementiert die »Transaktionen«-Domäne. Dieses Modul implementiert Funktionen rund um Geldüberweisungen.

Immer, wenn das »Transaktionen«-Modul eine Überweisung durchführt, muss es zunächst prüfen, ob der Benutzer, der die Überweisung angestoßen hat, gesperrt ist oder nicht. Nur wenn der Benutzer nicht gesperrt ist, wird die Überweisung durchgeführt.

Das »Transaktionen«-Modul könnte natürlich vor einer Überweisung immer direkt das »Benutzer«-Modul aufrufen und fragen, ob der Benutzer gesperrt ist oder nicht. Dies würde das »Transaktionen«-Modul aber stark an das »Benutzer«-Modul koppeln. Immer wenn wir eine Änderung am »Benutzer«-Modul vornehmen, müssen wir ggf. auch das »Transaktionen«-Modul anpassen. Außerdem möchten wir das »Transaktionen«-Modul in der Zukunft ggf. in einen eigenen (Micro-)Service extrahieren, sodass es unabhängig vom »Benutzer«-Modul released werden kann.

Events bieten eine Lösung, die beiden Module lose zu koppeln. Jedes Mal, wenn ein neuer Benutzer registriert, gesperrt oder entsperrt wird, schickt das »Benutzer«-Modul ein Event. Das »Transaktionen«-Modul horcht auf diese Events und aktualisiert seine eigene Datenbank mit dem aktuellen Status des jeweiligen Benutzers. Vor der Durchführung einer Überweisung kann das »Transaktionen«-Modul nun in der eigenen Datenbank nachschauen, ob der Benutzer gesperrt ist oder nicht, anstatt eine Anfrage an das Benutzermodul machen zu müssen. Die Datenhaltung ist komplett vom »Benutzer«-Modul entkoppelt.

Anhand dieses Beispiels möchten wir erkunden, wie wir einen solchen Event-Mechanismus mit Spring und Spring Boot implementieren können.

23.2 Events versenden

Die Voraussetzung dafür, Events mit Spring zu versenden und zu empfangen ist, dass sowohl der Sender als auch der Empfänger als Beans im Application Context registriert sein müssen.

Die Events selbst können wir als einfache Java-Klassen oder Records definieren. Unsere Benutzer-Events können wir zum Beispiel wie folgt schreiben:

```
public record UserCreatedEvent(User user) {}
public record UserLockedEvent(int userId) {}
public record UserUnlockedEvent(int userId) {}
```

Listing 23-1
Events als Java-Records implementiert

Um ein solches Event zu versenden, können wir das Interface `ApplicationEventPublisher` nutzen. Spring stellt praktischerweise im Application Context automatisch eine Bean zur Verfügung, die dieses Interface implementiert. Wir können es also einfach in unseren `UserService` injizieren:

```
@Component
public class UserService {

    private final ApplicationEventPublisher
        eventPublisher;

    public UserService(
        ApplicationEventPublisher eventPublisher
    ) {
        this.eventPublisher = eventPublisher;
    }

    public void createUser(User user) {
        // ... business logic omitted
        this.eventPublisher.publishEvent(
            new UserCreatedEvent(user));
    }

    public void lockUser(int userId) {
        // ... business logic omitted
        this.eventPublisher.publishEvent(
            new UserLockedEvent(userId));
    }

    public void unlockUser(int userId) {
        // ... business logic omitted
        this.eventPublisher.publishEvent(
            new UserUnlockedEvent(userId));
    }

}
```

Listing 23-2
Events versenden mithilfe des ApplicationEventPublisher

Wir rufen einfach die Methode `publishEvent()` auf. Das war auch schon alles, was wir tun müssen, um ein Event zu versenden.

23.3 Events empfangen

Um auf Events zu reagieren, gibt es mehrere Möglichkeiten. Wir können das `ApplicationListener`-Interface implementieren oder die Annotation `@EventListener` benutzen.

23.3.1 ApplicationListener

Der herkömmliche Weg, in einer Spring-Anwendung auf ein Event zu reagieren, ist, das ApplicationListener-Interface zu implementieren:

Listing 23–3
Ein ApplicationListener kann auf Events reagieren

```
@Component
public class UserCreatedEventListener
  implements ApplicationListener<UserCreatedApplicationEvent> {

    private static final Logger logger =
        LoggerFactory.getLogger(
            UserCreatedEventListener.class);

    private final TransactionDatabase database;

    public UserCreatedEventListener(
        TransactionDatabase database) {
        this.database = database;
    }

    @Override
    public void onApplicationEvent(
        UserCreatedApplicationEvent event) {
        this.database.saveUser(
            new User(event.getUser().id(),
                 User.UNLOCKED));
        logger.info("received event: {}", event);
    }
}
```

Die Klasse UserCreatedEventListener ist Teil des »Transaktionen«-Moduls. Sie hat Zugriff auf ein Objekt vom Typ TransactionDatabase, das die Datenbank des Moduls simulieren soll.

Wir implementieren die Methode onApplicationEvent(), die in unserem Fall ein Objekt vom Typ UserCreatedApplicationEvent entgegennimmt. Das Event beinhaltet ein User-Objekt. Der Listener nimmt die Daten des Users, die das »Transaktionen«-Modul benötigt, und speichert sie in der Datenbank. User sind standardmäßig nicht gesperrt, weswegen wir den Status UNLOCKED übergeben.

Warum benutzen wir hier die Event-Klasse UserCreatedApplicationEvent und nicht den Record UserCreatedEvent, den wir weiter oben kennengelernt haben?

Weil Springs ApplicationListener nur mit Events vom Typ ApplicationEvent umgehen kann. Das heißt, dass jedes Event, das wir verschicken, von dieser Klasse erben muss. Wir verpacken also unser UserCreatedEvent wie folgt in einem ApplicationEvent.

```
public class UserCreatedApplicationEvent
    extends ApplicationEvent {

    private final User user;

    public UserCreatedApplicationEvent(
        Object source, User user) {
        super(source);
        this.user = user;
    }

    public User getUser() {
        return user;
    }
}
```

Listing 23–4
Events müssen in einem ApplicationEvent gekapselt werden

Wie wir sehen, ist es etwas umständlich, Events mit einem `ApplicationListener` zu empfangen. Zum einen muss unser Event von der Klasse `ApplicationEvent` erben und zum anderen müssen wir das Interface `ApplicationListener` implementieren, das dann nur auf einen einzigen Typ von Events reagieren kann. Um weitere Event-Typen zu empfangen, müssten wir weitere `ApplicationListener` schreiben oder einen großen if/else-Block in der `onApplicationEvent()`-Methode implementieren.

Dies hat das Spring-Team erkannt und Spring um einen annotationsbasierten Event-Mechanismus ergänzt.

23.3.2 @EventListener

Um auf ein Event zu reagieren, können wir auch die Annotation `@EventListener` benutzen. Findet Spring diese Annotation an einer Methode einer im Application Context registrierten Bean, sendet Spring automatisch alle Events des entsprechenden Typs an diese Methode.

```
@Component
public class UserEventListener {

    private final TransactionDatabase database;

    public UserEventListener(
        TransactionDatabase database) {
        this.database = database;
    }

    @EventListener(UserCreatedEvent.class)
    public void onUserCreated(UserCreatedEvent event) {
        this.database.saveUser(
            new User(event.user().id(), User.UNLOCKED));
    }

}
```

Listing 23–5
Mit @EventListener auf ein Event reagieren

Die Klasse `UserEventListener` wird per `@Component`-Annotation dem Spring Application Context hinzugefügt. Die Methode `onUserCreated()` ist mit der `@EventListener`-Annotation versehen und nimmt ein Objekt von unserem einfachen Record `UserCreatedEvent` entgegen.

Das Event muss nicht, wie beim Beispiel mit einem `ApplicationListener`, vom Typ `ApplicationEvent` erben. Spring verpackt unser Event intern immer noch in ein `ApplicationEvent`, aber wir bekommen davon nichts mit. Wir können jedes beliebige Objekt als Event empfangen, allerdings eignen sich nichtveränderbare (immutable) Records am besten zum Transportieren von Events.

23.4 Synchron oder asynchron?

Nutzen wir Events wie in den gezeigten Beispielen, sind unsere Module »Benutzer« und »Transaktionen« zur Compile-Zeit entkoppelt. Die einzige Kopplung zwischen den Modulen sind die Event-Objekte, die beide Module kennen müssen.

Wie aber sind unsere Module zur Laufzeit gekoppelt? Was passiert, wenn unser `EventListener` im »Transaktionen«-Modul beim Empfangen eines Events eine Exception produziert oder sehr lange für die Verarbeitung eines Events benötigt? Können und müssen wir in unserem »Benutzer«-Modul darauf reagieren?

Standardmäßig funktioniert der Spring-Event-Mechanismus synchron, wie in der folgenden Abbildung dargestellt:

Abb. 23–1
Synchrone Event-Verarbeitung

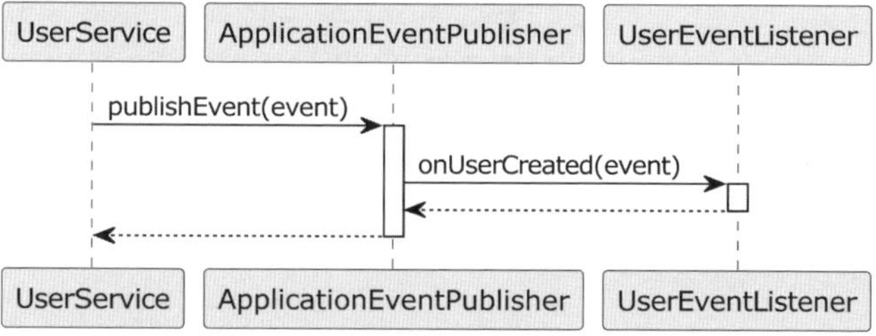

Der `UserService` sendet ein Event an den `ApplicationEventPublisher`. Dieser weiß, welche Event-Listener alle an dem Event interessiert sind, und ruft sie nacheinander auf – in unserem Fall nur den `UserEventListener`. Erst wenn die Methode `onUserCreated()` ihre Verarbeitung abgeschlossen hat, wird der Kontrollfluss zurück an den `UserService` gegeben. Die Verarbeitung findet synchron statt.

Das bedeutet, dass wenn die Methode `UserEventListener.onUserCreated()` eine Exception wirft, diese im `UserService` ankommt und die dortige Verarbeitung unterbricht. Oder wenn die Methode lange braucht, dass der Kontrollfluss im `UserService` solange unterbrochen wird.

Unsere Module sind also gar nicht so entkoppelt, wie wir uns erhofften! Wir müssen unser Exception Handling anpassen und unseren Code robuster gestalten, sodass er mit ggf. langen Wartezeiten zurechtkommt.

Können wir Events auch asynchron verarbeiten, um diese Kopplung zu reduzieren, wie im folgenden Sequenzdiagramm dargestellt?

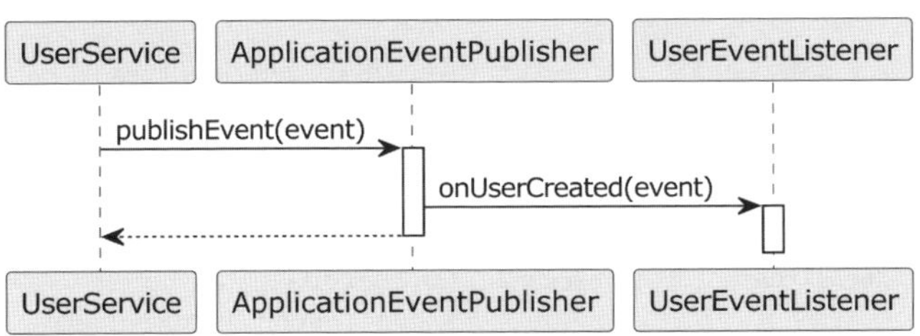

Abb. 23–2
Asynchrone Event-Verarbeitung

Die kurze Antwort ist »ja«. Wir können die Listener-Methode einfach mit der Annotation `@Async` annotieren:

Listing 23–6
Asynchron auf Events reagieren mit der @Async-Annotation

```
@Component
public class UserEventListener {

    @Async
    @EventListener(UserCreatedEvent.class)
    public void onUserCreated(UserCreatedEvent event) {
        // ...
    }
}
```

Dies veranlasst Spring dazu, den Kontrollfluss direkt an den Aufrufer zurückzugeben und die Methode in einem anderen Thread im Hintergrund auszuführen.

Damit die `@Async`-Annotation greift, müssen wir sie zunächst aktivieren. Dies tun wir mithilfe der `@EnableAsync`-Annotation an einer unserer `@Configuration`-Klassen oder unserer `@SpringBootApplication`-Klasse.

Da die Events nun asynchron verarbeitet werden, werden Exceptions im Event-Listener nicht mehr an den Sender des Events weitergeleitet. Dies kann, je nach Anwendungsfall, erwünscht oder unerwünscht sein.

Es sollte uns bewusst sein, dass die Entkopplung mittels `@Async`-Annotation nur begrenzt skaliert. Wenn wir sehr viele Events verarbeiten, stauen sich diese in Springs internem Threadpool auf und werden nur nach und nach verarbeitet. In einer synchronen Event-Verarbeitung werden Skalierungsprobleme schneller deutlich, da die komplette Verarbeitungskette langsamer wird anstatt nur die Event-Verarbeitung.

23.5 Spring Boot ApplicationEvents

Spring Boot versendet im Lebenszyklus einer Anwendung einige Events, auf die wir reagieren können. Die meisten dieser Events sind sehr technisch und für uns als Anwendungsentwickler selten relevant. Die folgende Tabelle listet diese Events in chronologischer Reihenfolge kurz auf:

Event	Beschreibung
`ApplicationStartingEvent`	Die Anwendung startet gerade, aber das Environment und der Application Context sind noch nicht verfügbar.
`ApplicationEnvironmentPreparedEvent`	Die Anwendung startet gerade und das Spring Environment ist verfügbar.
`ApplicationContextInitializedEvent`	Die Anwendung startet gerade und der Spring Application Context ist verfügbar.
`ApplicationPreparedEvent`	Kombination aus den vorherigen beiden Events. Der Application Context und das Environment sind verfügbar.
`ContextRefreshedEvent`	Der Application Context wurde aktualisiert. Dies geschieht beim Start des Application Context und wenn dieser (zum Beispiel nach einer Konfigurationsänderung) neu geladen wird.
`WebServerInitializedEvent`	Der Embedded Webserver (standardmäßig Tomcat) ist gestartet.
`ApplicationStartedEvent`	Die Anwendung ist gestartet, es wurden aber noch keine `ApplicationRunner` und `CommandLineRunner` ausgeführt.
`ApplicationReadyEvent`	Die Anwendung ist vollständig gestartet.
`ApplicationFailedEvent`	Die Anwendung ist aufgrund eines Fehlers nicht gestartet.

Das für uns relevanteste Event ist vermutlich das `ApplicationReadyEvent`, da es gefeuert wird, wenn die Anwendung bereit zur Arbeit ist. Wir können es zum Beispiel benutzen, um gewisse Komponenten in unserer Anwendung zu aktivieren.

Wenn unsere Anwendung beispielsweise Nachrichten aus einer Queue verarbeitet, möchten wir sicherstellen, dass unsere Anwendung auch bereit ist, diese Nachrichten zu verarbeiten. Dies ist der Fall, sobald wir das `ApplicationReadyEvent` empfangen haben.

Auf einige der früheren Events aus der Tabelle können wir nicht auf den »normalen« Weg reagieren, da diese gefeuert werden, bevor der Event-Mechanismus vollständig hochgefahren ist. Möchten wir auf diese frühen Events reagieren, müssen wir einen `ApplicationListener` manuell registrieren:

Listing 23–7
Um auf frühe Events zu reagieren, müssen wir einen Listener registrieren.

```
@SpringBootApplication
public class EventsApplication {

  public static void main(String[] args) {
    SpringApplication springApplication =
      new SpringApplication(EventsApplication.class);

    springApplication.addListeners(
      new MyApplicationListener());
    springApplication.run(args);
  }
}
```

24 Caching

Caching kann ein probates Mittel sein, um die Performanz einer Anwendung zu steigern. Allerdings ist Caching auch ein zweischneidiges Schwert, denn nach wie vor gilt: »Caching is hard.« Bei der Verwendung von Caching ist es nur allzu leicht, unvorhergesehenes oder falsches Verhalten in eine Anwendung einzubauen, indem beispielsweise durch eine vergessene Eviction veraltete Daten zurückgegeben werden. Diese fachliche Schwierigkeit kann ein Framework leider nicht lösen, doch zumindest die technischen Details hat Spring Boot gut im Griff.

24.1 Cache-Configuration

Caching als querschnittlicher Aspekt ist in Spring Boot nicht Teil der Anwendungslogik; Cache-Anweisungen werden sich also nie im Anwendungscode finden. Stattdessen wird das Caching über bestimmte Annotationen gesteuert, mit denen die Methoden versehen werden, deren Ergebnisse gecacht werden sollen. Bevor wir uns diese Annotationen im Detail anschauen, wollen wir betrachten, wie der Cache überhaupt aktiviert und konfiguriert werden kann. Spring Boot bietet mit dem Modul *spring-boot-starter-cache* und der Annotation `@EnableCaching` simple Möglichkeiten, um die Cache-Funktionalitäten, die komplett aus dem Spring Framework kommen, zu steuern und nach Bedarf anzupassen.

Unter der Haube wird das Caching der einzelnen Funktionen über AOP-Aspekte umgesetzt. Die `@EnableCaching`-Annotation bietet zwei Parameter, mit denen die Erzeugung dieser Aspekte technisch gesteuert wird: `mode` und `proxyTargetClass`. Mögliche Werte für `mode` sind PROXY und APECTJ. Wie die Namen bereits vermuten lassen, kann hiermit festgelegt werden, ob einfache Proxy-Klassen oder tatsächliche Aspekte im Sinne von aspektorientierter Programmierung (AOP) verwendet werden. Die Implikationen sind die gleichen wie immer bei der Verwendung von AOP: Funktionsaufrufe innerhalb der Klasse gehen nicht durch den Proxy und können somit nur im ASPECTJ-Modus gecacht werden. Der boolesche Parameter `proxyTargetClass` steuert hingegen, ob Standard-JDK-Proxies oder CGLIB-Proxies erzeugt werden.

Von dieser oberflächlichen Konfiguration abgesehen, gibt es drei Beans, die das Caching in einer Spring Boot Anwendung steuern: `CacheManager`, `CacheResolver` und `KeyGenerator`. Spring Boot konfiguriert alle davon automatisch, basierend auf den Konfigurationsparametern unter dem key `spring.cache.*` und den auf den im Classpath verfügbaren Cache-Implementierungen.

24.2 Caching-Annotationen

Spring bietet insgesamt vier Annotationen, mithilfe derer das Cache-Verhalten einer Funktion gesteuert werden kann: `@Cacheable`, `@CacheEvict`, `@CachePut` und `@CacheConfig`. Die beispielhafte Verwendung all dieser Annotationen ist im folgenden Beispiel zu sehen:

Listing 24–1
Verwendung der Caching-Annotationen

```
@Service
@CacheConfig(cacheNames = {"items"})
public class ItemService {

  @Autowired
  private ItemRepository itemRepository;

  @Cacheable
  public Item getItem(long id) {
    return itemRepository.get(id);
  }

  @CachePut(key = "#result.id()")
  public Item addItem(String name, float price) {
    return itemRepository.add(name, price);
  }

  @CacheEvict
  public void removeItem(long id) {
    itemRepository.remove(id);
  }

}
```

`@Cacheable` deklariert den Rückgabewert einer Funktion als »cachebar«. Über den Parameter `cacheNames` können wir steuern, in welchen Cache bzw. welche Caches das Ergebnis geschrieben wird, sodass mehrere Funktionen auf dem gleichen Cache operieren können. Sofern kein Key explizit deklariert ist, werden alle Parameter der Funktion konkateniert als Key verwendet. In unserem Beispiel bedeutet das, dass der Wert des Parameters `id` als Cache-Key genutzt wird. Auch wenn dies in den meisten Fällen funktioniert, bietet es sich an, den Key explizit zu deklarieren, um den Cache nicht mit riesigen Keys unnötig aufzublasen. Eine solche Deklaration ist im Parameter `key` möglich, mit einem Ausdruck wie zum Beispiel `key = {#result.name}`. Mithilfe der Parameter `condition` und `unless` kann sehr detailliert gesteuert werden, welche Elemente gecacht werden. `condition` beinhaltet dabei Assertions auf den Input-Parametern, `unless` auf dem Rückgabewert. Nur wenn diese allesamt erfüllt sind, wird das Element in den Cache geschrieben. Grundsätzlich gilt, wann immer es für einen Key bereits ein Element im Cache gibt, wird dieses zurückgeliefert und die tatsächliche Funktion nicht ausgeführt.

`@CachePut` verhält sich hier leicht anders. Es können genau dieselben Parameter wie bei `@Cacheable` verwendet werden, jedoch wird die Funktion immer ausgeführt und nie der gecachte Wert zurückgegeben. Dies wirkt im erste Moment unintuitiv, kann aber zum Beispiel für Funktionen mit Seiteneffekten nützlich sein, um die Seiteneffekte auszuführen und dabei bereits den Cache zu befüllen. Ein typisches Beispiel wäre eine `create`-Methode, die ein Objekt in eine Datenbank schreibt (Seiteneffekt) und dieses Objekt gleichzeitig schon für künftige Abfragen im Cache ablegt. Außerdem ist es mit dieser Methode ebenso möglich, ein altes Cache-Element zu invalidieren, indem man es durch ein neues Objekt ersetzt. In unserem Beispiel verwenden wir hier den `key`-Parameter, um die `id` des neu erzeugten Objektes als Cache-Key zu verwenden. Damit befindet sich das Objekt direkt nach seiner Erzeugung mit dem passenden Schlüssel im Cache, und schon bei der ersten Verwendung der `getItem()`-Methode kann das Ergebnis direkt aus dem Cache zurückgegeben werden.

`@CacheEvict` kann genutzt werden, um ein Element vollständig aus dem Cache zu löschen. Hierbei wird einfach das Element mit dem entsprechenden Key aus dem Cache gelöscht, der Rückgabewert der Funktion spielt keine Rolle. Diese Annotation ist somit auch auf `void`-Funktionen, wie etwa der `removeItem()`-Methode aus unserem Beispiel, nutzbar.

`@CacheConfig` ist eine klassenweite Annotation und kann genutzt werden, um bestimmte Konfigurationen, etwa den `cacheNames`-Parameter, für alle Cache-Annotationen innerhalb einer Klasse zu definieren.

Zusätzlich steht noch die `@Caching`-Annotation zur Verfügung. Bei dieser handelt es sich lediglich um eine Wrapper-Annotation, die als Container genutzt werden kann, um mehrere `@CachePut`- oder `@CacheEvict`-Annotationen zu kombinieren.

24.3 Cache-Implementierungen

Für Spring Caching gibt es verschiedene Implementierungen, die alle ähnlich genutzt werden können, wobei die jeweiligen Vor- und Nachteile der Implementierungen zum Tragen kommen. Ist keine andere Implementierung verfügbar, wird eine simple `HashMap` als Fallbacklösung für das Caching verwendet. Diese Variante sollte in der Praxis allerdings vermieden werden, indem eine entsprechende Implementierung als Dependency auf den Classpath gelegt wird. Die Konfiguration übernimmt Spring Boot, spezifische Eigenschaften des gewählten Cache lassen sich über die Properties steuern.

Diese Caches bieten oft erweiterte Möglichkeiten, um das Verhalten der Caches und insbesondere die Cache-Eviction zu konfigurieren. So ist es bei den meisten Implementierungen leicht möglich, dass die Objekte eine bestimmte Zeit nach dem Schreiben bzw. nach dem letzten lesenden Zugriff invalidiert werden. Die Vor- und Nachteile der einzelnen Implementierungen lassen sich den jeweiligen Dokumentationen entnehmen.

Lokales vs. verteiltes Caching

Eine wichtige Überlegung beim Caching ist, ob lokales Caching ausreicht oder ob verteiltes Caching benötigt wird. Der zentrale Unterschied ist, dass beim lokalen Caching, wie der Begriff bereits vermuten lässt, der Cache nur für eine JVM-Instanz gültig ist, während beim verteilten Caching über einen zentralen Verteilmechanismus ein gemeinsamer Cache für alle laufenden Applikationsinstanzen existiert. Während das automatische Befüllen der Caches für alle Instanzen grundsätzlich attraktiv klingt, sind damit erhöhte Kosten zur Laufzeit verbunden, um die Synchronisation herzustellen. Der Bedarf sollte also für jede Anwendung abgewogen werden.

Für die Caching-Mechanismen von Spring macht dies erst mal keinen Unterschied, da die gleichen Annotationen genutzt werden und es sich aus Spring-Sicht um einen regulären Cache handelt. Bei beiden in diesem Kapitel vorgestellten Cache-Implementierungen handelt es sich um lokale Caches. Wer verteiltes Caching braucht, kann beispielsweise einen Blick auf Hazelcast oder Redis werfen, die beide problemlos mit Spring Caching verwendet werden können.

24.3.1 EhCache

Zur Verwendung von EhCache muss die *org.ehcache:ehcache*-Dependency zum Classpath hinzugefügt werden. EhCache wird über eine *ehcache.xml*-Datei konfiguriert. Damit Spring Boot weiß, wo es nach dieser Datei suchen muss, muss eine entsprechende Property gesetzt werden:

```
spring.cache.jcache.config: classpath:ehcache.xml
```

In der *ehache.xml* kann der gewünschte Cache dann konfiguriert werden.

24.3.2 Caffeine

Zur Verwendung von Caffeine muss die *com.github.ben-manes.caffeine: caffeine*-Dependency zum Classpath hinzugefügt werden. Um Caffeine dann zu nutzen, müssen wir zwei Beans anlegen, eine Caffeine-Konfiguration und einen dedizierten Cache Manager:

Listing 24–2
Konfiguration für Caffeine Caching

```
@Bean
public Caffeine caffeineConfig() {
  return Caffeine.newBuilder()
      .expireAfterWrite(60, TimeUnit.MINUTES);
}
@Bean
public CacheManager cacheManager(Caffeine caffeine) {
  CaffeineCacheManager caffeineCacheManager =
      new CaffeineCacheManager();
  caffeineCacheManager.setCaffeine(caffeine);
  return caffeineCacheManager;
}
```

Spring Boot legt in diesem Fall keinen weiteren Cache Manager an, und die gecachten Objekte werden in dem konfigurierten Caffeine Cache vorgehalten. Im Beispiel passiert eine automatische Eviction nach 60 Minuten, ungeachtet der Zugriffe auf das Objekt.

25 Messaging

In diesem Kapitel werden wir sehen, wie wir unsere Anwendung an verschiedene Message-Bus-Systeme anbinden können.

Die Anbindung an die verschiedenen Systeme folgt dabei immer denselben Mustern, weshalb diese im ersten Unterkapitel, JMS, ausführlicher erklärt werden. Ein Blick in diesen Abschnitt lohnt also auch, wenn man ein anderes System anbinden möchte.

25.1 Messaging im Überblick

Die Verwendung von Message-Bus-Systemen oder auch Message-Oriented Middlewares erfreut sich immer größerer Beliebtheit, und die Anzahl der verfügbaren Systeme wächst stetig. Im Java-Umfeld hatte sich lange Zeit JMS (Java Message Service) als die etablierte Messaging-Technologie durchgesetzt. In heterogenen (Micro-)Servicelandschaften, in denen nicht immer alle Services in Java geschrieben sind, gewinnen neuere Protokolle wie AMQP oder Apache Kafka zunehmend die Oberhand.

Unabhängig davon, welche Messaging-Lösung konkret verwendet wird, hilft das in der Regel asynchrone Messaging dabei, eine lose Kopplung im Gesamtsystem zu erreichen und damit, gerade in Cloud-Systemen, eine höhere Robustheit und Performanz zu erreichen.

Bei einer synchronen HTTP-Kommunikation ist die komplette Kommunikationsstrecke unterbrochen, wenn einer der Partner bzw. ein Glied in der Aufrufkette nicht verfügbar ist. Alle umliegenden Services müssen für diesen Fall eine Kompensationslogik vorsehen. Fällt dagegen beim Messaging ein Dienst temporär aus, so ist das Messaging-System in der Lage, die Nachricht(en) zwischenzuspeichern, bis der Dienst wieder verfügbar ist. Dieser und weitere Vorteile sorgen dafür, dass eventgetriebene Architekturen in der Cloud zunehmend an Bedeutung gewinnen. Konzepte wie Event Sourcing gehen sogar noch einen Schritt weiter und messen Events an sich als »Quelle der Wahrheit« eine noch größere Bedeutung bei.

Auch wenn diese Betrachtung vor allem die asynchrone Kommunikation über einen Event Bus in den Vordergrund stellt, sind über Messaging verschiedene Kommunikationsmuster abbildbar.

Synchrone vs. asynchrone Kommunikation: Die bislang beschriebene asynchrone Kommunikation ist der Standard für die meisten Anwendungsfälle. Hiermit lässt sich gut ein »*Fire & Forget*«-Ansatz umsetzen, bei dem ein Service eine Nachricht publiziert und sich darauf verlässt, dass diese bei allen relevanten Empfängern ankommt. Dennoch lässt sich bei vielen Bus-Systemen auch eine eher synchrone Request/Response-Kommunikation abbilden, bei denen der Sender auf einem dedizierten Response Topic eine Antwort erhält, die er anhand einer Correlation-ID seinem ursprünglichen Request zuordnen kann. Dieser Ansatz ist unter Umständen weniger blockierend als beispielsweise eine REST-Kommunikation. Nicht alle hier genannten Bus-Systeme unterstützen Request/Response, Kafka zum Beispiel sieht dieses Pattern eigentlich nicht vor. Man kann zwar eine Art davon mithilfe von Correlation-IDs auch mit Kafka nachbauen, grundsätzlich gilt aber, dass man prüfen sollte, welche Möglichkeiten ein System von Haus aus mitbringt und wie gut das zu den eigenen Anforderungen passt.

One-to-one vs. one-to-many: Fachlich kann man immer unterscheiden zwischen Nachrichten, die einen bestimmten Adressaten haben, und Nachrichten, die an verschiedene Empfänger gesendet werden. Einige Systeme machen hier auch auf technischer Ebene eine Unterscheidung, so spricht man in JMS dediziert von Queues (1:1) und Topics (1:n) und muss auch bewusst das eine oder das andere anlegen. Die Nachrichten, die auf diesen Queues ausgetauscht werden, sind in aller Regel sehr eng zwischen Sender und Empfänger abgestimmt, ähnlich wie bei der Definition einer Schnittstelle via REST. Bei der Verwendung von Topics entscheidet in der Regel ein potenzieller Subscriber, dass er sich auf ein Topic registriert, weil die Nachrichten eine fachliche Relevanz haben. Dem Sender ist dabei oft »egal«, wer genau die Nachrichten konsumiert. Dennoch sollten in der Praxis die Nachrichtenformate mit bekannten Konsumenten abgestimmt und nicht willkürlich verändert werden, um Probleme in der Systemlandschaft zu vermeiden

Event vs. Command: Diese beiden Begriffe sind in der Community leider noch nicht restlos akzeptiert und werden oft nicht trennscharf verwendet. Dennoch ist es wichtig, die Gestalt einer Nachricht zu unterscheiden. Ein Event teilt in aller Regel etwas mit, das bereits passiert und somit auch unveränderlich ist. Ein klassisches Beispiel wäre etwa ein `OrderReceivedEvent` in einem Webshop, das alle Services abonnieren können, die auf den Eingang einer Bestellung reagieren müssen. Demgegenüber stehen Commands wie etwa ein `StartShippingCommand`, das den Beginn der Auslieferung anordnet, also den Wunsch nach einer Zustandsänderung ausdrückt. Typischerweise treten Events häufig in der One-to-many-Variante auf, Commands als One-to-one-Kommunikation, aber auch andere Permutationen sind denkbar. Es hilft beim Entwurf eines verteilten Systems, sich bewusst zu machen, welche Art von Nachrichten man verschickt. Leider verleitet der englische Name »Event Bus« für Nachrichtensysteme viele Leute dazu, alles einfach als Event zu bezeichnen, was teils für Verwirrung oder falsche Erwartungen sorgen kann.

Mit diesen Grundlagen zu Messaging im Hinterkopf wollen wir uns anschauen, wie wir eine Spring-Boot-Anwendung and verschiedene Messaging-Systeme anbinden können.

25.2 JMS

Wie bereits erwähnt ist JMS ein Standard aus dem Java-Ökosystem und verwendet Java-Serialisierung zum Versand seiner Nachrichten. Sender und Empfänger müssen entsprechend dieselben Klassen für die (De-)Serialisierung verwenden.

25.2.1 Mit einer JMS-API verbinden

Möchten wir in einer Spring-Boot-Anwendung die JMS-API anbinden, brauchen wir eines der passenden Spring-Boot-Starter-Module. In Frage kommen *spring-boot-starter-activemq* oder *spring-boot-starter-artemis*. Sobald diese auf dem Classpath sind, konfiguriert Spring Boot die meisten nötigen Beans bereits automatisch. Bei ActiveMQ und ArtemisMQ handelt es sich um zwei verschiedene Implementierungen von JMS, die beide von der Apache Foundation kommen. Nach außen verhalten sich beide weitestgehend gleich, wobei sich die internen Implementierungsdetails unterscheiden und Artemis als die modernere Lösung gilt. Apache selbst nennt Artemis den »Next Generation Broker« und stellt einen Migrationsguide für ActiveMQ-Nutzer zu ArtemisMQ zur Verfügung. Muss also für ein neues Projekt erst noch ein Broker ausgewählt werden, lohnt sich ein Blick in die Dokumentation bei Apache. Je nachdem, welcher Broker im Einsatz ist, sollte der passende Starter gewählt werden.

Ist der Starter auf dem Classpath, wird standardmäßig eine In-Memory-Variante des jeweiligen Brokers verwendet. Für die Verbindung mit einem extern betriebenen Bus müssen die entsprechenden Credentials als Properties angegeben werden:

Listing 25–1
Konfiguration von JMS-Verbindungsdaten

```
spring:
  activemq:
    broker-url: tcp://my-jms-api:61616
    user: admin
    password: secret
```

Analog zum `spring.activemq.*`-Namespace gibt es die gleichen Properties auch im `spring.artemis.*`-Namespace. Während die spezifischen Einstellungen für die jeweiligen Systeme in diesen Namespaces getätigt werden können, gibt es für generische Einstellungen noch das `spring.jms.*`-Präfix. Dieses enthält zum Beispiel Properties, um eine Standarddestination zu spezifizieren, die verwendet wird, wenn im Code keine explizite Destination für eine Verbindung angegeben wird.

25.2.2 Nachrichten senden

Für den Versand von Nachrichten kann das `JmsTemplate` genutzt werden. Ein solches Template wird von Spring Boot automatisch erstellt, und wir können es in unsere Beans injecten. Das folgende Listing zeigt exemplarisch, wie eine Funktion aussehen kann, die einen beliebigen String als Nachricht an das Topic my-topic sendet.

Listing 25–2
Nachrichtenversand mittels JmsTemplate

```
public class JmsSender {

  private JmsTemplate jmsTemplate;

  public JmsSender(JmsTemplate jmsTemplate) {
    this.jmsTemplate = jmsTemplate;
  }

  public void sendMessage(String message) {
    jmsTemplate.send("my-queue",
        session -> session.createTextMessage(message));
  }
}
```

Dabei wird die Methode `send` verwendet, die das `JmsTemplate` bereitstellt. Diese erwartet neben einer Destination als zweiten Parameter einen `MessageCreator`-Callback. In unserem Fall ist dies eine Lambda-Funktion, die eine `TextMessage` aus unserem übergebenen String baut. Neben `TextMessage` werden auch `BytesMessage`, `MapMessage` und `ObjectMessage` unterstützt. Abgesehen von dieser send-Methode bietet das Template auch eine `sendAndReceive()`-Methode, um das Request/Response-Pattern zu implemenierten, sowie eine `convertAndSend()`-Methode, die ein beliebiges Objekt entgegennehmen und dies anhand der registrierten Converter automatisch serialisieren kann.

Im Beispiel wurde bewusst der Name »*my-queue*« gewählt, da JMS ohne weitere Konfiguration davon ausgeht, dass wir mit Queues arbeiten. Möchten wir stattdessen Topics verwenden, so können wir in unserer Konfiguration die Property `spring.jms.pub-sub-domain` auf den Wert `true` setzen, woraufhin unsere Kommunikationskanäle allesamt als Topics angelegt werden. Die Entscheidung, wohin eine Nachricht tatsächlich geroutet wird, trifft ein `DestinationResolver`. Da wir in der Praxis oft nicht nur mit Queues oder nur mit Topics, sondern eher mit einer Mischung aus beiden arbeiten, kann es oft sinnvoll sein, eine eigene `DestinationResolver`-Bean anzulegen, um dort ein namensbasiertes Routing für unsere Topics zu spezifizieren. Das nächste Listing zeigt beispielhaft, wie ein solcher `DestinationResolver` aussehen kann, der Kanäle basierend auf dem Suffix als Queue oder Topic einordnet.

Listing 25–3
Suffix-basierter DestinationResolver

```
@Bean
public DestinationResolver destinationResolver() {
  return (session, destination, pubSubDomain) -> {
    if (destination.endsWith("-topic")) {
      return session.createTopic(destination);
    }
    if (destination.endsWith("-queue")) {
      return session.createTopic(destination);
    }
    throw new RuntimeException(
        "Invalid destination format " + destination);
    };
}
```

Grundsätzlich ist es mithilfe des `JndiDestinationResolver` auch möglich, per JNDI zur Laufzeit festzulegen, auf welches konkrete Topic bzw. auf welche Queue eine Destination gemappt werden soll. Somit ist der Name der Destination im Code nicht hart an die tatsächlichen Namen in JMS gekoppelt. Sollten sich also beispielsweise Topic-Namen in unterschiedlichen Deployment-Stages unterscheiden, braucht dies nicht im Funktionscode berücksichtigt zu werden, sondern kann zur Laufzeit passend verknüpft werden.

Ist die Auflösung der tatsächlichen Destination weniger komplex, aber es soll sowohl mit Queues als auch mit Topics gearbeitet werden, können alternativ auch manuell zwei verschiedene `JmsTemplates` als Beans definiert werden, eines für Topics, bei dem `pubSubDomain` auf `true` gesetzt wird, und eines für Queues, bei dem dieser Parameter auf `false` gesetzt wird. Das Standard-`JmsTemplate` wird in diesem Fall von Spring Boot nicht mehr angelegt, und das gewünschte Template kann einfach anhand des Namens in die jeweiligen Klassen injiziert werden.

25.2.3 Nachrichten empfangen

Um die über einen Broker versendeten Nachrichten zu empfangen, können Funktionen mithilfe von Annotationen als Listener deklariert werden. Im folgenden Listing werden zwei solche Listener definiert, einer, der nur auf die Nachrichten einer Queue lauscht und diese anschließend loggt, sowie einer, der die empfangene Nachricht mittels der @SendTo-Annotation an ein anderes Topic weiterschickt.

Listing 25–4
Deklaration zweier JMS-Listener

```
public class JmsReceiver {

  @JmsListener(destination = "my-queue")
  public void onMessage(String message) {
    System.out.println(message);
  }


  @JmsListener(destination = "echo-queue")
  @SendTo("response-queue")
  public String onEchoInput(String message) {
    System.out.println(message);
    return message;
  }
}
```

Wenn die Funktion einen Rückgabewert hat, jedoch kein explizites Ziel mittels @SendTo angegeben ist, wird die Antwortadresse verwendet, die in der empfangenen Nachricht via Header angegeben ist. Im Beispiel wird direkt der Payload der Nachricht an die Funktion übergeben, möglich sind aber auch die Verwendung von javax.jms.Message oder org.springframework.messaging.Message als Parameter, um das komplette Message-Objekt zu erhalten, sowie das Injizieren von JMS-Headern mithilfe der @Header-Annotation.

25.2.4 Message Converter

Wie bereits erwähnt werden Nachrichten mithilfe von im Context als Bean registrierten Instanzen von MessageConverter in Java POJOs umgewandelt. Spring Boot instanziiert automatisch einen SimpleMessageConverter, der für die meisten Bedürfnisse ausreichend sein sollte. Dieser kann Text-, Byte-, Map- und Object-Messages (de-)serialisieren. Neben diesem gibt es noch einige andere Converter, die Spring mitbringt, darunter etwa der MappingJackson2MessageConverter. Reichen diese für spezielle Anforderungen nicht aus, so kann ein eigener MessageConverter implementiert werden. Das Gerüst dafür ist in diesem Listing illustriert.

```
public class MyConverter implements MessageConverter {
  public Object fromMessage(Message message)
      throws JMSException, MessageConversionException {
    //...
  }

  public Message toMessage(Object object, Session session)
      throws JMSException, MessageConversionException {
    //...
  }
}
```

Listing 25–5
Aufbau eines MessageConverter

So haben wir vollen Zugriff auf das zu (de-)serialisierende Objekt und die `Session` und können jede exotische Serialisierungsanforderung abbilden.

25.3 AMQP

Anders als JMS ist AMQP nicht ans Java-Ökosystem gebunden und eignet sich somit für Cross-Plattform-Szenarien. Außerdem bietet AMQP neben Queues und Topics noch weitere Möglichkeiten zur Nachrichtenverteilung, etwa das Fanout-Modell (Verteilung einer Nachricht an mehrere Queues) oder ein Header-basiertes Routing.

25.3.1 Das AMQP-Protokoll

Die Verwendung von AMQP gestaltet sich aus Spring-Sicht sehr ähnlich zu JMS, auch wenn die zugrunde liegenden Technologien sich voneinander unterscheiden. Die Spring-Implementierung unterstützt dabei die AMQP-Version 0.9.1 und ist nicht kompatibel mit dem AMQP-1.0-Protokoll. Es gibt verschiedene proprietäre und quelloffene Implementierungen von AMQP 0.9.1 auf dem Markt, die gängigste davon ist RabbitMQ.

25.3.2 Konfiguration

Für die Nutzung von AMQP steht der *spring-boot-starter-amqp* zur Verfügung, der analog zum `JmsTemplate` ein `AmqpTemplate` bzw. `RabbitTemplate` zur Verfügung stellt. *Rabbit* und *AMQP* als Präfix werden in diesem Projekt austauschbar verwendet, tatsächlich ist das `RabbitTemplate` die Implementierung zum Interface `AmqpTemplate`. Ebenso wird das Rabbit-Präfix im Namespace der Konfiguration verwendet, wie der folgende Ausschnitt zeigt.

Listing 25-6
Konfiguration einer RabbitMQ-Connection

```
spring:
  rabbitmq:
    host: localhost
    port: 5672
    username: admin
    password: secret
    template:
      retry: true
```

Neben dem `AmqpTemplate` wird auch eine Instanz von `AmqpAdmin` bereitgestellt, mithilfe derer Queues und Bindings deklariert werden können. Alternativ ist es aber auch möglich, einfach Beans vom Typ `Queue` oder `Exchange` zu definieren, diese werden vom Starter automatisch berücksichtigt. Um mehrere Queues auf einmal zu deklarieren, kann eine `Declarables`-Bean verwendet werden. Das folgende Beispiel zeigt etwa die Nutzung von `Declarables`, um zwei `Queues` und einen `Fanout` zu definieren, wobei der Fanout so eingestellt wird, dass bei seiner Verwendung Nachrichten an beide Queues geroutet werden. Zur Erzeugung von drei Elementen in AMQP wird somit trotzdem nur eine Bean benötigt.

Listing 25-7
Deklaration zweier AMQP-Topics und eines Fanouts

```
@Bean
public Declarables fanoutBindings() {
  Queue fanoutQueue1 = new Queue("fanout.q1", false);
  Queue fanoutQueue2 = new Queue("fanout.q2", false);
  Exchange fanoutExc = new FanoutExchange("fanout.x");

  return new Declarables(
      fanoutQueue1,
      fanoutQueue2,
      fanoutExc,
      BindingBuilder.bind(fanoutQueue1)
          .to(fanoutExchange),
      BindingBuilder.bind(fanoutQueue2)
          .to(fanoutExchange));
}
```

25.3.3 Nachrichten versenden

Die Verwendung des `AmqpTemplate` zum Versand einer Nachricht sieht sehr ähnlich zu der Variante mit dem `JmsTemplate` aus, wie das folgende Listing zeigt:

Listing 25-8
Nachrichtenversand mit AmqpTemplate

```
public void sendMessage(String message) {
  amqpTemplate.convertAndSend("my-queue",
      new SomethingHappenedEvent());
}
```

Die `convertAndSend()`-Methode ist bereits aus dem JMS-Abschnitt vom dortigen Template bekannt. Zu beachten ist aber, dass standardmäßig die Java-Serialisierung verwendet wird. Möchte man Objekte als JSON serialisieren, so muss selbst eine `Jackson2JsonMessageConverter`-Bean deklariert werden. Gerade in Systemen, wo nicht alle Anwendungen in Java geschrieben sind, ist dies unabdingbar.

25.3.4 Nachrichten empfangen

Der Empfang von Nachrichten funktioniert komplett analog zu JMS. Methoden, die eingehende Nachrichten verarbeiten sollen, müssen mit `@RabbitListener` annotiert werden.

Listing 25–9
Nachrichtenempfang mit @RabbitListener

```
public class AmqpReceiver {
  @RabbitListener(queues = "my-queue")
  public void onMessage(String message) {
    System.out.println(message);
  }
}
```

25.4 Kafka

Apache Kafka ist ein hochleistungsfähiger Event-Bus, der in immer mehr Projekten Einzug findet. Nachrichten können entweder im Plaintext-Format oder in einem Binärformat wie etwa Avro oder Protobuf verschickt werden.

25.4.1 Konfiguration

Die Verwendung von Kafka gestaltet sich analog zu den beiden vorherigen Beispielen. Anders als bei den beiden genannten steht aber kein dedizierter Starter zur Verfügung, sondern nur das Modul *org.springframework.kafka:spring-kafka* des Spring Frameworks. Die Konfiguration erfolgt im namespace `spring.kafka.*`.

Listing 25–10
Konfiguration einer Kafka-Connection

```
spring:
  kafka:
    consumer:
      bootstrap-servers:
        - localhost:9092
      group-id: my-application
    producer:
      bootstrap-servers:
        - localhost:9092
```

25.4.2 Nachrichten versenden und empfangen

Wie in den beiden vorherigen Beispielen stehen auch hier wieder ein Template (`KafkaTemplate`) zum Versand und eine dedizierte Annotation zum Empfang von Nachrichten (`@KafkaListener`) zur Verfügung.

Wir sehen davon ab, die Informationen zum Vorgehen komplett zu wiederholen, entsprechende Beispiele finden sich aber im Git-Repository des Buches.

25.5 Ausblick: Spring Cloud Stream

Wie bereits erwähnt, dient Messaging als Technologie oft dazu, eine lose Kopplung zwischen Diensten der Systemlandschaft zu erreichen. Was alle vorgestellten Implementierungen jedoch gemeinsam haben, ist, dass sie eine enge Kopplung der Dienste an die jeweiligen Nachrichtensysteme mit sich bringen. Egal ob nun ein JMS- oder ein Kafka-Listener implementiert wird, der Entwickler muss immer ein gewisses Wissen über den jeweiligen Broker mitbringen. An diesem Punkt setzt Spring Cloud Stream an, ein Projekt, das als Teil von Spring Cloud entwickelt wird. Die Idee von Cloud Stream ist es, eine Abstraktionsschicht zwischen dem Broker und der Anwendung einzuführen. In der Anwendung werden bei Verwendung von Cloud Stream generische Dateneingänge und -ausgänge definiert und zur Laufzeit werden diese mithilfe von sogenannten Bindings an konkrete Broker-Systeme angebunden. Die Menge der so anbindbaren Broker wächst stetig an, die Referenzdokumentation der Version 4.1.0 nennt folgende Binders, die aktuell existieren:

- RabbitMQ
- Apache Kafka
- Kafka Streams
- Amazon Kinesis
- Google PubSub (partner maintained)
- Solace PubSub+ (partner maintained)
- Azure Event Hubs (partner maintained)
- Azure Service Bus (partner maintained)
- AWS SQS (partner maintained)
- AWS SNS (partner maintained)
- Apache RocketMQ (partner maintained)

Gerade für polyglotte Cloud-Landschaften lohnt ein Blick auf Cloud Streams, da Konzepte für die Implementierung nur einmal erlernt werden müssen und für alle Bus-Systeme immer wieder anwendbar sind.

25.5.1 Konzepte

Wie bereits erwähnt, basiert Cloud Stream auf der Definition von Dateneingängen und -ausgängen. Diese werden im Programmiermodell »*Channel*« genannt. Diese Channel werden lediglich als Interfaces definiert, um die Bereitstellung einer Implementierung kümmert Spring sich selbstständig basierend auf dem konkreten Binder und der Konfiguration. Von Haus aus gibt es drei Channel, die Cloud Stream anbietet: *Source* (Daten-Output), *Sink* (Daten-Input) und *Processor* (Kombination aus Input und Output). Diese drei sehen aus wie folgt:

Listing 25–11
Source, Sink und Processor

```
public interface Source {
  String OUTPUT = "output";

  @Output(Source.OUTPUT)
  MessageChannel output();
}

public interface Sink {
  String INPUT = "input";

  @Input(Sink.INPUT)
  SubscribableChannel input();
}

public interface Processor extends Source, Sink { }
```

Diese können in Anwendungen, die genau eine ein- oder ausgehende Datenquelle anzapfen, exakt so verwendet werden, also etwa dann, wenn man eine Datenverarbeitungspipeline mit kleinteiligen Anwendungen für die einzelnen Verarbeitungsschritte bauen möchte. Hier zeigt sich auch die Verwandtschaft mit dem Projekt Spring Integration, auf dem Spring Cloud Stream basiert. Möchte man mehrere Inputs oder Outputs anbinden, können analog zu den hier gezeigten beliebig viele eigene Interfaces deklariert werden. Für die korrekte Zuordnung der Bindings muss der entsprechende Starter im Classpath sein und dann die passende Konfiguration hinzugefügt werden, für die Anbindung an RabbitMQ also etwa der *spring-cloud-starter-stream-rabbit* und folgende Konfiguration:

Listing 25–12
Konfiguration für RabbitMQ in Spring Cloud Stream

```
spring.cloud.stream.bindings:
  output:
    destination: mytopic
    content-type: application/json
```

Damit für die Bindings die korrekten Klassen erzeugt werden, muss die `@EnableBinding`-Annotation auf einer Konfigurationsklasse hinterlegt und alle relevanten Channel müssen dort als Parameter übergeben werden.

Listing 25–13
Nutzung der @EnableBinding-Annotation

```
@SpringBootApplication
@EnableBinding(Source.class)
public class CloudStreamApplication {
  ...
}
```

25.5.2 Nachrichten senden und empfangen

Sind alle Channel konfiguriert, können diese per Injection in jedem Service verwendet werden, um Nachrichten zu verschicken. Der MessageChannel, der im Interface definiert wurde, bietet hierzu eine send-Methode, der eine Message übergeben werden kann.

Listing 25–14
Nachrichtenversand über einen MessageChannel

```
@Component
public class SendingBean {

  private Source source;

  @Autowired
  public SendingBean(Source source) {
    this.source = source;
  }

  public void sayHello(String name) {
    Message message = MessageBuilder
        .withPayload(name).build();
    source.output().send(message);
  }
}
```

Für das Empfangen von Nachrichten, die an einen Input-Channel gesendet werden, kann die @StreamListener-Annotation genutzt werden. Da die @EnableBinding-Annotation selbst mit @Configuration metaannotiert ist, ist es gängige Praxis, diese an der entsprechenden Listener-Klasse zu definieren, wie im folgenden Beispiel:

Listing 25–15
Deklaration eines StreamListener für den Channel Sink

```
@EnableBinding(Sink.class)
public class ItemHandler {

   @Autowired
   ItemService itemService;

   @StreamListener(Sink.INPUT)
   public void addItem(Item item) {
      itemService.add(item);
   }
}
```

Cloud Stream bringt dabei einen MessageConverter mit, der sich automatisch um passende Typkonvertierungen kümmert.

25.5.3 Vorteile

Auf den ersten Blick könnte man denken, dass mit Spring Cloud Stream nur noch eine weitere Abstraktionsschicht und damit weitere Komplexität hinzugefügt wird. Warum also sollte man Cloud Stream nutzen?

Zum einen hilft diese Abstraktion den Entwicklern weiter, die unabhängig vom verwendeten Messaging-System immer gleichartigen Code schreiben können. Das mentale Modell für die verschiedenen Bus- und Event-Systeme wird somit noch einmal normiert.

Außerdem bringt Cloud Stream mit dem *spring-cloud-stream-test-support*-Paket einen `MessageCollector` mit, der im Test verwendet werden kann, um gesendete Nachrichten automatisch zu validieren. Eine Anbindung an eine tatsächliche Middleware oder aufwendiges Mocking entfällt somit. Mit der Vielfalt an unterstützten Middleware-Systemen lohnt es sich auf jeden Fall, sich mit Spring Cloud Stream auseinanderzusetzen und es als Alternative zu den direkten Bus-Anbindungen zu evaluieren.

26 Spring Data

Dieses Kapitel behandelt die Verwaltung und Persistenz von Daten mittels des Spring Data Frameworks. Hierbei werden wir auf die Grundlagen des objektrelationalen Mappings mit Spring Data, das Arbeiten mit Spring Data Repositories und den Umgang mit relationalen und nichtrelationalen Datenbanken eingehen. Zuletzt behandeln wir das Thema Datenbank-Schema-Migration mit Flyway.

26.1 Überblick über Spring Data

Nahezu jede Anwendung benötigt oder verwaltet persistente Daten. Das Spring Data Framework bietet Entwicklern hierfür eine schlanke Abstraktionsschicht über die zu verwaltenden Daten. Durch diese Abstraktion ist es für Entwickler in der Regel nicht notwendig, sich über die Low-Level-Details der Datenbank Gedanken zu machen, sondern sie können sich ganz auf das Objektmodell fokussieren.

Spring Data ist ein zentrales Projekt im Spring Framework bestehend aus dem Kernmodul Spring Data Commons sowie aktuell zehn Hauptmodulen und vielen weiteren Community-Modulen, die Unterstützung für die unterschiedlichsten Datenquellen anbieten. Durch die Integration mit Spring Boot sind das Anbinden und Abfragen einer Datenquelle bereits mit wenigen Zeilen Code zu bewerkstelligen. So existiert für jedes Spring-Data-Modul in der Regel ein Spring Boot Starter, der die Konfiguration und das Dependency Management übernimmt.

Folgende Auflistung zeigt eine Übersicht über die aktuell existierenden offiziellen Spring-Data-Module:

- **Spring Data Commons:** Kernmodul mit übergreifenden Funktionalitäten für andere Spring-Data-Module
- **Spring Data JDBC:** unterstützt Spring Data Repositories mit JDBC
- **Spring Data JPA:** bietet Unterstützung von Spring Data Repositories auf Basis von JPA

- **Spring Data R2DBC:** unterstützt Spring Data Repositories mit einer reaktiven JDBC-Implementierung
- **Spring Data MongoDB:** stellt Unterstützung für die dokumentenorientierte Datenbank MongoDB im Rahmen von Repositories und eines `MongoTemplate` bereit
- **Spring Data Redis:** Unterstützung für die Key-Value-Datenbank Redis mittels `RedisTemplate` und Repositories, die die `byte[]`-orientierte Datenhaltung größtenteils wegabstrahieren
- **Spring Data for Apache Cassandra:** bietet Unterstützung für den Wide-Column Store Apache Cassandra mit dem `CassandraTemplate`, Repositories und Integration von CQL für Abfragen
- **Spring Data for Apache Geode:** unterstützt den In-Memory Data Grid (IMDG) Apache Geode mit dem `GemfireTemplate`, Repositories, Apache Lucene Integration sowie Spring-Data-Projektionen
- **Spring Data KeyValue:** Basisimplementierung für Key-Value-basierte Datenbanken (beispielsweise von Spring Data Redis genutzt)
- **Spring Data LDAP:** erweitert Spring LDAP um Spring Data Repositories, `LdapTemplate` und einfache Abfragemöglichkeiten
- **Spring Data REST:** ermöglicht es, Spring Data Repositories als REST-Ressourcen zu exportieren

Spring Data Commons bildet das Grundgerüst für alle datenbankbezogenen Module und definiert Funktionalitäten wie Transaktionen, Audits, Queries oder Projektionen. Des Weiteren stellt das Modul die Repository-Abstraktion bereit, die ein zentrales Interface für CRUD-Operationen darstellt und die wir uns im folgenden Abschnitt 26.2 näher anschauen werden.

Als sehr häufig genutzte Module werden wir Spring Data JPA in Abschnitt 26.4 behandeln. Die Reactive-Implementierung R2DBC von Spring Data werden wir in Abschnitt 26.5 thematisieren. Als NoSQL-Vertreter werden wir Spring Data MongoDB in Abschnitt 26.6 behandeln. Zuletzt ist Schema-Migration mit Flyway in Abschnitt 26.7 zwar kein Spring-Data-Modul, dennoch ist es im Datenbankumfeld ein relevantes Thema und seitens Spring Boot sehr gut integriert.

26.2 Spring Data Repositories

Die Spring Data Repositories bilden den Kern der Spring-Data-Module und stellen eine Abstraktionsschicht über Datenbankzugriffe in Spring-Anwendungen bereit. Die Repositories werden deklarativ als Interfaces mit wohldefinierten Methodensignaturen beschrieben. Das Framework analysiert diese Methodennamen und generiert eine Proxy-Implementierung zur Laufzeit, die die konkreten Abfragen abbildet. Diese Query-

Methoden unterstützen hierbei die meisten gängigen SQL-Abfrage-Klauseln, ausgedrückt in natürlicher Sprache. Über spezielle Methodenparameter dieser Query-Methoden lassen sich zudem zusätzliche Funktionalitäten deklarieren, wie beispielsweise eine Paginierung oder Sortierung. Diese wird durch den Entwickler nur deklariert und vom Framework automatisch bereitgestellt.

Repositories arbeiten typischerweise mit einer definierten Entity-Klasse für dieses Repository. Die hierin enthaltenen Felder geben auch die zu selektierenden Spalten der Datenbanktabelle vor. Wir können jedoch auch spezifische Projektionstypen definieren, die diese Select-Abfrage einschränkt. Dies ist insbesondere dann nützlich, wenn diese zugrunde liegende Tabelle sehr viele Spalten enthält und für die Abfrage nur einige wenige Informationen relevant sind.

Über die Query-Methoden hinaus unterstützen die Spring Data Repositories auch die Query-by-Example-Spezifikation, mit deren Hilfe wir dynamische Abfragen über die Example-API generieren können. Anders als bei den Query-Methoden sind wir hierbei nicht an die konkrete Entität und ihre jeweiligen Felder gebunden, wodurch dies insbesondere in einem dynamischen anfänglichen Umfeld mit regelmäßigen Refactorings Arbeit sparen kann.

Im Folgenden schauen wir uns einmal die konkreten Abstraktionen aus dem Spring-Data-Commons-Modul an, die die Grundlage für die meisten anderen Spring-Data-Module bilden.

26.2.1 Das Repository-Interface

Das `Repository`-Interface bildet die zentrale Komponente der Spring-Data-Abstraktionen und nimmt zwei generische Typen entgegen: die Entity-Klasse selbst und den Identifier der Klasse (zum Beispiel `Long` oder `UUID`). Das Interface selbst bietet noch keinen unmittelbaren Mehrwert, sondern dient nur als Marker-Interface beispielsweise für Spring Boot Auto-Configurations. Hiervon abgeleitet stellt Spring das `CrudRepository` und neuerdings das `ListCrudRepository` bereit:

```
public interface CrudRepository<T, ID>
extends Repository<T, ID> {
  <S extends T> S save(S entity);
  Optional<T> findById(ID id);
  boolean existsById(ID id);
  Iterable<T> findAll();
  long count();
  void deleteById(ID id);
  void delete(T entity);
  // ...
}
```

Listing 26–1
Das CrudRepository als primäres Interface für eigene Repositories

Das CrudRepository deklariert grundlegende CRUD-Operationen, d. h. Operationen wie save für das Erzeugen und Ändern von Entities, findById zum Abfragen einer Entität auf Basis ihrer ID oder deleteById zum Löschen einer Entität auf Basis dieser ID.

Das ListCrudRepository ändert nur die Rückgabetypen von allen Methoden, die java.lang.Iterable zurückliefern, auf den java.util.List-Typ zur besseren Verwendung in allen Bereichen, wo eine Collection-Klasse erwartet wird.

Eine minimale Implementierung eines eigenen Repository für eine Person-Entity mit einem Long-Wert als ID sieht folgendermaßen aus:

Listing 26–2
Eine minimale Repository-Implementierung ohne eigene Query-Methoden

```
// Interface
public interface PersonRepository
extends CrudRepository<Person, Long> {}

// Entity
@Entity
@Table(name = "person")
public class Person {
  @Id
  @GeneratedValue(strategy = GenerationType.IDENTITY)
  private Long id;
  private String firstName;
  private String lastName;

  // getters and setters omitted
}
```

Das PersonRepository ist selbst nur ein Interface ohne Implementierung und leitet einfach nur von CrudRepository ab. Es erbt hierbei die grundlegenden CRUD-Operationen. Erst zur Laufzeit sorgt das Spring Framework dafür, dass eine dynamische Proxy-Implementierung erzeugt wird. Diese Proxies schalten sich zwischen unsere Codebasis und den konkreten Datenbankzugriff. Dies bedeutet, wann immer wir eine Methode auf dem PersonRepository aufrufen, fängt dieser dynamische Proxy den Methodenaufruf ab und übersetzt diesen auf die entsprechende Abfrage in Abhängigkeit der genutzten Technologie.

JDK-Dynamic Proxies für Repository-Interfaces

Spring Data verwendet für die Repository-Proxies den Java-Standard-Proxy-Mechanismus über JDK-Dynamic Proxies. Hierbei findet keine Bytecode-Generierung statt. Die Spring-ProxyFactory-API stellt eine Proxy-Implementierung bereit, und Methodenaufrufe auf das Repository werden jeweils durch einen MethodInterceptor abgefangen und umgeleitet, wobei folgende Routing-Regeln gelten:

→

- Wenn das Repository selbst eine Implementierung für die Methode bereitstellt (beziehungsweise durch eine Default-Methode auf dem Interface), wird diese Methode aufgerufen.
- Wenn die Methode eine Query-Methode darstellt und eine konkrete Abfrage definiert wurde (beispielsweise über `@Query`), dann wird diese Abfrage verwendet. Andernfalls wird versucht, die Abfrage aus dem Methodennamen abzuleiten, der hierfür wohldefiniert sein muss. Für JPA übernimmt dies beispielsweise die `JpaQueryLookupStrategy`.
- Wenn auch dies nicht erfüllt ist, muss die Methode in einer der Spring-Data-spezifischen Basisklassen implementiert sein (für JPA beispielsweise das `SimpleJpaRepository`).

Repositories werden über eine geeignete `@Enable...Repositories`-Annotation an einer Java-Konfigurationsklasse aktiviert. Diese sorgt auch für die Instanziierung und Generierung der Proxy-Klasse und die Übersetzung der Query-Methoden. Für JPA verwenden wir beispielsweise die Annotation `@EnableJpaRepositories`:

Listing 26–3 *Aktivierung von JPA-Repositories über @EnableJpaRepositories*

```
@Configuration
@EnableJpaRepositories(
  basePackages = "de.springbootbuch.data.commons.repositories"
)
public class PersistenceConfiguration {
  @Bean
  public EntityManagerFactory entityManagerFactory() {
    // ...
  }
}
```

Standardmäßig sucht Spring Data die Repository-Interfaces ausgehend von der Configuration-Klasse, die mit der `@Enable...Repositories`-Annotation versehen ist. Die Annotation unterstützt daher unterschiedliche Parameter, darunter das Setzen des `basePackages`, womit wir Spring mitteilen, in welchem Java-Package die Repositories abgelegt sind. Dies kann auch dann nützlich sein, wenn mehrere Spring-Data-Implementierungen im gleichen Projekt verwendet werden sollen und die Repositories sinnvollerweise in unterschiedlichen Packages abgelegt werden. Es ist auch möglich, unsere Spring-Boot-Application-Klasse um eine `@EnableJpaRepositories`-Annotation zu ergänzen. In diesem Fall können wir das Setzen des `basePackages`-Attributs auslassen, wenn die Application-Klasse auf oberster Paketebene definiert wurde.

Wenn wir einen Spring Boot Data Starter verwenden, können wir `@Enable...Repositories`-Annotationen weglassen, da die entsprechende `...AutoConfiguration`-Klasse weitere Aufgaben im Hintergrund übernimmt. Für JPA sorgt beispielsweise die `JpaRepositoriesAutoConfiguration` dafür, dass JPA-Repositories aktiviert und gefunden werden, da diese wiederum die @EnableJpaRepositories-Annotation registriert. Die Suche nach geeigneten Repositories beginnt, wie bei Spring Boot üblich, ausgehend von den »*Auto-Configuration packages*«, das heißt dem Java-Package, in dem eine Klasse mit @EnableAutoConfiguration oder @SpringBootApplication annotiert wurde. Spring Boot fährt auch hier den *Convention-over-Configuration*-Ansatz. Dies kann wie zuvor beschrieben auch explizit überschrieben werden, wenn die Konvention (die »*Auto-Configuration packages*«) nicht greifen soll.

26.2.2 Query-Methoden

Spring Data Commons bietet unzählige Features und bildet die Basis für die meisten anderen Spring-Data-Implementierungen. Auch wenn dies nicht unmittelbar mit Spring Boot zu tun hat, sind die Konzepte doch Grundlage für die Verwendung der jeweiligen Spring-Data-Implementierung. Eines der bedeutendsten Konzepte ist die Query-Methode. Daher werden wir im Folgenden kurz auf die wichtigsten Details dieses Konzepts eingehen. Für alles Weitere sei an dieser Stelle auf die Referenzdokumentation für Spring Data Commons verwiesen.

Spring Data bietet grundsätzliche zwei unterschiedliche Arten, wie Abfragen definiert werden können:

- über einen wohldefinierten Methodennamen im Repository-Interface
- über eine selbst definierte Query (zum Beispiel über die @Query-Annotation in Spring Data JPA)

Beide Wege führen grundsätzlich zum gleichen Ergebnis. Ein Beispiel für eine wohldefinierte Query-Methode sieht folgendermaßen aus:

Listing 26–4
Repository-Proxy mit einer Query-Methode

```
public interface PersonRepository
extends CrudRepository<Person, Long> {
  List<Person> findByFirstName(String firstName);
}
```

Eine Implementierung ist nicht notwendig. Diese wird automatisch durch Spring Data bei der Instanziierung des Repository-Proxys generiert, sofern die Syntax für die Methode korrekt ist.

Der Aufbau folgt hierbei immer einem Subjekt-Prädikat-Muster. Das Subjekt wird mit einem Keyword wie find, exists, delete usw. eingeleitet, gefolgt von einem »By« und dem Prädikat, worauf sich die Abfrage bezieht. Zwischen find und by kann weiterer beschreibender Text stehen, der jedoch von Spring Data nicht beachtet wird. Hierfür gibt es eine Ausnahme: Ergebniseinschränkende Schlüsselwörter wie `Distinct`, `Top` oder `First` werden hingegen berücksichtigt (zum Beispiel `findFirst3PersonByFirstName`).

Das Prädikat kann umfangreicher sein und ermöglicht das Definieren von zahlreichen Filter- oder Sortierkriterien. Die Filterkriterien werden durch `And` und `Or` verknüpft. Folgendes Beispiel soll die Mächtigkeit der Query-Methoden einmal verdeutlichen:

Listing 26–5
Query-Methoden und Convenience-Default-Methoden

```
public interface DeploymentRepository
extends CrudRepository<Deployment, Long> {
  Optional<Deployment>
findFirstByJobNameAndHostNameAllIgnoreCaseOrderByCreationDateDesc(
    String jobName,
    String hostname
  );

  default Optional<Deployment> findNewestDeploymentByDescription(
    String jobName,
    String hostname
  ) {
    return
findFirstByJobNameAndHostNameAllIgnoreCaseOrderByCreationDateDesc(
jobName, hostName);
  }
}
```

Die erste Methode definiert eine Abfrage nach dem neuesten Deployment für den gegebenen Jobnamen bzw. Hostnamen, wobei Groß- und Kleinschreibung für die String-Parameter nicht relevant sein sollen. Da die Namen solcher Query-Methoden länger werden können und sich an eine bestimmte Syntax halten müssen, kann es sinnvoll sein, eine Default-Methode in dem Interface einzuführen, die als Delegate die eigentliche Query-Methode aufruft. Diese muss sich nicht an die Syntax der Query-Methode halten und kann daher einen sprechenderen Namen erhalten.

Mittels der `@Query`-Annotation lassen sich ebenfalls Queries definieren. Wenn wir Spring Data JPA nutzen, können wir an der Stelle entscheiden, ob wir JPQL (Java Persistence Query Language) oder native Queries schreiben möchten. Allerdings lässt sich auch nicht alles über eine JPQL-Query abbilden, selbst wenn wir Spring Data JPA nutzen. Die oben aufgeführte `findNewestDeploymentByDescription()`-Methode beispielsweise lässt sich durch die Einschränkung auf nur das erste Ergebnis (`findFirst`) nicht als JPQL-Query abbilden. Hierfür können wir aber eine native Query wie die folgende schreiben:

Listing 26–6
Ein Beispiel einer Query mit der @Query-Annotation

```
@Query(
  value = """
    SELECT * FROM deployment d
    WHERE UPPER(d.job_name) = UPPER(?1)
    AND UPPER(d.host_name) = UPPER(?2)
    ORDER BY d.creation_date DESC LIMIT 1
  """,
  nativeQuery = true
)
Optional<Deployment> findNewestDeploymentByDescriptionQuery(
  String jobName,
  String hostName
);
```

Die `@Query`-Annotation setzen wir wie zuvor auf eine Methode im Repository, und diese benötigt keine eigene Implementierung. Das Attribut `nativeQuery` definiert, ob die Query natives SQL oder beispielsweise die JPQL-Query-Abstraktion nutzt.

Spring Data unterstützt zahlreiche Rückgabewerte für Query-Methoden, je nach Art des Rückgabetyps. Für mehrere Elemente werden beispielsweise `Collection`, `Iterable`, `List`, `Stream`, `Flux` oder auch die Collection-Klassen aus der Vavr[1]-Bibliothek unterstützt. Dasselbe gilt auch für `Optional`. Mögliche weitere unterstützte Typen sind:

- `com.google.common.base.Optional`
- `scala.Option`
- `io.vavr.control.Option`

Alternativ kann auch ganz auf einen solchen Wrapper-Typen verzichtet werden. In diesem Fall liefert das Repository null zurück, wenn kein Ergebnis gefunden wurde, anstatt dies in einem Wrapper-Typen zu kapseln.

26.3 Die DataSource Bean

Für relationale Datenbanken binden wir in der Regel das Modul *spring-boot-starter-jdbc* ein, wobei dies meistens als transitive Abhängigkeit eines anderen Moduls geschieht (beispielsweise durch das Einbinden von *spring-boot-starter-data-jpa*). Ein Grundbaustein bildet hierbei das Interface `javax.sql.DataSource`, das uns von Java bereitgestellt und von Spring Boot extensiv genutzt wird. Das Interface stellt uns einen standardisierten Weg zum Aufbau von Datenbankverbindungen zur Verfügung.

Spring Boot nimmt uns hierbei sehr viel Arbeit ab. Die Klassen `DataSourceAutoConfiguration`, `DataSourceTransactionManagerAutoConfiguration`

1. *https://www.vavr.io/*

sowie beteiligte Klassen definieren das Standardverhalten und Möglichkeiten zum Überschreiben bestimmter Funktionalitäten.

Wenn wir zu Anfang oder für unsere Tests beispielsweise nur eine eingebettete Datenbank benötigen, reicht es, einfach nur den entsprechenden JDBC-Treiber als Abhängigkeit zu definieren. Spring Boot erzeugt für uns automatisch die `DataSource` und setzt die Konfigurationsparameter, wie die Connection-URL. Zum aktuellen Zeitpunkt unterstützt Spring Boot die eingebetteten Datenbanken H2, HSQL und Derby nativ.

Wenn wir als eingebettete Datenbank beispielsweise HSQL verwenden wollen, reicht es, folgende Abhängigkeit in Gradle zu deklarieren. Es ist keine weitere Konfiguration der `DataSource` notwendig:

__Listing 26–7__
Abhängigkeiten für eine HSQL-eingebettete Datenbank

```
implementation("org.springframework.boot:spring-boot-starter-
jdbc")
runtimeOnly("org.hsqldb:hsqldb")
```

Wenn wir keine der genannten eingebetteten Datenbanken verwenden, müssen wir uns selbst um die Konfiguration der `DataSource` kümmern. Dies erfolgt über das Konfigurationspräfix `spring.datasource.*`. Hierdurch setzen wir die Schlüssel-Wert-Paare der `DataSourceProperties`-Klasse, welche die zentralen Konfigurationsparameter für unsere `DataSource` enthält. Unsere Konfiguration könnte beispielsweise folgende Werte enthalten:

__Listing 26–8__
Beispielswerte zur Konfiguration der DataSource

```
spring:
  datasource:
    url: "jdbc:mysql://localhost/test"
    username: "someuser"
    password: "somepass"
    driver-class-name: com.mysql.jdbc.Driver
```

Mit diesen Parametern setzen wir die Connection-URL, den Datenbanknutzer und das Passwort sowie die zu verwendende `Driver`-Klasse. In den meisten Fällen kann die `Driver`-Klasse jedoch automatisch ermittelt werden. Für eine vollständige Liste an Konfigurationsparametern sei an dieser Stelle auf die Referenzdokumentation verwiesen.

Spring Boot konfiguriert über die `DataSourceAutoConfiguration` zudem einen Connection Pool. Wenn wir die Module *spring-boot-starter-jdbc* oder *spring-boot-starter-data-jpa* einbinden, erhalten wir hierfür automatisch eine Abhängigkeit zu HikariCP. Wenn Hikari nicht zur Verfügung steht, wird versucht, eine der Alternativen aufzulösen, wobei folgende Reihenfolge gilt: Pooling DataSource via Tomcat, Commons DBCP2 und zuletzt Oracle UCP. Ansonsten lässt sich der Connection Pool auch manuell über den Parameter `spring.datasource.type` setzen.

Zum Initialisieren einer Datenbank mithilfe von SQL-Skripten können wir den `DataSourceInitializer` verwenden. Dieser steht uns ohne weitere Frameworks, wie JPA oder Hibernate, zur Verfügung. Standardmäßig werden Schemaskripte aus der Ressource *optional:classpath*:schema.sql* und Datenskripte aus *optional:classpath*:data.sql* geladen. Das Präfix *optional:* bedeutet, dass diese Skripte nicht verpflichtend zum Starten der Anwendung existieren müssen. Wer die Skripte von einem anderen Ort laden möchte, kann hierfür die Konfigurationsparameter `spring.sql.init.schema-locations` oder `spring.sql.init.data-locations` überschreiben. Zusätzlich verarbeitet Spring Boot auch Skripte, bei denen der Plattform-Typ hintenangestellt ist, wie beispielsweise *schema-h2.ql*. Dieses Skript wird nur verarbeitet, wenn der Plattform-Typ durch den Konfigurationsparameter `spring.sql.init.platform` auf `h2` gesetzt wurde. Den Parameter können wir selbst überschreiben. Dies ist jedoch insbesondere dann nicht notwendig, wenn wir eine eingebettete Datenbank verwenden, da Spring Boot dies für uns übernimmt.

In Abschnitt 26.4 werden wir auf die Datenbankinitialisierung mittels JPA und Hibernate eingehen. Abschnitt 26.7 zeigt die Verwendung des Datenbank-Migrationstools Flyway für fortgeschrittenere Anwendungsfälle.

26.4 JPA

Spring Data JPA setzt auf den bekannten Spring-Data-Konzepten auf. Uns stehen daher das Repository-Interface, Query-Methoden und alles Weitere aus den Spring-Data-Commons-Modulen zur Verfügung. Zusätzlich wird dies jedoch um eine Integration mit der Java-Persistence-API erweitert. Spring Data JPA verwendet intern als JPA-Implementierung das namhafte Framework Hibernate. Als Abhängigkeit binden wir *spring-boot-starter-data-jpa* ein.

26.4.1 Welchen Mehrwert bietet Spring Data JPA?

Um zu verstehen, welchen Mehrwert uns Spring Boot mit dem Modul liefert, ist ein wenig Hintergrundwissen von JPA und Hibernate notwendig.

Das Kernelement für Persistenzkonfigurationen in JPA ist die *persistence.xml*. Diese enthält die Namen aller Persistenzeinheiten, wie Klassen auf Datenbanktabellen mappen, welche `DataSource` wir für die Datenbankverbindung verwenden wollen, die 2nd-Level-Cache-Konfiguration und vieles mehr. Im einfachsten Fall sieht eine solche Konfigurationsdatei folgendermaßen aus:

```
<persistence>
  <persistence-unit name="the-persistence-unit">
  </persistence-unit>
</persistence>
```

Listing 26–9
Eine simple persistence.xml ohne weitere Konfiguration

Die Datei definiert in unserem Fall nur eine Persistenzeinheit mit dem Namen »*the-persistence-unit*«. Eine solche Datei kann jedoch beliebig komplex werden, was die Wartbarkeit nicht gerade erleichtert.

Mit den Informationen aus der *persistence.xml* wird eine `EntityManagerFactory`-Instanz erzeugt, mit der letztlich der `EntityManager` für den verwalteten Zugriff auf die Datenbank instanziiert werden kann.

In einer Spring-Boot-Anwendung wird dies von uns wegabstrahiert. Wir benötigen keine *persistence.xml*. Zudem steht uns automatisch eine `EntityManagerFactory` zur Verfügung, und wir können uns eine Referenz hierauf per `@Autowired` geben lassen, sofern wir diese benötigen sollten. Die `EntityManagerFactory` wird automatisch mit unserer primären `DataSource` instanziiert. Auch ein Transaktionsmanager wird standardmäßig bereitgestellt. Das Einzige, was wir benötigen, sind Entity-Klassen und Repositories zum Zugriff auf die Datenbanktabellen.

Die Entity-Klassen sind unsere objektrelationale Abbildung, die es Hibernate zur Laufzeit ermöglicht, ein Object Model zu generieren. Mit diesem lassen sich Operationen auf Datenbanken durchführen, indem die Objekte in der Anwendung manipuliert werden, anstatt hierfür SQL-Abfragen bemühen zu müssen. Die objektrelationale Abbildung geschieht entweder über Java-Annotationen oder über eine Hibernate-Mapping-XML-Datei, wobei wir in heutiger Zeit grundsätzlich den Weg über Annotationen empfehlen.

26.4.2 JPA-Repositories und -Entities

Auch wenn Spring Boot uns die meiste Arbeit abnimmt, obliegt uns natürlich weiterhin die Modellierung unserer Domäne. Hierfür definieren wir Entity-Klassen und leiten unseren Repository-Proxy von einem der Repository-Interfaces ab. In Spring Data JPA steht uns hierfür unter anderem das `JpaRepository` zur Verfügung. Dieses bietet uns beispielsweise eine Unterstützung für Sortierung und Paginierung und zusätzliche Methoden, wie die `flush()`-Methode, mit der Änderungen direkt in die Datenbank geschrieben werden können. Hierfür definieren wir zuerst eine JPA-Entity:

```
@Entity
@Table(name = "customers")
public class Customer {
  @Id
  @GeneratedValue(strategy = GenerationType.IDENTITY)
  private Long id;
```

Listing 26–10
Domänen-Klasse Customer als JPA-Entity

```
    private String firstName;
    private String lastName;
    private String email;

    @OneToMany(
      mappedBy = "customer",
      cascade = CascadeType.ALL
    )
    private List<Order> orders = new ArrayList<>();

    // getters and setters omitted
  }
```

Die Customer-Entity wird automatisch durch Spring Boot beim EntityManager registriert, solange diese in einem Package unterhalb der @SpringBootApplication deklariert wurde. Falls dies nicht gewünscht ist, lässt sich für Entity-Klassen mittels @EntityScan-Annotation an einer Configuration-Klasse der Ort bestimmen, von dem ausgehend Entities gesucht werden sollen.

Anschließend definieren wir ein zugehöriges JPA-Repository:

Listing 26–11
Das CustomerRepository für den Zugriff auf die Customers-Tabelle

```
public interface CustomerRepository
extends JpaRepository<Customer, Long> {
  List<Customer> findByEmailLike(String emailPattern);
}
```

Unser CustomerRepository erbt von JpaRepository, das das Repository- bzw. CrudRepository-Interface wie zuvor beschrieben um bestimmte Funktionalitäten erweitert. Wir erhalten automatisch die gewohnten CRUD-Operationen wie findById, save oder delete. Zusätzlich können wir eigene Query-Methoden deklarieren.

Automatische Registrierung von JPA-Repositories

JPA-Repositories werden automatisch durch Spring Boot gefunden und konfiguriert. Dies erfolgt durch die JpaRepositoriesAutoConfiguration. Wir können diese Konfiguration jedoch auch selbst durch die @EnableJpaRepositories-Annotation an einer Configuration-Klasse steuern. Durch das Attribut basePackages lässt sich beispielsweise definieren, in welchen Packages unsere Repositories gesucht werden sollen. Die Verwendung der Annotation ist insbesondere dann sinnvoll, wenn mehrere unterschiedliche Persistenz-Frameworks im gleichen Projekt verwendet werden, die eine unterschiedliche Konfiguration benötigen.

Es ist nicht zwangsläufig notwendig, von dem JpaRepository-Interface zu erben, wenn wir JPA verwenden. So hätten wir auch vom Repository-Interface erben können, jedoch müssen wir die gewünschten CRUD-

Operationen dann selbst deklarieren. Dies kann gewollt sein, um die Repository-Schnittstelle insgesamt sehr schmal zu halten. Dies erzeugt jedoch initialen Mehraufwand und möglicherweise später weiteren Aufwand, wenn wir feststellen, dass wir doch das `JpaRepository`-Interface verwenden wollen.

Nachfolgend wollen wir das `CustomerRepository` in einem Test verwenden und zeigen, dass keine weitere Implementierung der deklarierten Methoden notwendig ist:

Listing 26–12
save und findById werden vom CrudRepository vererbt.

```
@DataJpaTest
public class CustomerRepositoryTest {
  @Autowired
  private CustomerRepository customerRepository;

  @Test
  public void verifyFindById() {
    Customer customer = new Customer()
      .setFirstName("John")
      .setLastName("Doe")
      .setEmail("john.doe@example.com");
    customerRepository.save(customer);

    Optional<Customer> actual = customerRepository
      .findById(customer.getId());
    assertThat(actual).isNotEmpty();
  }
}
```

Die Methoden `save` und `findById()` erhalten wir aus dem `CrudRepository`-Interface sowie einige weitere Methoden, auf die wir jetzt nicht explizit eingehen wollen.

Auch unsere eigene deklarierte Methode `findByEmailLike()` benötigt keine Implementierung, da diese der Syntax einer Query-Methode folgt:

Listing 26–13
Verwendung der findByEmailLike-Methode in einem @DataJpaTest

```
@Test
public void verifyFindByEmailLike() {
  Customer customer1 = new Customer()
    .setFirstName("John")
    .setLastName("Doe")
    .setEmail("john.doe@example.com");
  Customer customer2 = new Customer()
    .setFirstName("Jane")
    .setLastName("Smith")
    .setEmail("jane.smith@gmail.com");
  customerRepository.save(customer1);
  customerRepository.save(customer2);

  List<Customer> customers = customerRepository
    .findByEmailLike("%@example%");
```

```
assertThat(customers)
  .hasSize(1)
  .satisfiesExactly(first -> {
    assertThat(first.getEmail())
      .isEqualTo("john.doe@example.com");
  });
}
```

Spring Data JPA bietet noch zahlreiche weitere Funktionalitäten, die jedoch in einem Buch über Spring Data oder JPA besser aufgehoben wären. Der interessierte Leser sei an dieser Stelle auf die Referenzdokumentation von Spring Data JPA für Themen wie Auditing, Query-By-Example, Projektionen, Stored Procedures oder Transaktionsmanagement, verwiesen. Das vollständige Beispiel für dieses Kapitel findet sich im GitHub-Repository des Buches. Hierbei wird mit einem `JOIN FETCH` auch eine Lösung für das in Hibernate bekannte N+1-Problem[2] aufgezeigt.

26.4.3 Datenbankinitialisierung mit JPA und Hibernate

Bislang haben wir uns entweder darauf verlassen, dass die Tabellen in der Datenbank bereits existieren, oder haben diese wie im vorherigen Abschnitt 26.3 über ein *schema.sql*-Skript mithilfe des `DataSourceInitializers` selbst angelegt. JPA bzw. Hibernate geben uns jedoch ein weiteres Werkzeug an die Hand. Diese werden über Konfigurationsparameter gesteuert:

Listing 26–14
Konfigurationsparameter für eine Datenbankinitialisierung

```
// for JPA
spring.jpa.generate-ddl: true

// for Hibernate
spring.jpa.hibernate.ddl-auto: create-drop
```

Üblicherweise verwenden wir die zweite Option, da wir hierüber genauer definieren können, was genau bei der Schema-Generierung durchgeführt werden soll. Hibernate bietet hier die Werte `none`, `validate`, `update`, `create` sowie `create-drop` an; die JPA-Konfiguration lässt nur ein Boolean-Flag zu.

Für In-Memory-Datenbanken (HSQLDB, H2 sowie Derby) verwendet Spring Boot die Option `create-drop`, womit die Tabellen automatisch beim Start der Anwendung angelegt werden und wieder gelöscht werden, wenn alle Operationen durchgeführt wurden. Für alle anderen Fälle

2. Kurz gefasst: ein Problem von objektrelationalen Mapping-Frameworks bei 1:n-Relationen, die verzögert geladen werden. Hierdurch wird eine Abfrage für die 1-Seite und n Abfragen für die n-Seite durchgeführt, obwohl dies theoretisch in zwei Abfragen absolviert werden könnte. ORM-Frameworks bieten dafür unterschiedliche Lösungen an.

wird die Option none herangezogen, das heißt, dass keine Datenbankinitialisierung vorgenommen wird.

Über den Logger org.hibernate.SQL können wir uns ausgeben lassen, welche DDL-Operationen Hibernate beim Start einer Anwendung durchführt. Für unser Customer-Entity wird beispielsweise folgende SQL-Abfrage gegen die Datenbank gefeuert:

```
CREATE TABLE customers (
  id BIGINT GENERATED BY DEFAULT AS IDENTITY,
  email VARCHAR(255),
  first_name VARCHAR(255),
  last_name VARCHAR(255),
  PRIMARY KEY (id)
)
```

Listing 26–15
Hibernate generiert aus Entity-Klassen bei Bedarf DDL-Operationen.

Insbesondere bei Integrationstests mit @DataJpaTest kann es sehr sinnvoll sein, sich die generierten Datenbankoperationen anzuschauen, um eventuelle Fehler bei der Modellierung aufzudecken. Erfahrungsgemäß passieren bei den Annotationen @OneToOne, @OneToMany, @ManyToOne oder @ManyToMany viele Fehler, die sich unterschiedlich schwerwiegend auswirken können, weshalb sie gut getestet werden sollten.

Eine Art Schema-Migration ist über die Option update möglich. Hierbei wird das von Hibernate generierte Objektmodell mit dem aktuellen Schema der Datenbank abgeglichen und dieses gegebenenfalls aktualisiert. Die Möglichkeiten sind hierbei jedoch beschränkt, und grundsätzlich empfiehlt sich für produktionsrelevante Datenbanken ein eigenständiges Schema-Migrations-Tool wie Flyway oder Liquibase. In Abschnitt 26.7 werden wir uns daher die Schema-Migration mittels Flyway näher anschauen.

26.5 R2DBC

Spring Data R2DBC ist neben Spring Data JDBC ein Teil des Spring-Data-Relational-Projekts und zielt darauf ab, eine reaktive, nicht blockierende Persistenzschicht für Spring-Anwendungen bereitzustellen. Die Kernimplementierung ist sehr leichtgewichtig aufgebaut und bietet im Gegensatz zu Spring Data JPA keine Funktionalitäten wie Lazy Loading, Second-Level-Caches oder andere Konzepte, die Entwickler dort normalerweise gewohnt sind. Als Teil des Spring Data Frameworks stehen uns jedoch automatische Implementierungen über das Repository-Interface, Query-Methoden sowie eine objektrelationale Abstraktion der Datenbank zur Verfügung. Spring Data R2DBC ist eine sinnvolle Ergänzung für eine Anwendung, die gänzlich auf reaktive Programmierung setzt. Ansonsten verlieren wir die Vorteile der nicht blockierenden

Verarbeitung in unseren anderen Anwendungsschichten schnell, wenn der Zugriff auf die Datenbank ausschließlich über blockierende Aufrufe erfolgt, wie dies über JDBC in der Regel der Fall ist.

Spring Data R2DBC benötigt mindestens eine Spring-Framework-Version 6.1.3, die wir über die Spring-Boot-Versionen 3.2.2 und höher erhalten. Aktuell stehen reaktive Datenbanktreiber-Implementierungen für folgende Datenbanken zur Verfügung[3]:

- H2 (*io.r2dbc:r2dbc-h2*)
- MariaDB (*org.mariadb:r2dbc-mariadb*)
- MSSQL Server (*io.r2dbc:r2dbc-mssql*)
- MySQL (*io.asyncer:r2dbc-msysql*)
- jasync-sql für MySQL oder Postgres (*com.github.jasync-sql:jasync-r2dbc-mysql bzw. com.github.jasync-sql:jasync-r2dbc-postgres*)
- Postgres (*io.r2dbc:r2dbc-postgresql*)
- Oracle (*com.oracle.database.r2dbc:oracle-r2dbc*)

Unter Verwendung der Abhängigkeit *spring-boot-starter-data-r2dbc* binden wir Spring-Boot-Autokonfigurationen ein, die uns verschiedene Vereinfachungen bei der Konfiguration liefern. Zusätzlich benötigen wir nur noch einen der oben genannten reaktiven Treiber.

26.5.1 Datenbankverbindung über ConnectionFactory

Standardmäßig wird der Zugriff auf den Datenbanktreiber und die Erstellung von Datenbankverbindungen über die R2DBC-Klasse `io.r2dbc.spi.ConnectionFactory` gekapselt. Diese lässt sich folgendermaßen instanziieren:

Listing 26–16
Datenbankverbindung über direkte Verwendung der ConnectionFactory

```
ConnectionFactory factory = ConnectionFactories.get(
  "r2dbc:h2:mem:///test?options=USER=dbuser;PASSWORD=dbpass"
);
```

Über die Spring-Boot-Abhängigkeit erhalten wir jedoch die Möglichkeit, die Konfiguration dieser Bean über die Parameter `spring.r2dbc.*` zu steuern:

Listing 26–17
Datenbankkonfiguration zur Erstellung der ConnectionFactory

```
spring:
  r2dbc:
    url: "r2dbc:h2:mem:///test"
    username: dbuser
    password: dbpass
```

3. *https://r2dbc.io/drivers*

Hiermit legen wir die URL, den Datenbank-Benutzernamen sowie das Datenbank-Passwort für die Verbindung mit der Datenbank fest.

Über den von Spring Boot bereitgestellten ConnectionFactoryOptionsBuilderCustomizer lassen sich weitere spezifische Konfigurationen überschreiben. Wenn wir beispielsweise den Datenbank-Port anpassen wollen, lässt sich dies über folgende Configuration-Klasse bewerkstelligen:

```
@Configuration
public class CustomR2dbcConfiguration {
  @Bean
  public ConnectionFactoryOptionsBuilderCustomizer customizer() {
    return (builder) -> builder
      .option(ConnectionFactoryOptions.PORT, 5432);
  }
}
```

Listing 26–18
Anpassungen der ConnectionFactory über Configuration-Klasse

26.5.2 Datenbankzugriff

Der reaktive Zugriff auf die Datenbank kann auf unterschiedliche Weisen erfolgen. Eine Möglichkeit ist die Verwendung einer Template-Implementierung, wie es sie auch für andere Spring-Data-Implementierungen gibt. Für R2DBC ist dies die R2dbcEntityTemplate-Klasse.

Zuerst deklarieren wir unsere Entity-Klasse Customer, wie wir sie bereits aus Abschnitt 26.4.2 kennen:

```
@Table(name = "customers")
public class Customer {
  @Id
  private Long id;
  private String firstName;
  private String lastName;
  private String email;

  // getters and setter omitted
}
```

Listing 26–19
Entity-Klasse Customer für Spring Data R2DBC

Die @Table-Annotation stammt aus dem Package org.springframework.data.relational.core.mapping und dient zum Deklarieren einer R2DBC-Entity-Klasse. Die @Id-Annotation ist die aus Spring Data gewohnte Annotation zum Markieren des Primärschlüssels der Tabelle.

Anschließend instanziieren wir das R2dbcEntityTemplate mit der zuvor erzeugten ConnectionFactory:

```
R2dbcEntityTemplate r2dbcEntityTemplate =
  new R2dbcEntityTemplate(factory);
```

Listing 26–20
Erzeugen der Entity-Template-Klasse für Datenbankabfragen

Wenn wir den Spring Boot Starter verwenden, stehen sowohl die `ConnectionFactory` als auch die Template-Klasse als fertig konfigurierte Beans im Application Context zur Verfügung, sodass wir uns die Abhängigkeit auf die Template-Klasse auch injizieren lassen können.

Folgendes Codebeispiel zeigt die Verwendung der Template-Klasse, um Abfragen gegen die Datenbank zu feuern:

Listing 26–21
Verwendung der R2dbcEntityTemplate-Klasse für Datenbankabfragen

```
public Mono<Customer> getCustomerById(Long customerId) {
  return r2dbcEntityTemplate
    .select(Customer.class)
    .matching(query(where("id").is(customerId)))
    .one();
}
```

Die Klasse bietet eine Fluent-API für die CRUD-Operationen. Die `select()`-Methode nimmt unsere Entity-Klasse entgegen und nutzt diese für die korrekte Konvertierung von der Datenbanktabelle in eine entsprechende Instanz der Klasse.

Über die `matching()`-Methode lässt sich eine WHERE-Klausel einleiten. Wir schließen in diesem Fall die Abfrage mit der Methode `one()` ab, um zu signalisieren, dass wir exakt ein oder kein Ergebnis erwarten. Wenn die Abfrage mehr als ein Ergebnis liefern würde, erzeugt das `R2dbcEntityTemplate` stattdessen eine `Mono.error`-Instanz mit einer entsprechenden Exception.

Die `R2dbcEntityTemplate`-Klasse lässt sich einwandfrei verwenden und ist für diejenigen gedacht, die ihre Abfragen sehr genau steuern wollen. Für mehr Komfortabilität bietet Spring Data R2DBC jedoch auch die Möglichkeit, entsprechende Repository-Interfaces zu deklarieren. Hierfür erzeugen wir uns ein `CustomerRepository`, das üblicherweise von `ReactiveCrudRepository` ableitet:

Listing 26–22
Deklaration eines Spring-Data-R2DBC-Repositorys

```
public interface CustomerRepository
extends ReactiveCrudRepository<Customer, Long> {
  Mono<Customer> findById(Long id);
}
```

Die `findById()`-Methode dient in diesem Fall der Anschaulichkeit. Die gewohnten CRUD-Operationen werden in ihrer entsprechenden reaktiven Ausprägung auch über das `ReactiveCrudRepository`-Interface bereitgestellt.

Um die R2DBC-Repositories zu konfigurieren, steht uns die `@EnableR2dbcRepositories`-Annotation zur Verfügung. Diese muss an einer `@Configuration`-Klasse definiert werden. Mit dem Spring Boot Starter werden die Repositories hingegen automatisch gefunden und konfiguriert. Hierfür sorgt die `R2dbcRepositoriesAutoConfiguration`, die die Repositories mittels Component-Scanning ermittelt.

Auto-Configurations: die Magie hinter Spring Boot

Wer Probleme hat, nachzuvollziehen, wieso bestimmte Funktionalitäten »einfach so« zur Verfügung stehen und bestimmte Beans bereits im Application Context sind, sollte nach diesen und anderen Auto-Configuration-Klassen Ausschau halten. Vieles, was an Spring Boot »auto-magisch« erscheint, ist genau in solchen Configuration-Klassen gemäß des Prinzips »*Convention over Configuration*« für den Anwender bereits konfiguriert. Mehr Details auch in Abschnitt 8.3.

Im Begleit-Repository zum Buch finden sich weitere Codebeispiele, insbesondere die Verwendung von *Entity Callbacks*, um bestimmte Operationen beispielsweise vor oder nach dem Persistieren einer Entität durchzuführen.

26.6 NoSQL mit Spring Data MongoDB

Spring Data unterstützt nicht nur relationale Datenbanken, sondern auch unterschiedliche bekannte Vertreter von NoSQL-Datenbanken. Aktuell existieren offizielle Module für Cassandra, Couchbase, Elasticsearch, GemFire bzw. Geode, MongoDB, Neo4J sowie Redis, für die auch entsprechende Spring Boot Starter für Autokonfigurationen zur Verfügung stehen. In diesem Kapitel wollen wir uns die Integration für die dokumentenorientierte Datenbank MongoDB als Vertreter der NoSQL-Datenbanken anschauen. Hierfür binden wir das Modul *spring-boot-starter-data-mongodb* ein.

26.6.1 MongoDatabaseFactory und MongoTemplate

Über den Spring Boot Starter stehen uns einige Konfigurationsoptionen in der *application.yml* zur Verfügung, um uns mit einer MongoDB-Instanz zu verbinden. Die Parameter lassen sich unter dem Präfix `spring.data.mongodb.*` konfigurieren:

Listing 26–23
Konfigurieren einer MongoDB-Instanz in der application.yml

```
spring:
  data:
    mongodb:
      host: "some-mongo-server.somewhere.com"
      port: 27017
      additional-hosts:
        - "some-mongo-server2.somewhere.com:23456"
      database: "test"
      username: "user"
      password: "secret"
```

Die Konfiguration lässt sich auch über `spring.data.mongodb.uri` in einem Parameter zusammenfassen:

Listing 26–24
Zusammengefasste Konfiguration über spring.data.mongodb.uri

```
spring:
  data:
    mongodb:
      uri: "mongodb://user:secret@ some-mongo-
server.somewhere.com:27017, some-mongo-
server2.somewhere.com:23456/test"
```

Die von uns konfigurierten Parameter werden standardmäßig automatisch durch die Klasse `MongoClientSettings` ausgewertet. Wir können diese Klasse auch selbst erzeugen, dann werden jedoch die Konfigurationen unterhalb von `spring.data.mongodb.*` ignoriert. Um die Konfiguration zu ergänzen, können wir jedoch eine `@Configuration`-Klasse mit einer Bean vom Typ `MongoClientSettingsBuilderCustomizer` definieren:

Listing 26–25
Ergänzen einer MongoDB-Konfiguration über Customizer-Klasse

```
@Configuration
public class MongoDbConfiguration {
  @Bean
  public MongoClientSettingsBuilderCustomizer customizer() {
    return settings -> settings
      .applyToSslSettings(ssl -> ssl.enabled(true));
  }
}
```

Diese Konfiguration kann prinzipiell auch über die Property `spring.data.mongodb.ssl.enabled=true` gesetzt werden. Die Verwendung der Customizer-Klasse kann jedoch insbesondere dann nützlich sein, wenn die Werte für die Property erst zur Laufzeit zur Verfügung stehen.

Die `MongoClientSettings`-Bean wird für die Instanziierung einer `MongoClient`-Instanz verwendet. Diese wird genutzt, um eine `MongoDatabaseFactory`-Instanz zu erzeugen, die letztlich die Verbindung zur konkreten MongoDB-Datenbank aufbaut. Spring Boot stellt diese Beans jedoch im Hintergrund bereits für uns zur Verfügung, solange wir die entsprechenden Konfigurationsoptionen in der *application.yml* hinterlegen, sodass wir uns im Allgemeinen nicht darum kümmern müssen.

Über die `MongoDatabaseFactory` wird auch eine Instanz der `MongoTemplate`-Klasse instanziiert. Das `MongoTemplate` ist eine zentrale Klasse, um mit der MongoDB-Datenbank zu interagieren und CRUD-Operationen durchzuführen. Auch von dieser Klasse können wir uns eine Instanz von Spring injizieren lassen.

Wie auch bei anderen Spring-Data-Modulen ist eine solche Template-Klasse vergleichsweise nah an der Treiberimplementierung. Aber auch für MongoDB besteht die Möglichkeit, Spring Data Repositories für eine höhere Abstraktionsebene zu deklarieren, die wir uns im nächsten Abschnitt anschauen wollen.

26.6.2 Spring Data Repository für MongoDB

Die Spring Data Repositories für MongoDB funktionieren grundsätzlich ähnlich wie die von Spring Data JPA. Auch hier stehen uns Query-Methoden zur Verfügung, die Repository-Proxy-Implementierungen werden automatisch generiert und die Modell- bzw. Repository-Klassen werden über Component-Scanning automatisch aufgegriffen. Ähnlich wie bei JPA steht uns auch über eine Annotation die Möglichkeit zur Verfügung, diesen Mechanismus zu überschreiben. Hierfür verwenden wir die `@EnableMongoRepositories`-Annotation an einer `Configuration`-Klasse. Die Modell-Klassen werden zudem nicht mit `@Entity`, sondern stattdessen mit `@Document` annotiert, wobei auch dies prinzipiell nicht notwendig ist. Wenn die Klassen nicht mit der Annotation versehen sind, dauert das erste Persistieren eines Dokuments geringfügig länger, da die notwendigen Metadaten erst prozessiert werden müssen. In aller Regel werden wir die Modell-Klassen daher mit `@Document` annotieren, um zu markieren, dass dies unsere MongoDB-Dokument-Repräsentationen sind. Folgendes Listing zeigt ein Beispiel einer Modell-Klasse:

Listing 26–26
Definieren einer Java-Klasse für das MongoDB-Dokument customers

```
@Document(collection = "customers")
public class Customer {
  @Id
  private String id;
  @Indexed
  private Long customerId;
  private String firstName;
  private String lastName;
  @Indexed
  private String email;
  @DBRef
  private List<Address> addresses = new ArrayList<>();

  // getters and setters omitted
}
```

MongoDB erfordert für alle Dokumente ein Feld `_id`, welches jedoch nicht, wie in unserem Fall, ein String sein muss. Andere primitive Datentypen, `UUID` oder `Date` wären ebenfalls valide Optionen. Die einzige Anforderung ist, dass die ID eindeutig sein muss.

Standardmäßig wird intern der `MappingMongoConverter` verwendet, um MongoDB-Dokumente aus Java-Klassen und umgekehrt zu generieren. Für die Ermittlung und Generierung des ID-Feldes gelten folgende Regeln:

- Wenn ein Feld mit `@Id` annotiert ist, wird dieses auf das *_id*-Feld gemappt.
- Wenn ein Feld zwar keine `@Id`-Annotation aufweist, aber *id* heißt, wird es ebenfalls auf das *_id*-Feld gemappt.

Ergänzend dazu kann die @Field-Annotation verwendet werden, um den Namen des ID-Feldes zu überschreiben, wenn gewünscht.

Doch auch wenn kein passendes ID-Feld in der Klasse definiert wird, erzeugt der MongoDB-Treiber dennoch unter der Haube ein *_id*-Feld. Dieses kann dann jedoch nicht für Abfragen verwendet werden.

Für unser Customer-Entity könnte eine Repository-Klasse folgendermaßen aussehen:

Listing 26–27 *Definieren einer Repository-Klasse über das MongoRepository*

```
public interface CustomerRepository
extends MongoRepository<Customer, String> {
  Optional<Customer> findByEmail(String email);
  Optional<Customer> findByCustomerId(long customerId);
}
```

Die Repository-Implementierung folgt dem gleichen Schema wie andere Spring-Data-Module. In diesem Fall leiten wir von MongoRepository ab, um dies explizit als ein Repository für ein MongoDB-Dokument zu deklarieren. Zudem erhalten wir hierüber auch direkt die Methoden für Paginierung, Sortierung und Query-by-Example. Wir hätten jedoch auch stattdessen vom CrudRepository- oder gar Repository-Interface ableiten können, wenn wir die Anzahl der verfügbaren Methoden möglichst klein halten wollen.

Auch bei Spring Data MongoDB stehen uns Query-Methoden zur Verfügung. Die zuvor deklarierte findByEmail-Methode resultiert in dem MongoDB-spezifischen Query-Ausdruck {"email": "<email-address>"}. Neben den standardmäßigen Filter-Optionen stehen uns auch Operationen auf Geodaten, Volltextsuche, Aggregationen oder JSON-basierte Abfragen zur Verfügung.

26.6.3 Integrationstests mit @DataMongoTest

Für lokale Unit- und Integrationstests stellt uns Spring Boot den Test Slice @DataMongoTest bereit. Diese stellt uns im Testkontext unter anderem ein fertig konfiguriertes MongoTemplate, die MongoDB-Dokument-Entitäten sowie unsere Mongo-Repositories zur Verfügung. Wie auch bei anderen Test Slices schränkt die Annotation das Component-Scanning auf die relevanten Komponenten ein, sodass andere Komponenten, wie @Controller, @Service oder @Component standardmäßig nicht gefunden werden.

Für die MongoDB-Test-Instanz stehen für uns unterschiedliche Möglichkeiten bereit. Wir können die Tests entweder gegen eine lokal laufende MongoDB-Instanz konfigurieren, wobei dies die Tests abhängig von der Laufzeitumgebung macht. Ein beliebter Ansatz ist die Verwendung von Testcontainern, um zur Testlaufzeit einen MongoDB-Container hochzufahren, der möglichst nah an der Produktionsumgebung ist.

Spring Boot unterstützt jedoch auch das Framework *Flapdoodle*. Hiermit wird für den Test eine Embedded-Instanz von MongoDB hochgefahren. Dafür binden wir zuerst in unserem Gradle-Build das Modul *de.flapdoodle.embed:de.flapdoodle.embed.mongo.spring3x* im `test`-Scope ein. Zusätzlich konfigurieren wir in unserer *src/test/resources/application.yml* eine passende MongoDB-Version. Diese wird automatisch durch Flapdoodle bereitgestellt:

Listing 26–28
Konfigurieren der MongoDB-Version über Flapdoodle

```
de:
  flapdoodle:
    mongodb:
      embedded:
        version: 7.0.4
```

Beim Starten des Tests wird eine In-Memory-Instanz von MongoDB in dieser Version bereitgestellt, gegen die die Anwendung im Testkontext automatisch konfiguriert ist. Folgende Testklasse zeigt die Verwendung der `@DataMongoTest`-Annotation:

Listing 26–29
Testklasse für die Customer-Entität unter Verwendung von DataMongoTest

```
@DataMongoTest
public class CustomerRepositoryTest {
  @Autowired
  private MongoTemplate mongoTemplate;
  @Autowired
  private CustomerRepository customerRepository;
  @BeforeEach
  public void setup() {
    prepareTestData();
  }

  @Test
  public void verifyFindByEmailFindsCustomer() {
    assertThat(customerRepository
      .findByEmail("john.doe@example.com")
    ).hasValueSatisfying(customer -> {
        assertThat(customer.getFirstName())
          .isEqualTo("John");
        assertThat(customer.getLastName())
          .isEqualTo("Doe");
        assertThat(customer.getAddresses())
          .hasSize(2);
      });
    assertThat(customerRepository
      .findByEmail("unknown.user@example.com")
    ).isEmpty();
  }

  private void prepareTestData() {
    // ...
  }
}
```

Der erste Testdurchlauf dauert üblichererweise etwas länger, da Spring Boot erst einmal die ausgewählte MongoDB-Version herunterladen wird, um diese bereitzustellen.

Spring Data MongoDB bietet noch zahlreiche weitere Möglichkeiten, die in diesem Kapitel nicht behandelt werden konnten. Hierfür sei an dieser Stelle auf die Spring-Data-MongoDB-Referenzdokumentation verwiesen.

26.7 Schema-Migration mit Flyway

In Abschnitt 26.4.3 haben wir gesehen, wie JPA oder Hibernate für eine Datenbankinitialisierung verwendet werden kann. Mit Hibernate ist auch eine Form von Schema-Migration möglich, jedoch nur in einem sehr eingeschränkten Maß. Daher wollen wir uns in diesem Abschnitt mit einem Tool auseinandersetzen, das speziell für Datenbankmigrationen gedacht ist.

Flyway[4], welches mittlerweile zu Redgate gehört, ist ein bekannter Anbieter auf dem Markt und neben Liquibase[5] eines der beiden von Spring Boot unterstützten Tools für Datenbankmigrationen.

Zuerst fügen wir unserem Gradle-Build das Modul *org.flywaydb:flyway-core* hinzu. Die Migrationen zwischen verschiedenen Versionsständen unserer Datenbank verwalten wir in SQL-Skript-Dateien, die standardmäßig dem Namensschema *V<VERSION>__<NAME>.sql* entsprechen müssen, zum Beispiel *V01__CreateCustomerTable.sql*. Dies ist allerdings konfigurierbar, wenn gewünscht. In der Rege werden diese Skriptdateien im Ressourcenordner unter *classpath:db/migration* abgelegt. Der Ablageort kann jedoch über den Konfigurationsparameter `spring.flyway.locations` angepasst werden. Flyway führt alle dort abgelegten Skriptdateien in alphanumerischer Reihenfolge aus.

Zusätzlich ist es möglich, Migrationen auch in Java zu schreiben. Hierfür verwenden wir üblicherweise die Basisklasse `BaseJavaMigration`, die dem gleichen Namensschema folgen sollte wie die Skriptdateien. Diese Klassen werden automatisch durch Flyway beim Start ausgeführt.

Metadaten zu ausgeführten Migrationen werden durch Flyway in der Datenbanktabelle *flyway_schema_history* verwaltet. Hierdurch ist nachvollziehbar, zu welchem Zeitpunkt welche Migration erfolgreich oder nicht erfolgreich ausgeführt werden konnte.

Im Allgemeinen wollen wir die Flyway-Migrationsskripte, wie alle anderen Ressourcen, automatisiert testen, sodass wir sicherstellen kön-

---

4. *https://flywaydb.org/*
5. *https://www.liquibase.com/*

nen, dass sich unsere Datenbank nach der Ausführung der Migrationen in einem erwarteten Zustand befindet. Hierfür können wir einen Flyway-Integrationstest schreiben, der im besten Fall einmal verifiziert, dass alle Entitäten persistiert werden können, alle Relationen stimmen und alle Constraints korrekt deklariert wurden. Die Testklasse kann beispielsweise folgendermaßen aufgebaut sein:

Listing 26–30
Validieren des Datenbankschemas mittels Integrationstest

```
@SpringBootTest
@Transactional
@ActiveProfiles("flyway")
@AutoConfigureTestEntityManager
public class FlywayIntegrationTest {
  @Autowired
  private TestEntityManager testEntityManager;

  @Test
  public void verifyCustomerCanBePersisted() {
    testEntityManager.persist(new Customer()
      .setFirstName("John")
      .setLastName("Doe")
      .setEmail("john.doe@example.com")
      .setOrders(List.of())
    );
  }
}
```

Damit die Migrationen tatsächlich ausgeführt werden, müssen wir die Property `spring.flyway.enabled=true` (zum Beispiel in unserer *application.yml*) setzen. Da wir Flyway-Migrationen nicht in jedem Integrationstest durchführen wollen, eignet sich hierfür das Definieren eines entsprechenden Profils, wie hier »*flyway*«. Nur in der *application-flyway.yml* setzen wir dann die erwähnte Property.

Nach dem Ausführen der Testklasse erhalten wir unter anderem folgende Konsolenausgabe:

Listing 26–31
Flyway gibt durchgeführte Migrationen auf der Konsole aus.

```
INFO o.f.c.i.c.DbValidate     : Successfully validated 4 migrations
(execution time 00:00.012s)

INFO o.f.c.i.c.DbMigrate      : Current version of schema "PUBLIC":
<< Empty Schema >>

INFO o.f.c.i.c.DbMigrate      : Migrating schema "PUBLIC" to ver-
sion "01.1 - createCustomer"

INFO o.f.c.i.c.DbMigrate      : Migrating schema "PUBLIC" to ver-
sion "01.2 - createOrderProducts"

INFO o.f.c.i.c.DbMigrate      : Migrating schema "PUBLIC" to ver-
sion "01.3 - createOrders"
```

```
INFO o.f.c.i.c.DbMigrate      : Migrating schema "PUBLIC" to ver-
sion "01.4 - createProduct"

INFO o.f.c.i.c.DbMigrate      : Successfully applied 4 migrations
to schema "PUBLIC", now at version v01.4 (execution time
00:00.026s)
```

Dies dokumentiert die von Flyway ausgeführten Migrationen und in welchem Zustand sich die Datenbank ursprünglich befunden hat. Im Vorfeld haben wir für jede Tabelle eine eigene Migrationsdatei mit der entsprechenden CREATE-TABLE-Operation angelegt. Diese wurden nun nacheinander ausgeführt, um die Datenbank in den finalen Zustand zu versetzen.

27 Spring Cloud Config

Das Kapitel beleuchtet das zentrale Konfigurationsmanagement mittels Spring Cloud Config. Hierbei betrachten wir die beiden grundsätzlichen Komponenten Config-Server und Config-Client, wie diese miteinander interagieren und welche Konfigurationsmöglichkeiten uns zur Verfügung stehen.

27.1 Warum Spring Cloud Config?

In Spring-Anwendungen haben wir viele unterschiedliche Wege, unsere Anwendung zu konfigurieren. Seien es `@PropertySource`-Annotationen auf `@Configuration`-Klassen, externalisierte Konfigurationswerte, *application.yml*-Dateien, Umgebungsvariablen oder Kommandozeilenparameter, alle diese Optionen tragen zu der letztlichen Konfiguration bei. Diese Konfigurationsoptionen sind in Kapitel 5 beschrieben.

Wenn wir nun aber nicht nur einen Service, sondern eine gesamte Servicelandschaft haben und in jedem Service jeweils eine *application.yml* und gegebenenfalls profilspezifische YAML-Dateien für Test-, QA- und Produktionsumgebungen ablegen, kann es schnell schwierig werden, diese ganzen Konfigurationen zu überblicken.

Die Idee von Spring Cloud Config ist daher, diese Konfigurationen an einem zentralen Ort außerhalb der Anwendungen zu verwalten. Dies birgt mehrere Vorteile. Auf diese Weise können wir beispielsweise die Konfiguration unabhängig von der Anwendung aktualisieren. Zudem lässt sich leicht erkennen, für welche Services unterschiedliche Profile in verschiedenen Umgebungen existieren. Aus ganz praktischer Sicht haben wir hiermit, je nach Config-Backend, auch die Möglichkeit, eine Volltextsuche über alle Konfigurationen durchzuführen, um beispielsweise eine bestimmte URL eines fremden Dienstes in den Konfigurationen vieler verschiedener Services auszutauschen.

Für die Realisierung der zentralen Konfiguration stellt uns Spring Cloud Config die beiden Komponenten Spring Cloud Config-Server und Spring Cloud Config-Client bereit. Der Server stellt eine HTTP-basierte API bereit, mittels der wir in den Clients die externe Konfiguration über REST-Anfragen beim Server erfragen. In der Regel erfolgt dies beim Bootstrapping der Anwendung. Der Server benötigt das Modul *org.springframework.cloud:spring-cloud-config-server* und die Clients das Modul *org.springframework.cloud:spring-cloud-config-client* in den jeweiligen Gradle-Build-Dateien.

27.2 Der Spring Cloud Config-Server

Der Server ist eine von den Clients getrennte Anwendung und wird üblicherweise in einer Spring-Boot-Anwendung eingebettet. Hierfür reicht das Annotieren der `SpringApplication`-Klasse mit `@EnableConfigServer`:

Listing 27–1
Deklarieren eines Spring Cloud Config-Servers über @EnableConfigServer

```
@EnableConfigServer
@SpringBootApplication
public class ConfigServerApplication {
  public static void main(String[] args) {
    SpringApplication.run(ConfigServerApplication.class, args);
  }
}
```

Dies aktiviert die `ConfigServerAutoConfiguration`, die die weitere Konfiguration vornimmt.

Standard-Port für den Spring Cloud Config-Server

Der Spring Cloud Config-Server startet wie jede andere Spring-Boot-Anwendung standardmäßig auf dem Port 8080. Für einen Config-Server hat sich jedoch der Port 8888 etabliert. Diesen können wir über die entsprechende `server.port`-Property setzen.

Das Config-Backend zum Vorhalten der Konfigurationen ist standardmäßig ein Git-Repository, das automatisch durch den Server beim Hochfahren lokal ausgecheckt wird.

Nachfolgend wollen wir uns einmal detaillierter anschauen, wie das Bereitstellen der Konfiguration erfolgt und welche Backends uns hier zur Verfügung stehen.

27.3 Environment Repository

Das Kernelement der Konfigurationsdaten im Server ist das `EnvironmentRepository`, das `Environment`-Objekte ausliefert, vergleichbar mit der `Environment`-Klasse von Spring.

Das Environment-Objekt ist über drei Variablen parametrisierbar:

- **{application}**: entspricht auf Client-Seite der Property `spring.application.name`
- **{profile}**: entspricht auf der Client-Seite der Property `spring.profile.active` (als kommaseparierte Liste)
- **{label}**: ermöglicht über einen zusätzlichen Bezeichner eine Art von Versionierung der Konfigurationen

Wenn wir als Client Konfigurationen (d. h. Environment-Objekte) vom Server anfragen, können wir basierend auf diesen Platzhaltern unterschiedliche Konfigurationen auswählen. Eine beispielhafte Konfiguration in der *application.yml* der Client-Anwendung könnte folgendermaßen aussehen:

```
spring:
  application:
    name: client
  profiles:
    active: prod
```

Listing 27–2
Auswahl der Konfiguration für die Anwendung client für das Profil prod

Dies lädt für die Anwendung `client` die Konfiguration für das Profil `prod`. Wenn für den Client auch profilunabhängige Konfigurationen auf dem Config-Server hinterlegt sind, würden diese ebenfalls ausgeliefert werden, allerdings gelten die üblichen Präzedenzregeln. In der Folge haben Konfigurationsparameter in profilspezifischen Dateien Vorrang vor profilunabhängigen Dateien.

Im Allgemeinen sollte der Client mindestens den Parameter *{application}* übergeben, *{profile}* bzw. *{label}* sind normalerweise optional. Das gewählte Config-Backend im Server bestimmt die Semantik des Label-Parameters. So entspricht der Parameter für ein Git-Backend einem Git-Label, d. h. einem Branch-Namen, Tag oder einer Commit-ID.

Das jeweilige Backend kann entsprechende Standardwerte hinterlegen, zum Beispiel liefert das Git-Backend automatisch die Konfiguration aus dem Branch *origin/main*, wenn vom Client nicht anderweitig angefordert.

Die Property zum Setzen eines Git-Repositorys als Config-Backend ist `spring.cloud.config.server.git.uri` wie im folgenden Beispiel:

Listing 27–3
Konfiguration des Git-Backends für den Cloud Config-Server

```
spring:
  cloud:
    config:
      server:
        git:
          uri: https://github.com/spring-cloud/conf-repo
```

Lokale Repositories nur für Prototypen

Grundsätzlich lässt sich zu Beginn mit einem lokalen Repository starten. Für produktive Umgebungen sollte das Git-Repository jedoch aus nachvollziehbaren Gründen extern gehostet werden.

Für ein Config-Backend basierend auf dem Dateisystem verwenden wir nicht die Property `spring.cloud.config.server.git.uri`, sondern stattdessen `spring.cloud.config.server.native.searchLocations` wie im folgenden Beispiel:

Listing 27–4
Konfiguration des File-System-Backends für den Cloud Config-Server

```
spring:
  cloud:
    config:
      server:
        native:
          searchLocations:
            - classpath:/apps
            - classpath:/apps/{application}
            - classpath:/apps/{application}/{profile}
```

Hierdurch legen wir die entsprechende Ordnerstruktur für die Konfiguration fest, die der Cloud Config-Server beim Hochfahren analysieren und als Environments bereitstellen können soll.

Die Konfigurationsdateien mit folgender Struktur würde für die Anwendung `client` jeweils eine Konfiguration für das Profil `dev` und `prod` bereitstellen, die Konfigurationswerte für einen *weather-service* enthält:

Listing 27–5
Unterschiedliche Konfigurationen für verschiedene Umgebungen

```
// resources/apps/client/application-dev.yml
weather-service:
  url: dev.weather.com
  port: 8181

// resources/apps/client/application-prod.yml
weather-service:
  url: prod.weather.com
  port: 8181
```

Im nachfolgenden Abschnitt werden wir sehen, wie diese Konfiguration anschließend vom Client bezogen werden kann.

Weitere Config-Backends

Der Cloud Config-Server unterstützt noch zahlreiche weitere Config-Backends, darunter HashiCorp Vault, AWS Secrets Manager, Redis oder JDBC. Da detaillierte Erläuterungen zu den anderen Config-Backends allerdings den Rahmen des Kapitels sprengen würden, sei an dieser Stelle auf die Referenzdokumentation verwiesen.

27.4 Spring Cloud Config-Client

Der Spring Cloud Config-Client benötigt nur eine minimale Konfiguration, um die Application Properties vom Config-Server zu beziehen. Auch ist das im Server verwendete Config-Backend transparent für den Client.

Für den Config-Client binden wir das Modul *org.springframework.cloud:spring-cloud-config-client* in unsere Gradle-Build-Datei ein. Anschließend setzen wir die Property `spring.config.import`, die auf den Config-Server zeigt:

```
spring:
  config:
    import: optional:configserver:http://localhost:8888
```

Listing 27–6
Konfiguration des Config-Server-Hosts im Config-Client

Alternativ können wir auch die Property `spring.cloud.config.uri` verwenden, allerdings hat die Property `spring.config.import` Vorrang, wenn beide Properties gesetzt sein sollten. Unter dem Präfix `spring.cloud.config.*` finden wir zudem weitere Properties, wie die Möglichkeit, einen Nutzernamen und ein Passwort für die Verbindung zum Config-Server zu konfigurieren. Grundsätzlich unterstützen jedoch beide Konfigurationswege die gleichen Anpassungsmöglichkeiten.

Die bootstrap.yml ist deprecated

Der hier beschriebene Weg über die Property `spring.config.import` wird erst seit Spring Boot 2.4 unterstützt, ist jedoch die bevorzugte Variante. Das Bootstrapping über das Modul *spring-cloud-starter-bootstrap* und einer *bootstrap.yml* ist mittlerweile veraltet und wird nicht mehr empfohlen.

Für eine vollständige Konfiguration müssen wir zudem wenigstens die Property `spring.application.name` im Client setzen, damit der Client weiß, für welche Anwendung er die Properties vom Server laden soll:

Listing 27–7
Über Anwendungsnamen und Profil wird die Konfiguration gewählt.

```
spring:
  application:
    name: client
  profiles:
    active: prod
```

Durch die Properties `spring.application.name` und `spring.profiles.active` werden die Variablen *{application}* und *{profile}* im Config-Server angesprochen und die passenden Konfigurationswerte geladen.

Mehrstufige Auflösung der Konfigurationen

Das Auflösen der Konfiguration erfolgt zweistufig. Zuerst werden alle Konfigurationen für das Profil *default* vom Config-Server geladen. Dies ist notwendig, da das Profil wiederum andere Profile aktivieren könnte. Anschließend werden die Konfigurationen aller weiteren aktiven Profile geladen.

Dies führt zwar dazu, dass gegebenenfalls mehrere Aufrufe gegen den Config- Server erfolgen, dafür ist es hiermit möglich, dass Konfigurationen im Config- Server weitere Profile aktivieren können.

Zuvor haben wir für unsere Client-Anwendung im Config-Server die Konfiguration für einen Weather Service hinterlegt. Wenn wir die Client-Anwendung nun starten und alles korrekt konfiguriert haben, können wir uns über den beispielhaften Endpoint einmal die entsprechende Property ausgeben lassen:

Listing 27–8
Simpler Endpoint zum Ausgeben der profilspezifischen Konfiguration

```
@RestController
@RequestMapping("env")
public class EnvironmentController {
  private final Environment environment;

  @Value("${weather-service.url}")
  private String weatherServiceUrl;

  public EnvironmentController(Environment environment) {
    this.environment = environment;
  }

  @GetMapping("/weather")
  public String getWeatherServiceUrl() {
    return weatherServiceUrl;
  }

  @GetMapping
  public String getProperty(@RequestParam String key) {
    return environment.getProperty(key);
  }
}
```

Da wir die Client-Anwendung im *prod*-Profil gestartet haben, sollten wir folgende Ausgabe erhalten:

```
> curl -s -XGET "localhost:8080/env/weather"
prod.weather.com
```

Listing 27–9
Verifizieren der profilspezifischen Konfiguration über den Endpoint

Weitere Codebeispiele für die Interaktion zwischen Cloud Config-Server und Cloud Config-Client, insbesondere hinsichtlich Security und Config-Client Retries, finden sich im Begleit-Repository des Buches.

28 Spring Security

Security ist ein querschnittlicher Aspekt, der jede Anwendung in vielen Facetten betrifft. Spring Security bietet einfache Möglichkeiten, Methoden mit bestimmten Rechten und Rollen abzusichern. Dabei verlässt das Framework sich stark auf Mittel der aspektorientierten Programmierung, sodass die Zugriffsrechte unabhängig vom Anwendungscode gepflegt werden können.

28.1 Konzepte

Security wird von vielen Entwicklern eher als notwendiges Übel und nicht als First Class Citizen betrachtet. Die Tatsache, dass Spring Security mit aspektorientierter Programmierung (AOP) arbeitet, ist hierbei Fluch und Segen zugleich, da das eigentlich sehr gute Pattern diese Entwickler dazu verleitet, Security als etwas zu betrachten, das auch am Ende noch eingebaut werden kann und nicht unbedingt von Anfang an mitbedacht werden muss. Diese Denkweise kann für einen so vitalen Aspekt wie die Sicherheit einer Anwendung jedoch fatal sein, und Konzepte wie DevSecOps stellen hier in der jüngeren Vergangenheit eine Gegenbewegung dar. Da immer mehr Anwendungen in der Cloud betrieben werden und Angriffe im Internet zunehmend eher die Regel als die Ausnahme werden, ist ein gutes Sicherheitskonzept grundlegend für jede Anwendung. Schauen wir uns also die Konzepte näher an, auf denen Spring Security basiert.

28.1.1 Authentication

Eine wichtige Unterscheidung im Bereich Security ist die zwischen Authentication (Authentifizierung) und Authorization (Autorisierung). Während es bei der Authentication darum geht, eindeutig zu identifizieren, wer der Anfragende ist, geht es bei der Authorization darum, zu entscheiden, ob dieser Anfragende Zugriff auf eine bestimmte Ressource haben sollte. Zentral für die Authentication in Spring ist das Interface `AuthenticationProvider`, von dem Spring diverse Implementierungen mitbringt, sei es für simple DAO-basierte Authentifizierung (DAO = Data Access Object), oder für Anbindungen an gängige Systeme wie LDAP oder OIDC (OpenID Connect).

Genauso vielfältig wie die Auswahl an möglichen Backends sind die Möglichkeiten für die Durchführung der Authentifizierung: Beginnend mit simplen Möglichkeiten wie HTTP-Basic oder Form-Based Auth bis hin zu tokenbasierten OIDC-Lösungen ist alles möglich, was zum entsprechenden Backend passt.

Eine erfolgreiche Authentifizierung bestätigt die Identität des Anfragenden. Diesen Anfragenden nennt man »Principal«, er steht fortan in Springs Security Context zur Verfügung, auf den mithilfe von `SecurityContextHolder` jederzeit zugegriffen werden kann. Zu jedem Principal stehen hier die zusätzlichen Details, die etwa von einer Instanz von `UserDetailsService` bereitgestellt werden, sowie eine Liste von `GrantedAuthority`-Objekten zur Verfügung. Das Prinzip des `SecurityContextHolder` basiert darauf, dass die Informationen in einem `ThreadLocal`, also einer Thread-gebundenen Variable, abgespeichert werden. Ist die Verarbeitung eines Requests abgeschlossen, wird der Thread wieder bereinigt. Für klassische Webanwendungen, wo jedes Request einem Thread zugewiesen ist, funktioniert er somit sehr gut, während er für reaktive Anwendungen nicht geeignet ist. Hierfür gibt es einen dedizierten `ReactiveSecurityContextHolder`. Die Implementierung unterscheidet sich in reaktiven Anwendungen im Detail etwas von der klassischen Variante; in der Dokumentation zu Spring Security findet sich ein eigenes Kapitel, das die Unterschiede adressiert. Die hier vorgestellten Konzepte greifen jedoch für beide Varianten, weshalb wir auf die Unterscheidung nicht näher eingehen.

28.1.2 Authorization

Ist der User eindeutig identifiziert, also authentifiziert, ist es die Aufgabe der Authorization, den Zugriff auf einzelne Ressourcen zu steuern. In Spring Boot sind diese Ressourcen in der Praxis meist Methoden, die entweder aufgerufen werden dürfen oder nicht, bzw. deren Rückgabewerte je nach User gefiltert werden. Umgesetzt ist dies in Spring Security einerseits mithilfe globaler Konfiguration, andererseits mit einer vielseitigen Auswahl an Methoden-Annotationen, sodass die Fachlogik frei von Security-Code bleiben kann. Ist eine Methode auf diese Art geschützt, entscheidet ein `AuthorizationManager`, ob der Zugriff erfolgen darf. Der `AuthorizationManager` ersetzt dabei in neueren Versionen von

Spring Security die Klassen `AccessDecisionManager` und `AccessDecisionVoter`, die mittlerweile deprecated sind. Ein `AuthorizationManager` implementiert die Methode `check()`, die anhand der aktuellen Authentication und des Objektes, auf das zugegriffen werden soll, bewertet, ob der Zugriff gestattet ist. Spring Boot bringt einen `DelegatingAuthenticationManager` mit, der automatisch die geeignetste Implementierung auswählt, um diese Entscheidung zu treffen. Die Entscheidung, ob ein Nutzer Zugriff auf eine bestimmte Ressource hat, wird dabei meist daran festgemacht, ob der User eine bestimmte Authority bzw. Role hat. Bei Authorities handelt es sich grundsätzlich um Strings, die die Berechtigungen des Users repräsentieren. Roles sind spezielle Authorities, die durch das Präfix ROLE_ gekennzeichnet sind. Da in den meisten Anwendungen Rollen hierarchisch aufgebaut sind, ist es möglich, eine `RoleHierarchy` als Bean zu definieren, die definiert, welche einzelnen Rollen in einer übergeordneten Rolle enthalten sind. Das Beispiel unten zeigt die Definition einer solchen Hierarchie, in der jeder Nutzer mit der Rolle ADMIN auch automatisch die Rolle STAFF hat und jeder Nutzer mit der Rolle STAFF auch die Rolle USER. Durch eine transitive Beziehung hat somit auch ein ADMIN die Rolle USER inne.

```
@Bean
static RoleHierarchy roleHierarchy() {
  RoleHierarchyImpl hierarchy = new RoleHierarchyImpl();
  hierarchy.setHierarchy("ROLE_ADMIN > ROLE_STAFF\n" +
      "ROLE_STAFF > ROLE_USER");
  return hierarchy;
}
```

Listing 28–1
RoleHierarchy-Bean für die Rollen ADMIN, STAFF und USER

28.1.3 Auto-Configuration

Die Auto-Configuration für das Spring-Security-Projekt verhält sich etwas anders als andere. Während die Idee von Auto-Configurations im Allgemeinen ist, dass Aspekte der Anwendung nach bestem Wissen und Gewissen vollautomatisch konfiguriert werden und dann punktuell gemäß den eigenen Bedürfnissen erweitert werden können, ist es bei Security so, dass viele Defaults deaktiviert werden, sobald man beginnt, eine eigene Konfiguration durchzuführen. Die Grundidee hier ist, dass das Thema Security zu wichtig ist, um unerwartete Wechselwirkungen zwischen der Default- und der eigenen Konfiguration einfach in Kauf zu nehmen. Man könnte sagen, aufgrund der Kritikalität lohnt es sich im Bereich Security immer, die Konzepte von Ende zu Ende zu durchdenken und sich nicht auf die Auto-Configuration zu verlassen.

Verwendet man den *spring-boot-starter-security* ohne weitere Konfiguration, so wird automatisch ein `DaoAuthenticationProvider` mit einem sehr simplen `UserDetailService` konfiguriert, der genau einen Benutzer kennt. Ebenso wird ein `AuthorizationManager` erzeugt. Sämtliche Web-Endpoints werden abgesichert und benötigen eine Authentication. Als Authentication-Methoden werden Basic-Auth und Form-Login angeboten. Welches von beiden verwendet wird, wird automatisch anhand des angefragten Content-Type entschieden. Der erzeugte User hat den Benutzernamen »user« und bei jedem Start der Anwendung ein zufällig erzeugtes Passwort. Die Log-Ausgabe dazu sieht ähnlich aus wie die hier gezeigte, wird beim Anwendungsstart ausgegeben und enthält das Benutzerpasswort für diese Ausführung.

Listing 28–2
Log-Ausgabe für ein temporäres Passwort

```
WARN 12345 --- [security] [...].UserDetailsServiceAutoConfiguration :

Using generated security password: 9a21fa7d-387f-49aa-bb74-
3e96d8fbca16

This generated password is for development use only. Your security
configuration must be updated before running your application in
production.
```

Diese Variante hilft allenfalls bei der lokalen Entwicklung, für den tatsächlichen Betrieb müssen zusätzliche Einstellungen vorgenommen werden. Möchte man mit dieser Minimallösung ein konstantes Passwort, so müssen einige zusätzliche Konfigurationen vorgenommen werden. Ein simples Beispiel für eine solche Nutzerkonfiguration findet sich in der folgenden Konfiguration:

Listing 28–3
Konfiguration eines Nutzers mit statischem Passwort und der Rolle ADMIN

```
spring:
  security:
    user:
      name: admin
      password: secure-password
      roles:
        - ADMIN
```

Auch diese Variante sollte jedoch in Produktion nicht genutzt werden, da meist ein einzelner User nicht ausreicht und die Pflege eines Klartext-Passworts in einer Konfigurationsdatei nicht sicher ist. Zwar ist es möglich, bereits verschlüsselte Passwörter in der Konfiguration abzulegen, dennoch wird dieses simple Beispiel den produktiven Anforderungen an Sicherheit nicht gerecht.

Neben der Absicherung des Zugriffs auf Endpoints fügt Spring Boot Security auch einige Security-relevante Header in alle Antworten ein, die von der Anwendung ausgegeben werden. Zu diesen Headern zählen solche, die das Caching deaktivieren, damit geschützte Inhalte nicht versehentlich in Browser-Caches landen und nach Ende der laufenden Session noch zugreifbar sind, sowie passende Werte für die Header *Content- Type-Options*, *X-Frame-Options* und *X-XSS-Protection*.

Zur manuellen Konfiguration von Security-Aspekten der Anwendung können wir eine Bean vom Typ `SecurityFilterChain` und/oder `WebSecurityCustomizer` erzeugen. Dabei sollte man beachten, dass die Deklaration einer eigenen `SecurityFilterChain` das Standardverhalten komplett überschreibt, also erst mal nicht mehr alle Pfade abgesichert sind, sondern nur die, die in der Chain bedacht werden.

28.2 Absicherung von Methoden

Spring unterstützt diverse Annotationen zur Absicherung von Methoden. Dazu gehören die JSR-250-Annotationen ebenso wie Springs eigene `pre`- und `post`-Annotationen. Darüber hinaus werden grundsätzlich auch Springs eigene `@Secured`-Annotationen unterstützt, diese bieten jedoch keinen Mehrwert gegenüber den anderen und werden auch von Spring selbst nur noch als »Legacy Option« bezeichnet. In neuen Anwendungen sollten sie daher nicht verwendet werden. Die von Spring selbst empfohlene Variante sind die `pre`- und `post`-Annotationen, da es sich bei ihnen um die ausdrucksstärkste und mächtigste Variante handelt.

Um Methodensicherheit zu aktivieren, muss die Annotation `@EnableMethodSecurity` auf einer beliebigen Konfiguration platziert werden. Diese Annotation ersetzt dabei die vorherige Variante `@EnableGlobalMethodSecurity`, die in aktuellen Versionen von Spring Security deprecated ist. Beide bringen die drei Parameter `jsr250enabled`, `prePostEnabled` und `securedEnabled` mit. Ein zentraler Unterschied ist, dass bei Verwendung der neuen `@EnableMethodSecurity`-Annotation der Parameter `prePostEnabled` standardmäßig `true` ist, während in der alten Variante alle drei `false` waren. Möchte man die `pre`- und `post`-Annotationen deaktivieren, muss dieser Parameter explizit auf `false` gesetzt werden.

Listing 28–4
Deaktivieren der pre- und post-Annotationen

```
@EnableMethodSecurity(
  jsr250Enabled = true,
  prePostEnabled = false)
```

Diesem Standardverhalten ist leicht anzusehen, dass die Empfehlung von Spring Boot selbst ist, die pre- und post-Annotationen zu verwenden. Eine solche Annotation kann an Methoden verwendet werden und beinhaltet immer einen Ausdruck, der definiert, welche Voraussetzungen erfüllt sein müssen, damit ein Zugriff erlaubt ist. Die Annotationen stehen in verschiedenen Ausprägungen zur Verfügung und nehmen alle einen SpEL-Ausdruck (Spring Expression Language) als Parameter:

- **@PreAuthorize:** Es wird von der Ausführung geprüft, ob der Principal den definierten Ausdruck erfüllt. Nur wenn dies der Fall ist, wird die Methode überhaupt aufgerufen.
- **@PostAuthorize:** Wertet den Ausdruck erst aus, wenn der Rückgabewert der Methode zur Verfügung steht. Der Rückgabewert kann also genutzt werden, um anhand des zurückgegebenen Objekts zu beurteilen, ob das Ergebnis ausgeliefert werden soll. Man beachte, dass die Methode und deren Seiteneffekte bereits ausgeführt wurden, egal, ob der Principal berechtigt war oder nicht!
- **@PostFilter:** Kann verwendet werden, um Ergebnislisten mithilfe eines Ausdrucks zu filtern, sodass nur zulässige Ergebnisse ausgespielt werden. Im SpEL-Ausdruck kann entsprechend auf die Listenobjekte zugegriffen werden.
- **@PreFilter:** In seltenen Fällen kann es sinnvoll sein, Listen von Input-Parametern basierend auf Security-Regeln zu filtern, was mit dieser Annotation möglich ist.

In den Annotationen können jeweils dedizierte Expressions aus Spring Security sowie SpEL-Ausdrücke verwendet und auch beides miteinander kombiniert werden, um sehr detailliert auszudrücken, wer Zugriff auf eine Ressource haben soll. Die Mächtigkeit dieser Annotationen übersteigt damit die Möglichkeiten von JSR-250 deutlich, und es gibt wenige Gründe, auf die JSR-250-Annotationen zurückzufallen.

Das folgende Beispiel zeigt eine solche Methodenabsicherung:

Listing 28–5
Absicherung von Methoden mittels pre- und post-Annotationen

```
@Configuration
@EnableMethodSecurity
public class MethodSecurityConfig {
}

@Service
public class ItemService {

  @PreAuthorize("hasRole('ADMIN')")
  public List<String> getCategories() {
    return categories;
  }

  @PostFilter(
      "filterObject.owner == authentication.name")
  public List<Item> getItems() {
    return items;
  }
}
```

In der Konfiguration wird die Methodensicherheit aktiviert, `pre`- und `post`-Annotation können somit verwendet werden. Die beiden Methoden im `ItemService` werden so abgesichert, dass nur Nutzer mit der Rolle Admin auf `getCategories()` zugreifen können. Alle Benutzer können auf `getItems()` zugreifen, allerdings werden nur diejenigen Items zurückgegeben, die im Feld `owner` einen Wert haben, der dem Namen des aktuell authentifizierten Users entspricht.

28.3 Absicherung von HTTP-Pfaden

Neben der Absicherung bestimmter Methoden können auch ganze HTTP-Pfade und Unterpfade leicht mit Spring Security abgesichert werden. Hierzu muss eine Bean vom Typ `SecurityFilterChain` erzeugt werden, mithilfe derer das `HttpSecurity`-Objekt im Kontext angepasst werden kann. In älteren Versionen von Spring Security musste hierzu eine Bean vom Typ `WebSecurityConfigurerAdapter` erzeugt und die `configure(HttpSecurity http)`-Methode implementiert werden; dieses Vorgehen ist jedoch mittlerweile deprecated. In älteren Codebases wird sich dieses Vorgehen vermutlich dennoch häufig finden, eine Migration auf die neue Variante empfiehlt sich in solchen Fällen (siehe Abschnitt 34.4.1). Die Konfiguration des Objekts selbst sieht in beiden Fällen recht ähnlich aus.

Als simples Beispiel zur Absicherung dient ein Controller, der unter der Route */api* drei Endpoints definiert: */public*, */internal* und */admin*:

Listing 28–6
REST-Controller mit drei Endpunkten für unterschiedliche Zielgruppen

```
@RestController()
@RequestMapping("/api")
public class ApiController {

  @GetMapping("/public")
  public String publicEndpoint() {
    return "public endpoint";
  }

  @GetMapping("/internal")
  public String internalEndpoint() {
    return "internal endpoint";
  }

  @GetMapping("/admin")
  public String adminEndpoint(Principal principal) {
    return "admin endpoint accessed by user "
        + principal.getName();
  }
}
```

Im */admin*-Endpunkt wird der `Principal` per Parameter-Injection an die Methode übergeben. Dieses Vorgehen stellt eine Alternative zur Nutzung von `SecurityContextHolder` dar.

Mit einer passenden `SecurityFilterChain` ist es leicht möglich, die Endpoints abzusichern. Im folgenden Beispiel sehen wir eine solche Konfiguration:

Listing 28–7 *Absicherung von HTTP-Pfaden*

```
@Bean
public SecurityFilterChain filterChain(HttpSecurity http) throws
Exception {
  http
      .securityMatcher("/api/**")
      .authorizeHttpRequests((auth) ->
          auth
              .requestMatchers("/api/admin/**")
                  .hasRole("ADMIN")
              .requestMatchers("/api/public/**")
                  .permitAll()
              .anyRequest()
                  .authenticated()
      )
      .httpBasic(withDefaults());
  return http.build();
}
```

Die Berechtigungen entsprechen dabei den Namen der Routen: Der Pfad */api* und alle seine Unterpfade sind durch die HTTP-Security mit Basic Auth abgesichert. Der Pfad */api/admin* ist zusätzlich mit der ADMIN-Rolle abgesichert, für alle anderen Pfade außer */api/public* wird eine erfolgreiche Authentication verlangt. Wichtig ist hierbei die Reihenfolge der Konfiguration, da für jedes Request der erste Matcher greift, der auf die Anfrage passt. Würde der matcher `anyRequest().authenticated()` (der in diesem Fall analog zu `requestMatchers("/api/**")` ist) vor dem Matcher für */api/public/*** stehen, so würde dieser für alle entsprechenden Requests gelten und entsprechend wäre damit auch für den */api/public*-Pfad eine Authentication nötig. An dieser Stelle sei noch einmal erwähnt, dass wir mit dem Deklarieren einer eigenen FilterChain das Verhalten der Auto-Configuration komplett überschrieben haben, somit sind alle Pfade außerhalb von /api nicht mehr abgesichert.

Die HTTP-Codes, die im Fehlerfall zurückgegeben werden, entsprechen dabei den gängigen Standards: Schlägt die Authentication bei dem Versuch, */api/admin* oder */api/internal* aufzurufen, fehl, so erhält der Client eine Antwort mit dem Statuscode `401 Unauthenticated`. Ist beim Aufruf an */api/admin* eine Authentication vorhanden, aber die Rolle ADMIN fehlt, so wird der Statuscode `403 Forbidden` genutzt.

Die gesamte Autorisierung läuft an dieser Stelle komplett unabhängig vom gewählten `AuthenticationProvider` ab, entsprechende Filter-

Chains können also gleichermaßen für Basic Auth, Form Based Login oder andere Authentication-Verfahren definiert werden.

Einstellungen zu den Security-Headern und zu CSRF (Cross-Site Request Forgery) können ebenfalls hier vorgenommen werden. Die Fluent-API zeigt einem zu jedem Zeitpunkt alle aktuellen Konfigurationsmöglichkeiten auf und kann somit verwendet werden, um sich einen Überblick über die Optionen zu verschaffen. Grundsätzlich ist es empfehlenswert, bei Änderungen in diesem Bereich zuerst zu verstehen, welcher Schutz mit den jeweiligen Headern erzielt werden soll und ob es klug ist, Änderungen durchzuführen. Die Defaults sind für die meisten Fälle sinnvoll eingestellt und bieten einen guten Schutz vor Angriffen aller Art, daher sollten sie nicht leichtfertig oder sogar aus Gründen der Bequemlichkeit gelockert werden.

28.4 Benutzerverwaltung

Wie bereits erwähnt ist es in der Praxis selten so, dass ein einzelner User, wie er von der Standardkonfiguration bereitgestellt wird, ausreicht. Um eine echte Benutzerverwaltung bereitzustellen, muss eine Bean vom Typ `UserDetailsService` deklariert werden. Spring Security kommt mit einer In-Memory-Implementierung des `UserDetailsService`, deren Verwendung im folgenden Beispiel zu sehen ist:

Listing 28–8
In-Memory-Variante des UserDetailsService

```
@Bean
public UserDetailsService users() {
  UserDetails user = User.builder()
      .username("user")

.password("{bcrypt}$2a$10$GRLdNijSQMUvl/au9ofL.eDwmoohzzS7.rmNSJZ.
0FxO/BTk76klW")
      .roles("USER")
      .build();

UserDetails admin = User.builder()
      .username("admin")

.password("{bcrypt}$2a$10$GRLdNijSQMUvl/au9ofL.eDwmoohzzS7.rmNSJZ.
0FxO/BTk76klW")
      .roles("ADMIN")
      .build();
  return new InMemoryUserDetailsManager(user, admin);
}
```

Hier werden zwei Benutzer, `user` und `admin`, angelegt, die beide jeweils das Passwort »`password`« haben und eine zum Usernamen passende Rolle bekommen. Das Passwort wurde im Beispiel mithilfe der Spring Boot CLI mit dem BCrypt-Algorithmus verschlüsselt. BCrypt ist der

Standardalgorithmus, der von Spring Security für Verschlüsselung verwendet wird, Spring Boot unterstützt allerdings diverse Verschlüsselungsverfahren. Je nach Bedarf kann eine eigene `PasswordEncoder`-Bean definiert werden, die entscheidet, welche Algorithmen zulässig sind und welcher als Default verwendet werden soll.

In der Praxis ist ein solcher In-Memory-`UserDetailsService` natürlich meist ebenso wenig nützlich wie der Single-User-Ansatz aus der Auto-Configuration. Um einen eigenen `UserDetailsService` zu bauen, der etwa an ein Spring Data Repository angebunden ist, muss jedoch nur die Methode `loadUserByUsername()` implementiert werden.

Neben dem hier gezeigten `InMemoryUserDetailsManager` kommt Spring mit einer ganzen Palette an Implementierungen des `UserDetailsService` für verschiedene Backend-Systeme, etwa Varianten für die Speicherung von Usern via JDBC oder die Anbindung an ein LDAP-System.

28.5 Security Testing

Um die Absicherung der Anwendung zu testen, bringt Spring Boot verschiedene Möglichkeiten mit, um während eines Tests mit bestimmten Benutzern bzw. Rechten zu arbeiten. Dafür ist es lediglich notwendig, das Modul *org.springframework.security:spring-security-test* in den Classpath zu legen. Ein dedizierter Spring Boot Starter existiert nicht und ist hier auch nicht nötig. Verwendet man die HTTP-Security-Konfiguration, so kann ein normaler `@WebMvcTest` leicht um User-Informationen erweitert werden. Das folgende Listing zeigt einige Beispieltests:

Listing 28–9
Test von HTTP-Pfad-Absicherung

```
@WebMvcTest(ApiController.class)
class SecurityApplicationTests {

  @Autowired
  private MockMvc mockMvc;

  @Test
  void getInternalEndpoint() throws Exception {
    mockMvc.perform(
        get("/api/internal")
        .with(user("user"))
    ).andExpect(status().isOk());
  }

  @Test
  void getAdminEndpoint() throws Exception {
    mockMvc.perform(
        get("/api/admin")
        .with(user("admin")
        .roles("ADMIN"))
    ).andExpect(status().isOk());
  }
```

```
  @Test
  void getAdminEndpointRejection() throws Exception {
    mockMvc.perform(
        get("/api/admin")
        .with(user("user"))
    ).andExpect(status().isForbidden());
  }
}
```

Der erste Test benutzt einen User ohne besondere Rechte und der zweite Test einen User mit der Rolle `ADMIN`, um Endpoints des `ApiControllers` aufzurufen. Als Gegenprobe gibt es auch noch einen Test, in dem versucht wird, den Endpoint */api/admin* ohne entsprechende Berechtigung aufzurufen, woraufhin ein `403 Forbidden`-Fehler erwartet wird.

Mit der Fluent-API lassen sich für jedes Testszenario User zusammenbauen, die den jeweiligen Bedürfnissen entsprechen. Dedizierte Security-Tests sind somit selten nötig, in aller Regel können die regulären MVC-Tests einfach um entsprechende Authentication-Informationen erweitert werden.

Verwendet man Methodensicherheit, so wird diese oft auf dem Service-Layer und nicht am Controller konfiguriert. In diesen Fällen ist ein Test auf der Web-Ebene meist nicht gut geeignet, um die Sicherheit zu prüfen. Spring hilft hier mit der Annotation `@WithMockUser` aus, mithilfe derer ein Benutzer entweder für eine ganze Testklasse oder für einzelne Tests definiert werden kann. Im Folgenden sehen wir zwei einfache Beispiele für den Aufruf einer abgesicherten Funktion, die die Rolle Admin erfordert:

Listing 28–10
Test von Methodenabsicherung

```
@SpringBootTest
public class ItemServiceTest {
  @Autowired
  ItemService itemService;

  @Test
  @WithMockUser(roles = "ADMIN")
  void getCategories() {
      assertThat(itemService.getCategories())
          .isNotEmpty();
  }

  @Test
  @WithMockUser
  void getCategoriesUnauthorized() {
    assertThatThrownBy(
        () -> itemService.getCategories()
    ).isInstanceOf(AccessDeniedException.class);
  }
}
```

Im ersten Fall ist die entsprechende Rolle vorhanden und ein Ergebnis wird zurückgegeben. Im zweiten Fall hat der verwendete User keine speziellen Rechte, und der Zugriff führt zu einer `AccessDeniedExpection`.

Es stehen verschiedene Ausprägungen solcher Annotationen zur Verfügung, darunter das hier verwendete `@WithMockUser` sowie `@WithAnonymousUser`, aber auch die weitaus mächtigeren (und komplexeren) `@WithUserDetails` und `@WithSecurityContext`, mit denen für den Test ein eigener `UserDetailsService` bzw. ein ganzer `SecurityContext` angegeben werden kann.

28.6 OAuth

Wie bereits erwähnt, bietet Spring eine Vielzahl an möglichen Verfahren, um die Authentication des Benutzers durchzuführen. Auf OAuth möchten wir einen genaueren Blick werfen, da es mittlerweile eine Vielzahl von Providern gibt, deren Integration es Benutzern ermöglicht, mit bereits bestehenden Accounts (etwa ihrem Google-Account) einen Login in unserem System durchzuführen. In der Vergangenheit gab es mit dem Modul Spring Security OAuth ein dediziertes Projekt, das sich um die OAuth-Integration gekümmert hat und mithilfe dessen wir unsere Anwendung leicht als OAuth-Client, Resource-Server oder Authorization-Server konfigurieren konnten. Seit Version 5.2 ist OAuth Teil von Spring Security, und der Fokus liegt stark auf den Themen Login sowie Client- und Resource-Server. Eine dedizierte Unterstützung für den Betrieb eines Authorization-Servers findet sich nicht mehr. Wer sich für dieses Thema interessiert, sollte einen Blick auf das eigenständige Projekt Spring Authorization-Server werfen.

28.6.1 Was ist OAuth?

Bei OAuth handelt es sich um ein Authentifizierungsframework, das die Interaktionen zwischen verschiedenen Akteuren im Zuge von Authentication und Datenabruf vorgibt. Um die Abläufe innerhalb des Frameworks zu verstehen, hilft ein Blick auf die Terminologie von OAuth:

- **Resource-Owner:** Der Resource-Owner ist eine Entität, die Zugriff auf eine geschützte Ressource gewähren kann. In aller Regel handelt es sich um einen Endnutzer.
- **Client:** Der Client ist eine Anwendung, die im Namen des Resource-Owners auf eine geschützte Ressource zugreifen möchte. Dafür braucht sie die Freigabe des Resource-Owners.

- **Resource-Server:** Hierbei handelt es sich um den Server, der die geschützte Ressource bereitstellt, also um die API, auf die der Client zugreifen möchte.
- **Authorization-Server:** Dieser Server authentifiziert und autorisiert den Resource-Owner und stellt nach entsprechender Autorisierung Tokens aus (in aller Regel sind dies JWTs). Es kann sich dabei um einen Provider für Social-Logins handeln, eine kommerzielle Lösung für Benutzerverwaltung oder auch eine selbst gehostete Anwendung.
- **User Agent:** der Agent, den der Resource-Owner benutzt, um mit dem Client zu interagieren (beispielsweise ein Browser)

Es gibt verschiedene Flows, die es den Akteuren ermöglichen, ein Token zu erhalten und auf Ressourcen zuzugreifen. Zu diesen Flows gehören etwa *Authorization Code* (mit und ohne Proof Key for Code Exchange/ PKCE), *Client Credentials*, *Implicit* oder *Resource-Owner Password Credentials*. Alle diese Flows haben leicht unterschiedliche Abläufe und eignen sich für unterschiedliche Szenarien, etwa abhängig davon, ob ein Enduser-Login stattfindet oder es um eine Machine-to-machine-Kommunikation geht. Als Ergebnis eines Flows steht ein Token zur Verfügung, das grundsätzlich eine beliebige Gestalt haben kann (also nicht standardisiert ist). Meistens werden jedoch JSON-Web-Tokens (JWTs) verwendet. Das auf OAuth 2.0 basierende OIDC(OpenID Connect)-Protokoll standardisiert diese Tokens und hilft bei der Autorisierung.

28.6.2 OAuth Resource-Server

Möchte man eine Anwendung als Resource-Server betreiben, verwenden wir das Modul *spring-boot-starter-oauth2-resource-server.* Ähnlich wie wir zuvor Basic Auth konfiguriert haben, können wir für OAuth die Methode `oauth2ResourceServer()` in der Fluent-API aufrufen:

Listing 28–11
Konfiguration für OAuth-Ressourcenabsicherung

```
@Configuration
@EnableWebSecurity
public class SecurityConfig {

  @Bean
  public SecurityFilterChain securityFilterChain(
      HttpSecurity http) throws Exception {
    http
        .authorizeHttpRequests(
            (authorize) -> authorize
                .anyRequest().authenticated()
        ).oauth2ResourceServer(
            (oauth2) -> oauth2.jwt(withDefaults())
        );
```

```
        return http.build();
    }

    @Bean
    public JwtDecoder jwtDecoder() {
        return JwtDecoders.fromIssuerLocation(
            "https://my-auth-server.com");
    }
}
```

Alles, was dann noch nötig ist, um eingehende Requests mit ihren JWTs verifizieren zu können, ist eine Bean vom Typ `JwtDecoder`. Im obigen Beispiel werden alle Ressourcen mit OAuth abgesichert.

Werden keine JWTs verwendet, so kann stattdessen ein `OpaqueTokenIntrospector` konfiguriert werden, der die (nicht standardisierten, »opaque« genannten) Tokens verifiziert.

28.6.3 OAuth-Client

Analog zum Resource-Server gibt es auch für den Client einen dedizierten Spring Boot Starter: *spring-boot-starter-oauth2-client*.

Die Dependency bringt Möglichkeiten für einen OAuth-Login sowie für die Nutzung von OAuth-Clients mit. Beides erfordert eine `ClientRegistration` als Teil der Konfiguration, damit das jeweilige Feature genutzt werden kann. Beim folgenden Beispiel handelt es sich um einen Ausschnitt aus der Spring-Security-Dokumentation, der zeigt, wie eine solche Konfiguration aussehen kann.

Listing 28–12
Konfiguration eines OAuth-Clients

```
spring:
  security:
    oauth2:
      client:
        registration:
          my-oidc-client:
            provider: my-oidc-provider
            client-id: my-client-id
            client-secret: my-client-secret
            authorization-grant-type: authorization_code
            scope: openid,profile
        provider:
          my-oidc-provider:
            issuer-uri: https://my-oidc-provider.com
```

Sobald diese Konfiguration vorhanden ist, können die entsprechenden Kommandos als Teil der `SecurityFilterChain` hinzugefügt werden. Die folgende Konfiguration aktiviert sowohl den `oauth2Login()`, der unter Verwendung des *Authorization Code*-Flows durchgeführt wird, als auch den `oauth2Client()`. Letztere Option führt erst mal nur zur Erstellung eines OAuth2AuthorizedClientManager. Wenn wir tatsächliche Zugriffe mit diesem Client machen möchten, müssen wir dafür eine WebClient- oder RestClient-Bean erzeugen:

Listing 28-13

Deklaration eines OAuth-fähigen RestClient

```
@Configuration
@EnableWebSecurity
public class SecurityConfig {

  @Bean
  public SecurityFilterChain securityFilterChain(HttpSecurity http)
throws Exception {
      http
      // ...
        .oauth2Login(withDefaults())
        .oauth2Client(withDefaults());
      return http.build();
  }

  @Bean
  public RestClient restClient(
      OAuth2AuthorizedClientManager clientManager) {
    ServletOAuth2AuthorizedClientExchangeFilterFunction filter =
        new
ServletOAuth2AuthorizedClientExchangeFilterFunction(authorizedClie
ntManager);
    return RestClient.builder()
      .apply(filter.oauth2Configuration())
      .build();
  }
}
```

Die RestClient-Bean, die im Beispiel zusammengebaut wird, steht für die Injection in andere Beans zur Verfügung und ermöglicht den Zugriff auf geschützte Ressourcen mithilfe des OAuth-Clients.

29 Observability

In vielen Unternehmen wird mittlerweile eine DevOps-Kultur mit ihrer »You build it, you run it«-Philosophie gelebt. In diesem Kapitel schauen wir uns an, welche Features Spring Boot mitbringt, um eine Anwendung im Produktionsbetrieb im Auge zu behalten und auf etwaige Probleme schnell reagieren zu können.

29.1 Warum Observability?

Früher haben wir manuell ein Build-Skript aufgerufen, um unsere Anwendung in einer ZIP-Datei zu verpacken und dann auf ein Netzwerklaufwerk der Server-Admins hochzuladen. Danach haben wir von der Anwendung oft nichts mehr gesehen oder gehört. Die Verantwortung für den Betrieb lag bei den Server-Admins.

Heute ist die Softwareentwicklung glücklicherweise etwas fortschrittlicher, und die Entwicklung endet nicht mehr mit der Programmierung, sondern von uns als Entwickler wird (zu Recht) erwartet, dass wir die Anwendung auch im Produktionsbetrieb im Auge behalten. Das hilft uns, die Anwendung für den Betrieb zu optimieren und auf Benutzerverhalten zu reagieren.

Damit wir unsere Anwendung im Auge behalten können, muss sie uns bestimmte Daten zur Laufzeit zur Verfügung stellen. Die Anwendung muss »beobachtbar« sein. Im Englischen wird dies unter dem Begriff »Observability« zusammengefasst.

29.2 Admin-Endpoints mit Actuator

Ein zentrales Modul von Spring Boot, das von Haus aus etwas Observability mitbringt, ist das Modul *org.springframework.boot:spring-boot-starter-actuator*, kurz »Actuator« genannt.

Sobald wir eine Spring-Boot-Anwendung mit diesem Modul im Classpath starten, wird es aktiv und stellt uns einen *health*-Endpoint zur

Verfügung. Auf diesen Endpoint können wir lokal zum Beispiel über die URL *http://localhost:8080/actuator/health* zugreifen, und er liefert uns den Gesundheitszustand unserer Anwendung im JSON-Format:

Listing 29-1
Ausgabe des health-Endpoints

```
{
  status: "UP"
}
```

Der *health*-Endpoint ist nur einer der Endpoints, die Actuator uns zur Verfügung stellt. Er ist allerdings der einzige, der standardmäßig aktiviert ist. Um einen anderen Endpoint via HTTP verfügbar zu machen, müssen wir ihn zunächst in unserer *application.yml* aktivieren:

Listing 29-2
Aktivierung des Info-Endpoints

```
management:
  endpoint:
    info:
      enabled: true
```

Diese Konfiguration aktiviert den *info*-Endpoint. Jetzt ist der *info*-Endpoint zwar aktiv, Spring Boot stellt ihn aber aus Sicherheitsgründen noch nicht via HTTP zur Verfügung. Wir müssen Spring Boot also mit einer weiteren Konfiguration explizit mitteilen, dass wir den Endpoint via HTTP freigeben möchten:

Listing 29-3
Freigabe des info-Endpoints über HTTP

```
management:
  endpoints:
    web:
      exposure:
        include: health,info
```

Da wir die Standardkonfiguration hierbei überschreiben, ist es wichtig, dass wir alle Endpoints auflisten, die wir freigeben möchten, inklusive derer, die standardmäßig freigegeben sind. In diesem Fall geben wir also den *health*-Endpoint und den *info*-Endpoint frei.

Starten wir die Anwendung erneut, können wir auf den neuen Endpoint über die URL *http://localhost:8080/actuator/info* zugreifen (er liefert uns allerdings bisher nur eine leere Antwort, mehr dazu später).

Security von Admin-Endpoints

Da Admin-Endpoints häufig sensible Informationen preisgeben, sollten sie auch nur von berechtigten Personen (und Systemen) zugreifbar sein. Dies ist auch der Grund, warum Spring Boot von uns erwartet, dass wir jeden Endpoint explizit in die Liste der freigegebenen Endpoints aufnehmen.

Wenn wir keine weiteren Maßnahmen ergreifen, sind die so freigegebenen Endpoints für jeden zugänglich! Wir sollten also sicherstellen, dass wir alle Endpoints entsprechend absichern. Admin-Endpoints lassen sich genau wie »normale« Endpoints mit Spring Security absichern. Mehr dazu in Kapitel 28.

Spring Boot bringt etwa zwei Dutzend Admin-Endpoints mit, die hilfreiche Informationen über die Anwendung zur Laufzeit ausgeben. Die folgende Tabelle listet diejenigen Endpoints mit den meisten Anwendungsfällen auf. Für eine komplette Liste der Endpoints, inklusive der etwas spezielleren, verweisen wir auf die Spring-Boot-Dokumentation.

Endpoint	**Beschreibung**
beans	Listet alle Beans im Application Context und einige ihrer Eigenschaften auf. Sehr hilfreich in Kombination mit dem *conditions*-Endpoint, um zu verstehen, wie der Application Context aufgebaut wurde.
conditions	Listet alle `@Configuration` und `@AutoConfiguration`-Klassen auf und beschreibt, welche Bedingungen (`@Conditional`-Annotationen) dazu geführt haben, die Klasse in den Application Context aufzunehmen oder nicht.
env	Gibt Informationen des `Environment`-Beans aus.
health	Aggregiert die Rückgabewerte aller `HealthContributor`-Beans im Application Context, um Informationen über den Gesundheitszustand der Anwendung auszugeben.
info	Aggregiert die Rückgabewerte aller `InfoContributor`-Beans im Application Context, um beliebige Metadaten der Anwendung auszugeben (die Versionsnummer oder Git-Revision sind gute Beispiele).
mappings	Listet alle Pfade auf, auf der die Anwendung nach Requests lauscht. Dies beinhaltet alle Pfade, die von Spring-MVC- oder Spring WebFlux Controllern mittels `@RequestMapping` (oder `@GetMapping`, `@PostMapping`, ...) definiert wurden. Sehr hilfreich, um eine große Webanwendung zu verstehen.
shutdown	Über diesen Endpoint können wir einen Shutdown initiieren.
startup	Listet Informationen über den Start der Anwendung auf, insbesondere, wie viel Zeit es gekostet hat, bestimmte Beans zu instanziieren. Sehr hilfreich, um lange Startzeiten zu analysieren.
threaddump	Triggert einen Java Thread Dump.

Diese Endpoints sind eine große Hilfe in verschiedenen Debugging-Szenarien! Die Anwendung braucht lange zum Starten? Wir schauen auf den *startup*-Endpoint. Wir wollen wissen, ob der Webserver Pfade freigibt, die nicht mehr benötigt werden? Wir nutzen den *mappings*-Endpoint.

Neben reinen »lesenden« Endpoints gibt es mit *shutdown* und *threaddump* auch Endpoints, mit denen wir eine bestimmte Aktion triggern können. All das können wir auch in eigenen Endpoints tun, wie wir uns später anschauen werden.

Im Folgenden betrachten wir die Endpoints *info* und *health* etwas genauer, um ein Gefühl dafür zu bekommen, wie man mit Actuator-Endpoints arbeitet.

29.2.1 Anwendungs-Metadaten ausgeben

Beim Debuggen eines Bugs in Produktion möchten wir oft wissen, mit welcher Version der Anwendung wir es zu tun haben, denn seit dem letzten Deployment ist die Entwicklung meistens nicht stehen geblieben. In solch einem Fall ist es hilfreich, wenn die Anwendung uns über einen bestimmten Endpoint einige Metadaten ausgeben kann.

29.2.1.1 Build- und Git-Informationen ausgeben

Diesen Endpoint müssen wir nicht selbst entwickeln, sondern wir können den *info*-Actuator-Endpoint wie oben beschrieben aktivieren. Streng genommen ist es gar nicht nötig, den *info*-Endpoint zu aktivieren, denn er ist standardmäßig aktiviert. Aber er muss dennoch mittels des Konfigurationsparameters `management.endpoints.web.exposure.include` freigegeben werden. Wir empfehlen deshalb, Konfigurationswerte immer explizit zu definieren, auch wenn sie nur mit Standardwerten belegt sind. Das macht es einfacher, die Konfiguration zu verstehen.

Eine vollständige Konfiguration des *info*-Endpoints in der *application.yml*-Datei sieht zum Beispiel wie folgt aus:

Listing 29–4 *Vollständige Konfiguration des info-Endpoints in der application.yml*

```
management:

  endpoint:
    info:
      enabled: true

  endpoints:
    web:
      exposure:
        include: info

  info:
    build:
      enabled: true
    git:
      enabled: true
```

Wir haben den *info*-Endpoint hier nicht nur aktiviert, sondern auch noch konfiguriert, sodass er Build- und Git-Informationen ausgibt. Diese Informationen werden von den Klassen `BuildInfoContributor` beziehungsweise `GitInfoContributor` zur Verfügung gestellt, die Spring Boot mitbringt. Diese beiden Klassen lesen jeweils eine *.properties*-Datei aus und geben die darin enthaltenen Informationen über den *info*-Endpoint aus.

Der `BuildInfoContributor` liest die Datei */META-INF/build-info.properties* aus. Diese Datei können wir vom Spring-Boot-Gradle-Plugin einfach erzeugen lassen, indem wir folgenden Block in unserer *build.gradle.kts* ergänzen:

```
springBoot {
  buildInfo()
}
```

Listing 29–5
Automatisches Erzeugen der build-info.properties mit Gradle

Ein analoges Feature existiert auch für das Spring-Boot-Maven-Plugin.

Der `GitInfoContributor` liest die Datei */git.properties* aus. Auch diese können wir automatisch erzeugen lassen, indem wir das `gradle-git-properties`-Plugin in unserer *build.gradle.kts* aktivieren:

```
plugins {
    id("com.gorylenko.gradle-git-properties") version "2.4.1"
}
```

Listing 29–6
Automatisches Erzeugen der git.properties mit Gradle

Auch hierfür existiert mit dem `git-commit-id-maven-plugin` ein Äquivalent für Maven.

Sobald unser Build mit den entsprechenden Plugins konfiguriert und die Dateien *build-info.properties* und *git.properties* im JAR enthalten sind, können wir im Browser die URL *http://localhost:8080/info* aufrufen und bekommen etwa folgendes Ergebnis zurück:

```
{
  "git": {
    "branch": "main",
    "commit": {
      "id": "838a1b2",
      "time": "2023-08-09T01:45:20Z"
    }
  },
  "build": {
    "artifact": "observability",
    "name": "observability",
    "time": "2023-08-11T02:03:58.818Z",
    "version": "1.0-SNAPSHOT",
    "group": "de.springboot3"
  }
}
```

Listing 29–7
Ausgabe der Build-Info und Git-Info über den info-Endpoint

Rufen wir diesen Endpoint im Produktionsbetrieb auf, wissen wir mit einem Blick, welche Version der Anwendung deployt ist, und wir können Bugs einfacher finden, da wir direkt wissen, welche Git-Commits in der laufenden Anwendung bereits enthalten sind und welche nicht.

Der *info*-Endpoint aggregiert die Ergebnisse aller Implementationen des `InfoContributor`-Interface, die Spring Boot im Application Context findet. Wir können also auch eigene `InfoContributor`-Beans definieren, um beliebige Metadaten auszugeben. Dies werden wir uns im nächsten Abschnitt genauer anschauen.

Der `GitInfoContributor` und der `BuildInfoContributor` sind nur zwei Beispiele, die Spring Boot von Haus aus mitliefert. Wir empfehlen, vor der Implementierung eines eigenen `InfoContributor` in der IDE nach `InfoContributor`-Implementierungen zu suchen (oder die Spring-Boot-Dokumentation nach »*InfoContributor*« zu durchsuchen), um zu vermeiden, einen `InfoContributor` selbst zu entwickeln, der bereits von Spring Boot mitgeliefert wird.

29.2.1.2 Einen eigenen InfoContributor entwickeln

Nehmen wir an, die Git- und Build-Informationen von oben reichen uns nicht aus. Wir möchten zusätzlich noch eine URL zur Continuous-Integration-Pipeline ausgeben, von der aus die Anwendung deployt wurde. So können wir im Fehlerfall einfach dieser URL folgen, um die Deployment-Logs einzusehen und von dort in die richtige Version des Codes zu springen.

Hierfür benötigen wir die folgenden Komponenten:

- einen Task in unserem Build-Prozess, der Umgebungsvariablen während des Deployment-Prozesses auf dem Continuous-Deployment-Server ausliest und in eine *.properties*-Datei schreibt, die mit in die Anwendung gepackt wird,
- einen `InfoContributor`, der die *.properties*-Datei zur Laufzeit ausliest.

Nehmen wir an, dass unser Continuous-Deployment-Server während der Build-Zeit die Umgebungsvariablen `PIPELINE_NUMBER` und `PIPELINE_URL` definiert[1]. Wir können dann zum Beispiel folgendes Snippet in unser *build.gradle.kts*-Skript aufnehmen, um bei jedem Build die Datei *pipeline.properties* zu erzeugen:

Listing 29–8
Erzeugen einer pipeline.properties-Datei für zusätzliche CI-Informationen

```
tasks {
  val pipelineProperties by
    registering(WriteProperties::class) {
    outputFile = file("${buildDir}/pipeline.properties")
    encoding = "UTF-8"
    property(
      "pipeline.number",
      System.getenv("PIPELINE_NUMBER"))
    property(
      "pipeline.url",
      System.getenv("PIPELINE_URL"))
    }

    processResources {
      from(pipelineProperties)
    }
}
```

1. Wir haben die Namen der Umgebungsvariablen für dieses Beispiel erfunden. Je nach Build-Server unterscheiden sich die Verfügbarkeit und die Namen dieser Variablen.

Dieser Code liest lediglich die Umgebungsvariablen `PIPELINE_NUMBER` und `PIPELINE_URL` aus und schreibt sie in die Datei *build/pipeline.properties*. Er stellt zusätzlich sicher, dass der Standard-Task `processResources` diese Datei während des Build-Prozesses mit in ihre Verarbeitung aufnimmt. Nutzen wir Maven als unser Build-Tool, können wir einen ähnlichen Mechanismus zum Beispiel mit Mavens »filtering«-Feature entwickeln.

Nun benötigen wir noch einen `InfoContributor`, der die *pipeline.properties*-Datei zur Laufzeit ausliest und dem `info`-Endpoint hinzufügt. Dieser könnte beispielsweise wie folgt aussehen:

Listing 29–9
Implementierung eines eigenen InfoContributors

```
public class PipelineInfoContributor
  implements InfoContributor {

  private final PipelineProperties pipelineProperties;

  public PipelineInfoContributor(
    String propertiesPath
  ) {
    this.pipelineProperties
      = readProperties(propertiesPath);
  }

  private PipelineProperties readProperties(
    String propertiesPath
  ) {
    Properties properties = new Properties();
    try (final InputStream stream =
      getClass()
        .getResourceAsStream(propertiesPath)
    ) {
      properties.load(stream);
    } catch (IOException e) {
      throw new IllegalStateException(
        String.format(
          "error loading '%s'",
          propertiesPath));
    }

    return new PipelineProperties(
      properties.getProperty(
        "pipeline.number", "unknown"),
      properties.getProperty(
        "pipeline.url", "unknown")
    );
  }

  @Override
  public void contribute(Info.Builder builder) {
    builder.withDetail("pipeline",
      Map.of(
        "pipeline.number",
```

```
            pipelineProperties.pipelineNumber(),
            "pipeline.url",
            pipelineProperties.pipelineUrl()));
    }

    record PipelineProperties(
      String pipelineNumber,
      String pipelineUrl
    ) {}
  }
```

Im Konstruktor laden wir die *pipeline.properties*-Datei von einem definierten Pfad im Classpath in ein Objekt vom Typ `PipelineProperties`. In der Methode `contribute()`, die vom `InfoContributor`-Interface erwartet wird, geben wir diese Properties dann in den übergebenen `Builder`, wo Spring Boot dann dafür sorgt, dass sie dem `info`-Endpoint hinzugefügt werden.

Als letzten Schritt müssen wir unseren `PipelineInfoContributor` noch dem Application Context hinzufügen. Der eleganteste Weg, dies zu tun, ist mittels einer Autokonfiguration:

Listing 29–10
Neuen InfoContributor dem ApplicationContext bekannt machen

```
@AutoConfiguration
@ConditionalOnResource(
  resources = "/pipeline.properties")
public class PipelineInfoAutoConfiguration {

  @Bean
  InfoContributor pipelineInfoContributor() {
    return new PipelineInfoContributor(
      "/pipeline.properties");
  }
}
```

Diese Autokonfiguration wird nur aktiv, wenn die Datei *pipeline.properties* im Classpath existiert. Damit Spring Boot die Konfiguration aufnimmt, müssen wir den vollqualifizierten Klassennamen in der Datei *src/main/resources/META-INF/spring/org.springframework.boot.autoconfigure.AutoConfiguration.imports* angeben:

```
de.springboot3.observability.PipelineInfoAutoConfiguration
```

Mehr zum Arbeiten mit Autokonfigurationen in Kapitel 32.

Wenn unser CI-Server die entsprechenden Umgebungsvariablen setzt, wird nun in jedem Build eine *pipeline.properties*-Datei erzeugt und mit in die Anwendung gepackt. Zur Laufzeit wertet unser `PipelineInfoContributor` diese Datei aus und fügt sie dem *info*-Endpoint hinzu. Das Ergebnis des *info*-Endpoints sieht dann beispielsweise so aus:

```
{
  "pipeline": {
    "pipeline.number": "1001",
    "pipeline.url": "https://.../pipelines/42"
  }
}
```

Listing 29-11
Ausgabe des neuen PipelineInfoContributors

29.2.2 Einen eigenen Actuator-Endpoint entwickeln

Anstatt unsere Pipeline-Informationen mit in den `info`-Endpoint aufzunehmen, könnten wir uns auch dazu entscheiden, einen eigenen Actuator-Endpoint für diese Informationen bereitzustellen. Dies ist mit den Annotationen `@Endpoint` und `@ReadOperation` relativ einfach umzusetzen:

```
@Endpoint(id = "pipeline")
public class PipelineEndpoint {

  private final PipelineProperties pipelineProperties;

  public PipelineEndpoint(String propertiesPath) {
    this.pipelineProperties= readProperties(propertiesPath);
  }

  @ReadOperation
  public PipelineProperties getPipelineProperties() {
    return this.pipelineProperties;
  }
}
```

Listing 29-12
Implementierung eines eigenen Actuator-Endpoints

Versehen wir eine Bean mit der `@Endpoint`-Annotation, ist dies ein Signal für Spring Boot, diese Bean nach Methoden zu durchsuchen, die mit den Annotationen `@ReadOperation`, `@WriteOperation` oder `@DeleteOperation` versehen sind. In unserem Fall ist die Methode `getPipelineProperties()` mit `@ReadOperation` versehen, sodass Spring Boot diese Methode aufruft, wenn der *pipeline*-Endpoint mit einem HTTP GET-Request aufgerufen wird.

Mit einer `@Configuration`-Klasse fügen wir diese Bean dem Application Context hinzu:

```
@Configuration
public class PipelineEndpointConfiguration {
  @Bean
  PipelineEndpoint pipelineEndpoint() {
    return new PipelineEndpoint("/pipeline.properties");
  }
}
```

Listing 29-13
Hinzufügen des neuen Actuator-Endpoints über eine Configuration-Klasse

Damit unser Endpoint auch erreichbar ist, müssen wir ihn wie alle anderen Actuator-Endpoints auch in unserer *application.yml* aktivieren und freigeben:

Listing 29–14
Aktivieren und Freigeben unseres neuen Actuator-Endpoints

```
management:
  endpoint:
    pipeline:
      enabled: true

  endpoints:
    web:
      exposure:
        include: pipeline
```

Damit können wir den Endpoint via *http://localhost:8080/actuator/pipeline* aufrufen.

Methoden, die mit `@ReadOperation`, `@WriteOperation` oder `@DeleteOperation` annotiert sind, können auch Parameter entgegennehmen, die automatisch aus dem eingehenden Web-Request ausgelesen werden. Das Mapping von Web-Request-Parametern zu Methodenparametern ist allerdings auf eine einfache JSON-Konvertierung beschränkt.

Actuator-Endpoint vs. Controller-Endpoint

Anstatt unsere Admin-Endpoints mit dem Actuator-Framework zu implementieren, können wir sie natürlich auch über »normale« Web-Controller implementieren, wie in Kapitel 19 beschrieben.

Implementieren wir unsere Admin-Endpoints als Actuator-Endpoints, bekommen wir einige Features umsonst dazu. Wir können zum Beispiel unsere selbst entwickelten Endpoints mittels der `management.*`-Konfigurationsparameter aktivieren oder deaktivieren. Auch werden die Endpoints automatisch via JMX freigeben. Darüber hinaus sind Actuator-Endpoints sehr wiederverwendbar. Benötigen wir dieselbe Admin-Funktionalität in mehreren Anwendungen, können wir Actuator-Endpoints sehr einfach in eine Library packen und in allen Anwendungen nutzen. Dabei spielt es keine Rolle, ob die Anwendung Spring MVC oder WebFlux nutzt, denn die Actuator-Endpoints sind technologieunabhängig.

Benötigen wir für unsere Admin-Endpoints speziellere Features von Spring MVC oder WebFlux, können wir sie natürlich auch als Spring-MVC- oder WebFlux-Controller implementieren, verzichten dann aber auf die oben genannten Features.

29.3 Logging

Ein wichtiger Faktor für Observability ist ein gutes Logging. Unsere Anwendung sollte an wichtigen Stellen Log-Events ausgeben, die uns beim Debuggen helfen können oder auch einfach einen Einblick in das Nutzerverhalten geben.

Auch hier liefert Spring Boot ein sinnvolles Standardverhalten mit, das wir bei Bedarf anpassen können.

29.3.1 SLF4J

Spring Boot setzt auf SLF4J als Logging-API. SLF4J ist der De-facto-Standard für das Logging in der Java-Welt und definiert (unter anderem) ein `Logger`-Interface, das es uns ermöglicht, Log-Events auszugeben, ohne dass wir uns um die Details der darunterliegenden Logging-Bibliothek kümmern müssen. Logging-Bibliotheken wie Log4J oder Logback implementieren dieses Interface und nehmen die Log-Events entgegen, um sie an konfigurierte Ziele, wie zum Beispiel eine Log-Datei oder einen Logserver, weiterzuleiten. Unser Anwendungscode hat zur Compile-Zeit lediglich eine Abhängigkeit zu SLF4J und nicht zur darunterliegenden Logging-Bibliothek. Erst zur Laufzeit wird eine Implementierung der SLF4J-Interfaces im Classpath benötigt.

In einer Spring-Boot-Anwendung können wir einen SLF4J-Logger nutzen wie in jeder anderen Anwendung auch. Ein Beispiel sieht so aus:

Listing 29–15
Beispiel für die Verwendung eines SLF4J-Loggers

```
@Component
public class LoggingTest {

  private static final Logger logger
    = LoggerFactory.getLogger(LoggingTest.class);

  public LoggingTest(){
    logger.error("hello {}", "Bob");
  }

}
```

Standardmäßig bringt Spring Boot Logback als Logging-Bibliothek mit. Wenn wir also nichts weiter konfigurieren, funktioniert das Logging bereits mit der Standardkonfiguration. In dieser Konfiguration sendet Spring Boot die Log-Events in einem vorgegebenen Format an die Konsole (STDOUT) und nicht in eine Log-Datei.

Reicht uns diese Standardkonfiguration nicht aus, haben wir die Möglichkeit, sie mit einigen Spring-Boot-Konfigurationsparametern zu beeinflussen. Dies ist möglich, weil Spring Boot eine eigene Logging-

Abstraktion mitbringt, die diese Konfigurationsparameter in die entsprechende Konfiguration von Log4J oder Logback übersetzt. Reichen uns diese Konfigurationsparameter auch nicht aus, können wir Log4J oder Logback direkt konfigurieren (oder sogar deaktivieren und eine komplett andere Logging-Bibliothek nutzen, solange sie SLF4J-kompatibel ist).

29.3.2 Logging via application.yml konfigurieren

Spring Boot stellt einige Konfigurationsparameter mit dem Präfix `logging` zur Verfügung, mit denen wir Einfluss auf die Logging-Konfiguration nehmen können. Nehmen wir die folgende Konfiguration in unserer *application.yml*-Datei als Beispiel:

Listing 29–16
Eine beispielhafte Logging-Konfiguration über die application.yml

```
logging:
  group:
    database: "de.springboot3.persistence,org.hibernate"
  level:
    database: DEBUG
    org.springframework: WARN
  file:
    name: app.log
  pattern:
    console: "%date - %logger{30} - %message%n"
```

Mit dieser Konfiguration erstellen wir eine Log-Gruppe, die Logger mit den Präfixen `de.springboot3.persistence` und `org.hibernate` zu einer Gruppe namens `database` zusammenfasst. Mit `logging.level.database: DEBUG` setzen wir das Log-Level für diese Gruppe auf `DEBUG`. Log-Gruppen sind hilfreich, um disjunkte Logger zusammen konfigurieren zu können.

Außerdem wird unsere Anwendung eine Log-Datei namens *app.log* im Arbeitsverzeichnis erstellen und die Log-Events (zusätzlich zur Ausgabe in die Konsole) in diese Datei schreiben. Jedes Log-Event wird mit dem angegebenen Pattern formatiert. Das Pattern muss mit der genutzten Logging-Bibliothek kompatibel sein. Das Pattern im Beispiel folgt also den Regeln eines Logback-»Layouts«.

Es gibt noch einige andere Konfigurationsparameter im `logging`-Namespace, für die wir auf die Spring-Boot-Dokumentation verweisen. Wie wir an den Logback-spezifischen Variablen in der `pattern`-Konfiguration sehen, können wir mit diesen Konfigurationsparametern nicht komplett von der darunterliegenden Logging-Bibliothek abstrahieren. Spring Boot bietet deshalb auch einige Logback-spezifische Konfigurationsparameter im Namespace `logging.logback`.

Wenn wir Spring Boots Logging-Abstraktion komplett umgehen wollen, um spezifische Features von Logback oder Log4J zu nutzen, können wir einfach eine Logback- oder Log4J-spezifische Konfigurationsdatei in die Anwendung integrieren und Spring Boot wird seine eigene Konfiguration deaktivieren.

29.3.3 Logback und Log4J direkt konfigurieren

Um Logback oder Log4J direkt zu konfigurieren, können wir einfach eine Datei *logback.xml* oder *log4j2.xml* im Verzeichnis *src/main/resources* ablegen. Diese Dateien können nach Belieben entsprechend der von Logback und Log4J bereitgestellten Regeln konfiguriert werden. Es ist zu beachten, dass diese Konfigurationsdateien alle `logging.*`-Konfigurationsparameter von Spring Boot überschreiben.

Da Spring Boot standardmäßig Logback als Logging-Bibliothek mitbringt, müssen wir Log4J explizit aktivieren, wenn wir es nutzen möchten. Dies tun wir, indem wir das Modul *org.springframework.boot:spring-boot-starter-log4j2* in unsere Dependencies aufnehmen.

Um die Logback- und Log4J-spezifische Konfiguration doch etwas flexibler zu gestalten, bietet Spring Boot auch die Möglichkeit, stattdessen eine Datei *logback-spring.xml* beziehungsweise *log4j2-spring.xml* anzulegen. Diese Dateien können die normale Logback- beziehungsweise Log4J-spezifische Konfiguration beinhalten, wir erhalten allerdings einige Extras. Als Beispiel soll diese *logback-spring.xml*-Datei dienen:

Listing 29–17
Beispielhafte logback-spring.xml für Spring Boot

```
<configuration>

  <springProperty
    scope="context"
    name="consolePattern"
    source="logging.pattern.console"/>

  <appender
    name="CONSOLE"
    class="ch.qos.logback.core.ConsoleAppender"
  >
    <layout class="ch.qos.logback.classic.PatternLayout">
      <Pattern>
        ${consolePattern}
      </Pattern>
    </layout>
  </appender>

  <springProfile name="prod">
    <logger
          name="de.springboot3"
          level="warn"
          additivity="false">
```

```
            <appender-ref ref="CONSOLE"/>
        </logger>
    </springProfile>

    <springProfile name="staging">
        <logger
            name="de.springboot3"
            level="debug"
            additivity="false"
        >
            <appender-ref ref="CONSOLE"/>
        </logger>
    </springProfile>

    <root level="info">
        <appender-ref ref="CONSOLE"/>
    </root>

</configuration>
```

Wir nutzen hier die XML-Elemente `<springProperty/>` und `<springProfile/>`, die nicht Teil der Logback-Konfiguration sind, sondern von Spring Boot zur Verfügung gestellt werden. Spring Boot liest die Datei *logback-spring.xml* beim Start der Anwendung aus und übersetzt diese Elemente in die entsprechende Logback-native Konfiguration.

Das Element `<springProperty/>` gibt uns Zugriff auf alle Konfigurationsparameter von Spring Boot. In unserem Fall lesen wir den Konfigurationswert `logging.pattern.console` aus, um ihn in der Variable `${consolePattern}` im Konsolen-Appender zu benutzen.

Das Element `<springProfile/>` ermöglicht es uns, die Logging-Konfiguration vom aktivierten Spring-Profil abhängig zu machen. Wir setzen im Beispiel das Log-Level des Loggers `de.springboot3` im `prod`-Profil auf `warn` und im `staging`-Profil auf `debug`, sodass wir in der Staging-Umgebung detailliertere Log-Ausgaben bekommen.

Die Spring-spezifischen Elemente, die uns für die Datei *logback-spring.xml* zur Verfügung stehen, unterscheiden sich etwas von denen, die wir in der Datei *log4j2-spring.xml* nutzen können. Für die genauen Unterschiede verweisen wir auf die Spring-Boot-Dokumentation.

29.3.4 Kombination der Logging-Konfigurationen

Die Logging-Konfiguration kann schnell unübersichtlich werden, wenn man mehrere der oben genannten Konfigurationsmöglichkeiten kombiniert und man nicht mehr weiß, welche der Konfigurationen nun aktiv sind. Deshalb raten wir, sich für eine der Möglichkeiten zu entscheiden und diese konsequent zu nutzen. Zur Übersicht zeigt die folgende Tabelle noch einmal die verschiedenen Konfigurationsmöglichkeiten und ihre Priorität auf:

Priorität	Logging-Konfiguration	Beschreibung
1	*logback.xml* oder *log4j2.xml*	Logback- beziehungsweise Log4J-native Konfiguration. Alle anderen Konfigurationen werden von Spring ignoriert.
2	*logback-spring.xml* oder *log4j2-spring.xml*	Logback- beziehungsweise Log4J-native Konfiguration mit einigen Spring-Boot-spezifischen Extras
3	Konfigurationsparameter `logging.*`	Konfigurationsparameter im Namespace `logging`. Diese Parameter werden nur ausgewertet, wenn keine der oben genannten Konfigurationen verfügbar ist.

29.4 Metriken

Um unsere Anwendung zur Laufzeit im Auge zu behalten, sind Metriken unerlässlich. Metriken geben uns Informationen über den Ressourcenverbrauch, den Gesundheitszustand und das Nutzerverhalten. Wir können alles messen, was wir zum Beispiel für die Kapazitätsplanung, die Planung neuer Features oder die Untersuchung von Incidents benötigen. Bestenfalls stehen die Metriken in Echtzeit zur Verfügung, sind aber auch über die Historie nachvollziehbar.

Spring Boot ist eng mit der Micrometer-Bibliothek integriert, die wiederum Integrationen mit vielen verschiedenen Observability-Produkten mitliefert, sodass wir Metriken mit minimalem Aufwand in das Produkt unserer Wahl exportieren können. Die meisten dieser Produkte liefern eine Dashboard-Funktionalität mit, sodass wir die Metriken dort einsehen können.

29.4.1 Standardmetriken exportieren

Standardmäßig exportiert Spring Boot bereits einige Metriken, die in den allermeisten Anwendungen interessant sind. Darunter sind Metriken wie die benötigte Startzeit, die Festplattenkapazität oder die Kapazität der verschiedenen Memory-Pools des JDK.

Das Actuator-Modul liefert auch direkt einen *metrics*-Endpoint mit, mit dem wir die Metriken zur Laufzeit einsehen können. Nachdem wir den Endpoint wie oben beschrieben aktiviert und freigegeben haben, können wir unter *https://localhost:8080/actuator/metrics* beispielsweise Folgendes sehen:

Listing 29–18
Beispielhafte Ausgabe des metrics-Endpoints

```
{
  "names": [
    "application.ready.time",
    "application.started.time",
    "disk.free",
    "disk.total",
    ...
  ]
}
```

Dies ist lediglich eine Auflistung der verfügbaren Metriken. Fügen wir eigene Metriken hinzu (siehe nächsten Abschnitt), werden diese Metriken hier ebenfalls angezeigt. Möchten wir die Details zu einer Metrik sehen, können wir den Namen der Metrik in der URL angeben. Rufen wir beispielsweise *http://localhost:8080/actuator/metrics/jvm.memory-used* auf, sehen wir Folgendes:

Listing 29–19
Spezifische Metrik über den metrics-Endpoint abrufen

```
{
  "name": "jvm.memory.used",
  "description": "The amount of used memory",
  "baseUnit": "bytes",
  "measurements": [
    {
      "statistic": "VALUE",
      "value": 8.8609568E7
    }
  ],
  "availableTags": [
    {
      "tag": "area",
      "values": [
        "heap",
        "nonheap"
      ]
    },
    ...
  ]
}
```

Der Wert unter `measurements` im Beispiel zeigt den aktuell von der Anwendung verbrauchten Speicher. Da der Speicherverbrauch in Java aber in unterschiedliche Memory-Pools unterteilt ist, liefert die Metrik zusätzlich die tags `heap` und `nonheap`. Unter diesen Tags wird der Speicherverbrauch im Heap- und Non-Heap-Speicherpool gemessen. Wir können die unter einem Tag gemessenen Werte ebenfalls einsehen, indem wir das Tag an die URL anhängen. Rufen wir beispielsweise die URL *http://localhost:8080/actuator/metrics/jvm.memory-used?tag=area:heap* auf, sehen wir den aktuell verbrauchten Speicher im Heap:

Listing 29–20
Einschränken von Metriken über Tags

```
{
  name: "jvm.memory.used",
  description: "The amount of used memory",
  baseUnit: "bytes",
  measurements: [
    {
      statistic: "VALUE",
      value: 32683448
    }
  ],
  availableTags: [
    {
      tag: "id",
      values: [
        "G1 Survivor Space",
        "G1 Old Gen",
        "G1 Eden Space"
      ]
    }
  ]
}
```

Wir können auch noch weitere Tags angeben, um den Speicherverbrauch in den einzelnen Speicherpools des Heaps einzusehen.

Mit dem *metrics*-Endpoint bekommen wir schon einen guten Einblick in verschiedene Metriken unsere Anwendung und des darunterliegenden JDK. Wie wir an den JSON-Beispielen oben sehen, ist der *metrics*-Endpoint allerdings nicht gerade benutzerfreundlich. Außerdem bekommen wir so immer nur einen Einblick in den aktuellen Stand der Metriken und haben keinerlei Übersicht über die Historie der Werte. Deshalb sollten wir die Metriken im Produktionsbetrieb dringend an ein Observability-Produkt senden, das eine benutzerfreundliche Dashboard-Funktionalität bietet.

29.4.2 Metriken an ein Observability-Produkt exportieren

Hier spielt Micrometer seine Stärken aus. Micrometer sammelt Metriken (und Traces, wie wir später noch sehen werden) in einer lokalen Registry und kann so konfiguriert werden, dass es sie in (fast) Echtzeit an ein Observability-Produkt sendet. Dabei werden die Daten automatisch in das benötigte Zielformat umgewandelt, sodass wir uns nicht darum kümmern müssen.

Micrometer bringt Integrationen mit etwa 20 verschiedenen Observability-Produkten mit. Für die meisten Observability-Produkte reicht es aus, eine bestimmte Micrometer-Dependency einzubinden und einige Parameter wie ein Authentifizierungstoken im Namespace `management.<produkt-name>` der *application.yml* zu konfigurieren und schon werden die Metriken an das entsprechende Produkt gesendet. In einigen Fällen ist die Konfiguration etwas aufwendiger, wie etwa bei Prometheus, da Prometheus das Konzept umdreht. Die Metriken werden nicht an Prometheus gesendet, sondern Prometheus ruft die Metriken von unserer Anwendung ab.

Für weitere Details zur Konfiguration bestimmter Observability-Produkte sei auf die Spring-Boot-Dokumentation[2] verwiesen.

29.4.3 Eigene Metriken exportieren

Wie bereits erwähnt, setzt Spring Boot beim Thema Observability auf die Micrometer-Bibliothek[3]. Micrometer stellt uns eine API zur Verfügung, mit der wir beliebige Metriken unserer Anwendung exponieren können. Diese Metriken werden von Spring Boot automatisch in den *metrics*-Endpoint integriert und von den Integrationen mit den verschiedenen Observability-Produkten aufgegriffen. Um Metriken zu exportieren, müssen wir also nur wissen, wie wir die Micrometer-API bedienen. Auch wenn die Micrometer-API nicht direkt zu Spring Boot gehört, diskutieren wir im Folgenden, wie wir sie nutzen können, um verschiedene Metriken zu exportieren. Aussagekräftige Metriken sind sehr relevant, um eine Anwendung zur Laufzeit im Auge zu behalten und schnell auf Änderungen im Nutzerverhalten oder der Systemumgebung zu reagieren. Betreiben wir eine Anwendung ohne Metriken, ist es so, als würden wir ein Fahrzeug mit geschlossenen Augen und Ohren bedienen.

Micrometer stellt verschiedene »Meters« zur Verfügung, die wir nutzen können, um verschiedene Dinge innerhalb unserer Anwendung zu messen. Die am meisten genutzten Meters sind:

- **`Counter`**: wird beim Auftreten eines bestimmten Ereignisses hochgezählt (zum Beispiel jedes Mal, wenn ein Benutzer sich in unserer Anwendung einloggt). Der Wert eines `Counters` ist stetig steigend. Er kann nicht von einer Messung zur nächsten reduziert werden.
- **`Gauge`**: zeigt den aktuellen Wert einer Metrik an (zum Beispiel die Anzahl der jetzt gerade in unserer Anwendung eingeloggten Benutzer). Der Wert eines `Gauge` ist eine Momentaufnahme und kann sich zwischen zwei Messungen beliebig verändern.
- **`Timer`**: misst die verstrichene Zeit einer bestimmten Operation (zum Beispiel die Zeit, die der Login-Prozess für die Benutzer der Anwendung dauert)

2. *https://docs.spring.io/spring-boot/docs/3.0.0/reference/htmlsingle/*
3. *https://micrometer.io/*

Micrometer bietet noch einige weitere Messinstrumente an, aber die drei genannten decken die allermeisten Anwendungsfälle ab.

Um Messwerte zu verwalten, stellt Micrometer die Klasse `MeterRegistry` zur Verfügung. Das folgende Codebeispiel zeigt das typische Vorgehen, um Messungen in einer Spring-Boot-Anwendung vorzunehmen und zu exportieren:

Listing 29–21
Eigene Messungen mittels Micrometer-API

```
@Component
public class UserService {

  private final Counter loginCounter;
  private final Gauge currentUsersGauge;
  private final Timer loginTimer;

  public UserService(MeterRegistry meterRegistry) {
    this.loginCounter = Counter
      .builder("logins")
      .description("Number of user logins")
      .register(meterRegistry);

    this.currentUsersGauge = Gauge
      .builder(
        "currentUsers",
        this::getCurrentUsers)
      .description(
        "Number of currently logged-in users")
      .register(meterRegistry);

    this.loginTimer = Timer
      .builder("loginTime")
      .description(
        "Time taken for user login process")
      .register(meterRegistry);
  }

  void login(String username, String password) {
    // send when a user has logged in
    loginCounter.increment();

    // update the current number of logged-in users
    currentUsersGauge.measure();

    // record the time it took
    // to call the doLogin() method
    loginTimer.record(this::doLogin);
  }

  ...

}
```

Das Beispiel zeigt die Klasse `UserService`, die eine `login()`-Methode zur Verfügung stellt. Wir möchten verschiedene Metriken rund um das Login festhalten. Das Vorgehen ist wie folgt:

- Wir lassen uns von Spring eine Bean vom Typ `MeterRegistry` in unsere eigene Bean (`UserService`) injizieren. Spring Boot stellt eine `MeterRegistry`-Bean automatisch zur Verfügung.
- Im Konstruktor initialisieren wir für jede Metrik, die wir festhalten möchten, ein entsprechendes `Meter`-Objekt. Wir registrieren diese `Meter` in der `MeterRegistry`.
- In der `login()`-Methode führen wir für jede der Metriken eine Messung durch. Hierfür rufen wir die entsprechenden Methoden auf den zuvor initialisierten `Meter`-Objekten auf.

Je nach `Meter`-Typ (`Counter`, `Gauge`, `Timer`, ...) sieht die Erfassung von Messwerten etwas anders aus.

Bei einem `Counter` rufen wir die `increment()`-Methode auf, um den Zähler um eins zu erhöhen. Wir können alternativ auch eine positive Zahl übergeben, um den Zähler um mehr als eins zu erhöhen.

Bei einem `Gauge` haben wir lediglich die Möglichkeit, die Methode `measure()` aufzurufen. Intern ruft Micrometer dann die bei der Initialisierung des `Gauge` angegebene Funktion auf, um den aktuellen Messwert zu generieren. In unserem Fall ist dies die Methode `this.getCurrentUsers()`.

Bei einem `Timer` rufen wir eine der `record()`-Methoden auf, um die Zeit eines bestimmten Prozesses zu messen. In unserem Fall messen wir die Zeit, die von der Methode `this.doLogin()` benötigt wird. Wie wir an der Initialisierung des `Timer`-Objekts sehen, bietet es uns deutlich mehr Konfigurationsparameter als die anderen `Meter`-Typen. Mehr dazu im folgenden Abschnitt über Histogramme und Perzentile. Ein `Timer` zählt immer auch gleichzeitig die Anzahl der Messwerte mit, sodass wir in diesem Fall keinen separaten `Counter` benötigen.

Schauen wir uns zum Beispiel die Metrik `loginTime` im *metrics*-Endpoint an, sehen wir Folgendes:

Listing 29–22

Die neuen Metriken erscheinen im metrics-Endpoint.

```
{
  "name": "loginTime",
  "description": "Time taken for user login process",
  "baseUnit": "seconds",
  "measurements": [
    {
      "statistic": "COUNT",
      "value": 5.0
    },
    {
      "statistic": "TOTAL_TIME",
      "value": 10.001412709
    },
```

```
    {
      "statistic": "MAX",
      "value": 2.000523786
    }
  ],
  "availableTags": []
}
```

Spring Boot zeigt sowohl die Anzahl der Messwerte an (`COUNT`) als auch die insgesamt gemessene Zeit aller Messwerte (`TOTAL_TIME`) und auch den maximalen Messwert (`MAX`). Micrometer hält aus nachvollziehbaren Gründen nicht jeden einzelnen Messwert im Speicher vor, weshalb der *metrics*-Endpoint nicht auf die einzelnen Messwerte zugreifen kann. Haben wir ein Observability-Produkt integriert, sendet Micrometer aber jeden Messwert an dieses Produkt, sodass es die Historie abbilden kann.

29.4.4 Tags

Wir haben am Beispiel der Metrik `jvm.memory.used` bereits gesehen, dass eine Metrik sogenannte »Tags« besitzen kann. Ein Tag fügt einer Metrik eine weitere Dimension hinzu. Jede Dimension kann als eigene Metrik betrachtet werden, die wir separat messen und auswerten können. Da diese Dimensionen aber über die getaggte Metrik miteinander verbunden sind, können wir sie aggregieren.

Im Beispiel mit der Metrik `jvm.memory.used` messen wir beispielsweise den im Heap verbrauchten Speicher mit dem Tag `heap` und den restlichen Speicher mit dem Tag `nonheap`. Wir können dann Auswertungen über den Heap- und Non-Heap-Speicher durchführen, indem wir die entsprechenden Tags benutzen. Oder wir können die Tags bei der Auswertung weglassen und bekommen den aggregierten Speicherverbrauch beider Dimensionen.

Tags sind in vielen verschiedenen Anwendungsfällen hilfreich. Hier sind ein paar Beispiele:

- **`host`**: Läuft unsere Anwendung auf mehreren Hosts für eine bessere Skalierbarkeit, können wir alle Metriken mit diesem Tag versehen, um zum Beispiel den Speicherverbrauch für jeden Host separat beobachten zu können.
- **`environment`**: Läuft unsere Anwendung in verschiedenen Laufzeitumgebungen (`staging`, `production`, ...), können wir alle Metriken mit diesem Tag versehen, um jede Umgebung separat zu beobachten.
- **`uri`**: Für Messwerte, die mit HTTP-Requests an unsere Anwendung zu tun haben, ist es sinnvoll, dieses Tag zu ergänzen, sodass wir jeden Endpoint unserer Anwendung separat beobachten können, um zum Beispiel besonders langsame Endpoints zu identifizieren.

In vielen anderen Situation sind andere Tags sinnvoll. Um sinnvolle Tags zu identifizieren, müssen wir uns lediglich die Frage stellen, welche Dimensionen einer Metrik wir separat voneinander beobachten möchten.

Um eine Messung mit Tags zu versehen, können wir die Tags einfach bei der Initialisierung eines unserer `Meter`-Objekte angeben:

Listing 29–23
Metriken durch Tags mit Dimensionen versehen

```
public UserService(MeterRegistry meterRegistry) {
  this.loginCounter = Counter
    .builder("logins")
    .description("Number of user logins")
    .tag("environment", getEnvironment())
    .register(meterRegistry);
  ...
}
```

Die angegebenen Tags (im Beispiel das Tag `environment`) werden dann automatisch bei jeder Messung mitgesendet.

Einige Tags, wie zum Beispiel `host` und `environment`, machen für jede Metrik Sinn, weshalb Spring Boot für manche Metriken »globale« Tags definiert. Hierfür müssen wir sie einfach in unserer *application.yml* aufzählen:

Listing 29–24
Setzen der Tags host und environment auf bestimmte Werte

```
management:
  metrics:
    tags:
      host: ${HOST_NAME}
      environment: prod
```

In diesem Beispiel setzen wir das Tag `host` auf den Wert der Umgebungsvariable `HOST_NAME` (unter der Annahme, dass der Host diese Umgebungsvariable für uns vor dem Start der Anwendung initialisiert). Der obige Ausschnitt könnte aus einer Datei *application-prod.yml* stammen, um die Tags für die Metriken der Produktionsumgebung zu definieren. Wir können analog die Tags für andere Laufzeitumgebungen definieren, indem wir sie im entsprechenden Profil definieren (siehe Kapitel 5).

29.4.5 Metriken programmatisch anpassen

Benötigen wir mehr Flexibilität beim Vergeben von Tags oder möchten wir die Konfiguration bestimmter Metriken an zentraler Stelle beeinflussen, so können wir einen `MeterFilter` schreiben und als Spring Bean definieren:

```
@Component
public class AddSyntheticTagMetricFilter
implements MeterFilter {

  private final Environment environment;

  public AddSyntheticTagMetricFilter(
    Environment environment
  ) {
    this.environment = environment;
  }

  @Override
  public Meter.Id map(Meter.Id id) {
    Boolean synthetic = Boolean.FALSE;
    if (id.getName().equals("currentUsers") &&
      isSyntheticUser(id.getTag("userName"))
    ) {
      synthetic = Boolean.TRUE;
    }
   return id.withTag(
      Tag.of("synthetic", synthetic.toString()))
       .replaceTags(removeTag(id, "userName"));
  }
}
```

Listing 29–25
Programmatisches Manipulieren von Tags über einen MeterFilter

Diese `MeterFilter`-Implementierung fügt der Metrik `currentUsers` beispielsweise den Tag `synthetic` hinzu, der signalisieren soll, ob es sich bei dem Benutzer um einen künstlichen Benutzer handelt, zum Beispiel ein »Bot«, der für einen Performance-Test genutzt wird. Wir gehen im Beispiel davon aus, dass die Metrik bereits mit dem `userName` getaggt ist und dass wir anhand dieses Namens identifizieren können, ob es sich um einen künstlichen Benutzer handelt oder nicht. Das Beispiel zeigt einen weiteren sinnvollen Anwendungsfall für Tags auf, auch wenn die Implementierung viele Annahmen trifft. Es ist zu beachten, dass wir am Ende den Tag `userName` aus der Metrik entfernen, weil er zu viele verschiedene Werte annehmen kann. Mehr dazu im Kasten zur Kardinalität von Tags.

Die Klasse `MeterFilter` bringt einige statische Factory-mit, die uns fertige `MeterFilter`-Implementierungen für häufige Anwendungsfälle zur Verfügung stellen. Diese können wir wie folgt nutzen:

```
@Configuration
public class CustomMetricsConfiguration {

  @Bean
  public MeterFilter renameMetricsFilter() {
    return MeterFilter.renameTag(
```

Listing 29–26
Nutzen der Factory-Methoden von MeterFilter für häufige Use-Cases

```
            "currentUsers",
            "synthetic",
            "isSyntheticUser"
        );
    }

}
```

Wir nutzen hier die Factory-Methode `renameTag()`, um einen `MeterFilter` zu erzeugen, der den Tag `synthetic` der Metrik `currentUsers` in `isSyntheticUser` umbenennt. Dieser Filter und viele andere Filter, die mithilfe der Factory-Methoden erzeugt werden können, sind sehr hilfreich, um zum Beispiel Metriken zu beeinflussen, die nicht in unserem eigenen Code erzeugt werden, sondern im Code von Libraries, die wir eingebunden haben, auf deren Code wir aber keinen Einfluss haben.

Vorsicht mit der Kardinalität von Tags

Ein Tag kann unter Umständen viele verschiedene Werte annehmen. Im Beispiel oben haben wir beispielsweise angenommen, dass die Metrik `currentUsers` mit dem Tag `userName` versehen ist. Das bedeutet, dass diese Metrik für jeden Benutzer separat gemessen wird.

Dies ist zum einen nicht besonders sinnvoll, denn bei den meisten Metriken interessieren wir uns nicht dafür, wer der aktuelle Benutzer ist – abgesehen von den Datenschutzproblemen, die damit einhergehen.

Darüber hinaus erstellen Observability-Produkte für jeden Wert von jedem Tag eine eigene Serie von Messwerten (im Englischen »*time series*«), damit wir einen Drilldown in jeden Wert jedes Tags durchführen können. Bei einigen Tags mit hoher Kardinalität explodiert die Anzahl der Serien sehr schnell, was den Ressourcenbedarf des Produkts (und deren Kosten) in die Höhe treibt.

Um Tags mit hoher Kardinalität zu vermeiden, können wir sie entweder gar nicht erst konfigurieren oder wir können einen `MeterFilter` schreiben, der die Kardinalität verringert, wie wir es im Beispiel mit dem `AddSyntheticTagMetricFilter` getan haben, der das Tag `userName` mit hoher Kardinalität durch das Tag `synthetic` mit niedriger Kardinalität ersetzt. Es gibt nur zwei verschiedene Werte für das neue Tag, wodurch die Kardinalität insgesamt deutlich verringert wird. Wir haben viele verschiedene Werte (Benutzernamen) in zwei Kategorien aufgeteilt. Diese Taktik kann für viele verschiedene Metriken angewandt werden. Wir müssen uns aber Gedanken darüber machen, welche Kategorien uns bei der Auswertung interessieren.

29.4.6 Histogramme und Perzentile

Insbesondere zur Messung von zeitbasierten Metriken, wie beispielsweise der Zeit, die unsere Anwendung benötigt, um HTTP-Requests zu beantworten, kommen Histogramme und Perzentile ins Spiel. Diese beiden Konzepte sind so wichtig für das Monitoring von Anwendungen, dass wir sie in diesem Abschnitt beschreiben.

Nehmen wir als Beispiel die Antwortzeit unserer Anwendung. Wir sind offensichtlich daran interessiert, dass unsere Anwendung alle Requests möglichst schnell bearbeitet, sodass die Benutzer nicht zu lange warten müssen. Wir nutzen also einen `Timer`, wie oben beschrieben, um die Antwortzeit aller Requests zu messen. Tatsächlich gibt Spring Boot automatisch eine Metrik namens `http.server.requests` aus, die genau das erledigt, ohne dass wir etwas tun müssen.

Wir möchten nun wissen, wie lange bestimmte Endpoints unserer Anwendung benötigen, um eine Antwort zu liefern. Hierfür können wir zum Beispiel einen Durchschnittswert benutzen, wenn wir damit zufrieden wären, dass ein Endpoint beispielsweise durchschnittlich eine Sekunde für die Antwort benötigt. Was wäre aber, wenn die Antwortzeit in 95 % der Fälle mit 0,2 Sekunden sehr kurz ist und in 5 % der Fälle inakzeptable 80 Sekunden beträgt? Die Benutzer, die 80 Sekunden warten müssen, werden zu Recht sehr schnell sehr frustriert. Der Durchschnitt beträgt in diesem Fall immer noch eine Sekunde, aber er hilft uns nicht als Metrik.

Hier helfen Perzentile. Ein Perzentil sagt aus, wie viel Prozent der Messungen kleiner oder gleich einem bestimmten Wert sind. Beträgt das 50. Perzentil unserer Antwortzeiten beispielsweise eine halbe Sekunde, dann wissen wir, dass unsere Anwendung 50 % der Anfragen innerhalb von einer halben Sekunde beantwortet hat. Das 50. Perzentil wird auch Median genannt. Die Hälfte der Messwerte ist kleiner oder gleich dem Median und die andere Hälfte ist größer.

Spannender als der Median sind die höheren Perzentile. In unserem Beispiel, in dem 5 % der Anfragen inakzeptabel lange brauchen, würde das 95. Perzentil immer noch bei einem akzeptablen Wert liegen (sagen wir bei einer Sekunde). Wenn wir uns aber das 99. Perzentil anschauen, werden wir sehen, dass dieses einen sehr hohen Wert hat (beispielsweise 20 Sekunden). Und das 99,9. Perzentil läge beispielsweise bei 60 Sekunden. Das bedeutet, dass unsere Anwendung für 1 % der Anfragen länger als 20 Sekunden und für 0,1 % der Anfragen sogar länger als 60 Sekunden benötigt. Die hohen Perzentile haben also ein Problem mit der Performance unserer Anwendung aufgedeckt! Es kann zum Beispiel sein, dass die JVM immer mal wieder eine Garbage Collection durchführt und einige Anfragen dadurch ins Stocken geraten.

Perzentile sind relativ einfach zu berechnen, wenn man alle Messwerte zur Verfügung hat. Man nimmt die gesamte Menge der Messwerte und sortiert sie aufsteigend nach ihrem Wert. Um dann beispielsweise das 99. Perzentil zu berechnen, schaut man sich die »unteren« 99 % dieser Messwerte an. Der größte dieser Werte ist das 99. Perzentil, denn 99 % der Messwerte sind kleiner oder gleich diesem Wert.

Im Produktionsbetrieb einer Webanwendung fallen allerdings sehr viele Messwerte an. Selbst wenn wir die Verarbeitungszeit von jeder eingehenden Anfrage mit einem `Timer` messen, sind der Speicherung von (theoretisch unendlich vielen) Messwerten Grenzen gesetzt. Weder Spring Boot noch externe Observability-Produkte können alle Messwerte speichern und für die Berechnung von Perzentilen nutzen.

Ein Mittel gegen die Flut von Messwerten ist es, ein »*Sliding Window*« zu nutzen. Zum Beispiel könnten wir entscheiden, nur die Messwerte der letzten 24 Stunden zur Berechnung zu nutzen und über diese Messwerte die Perzentile zu berechnen. Dies ist aber nicht zufriedenstellend, denn in vielen Fällen möchten wir weiter als 24 Stunden in die Vergangenheit schauen, um die aktuellen Messwerte mit historischen Messwerten zu vergleichen.

Das Mittel der Wahl ist daher, die Anzahl der Messwerte zu reduzieren, indem wir die Messwerte in »Buckets« aufteilen. Wir definieren einen Bucket für jedes Antwortzeit-Intervall, das uns interessiert. Beispielsweise könnten wir daran interessiert sein, wie viele Anfragen schneller oder langsamer als 2 Sekunden sind. Anfragen, die schneller als in 2 Sekunden verarbeitet werden, weisen wir dem Bucket »<= 2 Sekunden« zu und Anfragen, die langsamer sind, dem Bucket »> 2 Sekunden«. Wir speichern nicht mehr jeden Messwert einzeln, sondern nur noch die Anzahl der Messwerte in jedem Bucket. Das spart eine Menge Speicherplatz. Das Ergebnis ist ein Histogramm wie das folgende:

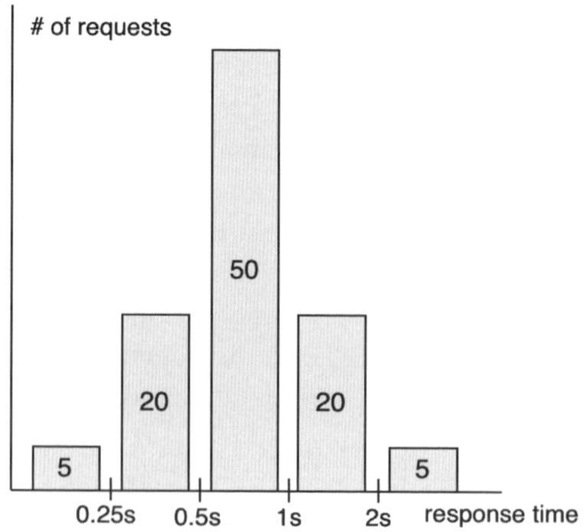

Abb. 29–1
Histogramm mit den unterschiedlichen Buckets für die Antwortzeiten

In diesem Histogramm haben wir fünf Buckets. Fünf Anfragen waren schneller als 0,25 Sekunden, 20 waren langsamer als 0,25 Sekunden, aber schneller als 0,5 Sekunden, und so weiter. Wir können das Histogramm nutzen, um Perzentile zu berechnen. Das 95. Perzentil im Beispiel-Histogramm beträgt 2 Sekunden, denn 95 der 100 Anfragen sind in den ersten vier Buckets enthalten und wurden entsprechend schneller als in 2 Sekunden bearbeitet. Die Perzentile, die wir anhand eines Histogramms berechnen, sind natürlich nicht so genau wie die Perzentile, die wir aus der Menge aller einzelnen Messwerte berechnen würden. Je kleiner die Abstände zwischen den Buckets sind (und je mehr Buckets wir nutzen), desto genauer werden sie aber. Wenn man die Buckets richtig wählt, sind die Perzentile üblicherweise genau genug für das Monitoring von Antwortzeiten einer Webanwendung gegen zuvor definierte SLOs (Service Level Objectives).

Wie können wir nun Histogramme in einer Spring-Boot-Anwendung nutzen, um Antwortzeiten zu messen? Hierfür gibt es zwei Möglichkeiten:

- Micrometer erstellt aus den Messwerten ein Histogramm und sendet dieses zu einem etwaigen integrierten Observability-Produkt (clientseitige Histogramme).
- Micrometer sendet die rohen Messwerte an das Observability-Produkt und dieses transformiert sie in Histogramme, um Speicherplatz zu sparen (serverseitige Histogramme).

Um clientseitige Histogramme zu erstellen, können wir Micrometer bei der Initialisierung eines `Timers` einfach darum bitten:

```
this.loginTimer = Timer
  .builder("loginTime")
  .description("Time taken for user login process")
  .publishPercentiles(0.75, 0.9, 0.99)
  .publishPercentileHistogram()
  .register(meterRegistry);
```

Listing 29–27
Clientseitige Histogramme mit Micrometer erstellen

Hier konfigurieren wir die Metrik `loginTime` so, dass es ein Histogramm ausgibt und direkt das 75., das 90. und das 99. Perzentil daraus berechnet. Micrometer ergänzt die Messwerte dann automatisch mit dem Tag `phi`, mit einem Wert für jedes von uns gewünschte Perzentil. Über den *metrics*-Endpoint können wir die Perzentile dann abfragen:

```
// http://localhost:8080/actuator/metrics/loginTime.percen-
tile?tag=phi:0.99
{
  "name": "loginTime.percentile",
  "baseUnit": "seconds",
  "measurements": [
```

Listing 29–28
Die Perzentile lassen sich nun über den metrics-Endpoint abrufen.

```
    {
      "statistic": "VALUE",
      "value": 1.946157056
    }
  ],
  "availableTags": []
}
```


Clientseitige Histogramme und Perzentile haben den Vorteil, dass wir kein Observability-Produkt benötigen, um sie zu berechnen. Nutzen wir aber ein solches Produkt, sollten wir darauf achten, dass dieses Produkt keine Aggregation auf diesen Werten durchführt (zum Beispiel die Berechnung eines Durchschnitts), denn dies verfälscht die Ergebnisse. Stattdessen sollten wir uns auf die Berechnungen verlassen, die das Produkt selbst aus den rohen Messwerten durchführt. Im Zweifel sollten wir Histogramme und Perzentile also immer serverseitig (also vom Observability-Produkt) berechnen lassen.

29.5 Tracing

Insbesondere in einem verteilten System mit vielen beteiligten Services, die sich gegenseitig aufrufen, ist Tracing (engl.: »*distributed tracing*«) ein wichtiges Hilfsmittel für die Untersuchung von Bugs und die Aufarbeitung von Incidents.

Tracing ermöglicht es, eine Anfrage durch das System von Services zu verfolgen. Ein Client sendet eine Anfrage an einen Service, der zum Beantworten der Anfrage unter Umständen weitere Services aufruft, die wiederum weitere Services aufrufen können, und so weiter. Wenn der Client einen Fehler zurückgeliefert bekommt, möchten wir wissen, wo genau dieser Fehler verursacht wurde. Kommt der Fehler von dem initial aufgerufenen Service oder von einem der transitiv aufgerufenen Services? Wie können wir aus den Log-Files der Services erkennen, welche Log-Events zu diesem einen Client-Request gehören?

Tracing löst dieses Problem, indem es für jede Anfrage von »außen« eine sogenannte Trace-ID generiert und diese dann an alle Anfragen ins »Innere« des Systems anhängt. So kann jeder Service diese Trace-ID zum Beispiel mit in die Log-Events aufnehmen, wodurch wir Log-Events verschiedener Services miteinander korrelieren lassen können. Dieser Mechanismus wird auch »*trace propagation*« genannt, da die Trace-ID durch das System propagiert wird.

Neben der Korrelation von Log-Events können Traces auch an Observability-Produkte exportiert werden, die dann die verschiedenen Pfade durch das System visualisieren. Diese Produkte können auch Analysen durchführen, wodurch wir zum Beispiel Nadelöhre in unserem System identifizieren können. Wenn die Antwort auf eine Client-Anfrage zum Beispiel besonders lange benötigt, sagt uns die Trace-Analyse, welcher Service wie lange für die Verarbeitung benötigt hat.

Neben der Trace-ID, die durch das System propagiert wird, gibt es im Sprachgebrauch von Tracing noch sogenannte Span-IDs. Während die Trace-ID einmal beim Start einer Anfragen-Kaskade durch das System generiert wird, wird für jeden »Sprung« von Service zu Service eine eigene Span-ID generiert. Mehrere Spans machen dann zusammen einen gesamten Trace aus, wie im folgenden Sequenzdiagramm dargestellt:

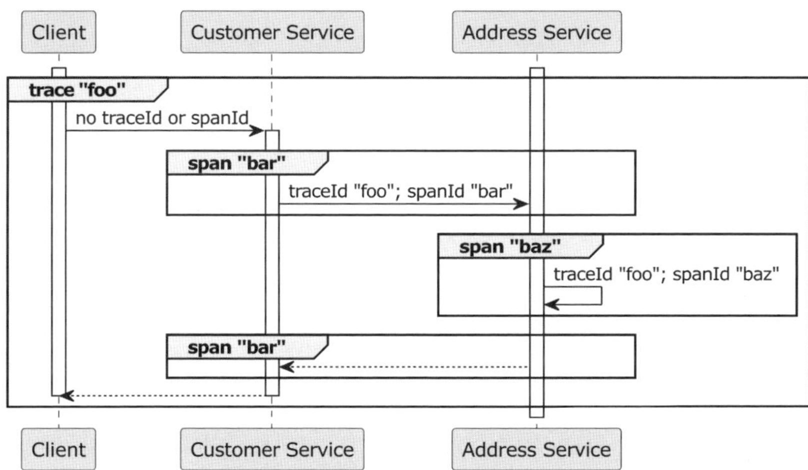

Abb. 29–2
Serviceübergreifende Aufrufe über Spans erkennen

Die initiale Anfrage vom Client an den Customer Service besitzt weder eine Trace-ID noch eine Span-ID. Der Customer Service generiert beim Eingang der Anfrage die globale Trace-ID »foo« und die Span-ID »bar«, die nur für die Verarbeitung im Customer Service selbst genutzt wird. Der Customer Service ruft dann den Address Service auf und überträgt dabei die generierte Trace-ID und Span-ID. Der Address Service übernimmt die Trace-ID und generiert für die eigene Verarbeitung eine neue Span-ID »baz«. Ist die Antwort des Address Service im Customer Service angekommen, wird die Verarbeitung dort unter der Span-ID »bar« weitergeführt.

Die Weitergabe von Trace-IDs und Span-IDs von einem Service zum nächsten wird technisch über HTTP-Header realisiert. Die Aufnahme von Trace-IDs in Log-Events wird üblicherweise über SLF4Js »*Message Diagnostic Context*« (MDC) realisiert. Wir würden uns nun wünschen, dass wir all dies nicht selbst implementieren müssen, und in der Tat bietet Spring Boot hier Abhilfe.

B3-Tracing vs. W3C-Tracing

Man sollte meinen, dass der Austausch von Trace-IDs zwischen Services einfach ist, denn wir müssen nur eine ID generieren und im Header aufnehmen. Es gibt allerdings mehrere Standards, die die Namen der Header und das Format ihrer Werte unterschiedlich definieren.

Lange war die »B3«-Spezifikation der De-facto-Standard für Tracing Header. Nach dieser Spezifikation werden die Header `X-B3-TraceId` und `X-B3-SpanId` (neben ein paar weiteren Headern) zur Weitergabe von Trace-ID und Span-ID genutzt.

Im Jahr 2021 hat das W3C mit der »Trace Context«-Recommendation eine weitere Spezifikation definiert, in der ein einziger Header `traceparent` erwartet wird, um sowohl Trace-ID als auch Span-ID (und weitere Metadaten) zu transportieren.

Neben den Namen der Header definieren die Spezifikationen auch die Länge der Trace-ID unterschiedlich: Die B3-Spezifikation erlaubt Trace-IDs mit 64 und 128 Bit Länge, während die W3C-Spezifikation nur 128-Bit-Trace-IDs erlaubt.

Alle Services in unserem System (das vermutlich nicht nur aus Spring-Boot-basierten Services besteht) müssen also entweder dieselben Header und Formate benutzen oder sie müssen beide Spezifikationen interpretieren können. Wenn auch nur ein Service innerhalb eines Trace einen Header nicht korrekt interpretiert, hört der Trace bei diesem Service auf und das Tracing verliert seinen Wert.

Spring Boot, beziehungsweise Micrometer, versendet standardmäßig den W3C-Header, interpretiert bei eingehenden Requests aber auch die B3-Header, um möglichst robust gegenüber unterschiedlichen Tracing-Implementierungen zu sein.

29.5.1 Traces programmatisch auswerten

Spring Boot konfiguriert Micrometer automatisch so, dass Trace-Header eingehender Anfragen ausgewertet werden. Diese werden uns dann über die `Tracer`-Abstraktion von Micrometer zur Verfügung gestellt. Damit wir auf die `Tracer`-Klasse zugreifen können und Spring Boot uns automatisch eine Bean dieses Typs zur Verfügung stellt, müssen wir unserer Anwendung die folgenden Module hinzufügen:

- *io.micrometer:micrometer-tracing*: stellt die Klasse `Tracer` zur Verfügung.
- *org.springframework.boot:spring-boot-starter-actuator*: stellt automatisch eine Bean vom Typ `Tracer` zur Verfügung, wenn eine der Micrometer-»Bridges« gefunden wird.

- *io.micrometer:micrometer-tracing-bridge-otel*: übersetzt die Aufrufe der Tracer-API in das OpenTelemetry-Format (alternativ: *micrometer-tracing-bridge-brave*).

Das Modul *micrometer-tracing-bridge-otel* bringt das Modul *micrometer-tracing* eigentlich schon mit, aber da wir die Tracer-API direkt in unserem Code benutzen möchten, sollten wir sie in unserem Projekt auch direkt deklarieren.

In unserem Code können wir dann eine Bean vom Typ Tracer in unsere eigenen Beans injizieren lassen:

Listing 29–29
Expliziter Zugriff auf die Tracer-API in einem Controller

```
@RestController
public class UserController {

  private static final Logger logger =
    LoggerFactory.getLogger(UserController.class);

  private final Tracer tracer;

  public UserController(Tracer tracer) {
    this.tracer = tracer;
  }

  @GetMapping("/users")
  String getUsers(){
    logger.info("traceId: {}", tracer
      .currentSpan()
      .context()
      .traceId());

        return "hello";
  }

}
```

Über die Tracer-API können wir dann unter anderem auf die aktuelle Trace-ID und Span-ID zugreifen, sollten wir sie benötigen.

In den meisten Fällen müssen wir aber gar nicht explizit auf die Trace-ID und Span-ID zugreifen. Wir möchten sie aber wahrscheinlich in unseren Logs sehen, um Log-Events miteinander korrelieren zu können.

29.5.2 Traces in Log-Events ausgeben

Micrometer extrahiert nicht nur die Trace-ID und Span-ID aus den Headern eingehender Anfragen, es fügt sie auch dem »*Message Diagnostic Context*« (MDC) von SLF4J hinzu. In diesem Context werden Attribute einer Anfrage gespeichert, die dann allen Log-Events hinzugefügt werden, die während der Bearbeitung dieser Anfrage erzeugt wird.

Das bedeutet, dass wir die Trace-ID und Span-ID in unseren Log-Events ergänzen können, indem wir sie einfach in unserem Logging-Pattern hinzufügen. Nutzen wir die Standard-Logging-Konfiguration von Spring Boot, können wir dies in unserer *application.yml* zum Beispiel wie folgt tun:

Listing 29–30
Trace-ID und Span-ID über eine Konfiguration in Log-Events ergänzen

```
logging:
  pattern:
    console: "%date %5p [%X{traceId},%X{spanId}] %logger{30} -
             %message%n"
```

Über das Pattern `%X{name}` können wir Logback so konfigurieren, dass an dieser Stelle ein Attribut aus dem MDC ausgegeben wird. Da Micrometer automatisch die MDC-Attribute `traceId` und `spanId` befüllt, können wir so unsere Log-Events sehr einfach mit der aktuellen Trace-ID und Span-ID versehen.

Ein Log-Event sieht mit dem obigen Logging-Pattern dann etwa so aus:

Listing 29–31
Beispielhafte Log-Ausgabe mitsamt Trace-ID und Span-ID

```
2023-09-04 12:11:28,957 DEBUG [a843b17bcabd81f2507eb4b515b11-
ba8,950431c3d5c139b9] - ...
```

Es ist zu beachten, dass die Trace-ID und Span-ID nur befüllt sind, wenn das Log-Event während der Bearbeitung einer HTTP-Anfrage erzeugt wurde. Nur dann befüllt Micrometer die MDC-Attribute. Dies geschieht entweder mit der Trace-ID und der Span-ID aus dem eingehenden Header oder, falls die Header nicht gesetzt waren, mit neu generierten Werten.

In Log-Events, die in anderen Threads erzeugt wurden, bleiben die Trace-ID und die Span-ID leer. Möchten wir in solchen Threads auch eine Trace-ID und eine Span-ID ergänzen, können wir diese über die `Tracer`-API erzeugen.

29.5.3 Traces exportieren

Trace-IDs in Log-Events sind allein schon eine große Hilfe bei der Untersuchung von Bugs und Incidents. Wir können einfach die Trace-ID einer fehlerhaft bearbeiteten Anfrage in die Suchmaske unseres Log-Servers eingeben und wir sehen alle Log-Events, die während der Bearbeitung dieser Anfrage erzeugt wurden. Die Voraussetzung hierfür ist, dass alle an der Anfrage teilnehmenden Services die Trace-ID propagieren, in die Log-Events mit aufnehmen und die Log-Events an denselben, zentralen Log-Server senden.

Einen Schritt weiter können wir mit Tracing-Produkten gehen, die uns eine grafische Oberfläche bieten, mit der wir die Pfade durch unser System analysieren können. Damit die Traces dort erscheinen, müssen unsere Services Informationen über jeden Span (also jeden »Schritt« in der Bearbeitung der Anfrage) an das Tracing-Produkt senden. Diese Informationen können neben der dem Span zugehörigen Trace-ID auch die Bearbeitungszeit des Spans beinhalten, sodass wir das System zum Beispiel nach besonders lang andauernden Spans durchsuchen können, um Performanceprobleme zu beheben.

Micrometer bietet viele verschiedene »Exporter« an, die die Traces jeweils an ein bestimmtes Tracing-Produkt senden. Die komplette Liste können wir am besten der Micrometer-Dokumentation entnehmen. Wir können unserem Projekt beispielsweise das Modul *io.opentelemetry: opentelemetry-exporter-zipkin* hinzufügen, damit die Traces an einen Zipkin-Server exportiert werden. Sobald wir dies getan haben, können wir die folgende Warnung in unserem Log beobachten:

```
Failed to export spans ...: I/O error on POST request for
http://localhost:9411/api/v2/spans": Failed to connect to local-
host/[0:0:0:0:0:0:0:1]:9411
```

Listing 29–32
Die Log-Ausgabe gibt einen Hinweis auf einen fehlenden Zipkin-Server.

Dies deutet darauf hin, dass Micrometer versucht hat, die Traces (oder genauer: die Spans) zu exportieren, aber unter *http://localhost:9411* keinen Zipkin-Server gefunden hat. Wir müssen Micrometer also noch mitteilen, wo unser Server zu finden ist. Dies können wir mit den Konfigurationsparametern `management.zipkin` in unserer *application.yml* tun:

```
management:
  zipkin:
    tracing:
      connect-timeout: 1s
      endpoint: "http://localhost:9411/api/v2/spans"
      read-timeout: 10s
```

Listing 29–33
Beispielhafte Konfiguration zum Anbinden eines Zipkin-Servers

Jeder Exporter hat andere Konfigurationsparameter, die dem Appendix[4] der Spring-Boot-Dokumentation zu entnehmen sind.

Sampling

Sollten die Traces im konfigurierten Tracing-Produkt nicht ankommen, obwohl ein Exporter installiert und korrekt konfiguriert ist, kann es sein, dass die Traces ein Opfer von Sampling (Stichproben) geworden sind. Standardmäßig exportiert Micrometer nur eine Stichprobe von 10% aller Spans, um Ressourcen zu schonen. Der Sampling-Prozentwert lässt sich durch den Konfigurationsparameter `management.tracing.sampling.probability` beeinflussen. Setzen wir diesen auf `1.0`, so wird jeder einzelne Span exportiert (dieser Wert ist beispielsweise sinnvoll zum lokalen Testen).

→

4. *https://docs.spring.io/spring-boot/docs/3.0.0/reference/htmlsingle/*

Man beachte, dass es für viele Tracing-Anwendungsfälle völlig ausreichend ist, nur einen Bruchteil aller Spans zu exportieren. Einen Performance-Bottleneck in einem System aus mehreren Services können wir auch mittels Durchschnitts- oder Perzentilwerten über eine Menge von Stichproben aufspüren. Und die Korrelation von Spans zwischen verschiedenen an einer Anfrage beteiligten Services ist ja durch die Trace-ID in den Log-Events immer noch sichergestellt (und die Logs sind vollständig, denn sie werden keinem Sampling unterzogen).

29.5.4 Clients instrumentieren

Wie bereits erwähnt, müssen alle Services, die an der Bearbeitung einer Anfrage beteiligt sind, die Trace-ID und andere Metadaten an andere Services propagieren, damit diese den neuen Span derselben Trace-ID zuordnen können. Hierfür müssen wir sicherstellen, dass der HTTP-Client, den wir für die Kommunikation mit anderen Services nutzen, die Trace-Metadaten in entsprechende HTTP-Header einfügt, damit der aufgerufene Service sie extrahieren kann.

Auch hier hilft Spring Boot, wenn wir entweder das Spring `RestTemplate` oder den `WebClient` benutzen. Spring Boot stellt automatisch jeweils eine Bean des Typs `RestTemplateBuilder` und `WebClient.Builder` zur Verfügung, die wir in unsere eigenen Beans injizieren können, um ein `RestTemplate` oder einen `WebClient` zu konfigurieren und dann für Aufrufe an andere Services zu nutzen:

Listing 29–34
Spring Boot stellt uns eine RestTemplateBuilder-Bean zur Verfügung

```
@Component
public class MyService {

  private final RestTemplate addressClient;

  public TracingController(
    RestTemplateBuilder restTemplateBuilder
  ) {
    this.addressClient = restTemplateBuilder
      .rootUri(
        "http://localhost:8080/address-service")
      .build();
  }
}
```

Die von Spring Boot zur Verfügung gestellten Builder sind bereits so konfiguriert, dass die entsprechenden Header in ausgehenden Anfragen mit den Werten aus der `Tracer`-API befüllt werden.

Nutzen wir einen anderen HTTP-Client zur Kommunikation zwischen Services, müssen wir diesen Client selbst »instrumentieren«, sodass er die Header korrekt setzt. Zum Zeitpunkt des Schreibens stellt

Spring Boot beispielsweise noch keinen Automatismus bereit, um Springs neuen RestClient zu instrumentieren, deshalb nehmen wir diesen hier als Beispiel, wie man einen Client selbst instrumentieren kann.

Ebenso wie für die anderen Clients stellt Spring Boot auch für den RestClient automatisch einen Builder zur Verfügung, den wir in unseren eigenen Beans nutzen können:

Listing 29–35
Nutzung der RestClient.Builder-Bean zur Erstellung eines RestClient

```
@Component
public class MyService {

  private final RestClient addressClient;

  public TracingController(
    RestClient.Builder restClientBuilder
  ) {
    this.addressClient = restClientBuilder
      .baseUrl("http://localhost:8080/address-service")
      .build();
  }

}
```

Das Problem ist hier nur, dass Spring Boot (zum Zeitpunkt des Schreibens) die Bean des Typen RestClient.Builder nicht automatisch für das Tracing instrumentiert. Der von diesem Builder erzeugte RestClient weiß also nichts von Tracing-Headern! Um dies zu ändern, stellen wir eine Bean vom Typ RestClientCustomizer zur Verfügung:

Listing 29–36
Tracing-Header über RestClientCustomizer konfigurieren

```
@Configuration
public class RestClientConfiguration {

  @Bean
  public RestClientCustomizer restClientCustomizer(
    Tracer tracer
  ) {
    return restClientBuilder ->
      restClientBuilder.requestInterceptor(
        new ClientHttpRequestInterceptor() {

          @Override
          public ClientHttpResponse intercept(
            HttpRequest request,
            byte[] body,
            ClientHttpRequestExecution execution
          ) throws IOException {

            request.getHeaders()
              .add("traceparent",
                String.format(
                  "00-%s-%s-00",
                  tracer
```

```
                        .currentSpan()
                        .context()
                        .traceId(),
                      tracer
                        .currentSpan()
                        .context().spanId()));
                return execution.execute(request, body);
              }
            });
          }
        }
```

Spring Boot erkennt die `RestClientCustomizer`-Bean und integriert sie in den Builder, der daraufhin den `traceparent`-Header in jeder ausgehenden Anfrage mit den Werten aus der `Tracer`-API befüllt. Das Format des `traceparent`-Headers ist im W3C-Trace-Context-Standard[5] definiert. Die wichtigsten Bestandteile sind die Trace-ID und die Span-ID.

Nutzen wir einen Client, für den Spring keine `Builder`-Bean zur Verfügung stellt, müssen wir selbst sicherstellen, dass die Clients korrekt instrumentiert sind. Man beachte, dass das Beispiel zwar die Trace-ID propagiert, nicht aber weitere Metadaten, die »Baggage« genannt werden.

29.5.5 Baggage

Das W3C sieht ebenfalls einen Standard[6] für die Weitergabe von weiteren Metadaten vor, genannt »*Baggage*« (zu Deutsch: »Gepäck«). So können neben der Trace-ID und der Span-ID noch beliebige weitere Metadaten weitergegeben werden, die an eine Trace-ID gekoppelt sind.

Ein Anwendungsfall für Baggage ist Sharding. Je nachdem, von welchem Benutzer eine Anfrage stammt, muss sie gegebenenfalls von einem Service in einem von vielen verschiedenen »Shards« beantwortet werden. Die Benutzer können beispielsweise je nach ihrer Geografie auf die Shards verteilt sein. Ein Gateway-Service (der erste Service in einer Kaskade) erzeugt eine Trace-ID, ergänzt ein Baggage-Feld, das die Geografie des Benutzers beinhaltet, und routet die Anfrage an einen Service im korrekten Shard weiter. Dieser kann das Baggage auslesen und weiß, dass er, wenn er weitere Services benötigt, nur Services im selben Shard nutzen darf. Idealerweise ist dieses Routing in der Infrastruktur verankert und wir müssen es in unserem Anwendungscode nicht beachten. Unsere Anwendung muss aber sehr wohl das Baggage zusammen mit der Trace-ID propagieren, damit das Routing funktionieren kann.

---

5. *https://www.w3.org/TR/trace-context/*
6. *https://www.w3.org/TR/baggage/*

Möchten wir doch einmal ein Baggage in unserem Service definieren, können wir dies mit der `Tracer`-API tun:

```
try (BaggageInScope baggage
  = tracer.createBaggageInScope("shard", "EU")) {
    // call other service
}
```

Listing 29–37
Deklarieren eines Baggage über die Tracer-API

Alle ausgehenden Requests beinhalten dann zusätzlich den `baggage`-Header mit allen so definierten Werten.

Analog können wir das Baggage jederzeit auslesen:

```
String geo = tracer.getBaggage("shard").get()
```

Listing 29–38
Baggage im Code über die Tracer-API auslesen

30 Docker-Images mit Spring Boot

Moderne Laufzeitumgebungen erwarten, dass eine Anwendung als Docker-Image ausgeliefert wird. Spring Boot bietet einige Features rund um Docker, die wir uns in diesem Kapitel anschauen.

30.1 Warum Docker?

Anwendungen werden heutzutage üblicherweise nicht mehr auf dedizierter Hardware im Keller installiert, sondern auf einem Server in der Cloud. Das bedeutet, dass wir die Anwendung in einer Art verpacken müssen, mit der unser Cloud-Anbieter etwas anfangen kann. Selbst wenn die Anwendung doch noch in einem eigenen Rechenzentrum läuft, macht es Sinn, die Anwendung in einem standardisierten Format auszuliefern. Docker-Images haben sich hier bewährt, denn sie können überall dort als Container gestartet werden, wo eine Docker-Laufzeitumgebung installiert ist.

Wir können jede Anwendung in einem Docker-Image verpacken und dann mit einem einzigen Befehl starten. So auch Spring-Boot-Anwendungen, ohne dass Spring Boot besondere Features für Docker bereitstellen müsste. Dennoch bringt Spring Boot einige Features mit, die es uns ermöglichen, unsere Docker-Images zu optimieren.

In diesem Kapitel schauen wir uns an, wie wir eine Spring-Boot-Anwendung in einem Docker-Image verpacken können und welche Features Spring Boot bereitstellt, um dieses Docker-Image zu optimieren.

30.2 Einfaches Docker-Image mit Spring Boot

Zunächst schauen wir uns an, wie wir eine Spring-Boot-Anwendung in einem einfachen Docker-Image verpacken können.

Der Kern eines Docker-Image ist ein sogenanntes *Dockerfile*. Ein *Dockerfile* beschreibt, was in einem Docker-Image verpackt werden soll. Ein sehr einfaches *Dockerfile* für eine Spring-Boot-Anwendung sieht etwa so aus:

Listing 30–1
Beispielhaftes Dockerfile für eine Java-Anwendung

```
FROM amazoncorretto:21
COPY build/libs/docker-app.jar app.jar
ENTRYPOINT ["java","-jar","/app.jar"]
EXPOSE 8080
```

Mit der `FROM`-Anweisung teilen wir Docker mit, dass wir unser Docker-Image nicht von Grund auf neu aufbauen, sondern dass wir auf dem Image `amazoncorretto:21` aufsetzen möchten. Dieses Docker-Image ist frei verfügbar und enthält, wie der Name schon sagt, das Amazon-Corretto-JDK in der Version 21. Ähnliche Basis-Docker-Images mit anderen Java-Distributionen sind ebenfalls verfügbar.

Als Nächstes teilen wir Docker mit, dass es die Datei */docker-app.jar* aus unserem lokalen Projektverzeichnis in das Docker-Image kopieren soll, und zwar in die Datei *app.jar* im Root-Verzeichnis. Diese `COPY`-Anweisung funktioniert nur, wenn das *Dockerfile* im Hauptverzeichnis unseres Projektes liegt, denn sonst findet sie die Datei *docker-app.jar* nicht.

Mit der `ENTRYPOINT`-Anweisung definieren wir den Befehl, der ausgeführt werden soll, um das Docker-Image als Container zu starten. In unserem Fall führen wir die Befehlszeile `java -jar /app.jar` aus. Damit wird unsere Spring-Boot-Anwendung gestartet.

Als Letztes definieren wir mit der `EXPOSE`-Anweisung noch, dass der Docker-Container den Port 8080 nach freigeben soll, damit wir auf diesen Port in unserer Spring-Boot-Anwendung zugreifen können.

Damit das *Dockerfile* wie erwartet funktioniert, müssen wir noch einige Kleinigkeiten in unserem Build anpassen. Standardmäßig erzeugt das Spring-Boot-Gradle-Plugin beim Ausführen des Befehls `./gradlew build` eine JAR-Datei im *build/libs*-Ordner, die die Versionsnummer im Namen trägt. Wir möchten aber, dass die erzeugte JAR-Datei immer *docker-app.jar* heißt, damit wir diesen Dateinamen in unserem *Dockerfile* voraussetzen können.

Um den Basisnamen unserer JAR-Datei festzulegen, können wir den Namen in der Datei *build.gradle.kts* festlegen:

```
rootProject.name = "docker-app"
```

Um die Versionsnummer aus dem Dateinamen zu entfernen, nehmen wir folgende Anpassung in der Datei *build.gradle.kts* vor:

```
tasks.getByName<BootJar>("bootJar") {

this.archiveFileName.set("${archiveBaseName.get()}.${archiveExtens
ion.get()}")
}
```

Nun können wir den Befehl `./gradlew build` ausführen, und wir bekommen die Datei *build/libs/docker-app.jar* als Ergebnis.

Wir können nun ein Docker-Image erzeugen, indem wir den Befehl

```
> docker build -t docker-app:latest .
```

im Hauptverzeichnis unseres Projekts ausführen. Mit dem Flag `-t` definieren wir einen Namen für das Docker-Image. Unser Image wird unter dem Namen `docker-app:latest` in der lokalen Docker-Registry abgelegt.

Wir können das Docker-Image dann mit dem Befehl `docker run docker-app:latest` starten.

Das Docker-Image könnten wir nun an unseren Cloud-Provider weitergeben, der es dann in der geeigneten Cloud-Infrastruktur als Container für uns startet und Benutzer-Requests aus dem Internet an diesen Container weiterleitet.

Ein einfaches Docker-Image, wie das, das wir gerade erstellt haben, ist einfach zu bauen und einfach zu verstehen. Es bringt aber einen Nachteil mit sich: Es ist nicht optimiert.

30.3 Optimierte Docker-Images

Wenn wir davon sprechen, ein Docker-Image zu »optimieren«, meinen wir damit meistens, die Größe des Images zu reduzieren. Das Image `amazoncorretto:21`, das wir im obigen *Dockerfile* als Basis-Image in der `FROM`-Anweisung genutzt haben, ist beispielsweise 491 MB groß. Dazu kommen weitere 22 MB durch die Datei *app.jar*, die unsere Spring-Boot-Anwendung enthält. Insgesamt ist das Docker-Image unserer Anwendung also 513 MB groß.

Das bedeutet, dass das Docker-Image, wo auch immer es gespeichert wird, 513 MB der Speicherkapazität belegt. Nachdem wir den Befehl `docker build` lokal ausgeführt haben, liegt das Image zunächst nur auf unserer lokalen Festplatte. Irgendwann möchten wir das Image aber in einer Laufzeitumgebung deployen und veröffentlichen es üblicherweise dafür in einer Docker-Registry, wo unser Cloud-Provider es dann zum Beispiel abholen kann. Das bedeutet, weitere 513 MB Speicherkapazität werden jeweils in der Docker-Registry und auf der Festplatte unseres Cloud-Providers belegt.

Üblicherweise veröffentlichen wir Docker-Images gar nicht von unserer lokalen Festplatte, sondern aus einer CI/CD-Pipeline heraus. Das bedeutet, dass in dieser Pipeline zumindest kurzzeitig noch mal 513 MB belegt werden (und gegebenenfalls auch längerfristig, denn CI/CD-Tools halten oft eine lokale Docker-Registry als »Cache«).

Aus 513 MB werden also schnell mehrere Gigabyte an Speicherkapazität, die auf unterschiedlichen Rechnern benötigt werden. Diese 513 MB müssen natürlich auch von einem Rechner auf den anderen kopiert werden, was abhängig von der Netzwerkqualität etwas dauern kann. Und häufig arbeiten wir nicht nur mit einem Docker-Image, sondern mit vielen!

Nun können wir die Größe eines Basis-Images wie `amazoncorretto:21` nicht beeinflussen, und selbst, wenn wir es könnten, sind irgendwann die Grenzen der Optimierung erreicht. Um zumindest bei der Übertragung eines Docker-Images von A nach B Zeit zu sparen, nutzt Docker das Konzept von »*Layers*«.

Etwas vereinfach gesagt, legt Docker jede Zeile in einem *Dockerfile* als eigenen Layer in der Registry ab. Unser Beispiel *Dockerfile* von oben hat also vier Layer:

- Der unterste Layer (`FROM`) enthält das `amazoncorretto:21`-Image.
- Der nächste Layer (`COPY`) beinhaltet unsere Anwendungsdatei *app.jar*.
- Die nächsten beiden Layer beinhalten lediglich Befehle und Konfigurationen, die von der Größe her zu vernachlässigen sind.

Mithilfe von Hashwerten erkennt Docker Änderungen an diesen Layern. Solange ein Layer sich nicht ändert, muss er auch nicht neu erzeugt oder heruntergeladen werden. Ändern wir beispielsweise den Code unserer Anwendung und führen dann erneut den Befehl `docker build` aus, um das Docker-Image zu erzeugen, merkt Docker, dass der unterste Layer (`FROM`) sich nicht verändert hat, und nutzt die Version dieses Layers, die bereits in der lokalen Docker-Registry vorliegt. Docker merkt aber auch, dass sich der nächste Layer (`COPY`) verändert hat, denn wir haben unseren Quellcode verändert. Docker wird diesen Layer also mit der neuen *app.jar*-Datei neu erzeugen. Laden wir das Image dann in eine entfernte Docker-Registry, wird nur dieser neue Layer übertragen. Anstatt jedes Mal 513 MB über das Netzwerk zu übertragen und auf einer entfernten Festplatte abzulegen, kopieren wir mit jeder weiteren Version des Docker-Images nur noch 22 MB (die Größe unserer Datei `app.jar`).

Es mag für automatisierte Prozesse wie CI/CD-Pipelines und Cloud-Deployments kein großer Unterschied sein, ob wir 512 MB oder 22 MB herunterladen, denn diese Prozesse haben oft eine gute Netzwerkanbindung und sie sind automatisiert. Selbst wenn sie etwas länger dauern, stört es kaum. Und Festplattenkapazität ist heutzutage billig, also können unsere Docker-Images ruhig etwas Platz beanspruchen.

Richtig wertvoll werden optimierte Docker-Images aber in der lokalen Entwicklungsumgebung. Wenn wir eine Änderung lokal unter möglichst produktionsnahen Bedingungen testen möchten, ist es sinnvoll, die Anwendung in dem Docker-Image zu testen, das wir am Ende auch in die Produktionsumgebung deployen. Wenn der `docker build`-Befehl nun aber für jede Änderung eine Minute dauert, weil 512 MB heruntergeladen werden müssen, ist das ein Produktivitätsproblem.

Selbst 22 MB hin- und herzukopieren kann in der lokalen Entwicklungsumgebung als störend empfunden werden und die Produktivität reduzieren. Deshalb bietet Spring Boot die Möglichkeit an, ein Docker-Image in noch kleinere Layer zu unterteilen, sodass nur noch Kilobytes an Daten übertragen werden müssen anstatt Megabytes.

30.4 Optimiertes Docker-Image mit Spring Boot

Die Maven- und GradlePlugins für Spring Boot erzeugen standardmäßig ein »runnable JAR«, das unsere Anwendung und alle Dependencies enthält. Dieses JAR, im obigen Beispiel 22 MB groß, wird auch »Fat JAR« genannt, da es je nach Größe der Anwendung auch schnell auf hunderte Megabytes wachsen kann.

Selbst mit dem oben diskutierten Layering von Docker wird dieses JAR jedes Mal hin- und herkopiert, wenn wir eine Änderung in unserer Anwendung testen und deployen möchten, denn das JAR belegt einen eigenen Docker-Layer, und ein Layer ist die kleinste Einheit, mit der Docker arbeitet.

Nun gibt es innerhalb einer Spring-Boot-Anwendung Elemente, die sich selten ändern, und solche, die sich häufiger ändern:

- Die Dependencies der Anwendung ändern sich eher selten.
- Unser Anwendungscode ändert sich dagegen jedes Mal, wenn wir neue Features und Bugfixes entwickeln.

Wir können dies zu unserem Vorteil nutzen, indem wir die Dependencies in den untersten Layer unseres Docker-Images packen und den Anwendungscode in den obersten Layer. Jedes Mal, wenn wir nur etwas am Code unserer Anwendung ändern und die Dependencies unverändert lassen, wird dann nur der oberste Layer mit unserem Anwendungscode neu erstellt. Alle anderen Layer werden wiederverwendet, denn sie wurden nicht verändert. Nur wenn wir etwas an den Dependencies ändern, weil wir zum Beispiel die Version einer unserer Dependencies aktualisiert haben, muss auch der untere Layer neu erstellt werden.

Spring Boot macht dieses Layering für uns relativ einfach, indem es uns Tools zur Verfügung stellt, die ein »Fat JAR« in mehrere Layer aufteilen können.

Die Maven- und Gradle-Plugins für Spring Boot erzeugen neben dem »Fat JAR« standardmäßig auch eine Datei namens `layers.idx`, die beispielsweise so aussieht:

Listing 30–2
Beispielhafter Inhalt einer layers.idx-Datei

```
- "dependencies":
  - "BOOT-INF/lib/"
- "spring-boot-loader":
  - "org/"
- "snapshot-dependencies":
- "application":
  - "BOOT-INF/classes/"
  - "BOOT-INF/classpath.idx"
  - "BOOT-INF/layers.idx"
  - "META-INF/"
```

Diese Datei wird mit in das JAR gepackt. Sie listet mehrere Layer und definiert für jeden Layer, welche Dateien aus dem JAR jeweils in diesen Layer gehören. Neben den Layern für die Dependencies und die Anwendungsdateien sehen wir zusätzlich noch einen Layer für den »Spring Boot Loader«, der Spring-Boot-spezifische Dateien enthält, und einen Layer für Snapshot-Dependencies, der alle Dependencies beinhaltet, die in einer SNAPSHOT-Version vorliegen. Der Grund für diesen Layer ist, dass Snapshot-Dependencies sich häufiger ändern als »normale« Dependencies.

Um die JAR-Datei in diese Layer aufzuteilen, bringt Spring Boot die sogenannten »Layertools« mit. Mit dem folgenden Befehl können wir die JAR-Datei darum bitten, sich selbst zu entpacken und dabei die Dateien in die Layer zu sortieren, die in der Datei *layers.idx* aufgelistet sind:

```
java -Djarmode=layertools -jar docker-app.jar extract
```

In Aktion sieht ein optimiertes *Dockerfile* dann etwa so aus:

Listing 30–3
Optimiertes Dockerfile mittels Layertools

```
FROM amazoncorretto:21 as builder
WORKDIR application
COPY build/libs/docker-app.jar application.jar
RUN java -Djarmode=layertools -jar application.jar extract

FROM amazoncorretto:21
WORKDIR application
COPY --from=builder application/dependencies/ ./
COPY --from=builder application/spring-boot-loader/ ./
COPY --from=builder application/snapshot-dependencies/ ./
COPY --from=builder application/application/ ./
ENTRYPOINT ["java", "org.springframework.boot.loader.JarLauncher"]
```

Wir nutzen hier einen sogenannten »Multi-Stage Build«. Jede Stage startet mit einer `FROM`-Anweisung, die ein bestimmtes Docker-Image als Basis definiert.

Die erste Stage nennen wir `builder` und nutzen sie dafür, unser fat JAR zu kopieren und dann mithilfe der Layertools in mehrere Verzeichnisse zu entpacken – ein Verzeichnis pro Layer.

Die zweite Stage definiert dann unser eigentliches Docker-Image. Hier kopieren wir die Layer-Verzeichnisse aus der `builder`-Stage in das Root-Verzeichnis unseres Docker-Images und starten die Anwendung mit der `ENTRYPOINT`-Anweisung, indem wir an Spring Boots `JarLauncher` delegieren, der mit den Layer-Verzeichnissen umzugehen weiß.

Da aus jeder Zeile des *Dockerfile* ein eigener Docker-Layer erzeugt wird, bekommen wir nun ein optimiertes Docker-Image, wenn wir den `docker build`-Befehl ausführen.

30.5 Docker abstrahieren mit Buildpacks

Bisher haben wir uns angeschaut, wie wir ein *Dockerfile* definieren, sodass es unsere Spring-Boot-Anwendung in einem Docker-Image verpackt, wenn wir den Befehl `docker build` ausführen.

Ein *Dockerfile* ist relativ einfach zu erstellen, wenn man sich mit Docker auskennt. Wenn wir uns nicht mit Docker auseinandersetzen möchten oder einfach nur ein paar Dateien aus unserer Codebase entfernen möchten, können wir statt einem *Dockerfile* ein Buildpack benutzen.

Ein Buildpack ist eine Abstraktion über Docker. Es weiß, wie unsere Anwendung aufgebaut ist und welche Dateien an welche Stelle im Container-Image gehören. Kurz: Es weiß alles, was wir sonst manuell in das *Dockerfile* schreiben. Genug, um aus einer Codebase ein Container-Image zu erzeugen.

Sowohl das Spring-Boot-Maven-Plugin als auch das Gradle-Plugin unterstützen Buildpacks. In Gradle erzeugen wir zum Beispiel mit dem folgenden Befehl ein Docker-Image:

```
./gradlew bootBuildImage
```

Wir können die Eigenschaften unseres Images wie folgt konfigurieren:

```
tasks.named<BootBuildImage>("bootBuildImage") {
  imageName.set("springboot3.de/${project.name}")
  tags.set(
    listOf(
     "springboot3.de/${project.name}:latest",
     "springboot3.de/${project.name}:${project.version}"
    )
  )
}
```

Listing 30–4
Gradle-Task bootBuildImage für Buildpack konfigurieren

Weitere Konfigurationsparameter können der Dokumentation des Spring-Boot-Gradle-Plugins[1] entnommen werden.

Standardmäßig nutzen das Maven- und Gradle-Plugin das Paketo Buildpack[2]. Wir könnten aber auch ein anderes Buildpack konfigurieren – es muss allerdings wissen, wie mit einer Spring-Boot-Anwendung umzugehen ist.

Es sei bemerkt, dass Buildpacks, wie jede andere Abstraktion auch, Vor- und Nachteile mit sich bringen. Die Vorteile liegen auf der Hand: Wir können mit einem einzigen Befehl ein Docker-Image erzeugen, ohne viel konfigurieren zu müssen. Der Nachteil ist, dass wir einiges an Kontrolle über die Erzeugung unseres Images verlieren.

---

1. *https://docs.spring.io/spring-boot/docs/3.1.5/gradle-plugin/reference/htmlsingle/*
2. *https://paketo.io/*

31 Native Images mit Spring Boot

Java-Programme laufen in einer JVM, die immer etwas Overhead mitbringt. Programme, die nativ, also ohne eine virtuelle Maschine, laufen, haben stets einen Performancevorteil.

Mit GraalVM haben wir die Möglichkeit, Java-Programme in native, optimierte Programme zu übersetzen. In diesem Kapitel schauen wir uns an, wie das funktioniert.

31.1 Warum Native?

Der Claim »Write once, run anywhere« ist eng mit Java verbunden und wird oft als Werbung für die Programmiersprache genutzt. Der Spruch zielte auf die Java-Architektur ab: Der Quellcode wird vom Compiler in Bytecode übersetzt, der dann von einer Java Virtual Maschine (JVM) interpretiert wird. Solange eine JVM auf dem Zielsystem installiert ist, können alle Java-Programme ausgeführt werden. Als Programmierer müssen wir nur in einigen Sonderfällen darauf achten, in welchem Betriebssystem oder auf welcher Hardwarearchitektur unser Java-Programm laufen soll.

Diese Eigenschaft der Java-Architektur kann aber auch als Argument gegen Java genutzt werden. Da der Bytecode unabhängig vom Betriebssystem und der Hardwarearchitektur des Zielsystems ist, ist er nicht für diese Zielumgebung optimiert. Die JVM kann bei der Ausführung des Bytecodes einige Optimierungen vornehmen, aber ein Java-Programm wird niemals so schnell laufen wie beispielsweise ein für die Zielumgebung optimiertes (also »natives«) C-Programm.

Das hat sich in den letzten Jahren mit der Entwicklung von »Native Images« geändert. Mit GraalVM ist nun eine JVM auf dem Markt, die es ermöglicht, Java-Programme für eine bestimmte Zielumgebung zu optimieren. Anstatt Bytecode zu produzieren, erzeugt GraalVM eine direkt für die Zielumgebung optimierte ausführbare Datei. Diese ausführbare Datei ist dann allerdings nur mit dieser Zielumgebung kompatibel, womit der Claim »Write once, run anywhere« etwas abgeschwächt wird. Nach wie vor können wir unseren Quellcode weitgehend unabhängig vom Zielsystem entwickeln, aber wir müssen nun eine separate ausführbare Datei für jedes Zielsystem erzeugen.

In diesem Kapitel beleuchten wir das Thema »Native Images« und erläutern, wie Spring uns dabei hilft, optimierte Java-Anwendungen zu entwickeln.

31.2 Was ist ein Native Image?

Im Kontext von Java bedeutet der Begriff »Native Image« nichts anderes als eine plattformspezifische ausführbare Datei, die ein Java-Programm ausführt. Eine solche ausführbare Datei wird durch einen speziellen Build-Prozess aus Java-Quellcode für eine bestimmte Zielumgebung erzeugt und ist deshalb »nativ« in dieser Umgebung. Die Datei ist inkompatibel mit anderen Umgebungen.

Die Idee des »Native Image« wird schnell mit Container-Images in Verbindung gebracht, hat aber erst mal nichts damit zu tun. Natürlich können wir eine native ausführbare Datei in einem Docker-Image verpacken, genau wie wir es mit einer normalen Java-Anwendung tun würden. Aber wenn wir im Java-Kontext von einem »Native Image« sprechen, ist damit erst mal nur die ausführbare Datei selbst gemeint.

GraalVM ist das Werkzeug, das es uns ermöglicht, native Images aus Java-Quellcode zu erstellen. GraalVM übersetzt unsere Java-Programme nicht einfach nur in ein natives Format, sondern führt auch eine Menge Optimierungen durch, um das Programm so effizient wie möglich zu machen.

Ein Kernpunkt dieser Optimierungen ist das Entfernen von unerreichbarem Code (engl.: »unreachable code«). GraalVM analysiert den gesamten Bytecode unserer Anwendung und entfernt Klassen, Methoden und Attribute, die von unserem Code (und dem Code der genutzten Bibliotheken) niemals erreicht werden können. Dadurch wird sowohl die Größe der ausführbaren Datei verringert als auch die Performance der Anwendung zur Laufzeit verbessert.

Die Basis für die Entfernung von unerreichbarem Code ist die Annahme, dass sich die Erreichbarkeit von Code zur Laufzeit nicht verändert. Diese Annahme wird auch »closed world assumption« genannt – wir gehen also davon aus, dass die Welt unserer Anwendung geschlossen und vorhersagbar ist. Diese Annahme stellt ein Problem für dynamischeren Code dar, der auf Reflection und ähnlich dynamische Konzepte angewiesen ist. Wenn wir in unserem Code beispielsweise auf eine Klasse nur mithilfe von Reflection zugreifen, kann GraalVM dies mit seiner statischen Analyse nicht feststellen und würde diese Klasse als unerreichbar einstufen und entfernen, was zu Laufzeitfehlern führen würde.

Deshalb bringt GraalVM das Konzept von »reachability metadata« mit. GraalVM erlaubt es uns, bestimmte Klassen, Methoden und Attribute in einem JSON-Dateiformat[1] als »erreichbar« zu deklarieren, sodass diese nicht entfernt werden. Wenn wir also wissen, dass unser Code nur auf bestimmte Klassen via Reflection zugreift, können wir diese Klassen in den JSON-Dateien deklarieren, damit GraalVM sie nicht entfernt. Die »reachability metadata« hilft uns allerdings nicht, wenn unser Reflection-Code hochdynamisch ist und wir nicht vorhersagen können, welche Klassen zur Laufzeit geladen werden. Die »closed world assumption« besteht nach wie vor.

31.3 Anwendungsfälle für Native Images

Mit nativen Images eröffnen sich neue Anwendungsfälle für Java-Anwendungen, für die Java sonst zu langsam ist.

Für Java-Anwendungen im Allgemeinen und Spring-Boot-Anwendungen im Speziellen ist es nicht ungewöhnlich, dass sie mehrere Sekunden zum Hochfahren benötigen. Für Anwendungsfälle, die auf eine schnelle Startzeit angewiesen sind, haben sich Java und Spring Boot deshalb nie als Werkzeug der Wahl angeboten.

Serverless ist einer dieser Anwendungsfälle. Eine Serverless-Anwendung wird oft nur bei Bedarf hochgefahren, und der Bedarf kann sich sehr schnell ändern. Wenn eine Anwendung lange zum Hochfahren benötigt, kann dies zu einem Stau führen, bei dem unnötig viele Serverless-»Instanzen« hochgefahren werden, weil keine der Instanzen bereit ist, Anfragen zu beantworten. Dieses Problem lässt sich mit einer »Warm-up«-Strategie, bei der Serverless-»Instanzen« aktiv gehalten werden, zwar verringern, aber eine solche Strategie widerspricht dem Grundgedanken von Serverless.

Ein weiterer Anwendungsfall sind Kommandozeilenprogramme. Es gibt einige sehr gute Bibliotheken in der Java-Welt, die es uns erlauben, ein wohlstrukturiertes Kommandozeilenprogramm mit Spring/Spring Boot zu entwickeln. Mit Spring Boot CLI[2] gibt es sogar ein Modul als Teil des offiziellen Spring-Ökosystems. Mit jedem Kommandozeilenbefehl, den wir an eine solche Anwendung senden, wird üblicherweise ein neuer Prozess gestartet, der die Anwendung von Grund auf hochfährt. Benutzer unserer Anwendung möchten aber nicht wirklich meh-

1. *https://www.graalvm.org/latest/reference-manual/native-image/metadata/*
2. *https://docs.spring.io/spring-boot/docs/3.0.0/reference/html/cli.html*

rere Sekunden auf jeden Kommandozeilenbefehl warten, weshalb solche Anwendungen nur selten mit Java entwickelt wurden.

Die Startzeit von Anwendungen kann sich mithilfe von nativen Images von mehreren Sekunden auf Millisekunden reduzieren, sodass sie von Menschen gar nicht mehr wahrgenommen wird. So lassen sich hochperformante Serverless- und Kommandozeilenprogramme auch mit Java entwickeln. Natürlich können wir auch unsere traditionelle Serveranwendung mit nativen Images entwickeln. Auch hier profitieren wir von schnelleren Startzeiten, insbesondere im Zusammenhang mit hochfrequentem Continuous Deployment.

31.4 Ahead-of-Time-Optimierung mit Spring Boot

Die »closed world assumption« ist ein Problem für Anwendungen, die das Spring Framework nutzen. Spring nutzt viele der dynamischen Java-Sprachfeatures wie Reflection und das Ersetzen von Objekten durch Proxies zur Laufzeit. GraalVM kann mit seiner statischen Analyse nicht ermitteln, welche Klassen durch diese Features erreichbar sind und welche nicht.

Deshalb hat das Spring Framework das Konzept der »Ahead-of-Time-Optimierung« eingeführt (kurz: »Spring AoT«). Springs AoT-Engine startet den Application Context zur Build-Zeit bis zu dem Punkt, wo alle `BeanDefinition`-Objekte erzeugt sind (die Beans selbst werden nicht instanziiert). Zu diesem Zeitpunkt kann die AoT-Engine dann ermitteln, welche Klassen, Methoden und Attribute alle erreichbar sein müssen, und erzeugt die entsprechenden Reachability-Metadaten für GraalVM. Wird unsere Anwendung daraufhin durch GraalVM in ein natives Image kompiliert, ist sichergestellt, dass nur die Klassen, Methoden und Attribute entfernt werden, die von unserer Spring-Anwendung nicht benötigt werden.

Auch ohne GraalVM können wir von der AoT-Engine profitieren. Neben der Erzeugung von Reachability-Metadaten führt die Engine auch weitere Optimierungen durch, die den Application Context verschlanken. Die so optimierte Anwendung nimmt bereits weniger Speicherplatz in Anspruch und startet schneller als ohne AoT-Optimierung. Das volle Potenzial schöpfen wir aber erst aus, wenn wir die Anwendung in ein natives Image kompilieren.

Um die »closed world assumption« einzuhalten, gelten für eine AoT-optimierte Anwendung nach wie vor einige Restriktionen. Unsere Anwendung darf zum Beispiel den Classpath nicht zur Laufzeit verändern, denn dann würden zur Laufzeit unter Umständen Klassen benötigt, die wegoptimiert wurden. Des Weiteren muss der Application Context zur

Laufzeit statisch sein. Wir dürfen zur Laufzeit also keine Beans hinzufügen oder entfernen – alle Beans müssen zur Build-Zeit bekannt sein. Das hat Auswirkungen auf bedingte Bean-Definitionen, die zum Beispiel mit `@ConditionalOn...` oder `@Profile` annotiert sind. Alle Bedingungen werden zur Build-Zeit ausgeführt und nicht zur Laufzeit. Wenn unsere Anwendung also zum Beispiel mehrere Konfigurationsprofile für mehrere Laufzeitumgebungen unterstützen soll, müssen wir die Anwendung für jede Umgebung separat optimieren. Für jede Umgebung erzeugen wir dann ein eigenes Deployment-Artefakt.

31.5 Ein natives Image erstellen

Eine Spring-Boot-Anwendung in ein natives Image zu verpacken ist dank des guten Supports der Maven- und -Gradle-Plugins relativ einfach.

Zunächst müssen wir eine Distribution von GraalVM auf unserer Maschine installieren und sicherstellen, dass unsere Gradle-Installation diese VM auch nutzt.

In einem Gradle-Projekt müssen wir dann das Gradle-Plugin `org.graalvm.buildtools.native` aktivieren. Der `plugins`-Abschnitt in unserer *build.gradle.kts* sieht dann beispielsweise so aus:

Listing 31–1
Aktivierung des Native-Gradle-Plugins

```
plugins {
  java
  id("org.springframework.boot") version "3.2.0-M2"
  id("io.spring.dependency-management") version "1.1.0"
  id("org.graalvm.buildtools.native") version "0.9.28"
}
```

Das Spring-Boot-Gradle-Plugin (`org.springframework.boot`) erkennt automatisch, wenn das GraalVM-Plugin aktiviert ist, und bietet uns den Tas `nativeCompile` an, der die Spring-AoT-Engine aktiviert und den Code in eine für das aktuelle System optimierte, ausführbare Datei kompiliert. Für Maven gibt es ein Plugin mit äquivalenter Funktionalität.

Führen wir nun den Befehl `./gradlew nativeCompile` aus, stellen wir fest, dass der Build-Prozess deutlich mehr Zeit in Anspruch nimmt. Selbst in einem minimalen Testprojekt kann es über 2 Minuten dauern, bis der Vorgang abgeschlossen ist, während ein »normaler« Build mit `./gradlew build` nur 12 Sekunden dauert. Die genaue Dauer variiert je nach Anwendungsgröße und CPU-Power, macht aber die Größenordnung des Unterschieds deutlich.

31.6 Ein natives Image testen

In einer herkömmlichen Java-Anwendung führen wir unsere Unit-Tests in der IDE oder während des Build-Prozesses aus. Im besten Fall nutzen wir bei der Ausführung der Tests lokal dieselbe JVM-Version wie in Produktion, um sicherzustellen, dass sich keine unerwarteten Fehler in den Produktionsbetrieb einschleusen.

Wenn wir in Produktion ein natives Image betreiben, können wir unsere Unit-Tests zwar immer noch in der IDE ausführen, aber wir müssen uns bewusst sein, dass die Testergebnisse dann nicht mehr verlässlich sind. Die IDE kompiliert unseren Code mit der normalen JVM. Das Ergebnis ist also normaler, nicht optimierter, nicht nativer Bytecode. In Produktion aber ist der Code optimiert, und überflüssige Klassen wurden wegoptimiert. Es kann passieren, dass unser Code eine Klasse benötigt, die durch die native Kompilation entfernt wurde. Unsere Tests sind aber grün, denn der Code war zur Testlaufzeit nicht optimiert. Wir wiegen uns in falscher Sicherheit.

Dieses Problem lässt sich dadurch lösen, dass wir unseren Code zur Testlaufzeit auch schon nativ kompilieren. Die Tests schlagen dann Alarm, wenn eine benötigte Klasse fälschlicherweise wegoptimiert wurde, und wir können entsprechende Reachability-Metadaten ergänzen, um GraalVM mitzuteilen, diese Klasse doch bitte nicht zu entfernen.

Die Kombination der im letzten Abschnitt beschriebenen Gradle-Plugins stellt uns auch den Gradle-Task `nativeTest` zur Verfügung, der genau dies tut. Er aktiviert die Spring-AoT-Engine, kompiliert den Code in ein natives Image und führt dann die Tests gegen dieses native Image aus.

Wie wir aber bereits festgestellt haben, dauert die native Kompilation recht lange. Üblicherweise möchten wir nicht zwei Minuten warten, nur um einen Test auszuführen. Deshalb gilt es einen Mittelweg zu finden: Für schnelles Feedback zur Entwicklungszeit führen wir unsere Tests nach wir vor ohne native Kompilation durch, und in einer CI-Pipeline führen wir die Tests gegen das native Image durch, um eventuelle Inkompatibilitäten aufzudecken.

31.7 Reachability-Metadaten erstellen

Wir haben bereits gelernt, dass wir GraalVM »Reachability-Metadaten« in Form von JSON-Dateien zur Verfügung stellen können, um mitzuteilen, dass bestimmte Klassen oder Ressourcen zur Laufzeit benötigt werden und GraalVM sie nicht wegoptimiert. Diese JSON-Dateien manuell zu erstellen ist jedoch aufwendig und fehleranfällig. Deshalb stellt Spring einen Weg zur Verfügung, diese Metadaten in Form von Java-Code zu definieren.

Spring nennt diese Metadaten »Runtime Hints«. Die Spring-AoT-Engine wertet diese Runtime Hints aus und erzeugt daraus die Reachability-Metadaten für GraalVM. Runtime Hints zu implementieren ist relativ einfach, wie der folgende Beispielcode zeigt:

Listing 31–2
Runtime Hints zur Ergänzung der Reachability-Metadaten

```
import java.lang.reflect.Method;

import org.springframework.aot.hint.ExecutableMode;
import org.springframework.aot.hint.RuntimeHints;
import org.springframework.aot.hint.RuntimeHintsRegistrar;
import org.springframework.util.ReflectionUtils;

public class MyRuntimeHints implements RuntimeHintsRegistrar {
    @Override
    public void registerHints(
      RuntimeHints hints, ClassLoader classLoader) {
        // Register a method for reflection use.
        Method method = ReflectionUtils
          .findMethod(
            MyService.class,
            "myReflectiveMethod", String.class);
        hints.reflection()
         .registerMethod(method, ExecutableMode.INVOKE);
    }
}
```

Die Klasse `MyRuntimeHints` implementiert das Spring-Interface `RuntimeHintsRegistrar` und dessen Methode `registerHints()`. Wir nutzen Reflection, um ein `Method`-Objekt zu erlangen, das die Methode `MyService#myReflectiveMethod` repräsentiert. Da dieser Code zur Build-Zeit durch die Spring-AoT-Engine ausgeführt wird, ist Reflection hier noch uneingeschränkt nutzbar.

Wir registrieren die Methode `MyService#myReflectiveMethod` dann mittels `hints.reflection().registerMethod()` als eine Methode, die zur Laufzeit mittels Reflection aufgerufen wird, um GraalVM mitzuteilen, dass die Methode nicht wegoptimiert wird. Die Klasse `RuntimeHints` erlaubt uns nicht nur, Reflection abzubilden, sondern auch Classpath-Ressourcen, JNI-Zugriffe, Proxies und Serialisierung zu deklarieren, sodass die entsprechenden Klassen, Methoden und Attribute zur Laufzeit erhalten bleiben.

Um unsere Klasse `MyRuntimeHints` zu aktivieren, müssen wir Spring noch mitteilen, dass es diese Klasse auswerten soll. Dies tun wir, indem wir eine unserer `@Component`- oder `@Configuration`-Klassen mit `@ImportRuntimeHints(MyRuntimeHints.class)` annotieren. Um unseren Code modular zu halten, empfehlen wir, für jedes Modul einen eigenen `Runtime-`

HintsRegistrar zu implementieren und dann die @Configuration-Klasse dieses Moduls entsprechend mit @ImportRuntimeHints zu annotieren. Wir könnten zwar auch einen zentralen RuntimeHintsRegistrar für unsere gesamte Anwendung implementieren, aber es wird schnell schwierig zu erkennen, welche Runtime Hints für welche Module wichtig sind.

In welchen Fällen müssen wir nun aber überhaupt Runtime Hints deklarieren? Die Spring-AoT-Engine erkennt automatisch alle von Spring und Spring Boot benötigten Klassen und Classpath-Ressourcen und erstellt alle dafür benötigten Runtime Hints automatisch. Solange wir das Spring-Programmiermodell nutzen, müssen wir also nichts tun.

Wenn wir nun aber in unserem Code (oder im Code einer der Bibliotheken, die wir direkt und nicht durch Spring nutzen) zum Beispiel Reflection benutzen, müssen wir dafür selbst einen Runtime Hint erstellen. Es ist nicht immer einfach festzustellen, wann ein Runtime Hint benötigt wird, deshalb ist hier ein kleiner Spickzettel:

- Wenn eine Klasse, Methode oder ein Attribut zur Laufzeit per Reflection aufgerufen wird, müssen wir die Klasse, Methode oder das Attribut mit hints.reflection().registerType(), hints.reflection().registerMethod() oder hints.reflection().registerField() registrieren.
- Wenn eine Classpath-Ressource zur Laufzeit beispielsweise mittels getClass().getResource() ausgelesen wird, müssen wir diese Ressource mit hints.resources().registerResource() registrieren. Wir können mit hints.resources().registerPattern() auch mehrere Ressourcen gleichzeitig registrieren, solange die Dateinamen demselben Muster entsprechen.
- Wenn eine Klasse, Methode oder ein Attribut zur Laufzeit mit JNI aufgerufen wird, müssen wir die Klasse, Methode oder das Attribut mittels hints.jni().registerType(), hints.jni().registerMethod() oder hints.jni().registerField() registrieren.
- Erzeugt unser Code mit Proxy.newProxyInstance() zur Laufzeit einen dynamischen Proxy, so müssen wir die Interfaces, gegen die der Proxy erzeugt wird, mit hints.proxies().registerJdkProxy() registrieren, damit sie zur Laufzeit erhalten bleiben.
- Serialisiert oder deserialisiert unser Code bestimmte Objekte beispielsweise mit ObjectOutputStream oder ObjectInputStream, so müssen wir die Klassen der so serialisierten oder deserialisierten Objekte mit hints.serialization().registerType() registrieren, damit die Serialisierungsfunktionalität zur Laufzeit erhalten bleibt.

32 Spring Boot erweitern

Spring und Spring Boot bieten eine Plattform, auf der wir Anwendungen bauen können. Diese Plattform kann aber nicht alle Anwendungsfälle vorhersehen, die unsere Anwendungen erfordern, sodass wir sie erweitern müssen. In diesem Kapitel gehen wir auf Möglichkeiten ein, Spring Boot als Plattform zu erweitern, um unseren Anwendungen maßgeschneiderte Features zur Verfügung zu stellen.

32.1 Cross-Cutting Concerns

Als Entwickler sind wir angehalten, das Rad nicht mit jeder Anwendung, die wir schreiben, neu zu erfinden (auch wenn das üblicherweise viel Spaß bringt). Haben wir ein Problem schon einmal gelöst, sollten wir die Lösung in unsere nächste Anwendung mit demselben Problem übernehmen.

Für sehr generische Probleme, die es in sehr vielen Anwendung zu lösen gilt, haben wir heutzutage Zugriff auf eine Fülle an Open-Source-Bibliotheken, die wir einfach einbinden und konfigurieren können. Spring und Spring Boot sind ein gutes Beispiel hierfür. Sie bringen uns mit dem Dependency-Injection-Container eine Lösung für viele generische Probleme: Transaktionshandling, Logging, Konfigurationsmanagement und vieles mehr. Diese generischen Probleme werden auch »Cross-Cutting Concerns« genannt.

Was aber, wenn wir im Kontext unserer Anwendung einen Cross-Cutting Concern haben, für den es noch keine Lösung gibt? Nehmen wir als Beispiel eine Anwendung, die aus mehreren (Micro-)Services besteht. Jeder dieser Services muss auf dieselbe – interne – Ressource zugreifen. Wir möchten jedem Service einen Client für diese Ressource zur Verfügung stellen, ohne den Code zwischen den Services kopieren zu müssen. Das heißt, wir schreiben eine kleine Bibliothek, die den Client beinhaltet, und binden diese Bibliothek in die (Micro-)Services ein.

Spring und Spring Boot liefern einige Möglichkeiten, einen solchen Cross-Cutting Concern als Bibliothek zu implementieren und in mehreren Anwendungen einzubinden. Im Folgenden erkunden wir diese Möglichkeiten am Beispiel unseres »verteilten« Clients. Alle hier diskutierten Wege haben gemeinsam, dass sie der Anwendung ein Client-Objekt als Teil des Spring Application Context zur Verfügung stellen.

32.2 @Configuration und @Import

Der einfachste Weg, eine Ressource wie unseren Client zur Verfügung zu stellen, ist es, in unserer Bibliothek eine `@Configuration`-Klasse zum Importieren anzubieten. Diese Klasse könnte wie folgt aussehen:

Listing 32–1
Eine @Configuration-Klasse stellt eine @Bean bereit.

```
@Configuration
public class ImportableConfiguration {
    @Bean
    public Client client(){
        return new Client();
    }
}
```

In unserer Spring-Boot-Anwendung würden wir diese Klasse dann in einer unserer `@Configuration`-Klassen mittels der `@Import`-Annotation importieren:

Listing 32–2
Importieren einer @Configuration-Klasse

```
@Configuration
@Import(ImportableConfiguration.class)
class ImportingConfiguration {}
```

Wenn Spring die Klasse `ImportingConfiguration` lädt, findet es die `@Import`-Annotation und lädt zunächst alle Beans, die von der Klasse `ImportableConfiguration` bereitgestellt werden.

Dieser Mechanismus ist allerdings ein relativ grobes Werkzeug, um unser Ziel zu erreichen. Die Klasse `ImportableConfiguration` agiert als Schnittstelle zwischen unserer Anwendung und unserer Bibliothek. Wenn wir sie zum Beispiel in einem Refactoring umbenennen, funktioniert der Mechanismus nicht mehr. Diese Kopplung können wir loswerden, indem wir Spring Boots AutoConfiguration-Mechanismus benutzen.

32.3 @Enable...-Annotationen

Mit `@Import` können Benutzer unserer Bibliothek die von uns zur Verfügung gestellte `@Configuration`-Klasse in ihrer Anwendung aktivieren. Dadurch geben wir aber ein Implementierungsdetail nach außen: den Namen unserer `@Configuration`-Klasse.

Wenn wir diese Klasse umbenennen oder anderweitig verändern möchten, müssen die Benutzer unserer Bibliothek ihre `@Import`-Annotationen anpassen!

Wir können unsere Bibliothek (und deren Nutzer) davor schützen, indem wir die `@Configuration`-Klasse selbst gar nicht freilegen, sondern den Benutzern einfach eine Annotation zur Verfügung stellen.

Um, wie im vorherigen Beispiel, dem Application Context eine Client-Bean hinzuzufügen, könnten wir zum Beispiel die Annotation `@EnableClient` zur Verfügung stellen. Statt einer `@Import`-Annotation würden die Benutzer unserer Bibliothek nun einfach die neue Annotation benutzen:

Listing 32–3 Aktivieren einer @Configuration mittels einer @Enable...-Annotation

```
@Configuration
@EnableClient
class ImportingConfiguration {}
```

Die `@Import`-Annotation haben wir einfach in die `@EnableClient`-Annotation verschoben:

Listing 32–4 Implementierung einer @Enable...-Annotation

```
@Target(ElementType.TYPE)
@Retention(RetentionPolicy.RUNTIME)
@Documented
@Import(ImportableConfiguration.class)
public @interface EnableClient {}
```

Spring ist schlau genug, um Annotationen an `@Configuration`-Klassen zu finden und deren `@Import`-Meta-Annotation (und andere Annotationen) auszuwerten.

Möchten wir die importierte Annotation refaktorieren, können wir das tun, solange wir die `@Import`-Meta-Annotation in der `@EnableClient`-Annotation entsprechend anpassen. Unsere Benutzer bekommen davon nichts mit, da sie nur die Annotation `@EnableClient` kennen.

32.4 @AutoConfiguration

Spring Boots Auto-Configuration-Feature ist genau für unseren Fall gedacht. Es erlaubt uns, eine `@Configuration` automatisch zu laden, ohne dass wir Code in unserer Anwendung schreiben. Solange die `@Configuration` im Classpath ist, wird sie von Spring Boot gefunden und aktiviert.

Das Prinzip ist sehr ähnlich wie zuvor. In unserer Bibliothek stellen wir eine Klasse zur Verfügung, die mit der Annotation `@AutoConfiguration` versehen ist:

Listing 32–5
Implementierung einer @AutoConfiguration-Klasse

```
@AutoConfiguration
public class ClientAutoConfiguration {
    @Bean
    public Client autoConfiguredClient(){
        return new Client();
    }
}
```

Die Annotation `@AutoConfiguration` ist lediglich eine besondere Art der `@Configuration`-Annotation. Wenn wir in den Sourcecode der Annotation schauen, sehen wir, dass sie mit `@Configuration` metaannotiert ist.

Mit der Annotation teilen wir Spring Boot mit, dass diese Konfiguration automatisch geladen werden soll. Da Spring Boot aber nicht alle Klassen auf die Präsenz der Annotation prüft, müssen wir einen weiteren Schritt gehen. Im Ordner *META-INF/spring* legen wir eine Datei mit dem folgenden Namen an:

```
org.springframework.boot.autoconfigure.AutoConfiguration.imports
```

In dieser Datei listen wir die vollqualifizierten Namen aller `@AutoConfiguration`-Klassen auf, die wir automatisch laden möchten, eine Klasse pro Zeile.

Beim Start sucht Spring Boot nach dieser Datei, liest die Klassennamen aus und fügt sie dann, wie eine normale `@Configuration`, zum Application Context hinzu.

Mit diesem Mechanismus können wir eine Bibliothek schreiben, die automatisch zum Application Context beiträgt. Sobald wir die Bibliothek als Dependency in unsere Anwendung einbinden, wird sie aktiv.

Ein Detail, das gerne übersehen wird, ist, dass dieser Mechanismus nur aktiv wird, wenn wir die Annotation `@EnableAutoConfiguration` an einer unserer `@Configuration`-Klassen verwenden. Da die Annotation `@SpringBootApplication` aber mit dieser Annotation metaannotiert ist, ist der Mechanismus standardmäßig für jede Spring-Boot-Anwendung aktiv. Er muss sogar aktiviert sein, denn dieser Mechanismus wird von vielen internen `@Configuration`-Klassen des Spring Boot Frameworks genutzt.

Der Auto-Configuration-Mechanismus ist sehr elegant für Features, die immer aktiv sein sollen. Was aber, wenn wir den Benutzern unserer Bibliothek die Möglichkeit geben wollen, die Features zu deaktivieren?

32.5 Bedingte @Configuration

Wenn wir Nutzern erlauben möchten, die Funktionalität unserer Bibliothek ganz oder teilweise zu deaktivieren, entweder auf expliziten Wunsch des Benutzers oder automatisch auf Basis bestimmter Parameter der Laufzeitumgebung, dann können wir die `@Conditional`-Annotationen von Spring benutzen.

Um Spring mitzuteilen, dass unsere `@AutoConfiguration`-Klasse zum Beispiel nur dann aktiviert werden soll, wenn der Konfigurationsparameter `client.enabled` den Wert »true« besitzt, können wir die `@Conditional`-Annotation wie folgt benutzen:

Listing 32–6
Bedingte @AutoConfiguration mittels @Conditional-Annotation

```
@AutoConfiguration
@Conditional(EnabledCondition.class)
public class ConditionalAutoConfiguration {

  @Bean
  public Client conditionalAutoConfiguredClient() {
    return new Client();
  }

  public static class EnabledCondition
    implements Condition {

    @Override
    public boolean matches(
      ConditionContext context,
      AnnotatedTypeMetadata metadata) {

      String enabledProperty = context
        .getEnvironment()
        .getProperty("client.enabled");
      return "true".equals(enabledProperty);
    }
  }
}
```

Die `@Conditional`-Annotation erwartet eine Klasse als Parameter, die das `Condition`-Interface implementiert. Wir nutzen die Klasse `EnabledCondition` als Parameter, die nur »true« zurückliefert, wenn der Konfigurationsparameter `client.enabled` den erwarteten Wert hat.

Da dies aber etwas viel Schreibarbeit für einen relativ häufig vorkommenden Anwendungsfall ist, bietet Spring Boot mit der `@ConditionalOnProperty`-Annotation eine Abkürzung mit demselben Effekt:

Listing 32–7
Bedingte @AutoConfiguration mittels @ConditionalOnProperty-Annotation

```
@AutoConfiguration
@ConditionalOnProperty(
        value = "client.enabled",
        havingValue = "true",
        matchIfMissing = true)
public class ConditionalAutoConfiguration {

    @Bean
    public Client conditionalAutoConfiguredClient() {
        return new Client();
    }

}
```

Unsere `@AutoConfiguration` wird nun nur aktiviert, wenn der Konfigurationsparameter `client.enabled` den Wert `true` besitzt oder – da wir `matchIfMissing` auf `true` gesetzt haben – wenn er gar nicht vorhanden ist.

Schauen wir in den Sourcecode der `@ConditionalOnProperty`-Annotation, stellen wir fest, dass diese mit der `@Conditional`-Annotation metaannotiert ist:

Listing 32–8
Implementierung der Annotation @ConditionalOnProperty

```
@Conditional(OnPropertyCondition.class)
public @interface ConditionalOnProperty {}
```

Unter der Haube wird also einfach die Klasse `OnPropertyCondition` genutzt, um zu bestimmen, ob die annotierte `@AutoConfiguration` aktiviert werden soll oder nicht. Wenn wir möchten, können wir auch eigene Annotationen wie `@ConditionalOnProperty` implementieren, die etwas leserlicher sind, als die `@Conditional`-Annotation direkt zu benutzen.

Wir möchten unseren Benutzern aber nicht zumuten, alles selbst explizit über Konfigurationsparameter wie `client.enabled` aus unserem Beispiel zu konfigurieren. Wenn möglich, möchten wir dem Benutzer die Konfiguration erleichtern und automatisch feststellen, ob eine `@AutoConfiguration` aktiviert werden soll oder nicht. Manche Features machen zum Beispiel nur Sinn, wenn die Anwendung lokal läuft und nicht in Produktion. Andere Features wiederum sollen nur aktiv sein, wenn eine bestimmte Version des JDK vorhanden ist.

Für diese Anwendungsfälle bietet Spring Boot eine Reihe von @`Conditional`-Annotationen an.

Annotation	**Aktiviert, wenn ...**
`@ConditionalOnBean`	... eine bestimmte Bean im Application Context vorhanden ist.
`@ConditionalOnClass`	... eine bestimmte Klasse im Classpath vorhanden ist.
`@ConditionalOnProperty`	... ein bestimmter Konfigurationsparameter vorhanden ist oder einen bestimmten Wert besitzt.
`@ConditionalOnResource`	... eine bestimmte Ressource im Classpath vorhanden ist.
`@ConditionalOnWebApplication` `@ConditionalOnNotWebApplication`	... die Anwendung eine Webanwendung ist (oder nicht).
`@ConditionalOnExpression`	... eine bestimmte SpEL-Expression das Ergebnis `true` liefert.

32.6 Testen von @AutoConfigurations

Insbesondere, wenn eine `@AutoConfiguration` nur unter bestimmten Bedingungen aktiviert wird, müssen wir sie testen. Ein sehr nützliches Hilfsmittel hierfür ist Spring Boots `ApplicationContextRunner`, der uns zur Verfügung steht, wenn wir das `spring-boot-starter-test`-Modul einbinden.

Wie der Name schon andeutet, startet der `ApplicationContextRunner` einen Spring Application Context. Wir können vor dem Start die Konfiguration dieses Application Context beeinflussen und nach dem Start prüfen, ob unsere Erwartungen erfüllt sind.

Nehmen wir das Beispiel unserer `ConditionalAutoConfiguration`, die nur aktiviert wird, wenn der Konfigurationsparameter `client.enabled` den Wert `true` besitzt. Diese Konfiguration können wir wie folgt testen:

Listing 32–9
Testen von @AutoConfigurations mittels ApplicationContextRunner

```
class ConditionalAutoConfigurationTest {
    ApplicationContextRunner runner
       = new ApplicationContextRunner()
           .withConfiguration(AutoConfigurations.of(
             ConditionalAutoConfiguration.class));

    @Test
    public void clientIsAvailableWithPropertyTrue() {
        runner
          .withPropertyValues("client.enabled=true")
          .run(context -> {
            assertThat(context.getBean(
              Client.class)).isNotNull();
          });
    }

    @Test
    public void clientNotAvailableWithPropertyFalse() {
        runner
          .withPropertyValues("client.enabled=false")
          .run(context ->
            assertThatThrownBy(() ->
              context.getBean(Client.class))
                .isInstanceOf(
                  NoSuchBeanDefinitionException.class));
    }
}
```

Mit der Methode `withPropertyValues()` können wir die Konfigurationsparameter beeinflussen, mit denen der Application Context erstellt wird. Die Methode `run()` erwartet eine Funktion als Parameter, die den erstellten Application Context als Parameter entgegennimmt. In dieser Funktion können wir dann unsere Erwartungen an den Application Context überprüfen. Im Beispiel prüfen wir, ob eine Bean vom Typ spezifischer `Client` zur Verfügung steht oder nicht (ausgedrückt durch eine `NoSuchBeanDefinitionException`).

Die Klasse `ApplicationContextRunner` bietet viele weitere Konfigurationsmöglichkeiten, um eine »echte« Spring-Boot-Anwendung zu simulieren. Sie bietet sich nicht nur für das Testen von `@AutoConfigurations` an, sondern auch von anderen Erweiterungspunkten, die wir später in diesem Kapitel erkunden.

32.7 Starter

Das Spring-Boot-Team hat den Begriff »Starter« eingeführt, um Module zu beschreiben, die einen einfachen »Start« für ein bestimmtes Feature ermöglichen. Der Mehrwert dieser Starter ist Dependency-Management. Wir müssen nicht mehr alle Module zusammensuchen, die wir für das Feature benötigen, und in unser Projekt integrieren, sondern nur noch das Starter-Modul, das alle nötigen Dependencies mitbringt.

Spring Boot selbst bringt eine Reihe von Startern mit. Möchten wir zum Beispiel eine REST-API mit Spring Web MVC bauen, können wir einfach den Starter `spring-boot-starter-web` einbinden und wir können loslegen.

Möchten wir einen Cross-Cutting Concern implementieren, der in mehreren Spring-Boot-Anwendungen benötigt wird, können wir unsere eigenen Starter bauen.

Ein Starter kann aus mehreren Modulen bestehen:

- **Ein »autoconfiguration«-Modul:** Dieses Modul beinhaltet die `@AutoConfiguration`-Klasse, die Beans zum Application Context beiträgt, um ein Feature zu aktivieren, und ggf. weitere, Spring-spezifische Klassen.
- **Ein »implementation«-Modul:** Dieses Modul stellt die Klassen zur Verfügung, die das Feature implementieren. Diese Klassen werden vom »autoconfiguration«-Modul genutzt und dem Application Context zur Verfügung gestellt. Der Code in diesem Modul kann ohne Abhängigkeiten zu Spring oder Spring Boot implementiert werden.
- **Ein »starter«-Modul:** Dieses Modul beinhaltet keinen Code, sondern definiert nur alle Dependencies, die ein Projekt benötigt, um sinnvoll mit dem Feature zu arbeiten. Dazu gehören die beiden oben genannten Module, das `spring-boot-starter-base`-Modul von Spring Boot selbst und ggf. weitere Dependencies, die je nach Kontext benötigt werden.

Die Aufteilung eines Starters in die oben genannten Module ist besonders sinnvoll, wenn es mehrere Varianten eines Features gibt, die jeweils unterschiedliche Konfigurationen oder Dependencies mitbringen. Wir können dann für jede Variante einen eigenen Starter zur Verfügung stellen. Diese Starter können unter der Haube dieselben »implementation«- und »autoconfiguration«-Module verwenden.

Ist Wiederverwendbarkeit der einzelnen Module nicht so wichtig (zum Beispiel, wenn die Implementierung niemals außerhalb einer Spring-Boot-Anwendung benötigt wird), ist es natürlich auch möglich, alle Komponenten eines Starters in einem einzigen Modul zu verpacken.

32.8 Fortgeschrittene Erweiterungspunkte

Spring und Spring Boot bieten eine Reihe von Erweiterungspunkten für Anwendungsfälle, die etwas fortgeschrittener sind, als »einfach« mittels einer `@Configuration`-Klasse ein paar Beans zum Application Context hinzuzufügen.

Die Codebeispiele in diesem Abschnitt sind alle im GitHub-Repository zum Buch zu finden, inklusive Tests.

32.8.1 FactoryBean

Wenn es etwas aufwendiger ist, ein Bean-Objekt zu erzeugen, möchten wir die Instanziierung des Objekts vielleicht in eine eigene Klasse auslagern. Springs `FactoryBean` ist hierfür geeignet:

Listing 32–10
Implementierung des FactoryBean-Interface

```
@Component
public class ClientFactoryBean
  implements FactoryBean<Client>, InitializingBean {

    private Client client;

    @Override
    public void afterPropertiesSet() throws Exception {
        // ... complex initialization
        this.client = new Client();
    }

    @Override
    public Client getObject() throws Exception {
        return this.client;
    }

    @Override
    public Class<?> getObjectType() {
        return Client.class;
    }
```

```
    @Override
    public boolean isSingleton() {
        return true;
    }
}
```

Die ClientFactoryBean aus dem Beispiel wird von Spring wegen der @Component-Annotation erkannt und dann im Application Context verwaltet. Wenn wir nun den Application Context nach einem Bean vom Typ Client fragen, leitet Spring diese Anfrage an die getObject()-Methode unserer FactoryBean weiter.

Wir nutzen das FactoryBean-Interface zusammen mit dem InitializingBean-Interface, das die Methode afterPropertiesSet() zur Verfügung stellt. In dieser Methode initialisieren wir unser Client-Objekt, das wir dann einfach bei Aufruf der getObject()-Methode zurückliefern.

Wichtig zu beachten ist, dass Spring nur die FactoryBean verwaltet und nicht die von ihr erzeugten Client-Objekte. Unsere Client-Klasse kann Spring-Features wie Dependency Injection nicht nutzen!

32.8.2 BeanPostProcessor

Wenn wir auf bestimmte Beans im Application Context reagieren möchten, können wir einen BeanPostProcessor implementieren:

Listing 32–11
Implementierung des BeanPostProcessor-Interface

```
@Component
public class ClientBeanPostProcessor
  implements BeanPostProcessor {

  @Override
  public Object postProcessAfterInitialization(
    Object bean,
    String beanName)
    throws BeansException {
      if (bean instanceof Client) {
        Client client = (Client) bean;
        if (client.getBaseUrl() != null
          && !client.getBaseUrl()
            .startsWith("http://")) {
              throw new BeanInitializationException(
                "client is not using HTTPS!");
        }
      }
      return bean;
    }
  }
}
```

Sobald wir Spring den `BeanPostProcessor` bekanntmachen (im Beispiel tun wir dies mit der `@Component`-Annotation), ruft Spring die Methoden `postProcessBeforeInitialization()` und `postProcessAfterInitialization()` für jede Bean im Application Context auf.

Innerhalb dieser Methode können wir die Bean dann untersuchen, um zum Beispiel Validierungen durchzuführen, wie oben gezeigt. Hier prüfen wir, dass alle `Client`-Beans HTTPS benutzen. Wir könnten die Bean sogar modifizieren oder gar einen Wrapper um die Bean zurückliefern.

Dieser Mechanismus ist besonders geeignet, wenn wir »fremde« Beans validieren oder manipulieren möchten, die nicht von uns selbst definiert werden, sondern von Bibliotheken, auf deren Code wir keinen Einfluss haben.

32.8.3 BeanDefinitionRegistryPostProcessor

Ein `BeanPostProcessor` arbeitet mit dem von Spring fertig initialisierten Bean-Objekt. In manchen fortgeschrittenen Anwendungsfällen möchten wir Beans aber dynamisch erzeugen und nicht deklarativ mit Springs Java Config.

Nehmen wir als Beispiel den Fall, dass wir Client-Beans dynamisch erzeugen möchten. Die Entwickler sollen lediglich eine `baseUrl`-Property konfigurieren, und unsere Bibliothek erzeugt für jede dieser `baseUrls` automatisch eine `Client`-Bean.

Wenn ein Entwickler also die *application.yml* wie folgt konfiguriert, dann werden zwei `Client`-Beans erzeugt:

```
client1.baseUrl=https://foo1.bar
client2.baseUrl=https://foo2.bar
```

Dies lässt sich mit einem `BeanDefinitionRegistryPostProcessor` implementieren. Dieser gibt uns Zugriff auf die `BeanDefinitionRegistry`, die Springs `BeanDefinitions` verwaltet. Eine `BeanDefinition` ist, wie der Name schon andeutet, die Definition einer Bean. Sie beinhaltet alle Informationen, die nötig sind, um die Bean zu instanziieren.

Entsprechend wird ein `BeanDefinitionRegistryPostProcessor` auch aktiv, bevor die meisten anderen Beans von Spring erzeugt wurden.

Eine mögliche Implementierung, die den obigen Anwendungsfall umsetzt, sieht wie folgt aus:

Listing 32–12
Implementierung des BeanDefinitionRegistry-PostProcessor-Interface

```
public class ClientRegistrar
  implements BeanDefinitionRegistryPostProcessor {

  private final Environment environment;

  public ClientRegistrar(Environment environment) {
    this.environment = environment;
  }

  @Override
  public void postProcessBeanDefinitionRegistry(
    BeanDefinitionRegistry registry)
    throws BeansException {
    for (int i = 0; i < 10; i++) {
      String baseUrl
        = environment.getProperty(
            "client" + i + ".baseUrl");
      if (baseUrl != null) {
        GenericBeanDefinition beanDefinition
          = new GenericBeanDefinition();
        beanDefinition.setBeanClassName(
          "de.springboot3....Client");
        beanDefinition.setInstanceSupplier
           ((Supplier<Client>) () ->
             new Client(baseUrl));
         registry.registerBeanDefinition(
           "client" + i, beanDefinition);
      }
    }
  }

  @Override
  public void postProcessBeanFactory(
    ConfigurableListableBeanFactory beanFactory)
    throws BeansException {
        // do nothing
  }
}
```

In der Methode `postProcessBeanDefinitionRegistry()` iterieren wir einfach durch die Konfigurationsproperties `client0.baseUrl` bis `client9.baseUrl` und erzeugen für jede dieser `baseUrls`, sofern vorhanden, eine `BeanDefinition`.

Die `BeanDefinition` beinhaltet in diesem Fall lediglich die Klasse der Bean und einen Lambda-Ausdruck, der die Instanziierung der `Client`-Bean übernimmt.

Die Konfigurationsproperties lesen wir aus dem `Environment`-Bean, das von Spring zur Verfügung gestellt wird. Die `Environment`-Bean ist eine der Beans, die zu diesem Zeitpunkt bereits verfügbar ist. Beans, die erst später von Spring erzeugt werden, können wir nicht als Input für einen `BeanDefinitionRegistryPostProcessor` nutzen!

32.8.4 EnvironmentPostProcessor

Wenn wir das Spring Environment beeinflussen möchten, noch bevor andere Beans erzeugt werden, können wir einen EnvironmentPostProcessor implementieren. Über diesen Weg können wir zum Beispiel Profile aktivieren oder deaktivieren oder Konfigurationsproperties verändern.

Ein konkreter Anwendungsfall ist die Migration von Konfigurationsproperties. Nehmen wir an, dass unsere Library die Konfigurationsproperty old.property anbietet. Nutzer unserer Library haben diese dann in ihrer *application.yml*-Datei konfiguriert:

```
old.property: foo
```

In einer neuen Version unserer Library möchten wir diese Property nun in renamed.property umbenennen. Die Nutzer unserer Library müssten ihre *application.yml*-Datei entsprechend anpassen:

```
renamed.property=foo
```

Wir möchten es den Benutzern unserer Library aber einfach machen, auf die neue Version zu wechseln, und möchten die alte Property weiterhin unterstützen.

Für diesen Fall können wir einen EnvironmentPostProcessor wie folgt implementieren:

Listing 32–13
Implementierung des EnvironmentPostProcessor-Interface

```
public class PropertyRenamingEnvironmentPostProcessor
        implements EnvironmentPostProcessor {

    private static final String OLD_PROPERTY_NAME
      = "old.property";
    private static final String NEW_PROPERTY_NAME
      = "renamed.property";

    @Override
    public void postProcessEnvironment(
            ConfigurableEnvironment environment,
            SpringApplication application) {
        String oldPropertyValue =
          environment.getProperty(OLD_PROPERTY_NAME);
        if (oldPropertyValue != null) {
            environment
             .getPropertySources()
             .addFirst(new MapPropertySource(
               "renamed",
                Map.of(
                  NEW_PROPERTY_NAME,
                  oldPropertyValue)
            ));
        }
    }
}
```

In der Methode `postProcessEnvironment()` lesen wir den Wert der alten Property aus und fügen eine neue Property mit dem neuen Namen, aber mit demselben Wert hinzu. Im Ergebnis haben wir dann beide Properties im Environment, und unsere Library kann einfach die neue Property benutzen.

Da andere Beans auf das Environment angewiesen sind, ruft Spring einen `EnvironmentPostProcessor` auf, bevor es andere Beans instanziiert. Da zu diesem Zeitpunkt noch kein fertiger Application Context existiert, kann ein `EnvironmentPostProcessor` nicht wie üblich mit der `@Component`- oder `@Bean`-Annotation deklariert werden. Wir müssen Spring auf anderem Wege über unseren `EnvironmentPostProcessor` informieren.

Für solche Fälle bietet Spring die Datei *META-INF/spring.factories* an. In dieser Datei müssen wir folgenden Eintrag vornehmen, um unseren `EnvironmentPostProcessor` bekannt zu machen:

Listing 32–14
Aktivierung unserer EnvironmentPostProcessor-Implementierung

```
org.springframework.boot.env.EnvironmentPostProcessor=\
  de....PropertyRenamingEnvironmentPostProcessor
```

33 Coordinated Restore at Checkpoint (CRaC)

CRaC[1] (Coordinated Restore at Checkpoint) ist ein relativ junges OpenJDK-Projekt, das es uns erlaubt, »Checkpoints« (Snapshots) einer JVM zu erstellen und zu einem späteren Zeitpunkt wiederherzustellen. In diesem Kapitel schauen wir uns an, wie wir CRaC im Zusammenspiel mit Spring Boot nutzen können.

33.1 Warum CRaC?

Mit »Checkpoints« wird eines der am häufigsten genutzten Argumente gegen Java entschärft, nämlich dass die JVM (und speziell Spring-Boot-Anwendungen) im Vergleich zu den Laufzeitumgebungen anderer Programmiersprachen relativ lange zum Hochfahren benötigt. Wir können die Anwendung einmal hochfahren und dann einen Checkpoint erstellen, den wir auf andere Maschinen kopieren können, wo wir die Anwendung dann sehr schnell starten können.

Anwendungsgebiete für CRaC sind traditionelle Serveranwendungen, insbesondere solche, die sehr lange zum Hochfahren benötigen. Noch mehr Vorteile verspricht CRaC für Serverless-Anwendungen. Serverless-Funktionen (wie zum Beispiel AWS Lambdas) sind besonders empfindlich für lange Startzeiten, da jeder Aufruf einer Funktion potenziell den kompletten Startprozess durchlaufen muss. Fällt die Startzeit weg, können Serverless-Funktionen ihre Stärken erst richtig ausspielen. Aufgrund der vergleichsweise langen Startzeiten sind JVM-Sprachen für Serverless-Anwendungen nie die erste Wahl gewesen. Setzt sich CRaC durch, kann sich das ändern.

1. *https://wiki.openjdk.org/display/crac/Main*

33.2 Checkpoint und Restore

Die Operationen, die CRaC uns zur Verfügung stellt, sind die folgenden:

- **Coordinated Checkpoint:** Erstellen eines Snapshots des aktuellen Zustands der JVM
- **Coordinated Restore:** Laden eines zuvor erzeugten Snapshots in eine JVM

Das Vorgehen, um einen Checkpoint zu erstellen und zu benutzen, ist wie folgt:

- Wir starten unsere Anwendung.
- Wir machen unsere Anwendung »warm«. Dazu senden wir zum Beispiel eine HTTP-Anfrage an unsere Anwendung, damit der Webserver alle benötigten Klassen lädt und andere Initialisierungen durchführt (diese Initialisierungen sind der Grund, warum die erste Anfrage an eine frisch gestartete Anwendung oft länger dauert als alle folgenden).
- Wir erstellen einen Checkpoint.
- Wir laden den Checkpoint in unsere Produktions-JVM (Restore).

Bei der Erzeugung eines Checkpoints speichert CRaC einige Daten in sogenannten »CRaC-Files«, die dann beim Restore-Schritt wieder geladen werden. Diese Daten beinhalten zum Beispiel die Umgebungsvariablen.

Es ist zu beachten, dass ein Checkpoint keine offenen Ressourcen beinhalten kann. Offene Dateien, Ports, Connections und ähnliche Ressourcen müssen vor der Erzeugung des Checkpoints geschlossen und beim Restore-Schritt wieder geöffnet werden. Hierfür bietet CRaC das `Resource`-Interface, das von der Anwendung implementiert werden muss:

Listing 33–1
Das Resource-Interface zum Reagieren auf Checkpoint- und Restore-Operationen

```
import org.crac.Context;
import org.crac.Core;
import org.crac.Resource;

class CracResource implements Resource {
   @Override
   public void beforeCheckpoint(
     Context<? extends Resource> context) {
       // close all resources
   }

   @Override
   public void afterRestore(
     Context<? extends Resource> context) {
       // open all resources
   }
}
```

In diesem Interface müssen wir alle Ressourcen schließen und wieder öffnen. Wir können uns vorstellen, dass dies in einer großen Anwendung relativ aufwendig ist. Oft haben wir keinen Überblick, welche Ressourcen zu einem bestimmten Zeitpunkt gerade geöffnet sind und welche nicht.

Glücklicherweise ist dies einfacher, wenn wir Spring Boot benutzen. Solange all unsere Ressourcen-Objekte als Bean im Spring Application Context verwaltet werden, kann Spring das Öffnen und Schließen der Ressourcen für uns übernehmen. Genau das ist es, was Spring Boot 3.2.0 mit seinem CRaC-Support eingeführt hat, sodass wir uns nicht mehr um die Implementierung des `Resource`-Interface kümmern müssen.

33.3 Checkpoint und Restore mit Spring Boot

Um einen Checkpoint einer Spring-Boot-Anwendung zu erzeugen oder wiederherzustellen, benötigen wir:

- ein JDK, das CRaC unterstützt (zum Beispiel das JDK von Azul[2])
- die Bibliothek `org.crac:crac` in unseren Dependencies

Sobald diese Voraussetzungen gegeben sind, können wir CRaC nutzen. Um einen Checkpoint zu erzeugen, müssen wir unsere Anwendung mit dem Parameter `-XX:CRaCCheckpointTo` starten, zum Beispiel so:

```
> java -XX:CRaCCheckpointTo=myCheckpoint -jar myapp.jar
```

Der Checkpoint wird dann noch nicht automatisch erzeugt, wir haben CRaC aber mitgeteilt, wohin es den Checkpoint schreiben soll, nämlich in den Ordner `myCheckpoint`.

Wir sollten die Anwendung dann »aufwärmen«. Je nach Anwendung kann dies etwas anderes bedeuten. In den meisten Webanwendungen können wir dies erreichen, indem wir einige HTTP-Anfragen an die Anwendung senden.

Sobald die Anwendung aufgewärmt ist, können wir zum Beispiel mit dem `jcmd`-Befehl einen Checkpoint erzeugen:

```
> jcmd myapp.jar JDK.checkpoint
```

Alternativ können wir auch direkt die CRaC-API nutzen, und mit `Core.checkpointRestore()` einen Checkpoint erzeugen. Der Name der Methode ist etwas irreführend, denn wir erzeugen mit ihr einen neuen Checkpoint und stellen keinen vorhandenen Checkpoint wieder her, wie der Name suggeriert.

---

2. *https://www.azul.com/products/components/crac/*

Nachdem der Checkpoint erzeugt ist, können wir ihn zu einem späteren Zeitpunkt wiederherstellen. Dazu starten wir unsere Anwendung mit dem `-XX:CRaCRestoreFrom`-Parameter:

```
> java -XX:CRaCRestoreFrom=myCheckpoint
```

Es ist zu beachten, dass wir dem `java`-Befehl keine Informationen über unsere Anwendung mehr mitgeben müssen. Parameter wie `-jar` oder `-cp` fallen weg, denn diese Informationen sind im Checkpoint enthalten! Der Start der Anwendung sollte mit dem Checkpoint deutlich schneller sein als ohne.

33.4 Automatische Checkpoints

Alle CRaC-Funktionen, die wir bisher gesehen haben, sind nicht Spring-spezifisch. Sie funktionieren auch ohne Spring. Spring sorgt lediglich dafür, dass alle Spring Beans im korrekten Zustand sind, bevor ein Checkpoint erzeugt wird, und dass sie bei der Wiederherstellung eines Checkpoints wieder in den korrekten Zustand überführt werden.

Spring bringt aber auch eine weitere Funktion mit: automatische Checkpoints. Mit der oben besprochenen Methode müssen wir einen Checkpoint manuell erzeugen. Starten wir unsere Spring-Boot-Anwendung mit dem Konfigurationsparameter `spring.context.checkpoint=onRefresh`, erzeugt Spring automatisch einen Checkpoint, nachdem der Spring Context initialisiert wurde. Wir können den Parameter `spring.context.exit=onRefresh` ergänzen, damit Spring nach dem Checkpoint direkt die Anwendung beendet, denn üblicherweise starten wir die Anwendung nur für den Zweck, einen Checkpoint zu erzeugen.

33.5 Checkpoints in Docker

Da viele Anwendungen heutzutage in Docker-Containern laufen, ist eine wichtige Frage, ob CRaC auch im Zusammenhang mit Docker funktioniert. Können wir einen Checkpoint in einem Docker-Image verpacken? Die Antwort ist »ja«, und es ist relativ einfach.

Bei der Erzeugung eines Checkpoints schreibt CRaC Dateien in den von uns angegebenen Ordner. Diese »CRaC-Files« müssen wir lediglich in einem Docker-Image verpacken, das zusätzlich noch ein CRaC-fähiges JDK beinhalten muss. Ein *Dockerfile* für ein Image, das einen Checkpoint nutzt, sieht skizziert in etwa so aus:

```
FROM <base image containing CRaC JDK>

COPY myCheckpoint /myCheckpoint
RUN java -XX:CRaCRestoreFrom=myCheckpoint
```

Listing 33–2
Dockerfile, in dem ein zuvor erzeugter Checkpoint geladen wird

Da CRaC noch relativ jung und nicht weit verbreitet ist, ist es aktuell noch schwierig ein fertig konfiguriertes Docker-Basis-Image zu finden, von dem wir in unserer `FROM`-Anweisung erben können. Deshalb müssen wir ein solches Basis-Image vermutlich selbst erzeugen.

Eine komplette Anleitung zur Erzeugung und Wiederherstellung von Checkpoints mit und ohne Docker ist in der CRaC-Dokumentation von Azul[3] zu finden.

33.6 CRaC vs. GraalVM

Sowohl CRaC als auch GraalVM versprechen uns, unsere Anwendung schneller zu machen. Es stellt sich die Frage, welche der beiden Technologien für einen gegebenen Anwendungsfall geeigneter ist.

Die folgende (unvollständige) Tabelle stellt einige Eigenschaften von CRaC und GraalVM gegenüber und kann als Entscheidungshilfe für einen bestimmten Anwendungsfall dienen:

CRaC	GraalVM
Benötigt spezielles JDK	Benötigt spezielles JDK
Verbessert Startzeit durch Laden eines Checkpoints	Verbessert Startzeit durch Entfernen von unnötigem Ballast
Unveränderte Anwendungsgröße	Deutlich reduzierte Anwendungsgröße
Unveränderte Compile-Zeit	Deutlich verlängerte Compile-Zeit
Optimierte Startzeit	Optimierte Startzeit und Laufzeit danach
Benötigt CRaC-Bibliothek im Classpath	Benötigt keine Bibliothek im Classpath
Muss von verwendeten Frameworks unterstützt werden	Muss von verwendeten Frameworks unterstützt werden
Relativ jung	Relativ bewährt
Checkpoint kann in einer JVM unabhängig von der Systemarchitektur wiederhergestellt werden	Erzeugt ein Systemarchitektur-abhängiges Binärprogramm

3. *https://docs.azul.com/core/crac/crac-guidelines*

34 Migration von Spring Boot 2 zu Spring Boot 3

Eine Anwendung von Spring Boot 2 auf Spring Boot 3 zu migrieren kann, je nachdem, welche Spring-Features und -Bibliotheken die Anwendung nutzt, sehr einfach oder sehr aufwendig sein. In diesem Kapitel geben wir etwas Hilfestellung, um die Migration zu vereinfachen.

34.1 Überblick

Bei der Migration von Spring Boot 2 auf Spring Boot 3 reicht es in den wenigsten Fällen aus, einfach nur die Versionsnummer hochzuzählen. Meistens müssen verschiedene Bibliotheken aktualisiert werden, oft mit nicht abwärtskompatiblen Änderungen, sodass der Anwendungscode angepasst werden muss, um wieder kompatibel zu sein.

Solange uns der Java-Compiler beim Kompilieren einen Fehler meldet, ist das noch nicht so schlimm, denn wir können einfach den Compile-Fehlern folgen und sie nach und nach korrigieren, so lange, bis die Anwendung wieder kompiliert.

Es kann beim Upgrade zu Spring Boot 3 aber auch zu Fehlern kommen, die erst zur Laufzeit auftreten. Eine gute Testabdeckung kann helfen, diese Fehler zur Build-Zeit zu erkennen. Ohne Tests kann es aber passieren, dass diese Fehler erst nach dem Deployment auftreten. Es gilt also, eine Anwendung, die gerade zu Spring Boot 3 migriert wurde, gut zu testen!

Weiterhin sollte die Anwendung auf unserem lokalen Entwicklungsrechner lauffähig sein. Idealerweise steht eine lokale Entwicklungsumgebung bereits zur Verfügung, denn diese ist für ein effizientes Arbeiten mit schnellen Feedbackzyklen unabdingbar. In älteren Legacy-Projekten kann es sein, dass die Anwendung niemals lokal gestartet wird und Tests nur in einer dedizierten Testumgebung stattfinden. Jede Änderung in der Anwendung muss erst auf die Testumgebung deployt werden, was den Zeitaufwand vervielfacht. Wenn die Anwendung also nicht lokal getestet werden kann, sollten wir eine lokale Entwicklungsumgebung aufbauen, bevor wir überhaupt mit der Migration zu Spring Boot 3 beginnen.

In diesem Kapitel stellen wir einen groben Ablauf aus vier Schritten vor, die man zur Orientierung während der Migration nutzen kann. Wir empfehlen, nach jedem Schritt einige Tests und dann ein Deployment in Produktion durchzuführen, sodass man ein »Big Bang«-Szenario vermeidet. Fehler sind einfacher zu analysieren, wenn man nicht so viele Änderungen gleichzeitig deployt.

Dieses Kapitel beschreibt die größten Hürden, die bei der Migration zu bewältigen sind. Da jede Anwendung anders ist, können wir hier aber nicht alle Fälle abdecken. Wir hoffen jedoch, dass die im Folgenden beschriebenen Schritte dabei helfen, bei der Migration den Überblick zu bewahren.

34.2 Schritt 1: Bibliotheken analysieren und aktualisieren

Als ersten Schritt empfehlen wir, eine Analyse der in der Anwendung genutzten Bibliotheken durchzuführen und alle Bibliotheken (bis auf Spring Boot) auf die aktuelle kompatible Version zu aktualisieren. Mit dem Upgrade auf Java 17 in Schritt 2 und dem Upgrade auf Spring Boot 3 in Schritt 4 werden wir sowieso dazu gezwungen, die meisten Bibliotheken zu aktualisieren. Wenn wir die Aktualisierung dieser Bibliotheken in einem eigenen Schritt isolieren, ist es einfacher, auftretende Probleme zu identifizieren und zu korrigieren.

Es ist zu beachten, dass wir vermutlich nicht alle Bibliotheken auf die aktuelle Version heben können. Einige Bibliotheken, insbesondere Integrationen mit Spring und Spring Boot, können wir erst in der aktuellen Version nutzen, nachdem unsere Anwendung bereits auf Spring Boot 3 migriert wurde. Wir müssen also für jede Bibliothek entscheiden, ob und auf welche Version wir sie aktualisieren können. Während wir die Recherche durch unsere Bibliotheken durchführen, sollten wir auch direkt festhalten, welche Bibliothek mit Java 17 inkompatibel ist und mit welcher Version sie Java 17 unterstützt. Das hilft uns im nächsten Schritt, wenn wir auf Java 17 aktualisieren.

Ein prominentes Beispiel für eine Bibliothek, die aktualisiert werden sollte, ist das AWS SDK. Nutzt die Anwendung noch Version 1 dieser Bibliothek (*com.amazonaws:aws-java-sdk:1.x*), um mit AWS Ressourcen zu kommunizieren, so sollten wir dringend auf Version 2 aktualisieren (*software.amazon.awssdk:aws-sdk-java:2.x*). Der Hintergrund ist, dass Version 1 des AWS SDK in eine Java-17-Laufzeitumgebung nicht offiziell unterstützt, und da wir im nächsten Schritt auf Java 17 aktualisieren, sollten wir dieses Upgrade vorher durchführen. Das Upgrade vom AWS SDK v1 auf das AWS SDK v2 ist leider in einigen Fällen nicht trivial und kann einigen Aufwand bedeuten. Wir sollten diesen Aufwand aber als Investment betrachten, denn mit dem AWS SDK v2 ist unsere Anwendung fit für die Zukunft (in der das AWS SDK v1 irgendwann abgekündigt wird).

Nach der Aktualisierung unserer Bibliotheken haben wir bereits einiges an technischen Schulden abgearbeitet und wir sollten die Anwendung in Produktion deployen.

34.3 Schritt 2: Auf Java 17 aktualisieren

Spring Boot 3 basiert auf Spring 6, das JDK 17 oder höher als Laufzeitumgebung voraussetzt. Mit älteren Java-Versionen ist Spring Boot 3 nicht mehr kompatibel.

Das bedeutet, dass unsere Anwendung ebenfalls in einem JDK der Version 17 oder höher laufen muss. Wenn die Anwendung in Produktion bereits auf JDK 17 läuft, müssen wir nichts tun. Läuft unsere Anwendung in Produktion noch auf einer älteren JDK-Version (vermutlich eine der Long-Term-Support-Versionen 8 oder 11), so müssen wir die Laufzeitumgebung aktualisieren.

Als Erstes aktualisieren wir die Java-Version und testen die Anwendung auf unserem lokalen Rechner. Dies kann bereits einige Compile- und Laufzeitfehler aufdecken, die wir dann direkt korrigieren können. Einige Fehler können zum Beispiel dadurch entstehen, dass eine Bibliothek Java 17 nicht unterstützt und entsprechend aktualisiert werden muss.

Sobald der Build-Prozess mit Java 17 lokal grün ist und die Anwendung lokal auf Java 17 läuft, gehen wir erneut durch die Bibliotheken in unseren Dependencies und prüfen, ob wir bestimmte Bibliotheken auf eine neue, Java-17-kompatible Version aktualisieren können. Wenn unsere lokalen Tests eine gute Abdeckung haben, werden wir vermutlich nicht mehr viele Bibliotheken finden, die aktualisiert werden sollten.

Nachdem die Anwendung lokal auf Java 17 aktualisiert wurde, müssen wir unsere Continuous-Integration-/Continuous-Deployment-Pipeline ebenfalls aktualisieren. Bisher hat die Pipeline vermutlich eine ältere Java-Version genutzt, um unsere Anwendung zu kompilieren und die Tests auszuführen.

Nachdem die CI-Pipeline aktualisiert wurde, müssen unsere Staging- und Produktionsumgebungen ebenfalls auf JDK 17 aktualisiert werden. Wenn wir unsere Anwendung in einem Docker-Image deployen, welches das JDK bereits beinhaltet, reicht es vermutlich aus, das Docker-Base-

Image zu ändern, sodass es JDK 17 anstelle einer älteren Version beinhaltet. Deployen wir unsere Anwendung als einfache JAR-Datei ohne JDK, so müssen wir die Zielumgebung so umkonfigurieren, dass sie die Anwendung nun mit JDK 17 anstatt einer älteren Version startet.

Nachdem wir die Anwendung erfolgreich in Produktion deployt haben, können wir uns endlich dem eigentlichen Spring-Boot-Upgrade widmen.

34.4 Schritt 3: Das Spring-Boot-Upgrade vorbereiten

Unsere Anwendung läuft nun bereits auf Java 17, und wir haben die Versionen unserer Dependencies weitestgehend aktualisiert, sodass die jetzt kommenden Versionssprünge so klein wie möglich sind. Nun ist es an der Zeit, das eigentliche Spring-Boot-Upgrade vorzubereiten.

Falls noch nicht geschehen, sollte die Anwendung nun auf die letzte verfügbare Version von Spring Boot 2 aktualisiert werden. Spring Boot 3 bringt einige nicht abwärtskompatible Änderungen mit, die zu Compile-Fehlern in unserem Anwendungscode führen können. In den letzten Versionen von Spring Boot 2 wurden einige Features ergänzt, die es uns erlauben, diese Fehler zu korrigieren, ohne das Upgrade auf Spring Boot 3 tatsächlich durchzuführen. Wenn wir diese Korrekturen jetzt vornehmen, erleichtern wir uns das Upgrade im letzten Schritt.

Wir empfehlen die Lektüre des Spring Boot 3 Migration Guide[1], um zu entscheiden, was wir jetzt schon mit Spring Boot 2 tun können, um die Migration zu vereinfachen. Im Folgenden beschreiben wir diejenigen Schritte, die nach unserer Erfahrung bei der Migration häufig vorgekommen sind.

Deprecation Warnings in der IDE

Spätestens nachdem wir auf die aktuelle 2.x-Version von Spring Boot aktualisiert haben, wird die IDE uns Warnungen anzeigen, wenn unser Code Features nutzt, die in Spring Boot 3 nicht mehr verfügbar sind. Es lohnt sich also, alle Deprecation Warnings einmal durchzugehen und die betroffenen Stellen im Code entsprechend zu ändern. Das erspart uns einige Compile-Fehler nach dem Upgrade auf Spring Boot 3.

1. *https://github.com/spring-projects/spring-boot/wiki/Spring-Boot-3.0-Migration-Guide*

34.4.1 WebSecurityConfigurerAdapter durch WebSecurityFilterChain ersetzen

Nutzt unsere Anwendung Spring Security, finden wir vermutlich eine Klasse in unserer Codebase, die von WebSecurityConfigurerAdapter erbt. Sie sieht in etwa so aus:

Listing 34–1
Ein WebSecurityConfigurerAdapter muss migriert werden.

```
@Configuration
public class SecurityConfiguration
  extends WebSecurityConfigurerAdapter {

  @Override
  protected void configure(HttpSecurity http)
    throws Exception {
    // configure the http object
  }

  @Override
  protected void configure(WebSecurity web)
    throws Exception {
    // configure the web object
  }

  @Override
  protected void configure(
    AuthenticationManagerBuilder auth)
    throws Exception {
    // configure the auth object
  }
}
```

Die Klasse WebSecurityConfigurerAdapter stellt uns einige configure()-Methoden zur Verfügung. Wir können diese Methoden überschreiben und die übergebenen HttpSecurity, WebSecurity und AuthenticationManagerBuilder nach unseren Security-Anforderungen konfigurieren.

WebSecurityConfigurerAdapter ist in Spring Security 6 (das von Spring Boot 3 genutzt wird) nicht mehr verfügbar und wird durch das Konzept einer SecurityFilterChain ersetzt. Dieses Konzept ist bereits in neueren 5.x-Versionen verfügbar. Wenn wir also auf die letzte Spring-Boot-2-Version aktualisiert haben, können wir unseren Code bereits anpassen.

Hierfür müssen wir unseren WebSecurityConfigurerAdapter lediglich durch eine oder mehrere SecurityFilterChain-Beans ersetzen:

Listing 34–2
Implementierung von SecurityFilterChain-Beans

```
@Configuration
public class SecurityConfiguration {

  @Bean
  public SecurityFilterChain filterChain(
```

```
      HttpSecurity http) throws Exception {
      // configure the http object
    }

    @Bean
    public WebSecurityCustomizer webSecurityCustomizer(){
      // return a WebSecurityCustomizer that
      // modifies the WebSecurity
    }

}
```

Im besten Fall können wir unseren bisherigen Code einfach von unserem `WebSecurityConfigurerAdapter` in die neue `SecurityFilterChain` kopieren. Je nachdem, wie komplex unsere Security-Konfiguration ist, kann es aber sein, dass wir erst herausfinden müssen, wie die Konfiguration in das neue Schema passt. Insbesondere, wenn wir einen `AuthenticationManagerBuilder` genutzt haben, ist die Migration zu einer `SecurityFilterChain` nicht ganz einfach. Ein Artikel des Spring-Teams hilft allerdings dabei[2].

34.4.2 @AutoConfiguration

Mit Spring Boot 3 ändert sich der Mechanismus für Auto-Configurations.

Bisher war eine Autokonfiguration nichts anderes als eine »normale« `@Configuration`-Klasse, die einige Beans definiert und so zum Application Context beiträgt. Damit diese `@Configuration`-Klasse von Spring automatisch aktiviert wird, mussten wir sie bisher wie folgt in der Datei *META-INF/spring.factories* definieren:

Listing 34–3 *Aktivierung einer Auto-Configuration mit Spring Boot 2*

```
org.springframework.boot.autoconfigure.EnableAutoConfiguration=\
  de.springboot3.MyConfiguration
```

Spring schaut beim Start der Anwendung in diese Datei und fügt die dort gelisteten `@Configuration`-Klassen dem Application Context hinzu. Dieser Mechanismus funktioniert mit Spring Boot 3 nicht mehr, was zu Fehlern wie `NoSuchBeanDefinitionException` führt.

Die letzten Versionen von Spring Boot 2 unterstützen bereits den neuen Mechanismus, sodass wir auf diesen Mechanismus migrieren können, ohne bereits auf Spring Boot 3 upgraden zu müssen. Mit dem neuen Mechanismus ersetzen wir die `@Configuration`-Annotation mit `@AutoConfiguration` und den Eintrag in `spring.factories` mit einem Eintrag in der Datei *META-INF/spring/org.springframework.boot.autoconfigure.AutoConfiguration.imports*.

---

2. *https://spring.io/blog/2022/02/21/spring-security-without-the-websecurityconfigureradapter*

Die Migration ist relativ einfach, denn wir müssen nur nach dem Schlüsselwort `EnableAutoConfiguration` in Dateien mit dem Namen `spring.factories` suchen und jeden Treffer in das neue Format überführen.

34.4.3 @LocalServerPort

Mit Spring Boot wurde die Annotation `@LocalServerPort` in ein anderes Package verschoben. Diese Annotation kann genutzt werden, um in einem Test den Port der laufenden Spring-Boot-Webanwendung zu injizieren:

Listing 34–4
Nutzung der Annotation @LocalServerPort

```
@SpringBootTest(webEnvironment
    = SpringBootTest.WebEnvironment.RANDOM_PORT)
public class MyTest {

  @LocalServerPort
  private int port;

  // test methods
}
```

Der Port kann dann genutzt werden, um innerhalb des Tests Anfragen an die Anwendung zu senden.

Um mit Spring Boot 3 kompatibel zu sein, müssen wir also alle `import`-Anweisungen, die diese Annotation importieren, anpassen. In den letzten Spring-Boot-2.7.x-Versionen ist die Annotation sowohl im alten als auch im neuen Package vorhanden, sodass wir nach dem Upgrade auf die letzte 2.7.x-Version einfach alle Vorkommnisse von

```
import org.springframework.boot.web.server.LocalServerPort;
```

durch

```
import org.springframework.boot.test.web.server.LocalServerPort;
```

ersetzen können.

34.4.4 @EnableWebFluxSecurity

Die Annotation `@EnableWebFluxSecurity` kann genutzt werden, um Spring Security für eine auf WebFlux basierende Webanwendung zu konfigurieren. Bisher konnten wir sie wie folgt einsetzen:

Listing 34–5
Nutzung von @EnableWebFluxSecurity

```
@EnableWebFluxSecurity
public class MySecurityConfiguration {
  // ...
}
```

Beim Start der Anwendung hat Spring dann die Klasse `MySecurityConfiguration` instanziiert, alle enthaltenen `@Bean`-Methoden aufgerufen und das Ergebnis dem Application Context hinzugefügt. Spring hat dies nur getan, weil die Annotation `@EnableWebFluxSecurity` mit `@Configuration` metaannotiert war, andernfalls hätte es unsere `MySecurityConfiguration` ignoriert.

Mit Spring Boot 3 ist die Annotation `@EnableWebFluxSecurity` nicht mehr mit `@Configuration` metaannotiert, wir müssen diese Annotation also selbst ergänzen:

Listing 34–6
Ergänzung der Annotation @Configuration, weil @EnableWebFluxSecurity diese nicht mehr mitbringt

```
@Configuration // <-- this is new
@EnableWebFluxSecurity
public class MySecurityConfiguration {
  // ...
}
```

34.5 Schritt 4: Spring Boot aktualisieren

Mit den bisherigen Schritten haben wir das Risiko des eigentlichen Spring-Boot-Upgrades minimiert. Alles, was wir tun konnten, ohne die Version von Spring Boot zu aktualisieren, haben wir bereits getan, und die Anwendung läuft in Produktion. Wenn beim Spring-Boot-Upgrade nun Fehler auftauchen, wissen wir, dass sie mit dem Upgrade zu tun haben, und nicht zum Beispiel mit der neuen Java-Version, was es uns einfacher macht, die Ursache zu finden und zu beheben.

34.5.1 Spring Boot auf 3.x aktualisieren

Nun aktualisieren wir die Spring-Boot-Version in unserem Projekt auf die aktuelle Version 3.x. Je nach Struktur des Projekts müssen wir die Version in der Datei *pom.xml* oder *build.gradle.kts* finden und anpassen. Idealerweise besitzt das Projekt einen `dependencyManagement`-Abschnitt, in dem die Versionen aller Dependencies zentral definiert sind, sodass wir die Version von Spring Boot (und später die Versionen anderer Bibliotheken) nur an einer einzigen Stelle anpassen müssen. Wenn das Projekt keine `dependencyManagement`-Konfiguration besitzt, kann es sinnvoll sein, diese vor dem Upgrade noch einzuführen.

Sobald die Spring-Boot-Version auf 3.x aktualisiert ist, können wir versuchen, das Projekt zu kompilieren. Die Wahrscheinlichkeit ist sehr hoch, dass dies fehlschlägt. Einigen Compile-Fehlern haben wir durch Anpassungen in Schritt 3 bereits vorgebeugt. Die restlichen Fehler können wir als ToDo-Liste nutzen und sie nach und nach beseitigen.

Die folgenden Abschnitte beschreiben einige der am häufigsten auftretenden Fehler und geben ein paar Hinweise, wie sie behoben werden können. Je nach Projekt kann es sein, dass diese Hinweise bereits ausreichen, um die Anwendung wieder lauffähig zu bekommen. Je nachdem, welche Bibliotheken und Spring-Features im Projekt genutzt werden, kann es aber sein, dass weitere Schritte notwendig sind, die wir hier nicht alle dokumentieren können.

34.5.2 Bibliotheken aktualisieren

Einige Compile-Fehler lassen sich auf veraltete Versionen der genutzten Bibliotheken zurückführen. Das Spring-Boot-Team hat die Major-Version genutzt, um viele Abhängigkeiten auf die neuesten Versionen zu aktualisieren. Teilweise sind dies Versionssprünge der Minor- oder gar der Major-Version.

An dieser Stelle ist es sinnvoll, noch einmal die Liste der direkten Dependencies unseres Projektes durchzuschauen und zu prüfen, ob eine aktuellere Version zur Verfügung steht. In den meisten Fällen macht es Sinn, jetzt auf die neueste Version zu aktualisieren. Es lohnt sich auch, zu prüfen, ob die Bibliothek in der Spring-Boot-BOM[3] (Bill of Materials) verwaltet wird. Ist dies der Fall, sollten wir die Version der Bibliothek gar nicht selbst definieren, sondern lediglich die Spring-Boot-BOM importieren.

In den meisten Projekten wird die Spring-Boot-BOM bereits importiert, also können wir einfach versuchen, die Versionsnummer der Bibliothek aus unserer *pom.xml* oder *build.gradle.kts* zu entfernen und dann mittels `mvn dependency:tree` oder `./gradlew dependencies` im Dependency-Tree prüfen, ob wir nun die aktuelle Version nutzen.

In einigen Fällen wird die Aktualisierung einer Bibliothek Änderungen in unserem Code erfordern, sodass wir von Fall zu Fall entscheiden müssen, ob wir diese Änderungen durchführen müssen oder möchten.

34.5.3 javax durch jakarta ersetzen

Fast jedes Projekt wird an dieser Stelle Compile-Fehler anzeigen, weil Klassen aus einem Package `javax.*` nicht gefunden werden können. Dies liegt daran, dass Spring Boot (und Spring Framework 6, das von Spring Boot 3 genutzt wird) auf Bibliotheken umgestiegen ist, die viele Klassen in das neue Package `jakarta.*` verschoben haben. Der Hinter-

3. *https://central.sonatype.com/artifact/org.springframework.boot/spring-boot-dependencies*

grund dieser Änderung ist ein Lizenzstreit zwischen Oracle und der Eclipse Foundation, in dem Oracle die Nutzung des `javax`-Namespace untersagt. Alle zukünftigen Versionen vieler Java-Standardbibliotheken nutzen deshalb den neuen `jakarta`-Namespace.

Beispielsweise sind alle Klassen im `javax.servlet`-Package nun im `jakarta.servlet`-Package zu finden. Nutzen wir in unserem Code also Klassen aus dem `javax.servlet`-Package, müssen wir alle Imports auf das neue Package aktualisieren. Wir können einfach nach `import javax.servlet` suchen und es automatisch durch `import jakarta.servlet` ersetzen.

Ähnlich können wir mit anderen `javax.*`-Packages vorgehen. Es sei jedoch angemerkt, dass nicht alle `javax.*`-Packages blind durch `jakarta.*` ausgetauscht werden sollten. In manchen Fällen ist die Nutzung einer Klasse aus einem `javax`-Package nach wie vor legitim. Dies muss von Fall zu Fall entschieden werden. Bringt Spring Boot eine Bibliothek mit, die das `jakarta`-Package nutzt, müssen wir, um Kompatibilität zu wahren, allerdings ebenfalls auf das `jakarta`-Package umsteigen, selbst wenn wir noch eine direkte Dependency zu einer Bibliothek besitzen, die noch das `javax`-Package nutzt. In diesem Fall sollten wir diese Bibliothek auf die Version aktualisieren, die Spring Boot mitbringt.

34.5.4 Spring Cloud Sleuth durch Micrometer ersetzen

Spring Boot 2 setzte auf Spring Cloud Sleuth für Tracing und auf Micrometer für Metriken (Sleuth ist englisch für Spürhund). Das Spring-Cloud-Sleuth-Projekt wird aber nicht mehr weiterentwickelt. Stattdessen wurde die Tracing-Funktionalität aus Spring Cloud Sleuth in das Micrometer-Projekt überführt. Konsequenterweise nutzt Spring Boot 3 deshalb auch nicht mehr Spring Cloud Sleuth, sondern Micrometer für seine Tracing-Funktionalitäten.

Wenn unser Anwendungscode auf Klassen aus dem Package `org.springframework.cloud.sleuth` zugreift, müssen wir die Imports auf das Package `io.micrometer.tracing` umstellen. Die Klassen wurden größtenteils eins zu eins aus dem Sleuth-Projekt in das Micrometer-Projekt kopiert, sodass die Wahrscheinlichkeit groß ist, dass der Code nach dieser Anpassung nach wie vor funktioniert.

Darüber hinaus ist es empfehlenswert, dem Migrations-Guide[4] des Micrometer-Teams zu folgen, um zu entscheiden, ob weitere Schritte notwendig sind.

4. *https://github.com/micrometer-metrics/tracing/wiki/Spring-Cloud-Sleuth-3.1-Migration-Guide*

34.5.5 @ConstructorBinding

Wenn wir Spring Boots `@ConfigurationProperties` nutzen, möchten wir die Properties-Klasse üblicherweise unveränderlich (immutable) gestalten. Das bedeutet, dass die Felder als `final` deklariert werden, die Werte im Konstruktor übergeben werden und keine Setter-Methoden vorhanden sind.

Um Spring Boot aufzufordern, die Konfigurationswerte in den Konstruktor einer `@ConfigurationProperties`-Klasse zu übergeben, mussten wir bisher die Annotation `@ConstructorBinding` verwenden:

Listing 34–7
Nutzung der Annotation @ConstructorBinding

```
@ConstructorBinding
@ConfigurationProperties("my.properties")
public class MyProperties {

    private final boolean enabled;

    public boolean isEnabled() {
        return enabled;
    }

    public MicrosFlywayProperties(
      @DefaultValue("false") boolean enabled) {
        this.enabled = enabled;
    }
}
```

Mit Spring Boot 3 müssen wir die Annotation `@ConstructorBinding` nun nicht mehr verwenden, wenn unsere Klasse nur einen Konstruktor besitzt. Spring Boot nutzt diesen Konstruktor dann automatisch, um die Werte aus den Konfigurationsparametern zu injizieren. Nur wenn es mehrere Konstruktoren gibt, müssen wir denjenigen Konstruktor annotieren, der von Spring Boot genutzt werden soll.

Die `@ConstructorBinding`-Annotation ist nun nicht mehr auf Typen anwendbar (das heißt, das `@Target` hat sich geändert). Wenn wir eine Klasse annotiert haben (wie im Beispiel oben), erhalten wir den folgenden Compile-Fehler:

```
annotation interface not applicable to this kind of declaration
```

Die Annotation ist außerdem vom Package `org.springframework.boot.context.properties` in das Package `org.springframework.boot.context.properties.bind` umgezogen, sodass wir alle Import-Statements anpassen müssen.

34.5.6 HttpStatusCode

Spring 6 hat das neue Interface `HttpStatusCode` eingeführt. Die bisherige Klasse `HttpStatus` implementiert nun dieses neue Interface.

An vielen Stellen im Code des Spring Frameworks, wo bisher ein Objekt vom Typ `HttpStatus` genutzt wurde, wird mit Spring 6 nun ein Objekt vom Typ `HttpStatusCode` genutzt.

Ruft unser Anwendungscode also beispielsweise eine Methode des Spring Frameworks auf, die bisher ein `HttpStatus`-Objekt zurückgeliefert hat, müssen wir unseren Code anpassen, sodass er mit `HttpStatusCode` umgehen kann, wie im folgenden Codebeispiel gezeigt:

Listing 34–8
Migration von Code, der die Klasse HttpStatus nutzt

```
// old code
HttpStatus responseStatus = restTemplate
  .postForEntity(localhost("/foo"), request(), String.class)
  .getStatusCode(); // <-- will cause a compile error

// new code
HttpStatusCode responseStatus = restTemplate
  .postForEntity(localhost("/foo"), request(), String.class)
  .getStatusCode();
```

34.5.7 Konfigurationsparameter

Spring Boot 3 hat die Namen einiger Konfigurationsparameter geändert, sodass sie insgesamt konsistenter benannt sind. Das Spring-Boot-Team ist sich bewusst, dass diese Änderungen schmerzhaft für uns Anwendungsentwickler sein können, weshalb sie ein dediziertes Changelog[5] nur für Konfigurationsparameter pflegen. Es macht also Sinn, die Namen aller Konfigurationsparameter aus unseren `application-*.yml`-Klassen zu sammeln und dann dieses Changelog durchzuschauen, um zu prüfen, ob sich einige der von uns genutzten Parameter verändert haben.

Um manuelle Analysearbeit zu sparen, können wir auch den Spring Boot Properties Migrator nutzen. Wir fügen unserem Projekt einfach das Modul *org.springframework.boot:spring-boot-properties-migrator* hinzu. Beim Start der Anwendung gibt der Migrator dann Informationen über die zu migrierenden Konfigurationsparameter aus und übersetzt die alten Konfigurationsparameter automatisch in die neuen. Der Migrator sollte nur in einer Übergangszeit genutzt werden, bis alle alten Konfigurationsparameter in unseren Konfigurationsdateien angepasst wurden. Dann sollten wir ihn wieder aus unseren Dependencies entfernen.

---

5. *https://github.com/spring-projects/spring-boot/wiki/Spring-Boot-3.0.0-Configuration-Changelog*

35 Ausblick

Wir hoffen, dass dieses Buch die Konzepte von Spring und Spring Boot näherbringen konnte, egal ob es als Einstieg in das Thema oder als Referenz für das aktuelle Projekt genutzt wurde.

Das Spring-Ökosystem ist mittlerweile so groß, dass es nicht komplett in einem Buch abgebildet werden kann. Deshalb haben wir uns hier auf die wichtigsten Konzepte, Features, und Integrationen konzentriert, die in den meisten typischen Webanwendungen benötigt werden.

Für einen tieferen Einblick in das Spring Ökossytem lohnt sich ein Blick auf die Webseite *https://spring.io/projects*, auf der alle Spring-Projekte aufgelistet sind. Die Wahrscheinlichkeit ist relativ hoch, dass man dort etwas findet, das die Features liefert, die man gerade braucht.

Wenn man sich im Rahmen eines Projekts im Detail mit einem der Spring-Projekte auseinandersetzen möchte, empfehlen wir eine Lektüre der Referenzdokumentation dieses Projekts. Die Dokumentation der Spring-Projekte ist üblicherweise von hoher Qualität und sehr hilfreich, wenn es darum geht, herauszufinden, welche Features und Konfigurationsmöglichkeiten es gibt. Man sollte allerdings darauf achten, dass man die Dokumentation in der richtigen Version liest. Von den Suchmaschinen wird man häufig auf eine ältere Dokumentation geleitet. Man kann die Versionsnummer leicht herausfinden, denn sie ist üblicherweise in der URL enthalten.

Wir raten auch, den Support der genutzten Spring-Projekte zu berücksichtigen. Für jedes Projekt stellen die Entwickler eine Support-Seite zur Verfügung (Beispiel: *https://spring.io/projects/spring-boot#support*), auf der beschrieben ist, welche Version bis wann unterstützt wird. Sobald eine Version aus dem Support läuft, bekommt sie keine Updates mehr, sodass sich über die Zeit hinweg Sicherheitslücken und Inkompatibilitäten mit anderen Bibliotheken einschleichen. Es ist am besten, relativ zeitnah auf die jeweils aktuelle Version zu aktualisieren, um aufwändige Migrationen zu vermeiden.

Index